Das geltende Wertzuwachssteuerrecht

Kommentar
der Berliner Wertzuwachssteuerordnung
vom 28. März 1928 / 18. April 1929

nebst

Pr. Mustersteuerordnung und Wertzuwachssteuerordnungen der bedeutendsten Städte

Von

Dr. Adolf Asch und **Dr. Hanns Oppenheimer**
Rechtsanwalt a. K.-G. u. Notar — Obermagistratsrat

1 9 2 9

Verlag von Georg Stilke / Berlin

Gedruckt bei A. Heine G. m. b. H., Gräfenhainichen.

Vorwort.

Durch das Reichszuwachssteuergesetz vom 14. Februar 1911 (RGBl. S. 33) war die bis dahin bestehende Autonomie der Gemeinden und Kommunalverbände, die bereits vielfach lokale Wertzuwachssteuerordnungen erlassen hatten, aufgehoben worden. Doch bereits durch § 1 Abs. 5 des Gesetzes über Änderung im Finanzwesen vom 3. Juli 1913 (RGBl. S. 521) wurde die Steuerhoheit der Gemeinden wiederhergestellt, und ihnen das Recht zur selbständigen Regelung der Wertzuwachsbesteuerung zurückgegeben. Nach der Rechtsprechung des OVG. ist die Freiheit der Gemeinden zur selbständigen Regelung der Besteuerung des Wertzuwachses unbeschränkt; sie berechtigt die Gemeinden insbesondere auch, abweichend von den Normen des Reichswertzuwachssteuergesetzes dort vorgesehene Steuerbefreiungen auszuschließen oder einzuschränken und höhere Steuersätze als im RZwStG. vorgesehen, festzusetzen.

Die durch den Krieg und Inflationszeit notwendig gewordene neue Verteilung der Steuerquellen zwischen Reich, Ländern und Gemeinden zeigte auch auf dem Gebiete der Wertzuwachssteuer ihre Wirkungen. § 36 des Finanzausgleichgesetzes in seiner alten Fassung vom 23. Juni 1923 (RGBl. Teil I S. 494) bestimmte, daß die Länder und Gemeinden zusammen 4% Zuschlag zur Reichsgrunderwerbssteuer erheben dürfen, daß aber die Zuschläge nicht mehr als 2% betragen dürfen, wenn eine Wertzuwachssteuer erhoben wird. Es war also in das Belieben der Gemeinde gestellt, ob sie es vorzogen, eine selbständige Wertzuwachssteuer zu erheben oder an deren Stelle 2% Zuschlag zur Grunderwerbssteuer zu fordern. In der Inflationszeit haben zahlreiche Gemeinden den zweiten Weg eingeschlagen. Insbesondere hat Berlin durch Gemeindebeschluß vom 27. September 1923 (Gemeindeblatt 1923 S. 294) seine alte Wertzuwachssteuerordnung vom 24. November 1912 aufgehoben und statt dessen einen 4%igen Zuschlag zur Grunderwerbssteuer erhoben.

Das Finanzausgleichgesetz in der neuen Fassung vom 27. 4. 1926 (RGBl. Teil I S. 203) enthält eingehende Vorschriften über die Ausgestaltung der Wertzuwachssteuer und ordnet insbesondere in seinem § 18, an, daß die Länder oder, nach Maßgabe des Landesrechts die Gemeinden, Steuern vom Wertzuwachs bei der Veräußerung von Neubesitz, dessen Erwerb in die Zeit vom 1. Januar 1919 bis zum 31. Dezember 1924 fällt, zu erheben haben. Dementsprechend legten die Ausführungsgesetze der einzelnen Länder den Gemeinden die Verpflichtung zur Erhebung von Wertzuwachssteuern auf; so § 38 des Pr. A. G. zum Finanzausgleichsgesetz vom 30. Oktober 1923 in der Fassung der Bekanntmachung vom 14. Mai 1927 (Pr. Gesetzsammlung S. 63).

Diesen landesgesetzlichen Vorschriften entsprechend sind allgemein kommunale Wertzuwachssteuerordnungen erlassen worden, welche sich mehr oder weniger eng an das Reichszuwachssteuergesetz anlehnen. Die Wertzuwachssteuerordnung der Stadt Berlin vom 11. April 1924 war als Inflationssteuerordnung aufgezogen und zog nur diejenigen Rechtsgeschäfte heran, bei denen der Erwerb des Grundstücks in der Inflation oder später erfolgt war. Da diese Art der Besteuerung eine ziemlich rohe war und in der Praxis zuweilen zu starken Unbilligkeiten führte, erwies sich eine Neuregelung als notwendig, und zwar dies um so mehr, als mit Wirkung vom 1. April 1927 gemäß § 13 Nr. 8 in Verbindung mit § 19 Abs. 6 des Gesetzes über Änderung des Finanzausgleichs vom 10. 8. 1925 (RGBl. Teil I S. 254) das Recht auf den erhöhten Zuschlag zur Grunderwerbssteuer in Fortfall gekommen ist, welches bis dahin die Ersatzbesteuerung des Zuwachses bei Altbesitz ermöglicht hatte. Auf die Zulässigkeit einer allgemeinen Besteuerung an Stelle der auf den Inflationsbesitz beschränkten Steuer hatte auch der Preußische Minister des Innern bereits durch Runderlaß vom 27. 11. 1925 (Ministerialbl. für die Preuß. innere Verw. 1925 S. 1261) hingewiesen.

Die von den Gemeindekörperschaften der Stadt Berlin beschlossene Steuerordnung vom 28. 3. 1928 stieß bei dem Oberpräsidenten anläßlich der erforderlichen Genehmigung auf unerwartete Schwierigkeiten. Nachdem langwierige Verhandlungen zwischen dem Magistrat Berlin und dem Oberpräsidenten nicht zum Ziele geführt hatten, machte der Finanzminister des Innern durch Erlaß vom 28. März 1929 gemäß § 77 KAG. die Zustimmung zu der Wertzuwachssteuerordnung von einer Anzahl von Abänderungen abhängig. Diese treffen neben Vorschriften geringerer Bedeutung (insbesondere bevorzugte Berücksichtigung geschädigter Auslandsdeutscher, der Kleinsiedlungen und Kriegsbeschädigter) vor allem die Staffelung des Steuersatzes. Der Erlaß des Finanzministers berücksichtigt in der Staffel außer der Dauer des Besitzes die Höhe der Wertsteigerung und schafft den in dem ersten Entwurf enthaltenen Mindeststeuersatz ab.

Da nach dem jetzigen Rechtsstande weder im Reich noch auch in den einzelnen Ländern das Wertzuwachssteuerrecht einheitlich gesetzlich geregelt ist, erweist sich eine wirklich erschöpfende Darstellung sämtlicher in Deutschland geltenden einschlägigen Gemeindesteuerordnungen als geradezu unmöglich. Die Wiedergabe des Gesetzestextes mußte sich daher auf eine Anzahl der größten Städte Deutschlands (Berlin, Breslau, Frankfurt a. M., Köln, Dresden, Leipzig, München und Hamburg) sowie der Pr. Mustersteuerordnung beschränken. Eingehend kommentiert wurde nur die soeben in Kraft getretene neue Berliner Wertzuwachssteuerordnung von 1929. Auch der Gesetzestext der bisher in Geltung befindlichen Berliner Steuerordnung vom $\frac{11.4.24}{27.1.26}$ wurde am Schluß des Buches veröffentlicht, da er noch für die Abwicklung der alten Steuerfälle Bedeutung hat.

Da jedoch die meisten Steuerordnungen in Anlehnung an das Reichszuwachssteuergesetz und an Mustersteuerordnungen der Länder erlassen worden sind, stimmen sie im allgemeinen in den Grundsätzen überein. Die Verweisungen auf die entsprechenden Stellen der Berliner Steuerordnung in dem Text der Steuerordnungen der angeführten Großstädte wie der Pr. Mustersteuerordnung dürften daher in Verbindung mit der in der Fußnote erfolgten Hervorhebung der erheblichen Abweichungen, sowohl in diesen Städten selbst wie auch in den übrigen Orten Deutschlands eine leichte Orientierung ermöglichen, sowie den Kommentar selbst praktisch über Berlin hinaus brauchbar machen.

Inhaltsverzeichnis.

Abkürzungen.

Amtl. Mitt. = Amtliche Mitteilungen über die Zuwachssteuer, herausgegeben vom Reichsschatzamt.
F. G. = Finanzgericht.
Grderw. St G. = Grunderwerbsteuergesetz.
J. M. Bl. = Justizministerialblatt.
J. W. = Juristische Wochenschrift.
K. A. G. = Kommunalabgabengesetz.
Pr. Verw. Bl. = Preußisches Verwaltungsblatt.
R. A. O. = Reichsabgabenordnung.
R. F. H. = Reichsfinanzhof.
R. Verw. Bl. = Reichsverwaltungsblatt.
Zuw. St. G. = Zuwachssteuergesetz.

1. A) Wertzuwachssteuerordnung

der Stadt Berlin vom 28. III. 1928/18. IV. 1929[1]).

Auf Grund der §§ 13, 18, 63, 69, 70, 79, 82 und 90 des Kommunalabgabengesetzes vom 14. Juli 1893 und der Novelle vom 26. August 1921 wird mit Zustimmung der Stadtverordnetenversammlung für die Stadt Berlin folgende Steuerverordnung erlassen:

§ 1.

(1) Bei Rechtsvorgängen, die den Übergang des Eigentums an Grundstücken und Anteilen an Grundstücken in der Stadt Berlin betreffen, wird eine Wertzuwachssteuer erhoben.

(2) Den Grundstücken stehen Berechtigungen gleich, auf welche die Vorschriften des bürgerlichen Rechts über Grundstücke Anwendung finden.

(3) Dem Übergang des Eigentums an Grundstücken steht gleich der Übergang von Rechten an dem Vermögen von Personenvereinigungen (einer Gesellschaft mit beschränkter Haftung, einer Kommanditgesellschaft, Aktiengesellschaft, Kommanditgesellschaft auf Aktien, Gewerkschaft, eingetragenen Genossenschaft, eines eingetragenen Vereins oder einer offenen Handelsgesellschaft usw.), soweit das Vermögen der Vereinigung aus in Berlin belegenen Grundstücken besteht, wenn entweder zum Gegenstande des Unternehmens die Verwertung von Grundstücken gehört, oder wenn die Vereinigung geschaffen ist, um die Zuwachssteuer zu ersparen.

§ 2.

Die Steuerpflicht tritt ein:

a) bei den zur Übertragung des Eigentums verpflichtenden Veräußerungsgeschäften mit dem Abschluß des Geschäfts. Als Veräußerungsgeschäfte sind auch anzusehen:

---

[1]) Die ursprüngliche Fassung der von den Gemeindekörperschaften beschlossenen Steuerverordnung ist von dem Oberpräsidenten der Provinz Brandenburg und von Berlin nur Maßgaben genehmigt. Der Wortlaut der Maßgaben und der dazu ergangenen Beschlüsse der Berliner Körperschaft ist unter B abgedruckt.

1. die Übertragung der Rechte der Erwerber aus Veräußerungsgeschäften;
2. die Übertragung von Rechten aus Anträgen zur Schließung eines Veräußerungsgeschäfts, die den Veräußerer binden, sowie aus Verträgen, durch die nur der Veräußerer zur Schließung eines Veräußerungsgeschäftes verpflichtet wird;
3. nachträgliche Erklärungen des aus einem Veräußerungsgeschäft berechtigten Erwerbers, die Rechte für einen Dritten erworben oder die Pflichten für einen Dritten übernommen zu haben;
4. die Abtretung der Rechte aus dem Meistgebot und die Erklärung des Meistbietenden, daß er für einen anderen geboten habe;
5. Rechtsgeschäfte, durch die jemand ermächtigt wird, ein Grundstück ganz oder teilweise auf eigene Rechnung zu veräußern;

b) in allen übrigen Fällen, in denen es eines Veräußerungsgeschäftes zum Übergang des Eigentums nicht bedarf (z. B. Zwangsversteigerung, Enteignung, Ausschluß), mit Vollendung des Rechtsvorganges, der die Rechtsänderung bewirkt.

§ 3.

Steuerpflichtig ist auch ein Rechtsvorgang, der nicht unmittelbar den Übergang des Eigentums betrifft, aber ein Rechtsgeschäft zum Gegenstand hat, durch welches es einem anderen ermöglicht werden soll, über das Grundstück wie ein Eigentümer zu verfügen.

§ 4.

Die Besteuerung wird nicht dadurch ausgeschlossen, daß ein nach der Steuerordnung steuerpflichtiger Rechtsvorgang durch einen anderen verdeckt wird.

§ 5.

(1) Durch Mißbrauch von Formen und Gestaltungsmöglichkeiten des bürgerlichen Rechts kann die Steuerpflicht nicht umgangen oder gemindert werden.

(2) Ein Mißbrauch im Sinne des Absatzes 1 liegt vor, wenn:

1. in Fällen, wo die Steuerordnung wirtschaftliche Vorgänge, Tatsachen und Verhältnisse in der ihnen entsprechenden rechtlichen Gestaltung einer Steuer unterwirft, zur Umgehung der Steuer ihnen nicht entsprechende, ungewöhnliche Rechtsformen gewählt oder Rechtsgeschäfte vorgenommen werden, und
2. nach Lage der Verhältnisse und nach der Art, wie verfahren wird oder verfahren werden soll, wirtschaftlich für die Beteiligten im wesentlichen derselbe Erfolg erzielt wird, der erzielt wäre, wenn eine den wirtschaftlichen Vorgängen,

Tatsachen und Verhältnissen entsprechende rechtliche Gestaltung gewählt wäre, und ferner

3. etwaige Rechtsnachteile, die der gewählte Weg mit sich bringt, tatsächlich keine oder nur geringe Bedeutung haben.

(3) Liegt ein Mißbrauch vor, so sind die getroffenen Maßnahmen für die Besteuerung ohne Bedeutung. Die Steuer ist so zu erheben, wie sie bei einer den wirtschaftlichen Vorgängen, Tatsachen und Verhältnissen angemessenen rechtlichen Gestaltung zu erheben wäre.

§ 6.

(1) Von der Steuerpflicht sind das Deutsche Reich, der Preußische Staat und die Stadtgemeinde Berlin befreit.

(2) Die Befreiung tritt nicht ein, wenn diese Körperschaften als Erwerber nach § 24 Abs. 2 haften.

§ 7.

(1) Die Zuwachssteuer wird nicht erhoben:

1. Beim Erwerbe von Todes wegen sowie beim Erwerb auf Grund einer Schenkung unter Lebenden im Sinne des Erbschaftssteuergesetzes, sofern nicht die Form der Schenkung lediglich gewählt ist, um die Zuwachssteuer zu ersparen.
2. Bei der Begründung, Änderung, Fortsetzung und Aufhebung der ehelichen Gütergemeinschaft.
3. Beim Erwerb auf Grund von Verträgen, die zwischen Miterben oder Teilnehmern an einer ehelichen oder fortgesetzten Gütergemeinschaft zum Zwecke der Teilung der zum Nachlaß oder zum Gesamtgut gehörenden Gegenstände abgeschlossen werden sowie beim Erwerb auf Grund eines Zuschlages, der in den vorgenannten Fällen bei Teilung im Wege der Versteigerung einem Miterben oder Teilnehmer erteilt wird.
4. Beim Erwerbe der Abkömmlinge von den Eltern, Großeltern und entfernteren Voreltern sowie beim Erwerb der Eltern von den Kindern; den Eltern stehen gleich die Stief-, ebenso die Adoptiveltern, wenn kein Verdacht besteht, daß die Annahme an Kindes Statt zum Zwecke der Steuerhinterziehung vorgenommen ist.
5. Beim Einbringen in eine ausschließlich aus dem Veräußerer und dessen Abkömmlingen oder aus diesen allein bestehende Vereinigung. Die Steuerpflicht tritt ein, wenn nachträglich ein Gesellschafter aufgenommen wird, der nicht zu den Abkömmlingen des Veräußerers gehört.
6. Beim Einbringen von Nachlaßgegenständen in eine ausschließlich von Miterben gebildete Vereinigung. Die Vorschrift von Ziffer 5 Satz 2 findet entsprechende Anwendung.
7. Beim Austausch im Inland belegener Grundstücke zum Zwecke der Zusammenlegung (Flurbereinigung), der Grenzregelung

oder der besseren Gestaltung von Bauflächen (Umlegung) sowie bei Ablösung von Rechten an Forsten, wenn diese Maßnahmen auf der Anordnung einer Behörde beruhen oder von einer gesetzlich hierfür zuständigen Behörde als zweckdienlich anerkannt werden.

8. Beim Übergang des Vermögens einer öffentlichen Körperschaft als Ganzes auf eine andere öffentliche Körperschaft.

9. Bei Verschmelzungen von Kapitalgesellschaften usw. gemäß §§ 8 bis 10 des Steuermilderungsgesetzes vom 31. März 1926 (RGBl. S. 185), soweit und solange sie nach diesem Gesetz von der Zuwachssteuer befreit sind. Die auf Grund dieses Gesetzes von der Zuwachssteuer befreiten Rechtsvorgänge gelten auch nach Außerkrafttretung des Steuermilderungsgesetzes als steuerfreie Erwerbsvorgänge im Sinne dieser Ordnung.

10. Beim Eigentumsübergang eines auf den Namen einer der nachstehend genannten Personenvereinigungen (Aktiengesellschaft, Kommanditgesellschaft auf Aktien, Gesellschaft mit beschränkter Haftung, Gewerkschaft, Offene Handelsgesellschaft, Kommanditgesellschaft) eingetragenen Grundstücks auf diejenige natürliche Person, in deren Hand sich zuvor alle Gesellschaftsrechte (Aktien, Anteile, Kuxe, Beteiligungen) vereinigt hatten, soweit das Vermögen der Vereinigung aus in Berlin belegenen Grundstücken besteht, wenn entweder zum Gegenstande des Unternehmens die Verwertung von Grundstücken gehört, oder wenn die Vereinigung geschaffen ist, um die Zuwachssteuer zu ersparen.

11. Beim Erwerbe durch verdrängte Grenzlands-, Auslands- und Kolonial-Deutsche, die durch ihre Verdrängung ihre wirtschaftliche Lebensgrundlage ganz oder zum überwiegenden Teil verloren haben, sofern der Erwerb zum Zwecke der erstmaligen Wiederansetzung erfolgt und der Veräußerer nachweist, daß er den Veräußerungspreis im Hinblick auf die Nichterhebung der Wertzuwachssteuer entsprechend gesenkt hat.

12. Bei Grundstücksübertragungen, welche der Schaffung gesunder Kleinwohnungen für Minderbemittelte zu dienen bestimmt sind, wenn als Veräußerer Körperschaften des öffentlichen Rechts oder solche Personenvereinigungen, die sich mit den genannten Zwecken befassen, beteiligt sind. Die Befreiung der Personenvereinigungen tritt nur für den erstmaligen Verkauf ein, wenn der Reingewinn satzungsgemäß auf eine Verzinsung von höchstens 5 v. H. der Kapitalseinlagen beschränkt, bei Auslosungen, Ausscheiden eines Mitglieds und für den Fall der Auflösung der Vereinigung den Mitgliedern nicht mehr als der Nennwert ihrer Anteile zugesichert und bei der Auflösung der etwaige Rest des Vermögens für gemeinnützige Zwecke bestimmt ist.

(2) Zu den Miterben im Sinne der Ziffer 3 und 6 wird der überlebende Ehegatte gerechnet, der mit den Erben des verstorbenen Gatten gütergemeinschaftliches Vermögen zu teilen hat. Die Steuerbefreiungen nach Ziffer 3 und 4 kommen auch Ehegatten von Miterben oder Teilnehmern an einer fortgesetzten Gütergemeinschaft sowie Ehegatten von Abkömmlingen zu, wenn sie auf Grund des bestehenden Güterstandes ohne rechtsgeschäftliche Übertragung Eigentümer werden.

§ 8.

(1) Als steuerpflichtiger Wertzuwachs gilt der Unterschied zwischen dem Erwerbspreise und dem Veräußerungspreise.

(2) Der Preis bestimmt sich nach dem Gesamtbetrage der Gegenleistungen einschließlich der vom Erwerber übernommenen oder ihm sonst infolge der Veräußerung obliegenden Leistungen und der vorbehaltenen oder auf dem Grundstücke lastenden Nutzungen, bei Verträgen über Leistungen an Erfüllungsstatt nach dem Werte, zu dem die Gegenstände an Erfüllungsstatt angenommen werden.

(3) Die auf einem nicht privatrechtlichen Titel beruhenden Abgaben und Leistungen, die auf dem Grundstück kraft Gesetzes lasten (gemeine Lasten) werden nicht mitgerechnet. Der Wert wiederkehrender Leistungen und Nutzungen bestimmt sich nach den Vorschriften der Reichsabgabeordnung.

(4) Ist einem der Vertragschließenden ein Wahlrecht oder die Befugnis eingeräumt, innerhalb gewisser Grenzen den Umfang der Gegenleistung zu bestimmen, so ist der höchstmögliche Betrag der Gegenleistung maßgebend, soweit die Wahl oder die Bestimmung noch nicht stattgefunden haben.

§ 9.

Beim Übergang im Wege der Zwangsversteigerung gilt als Preis der Betrag des Meistgebots, zu dem der Zuschlag erteilt ist, unter Hinzurechnung der vom Ersteher übernommenen, gerichtlich festgelegten Leistungen. Im Falle der Abtretung der Rechte aus dem Meistgebot oder der Erklärung des Meistbietenden, daß er für einen anderen geboten habe, tritt an die Stelle des Meistgebots der Wert der Gegenleistung, wenn sie höher ist als das Meistgebot.

§ 10.

(1) Ist ein Preis nicht vereinbart oder nicht zu ermitteln, so tritt an dessen Stelle der gemeine Wert des Grundstücks.

(2) Das gleiche gilt, wenn auf dem Grundstück eine der im § 1 bezeichneten Berechtigungen oder ein Nießbrauchsrecht lastet, zu deren Beseitigung der Veräußerer nicht verpflichtet ist, und der gemeine Wert des Grundstücks unter Berücksichtigung seiner Belastung den Wert der Gegenleistung übersteigt.

(3) Wenn die Beteiligten einen Teil des Entgelts in die Form einer Vermittlungsgebühr, einer den üblichen Zinssatz erheblich übersteigenden Verzinsung des gestundeten Preises oder einer sonstigen Nebenleistungen kleiden, so ist der als Teil des Entgelts anzusetzende Betrag durch Schätzung zu ermitteln.

§ 11.

Betrifft der steuerpflichtige Rechtsvorgang steuerpflichtige und steuerfreie Gegenstände, ohne daß Einzelpreise und -werte angegeben werden, so bestimmt die Steuerbehörde den auf die steuerpflichtigen Gegenstände entfallenden Teil der Gesamtsumme, wenn nicht der Steuerpflichtige auf Erfordern innerhalb der ihm bestimmten Frist die Trennung der Preise oder Werte nachholt. Sind zum Zwecke der Steuerersparung dem wahren Wert nicht entsprechende Angaben gemacht worden, so ist der Betrag durch Schätzung zu ermitteln. Das gleiche gilt für die Verteilung des Gesamtbetrages auf mehrere steuerpflichtige Gegenstände.

§ 12.

(1) Soweit der Erwerbspreis nicht in Gold-, Renten- oder Reichsmark berechnet ist, wird er gemäß den Bestimmungen des § 2 des Aufwertungsgesetzes vom 16. Juli 1925[1]) nach seinem Goldmarkwert berechnet. Maßgebend für die Berechnung ist, falls ein Veräußerungsgeschäft abgeschlossen war, das zur Übertragung des Eigentums verpflichtete, der Tag des Abschlusses des Rechtsgeschäftes, in allen übrigen Fällen der Tag der Vollendung des Rechtsvorganges, der die Rechtsänderung bewirkt hat.

(2) Hat der Veräußerer beim Erwerb des Grundstücks in Anrechnung auf den Erwerbspreis Schuldverpflichtungen, Hypotheken usw. übernommen, so gilt abweichend von der Bestimmung des vorhergehenden Absatzes für die Berechnung des Goldmarkwertes der übernommenen Schuldverpflichtungen folgendes:

1. Soweit die Schuldverpflichtungen bei der neuen Veräußerung des Grundstücks noch bestehen und von dem neuen Erwerber

---

[1]) § 2 des Aufwertungsgesetzes: „Als Goldmarkbetrag gilt bei Ansprüchen, die vor dem 1. Januar 1918 erworben sind, der Nennbetrag. Ist der Anspruch später erworben, so wird der Goldmarkbetrag dadurch festgestellt, daß der Nennbetrag im Falle des entgeltlichen Erwerbes der Erwerbspreis, nach Maßgabe des Wertverhältnisses umgerechnet wird, das in der Anlage zu diesem Gesetze für den Tag des Erwerbes bestimmt ist; ist ein Umrechnungsverhältnis für diesen Tag nicht bestimmt, so ist das letzte vorhergehende Umrechnungsverhältnis maßgebend. An Stelle des Erwerbspreises ist der Nennbetrag der Berechnung zugrunde zu legen, wenn er, nach dem Zeitpunkt der Begründung des Anspruchs in Goldmark umgerechnet, niedriger ist. Ein Erwerb, der nach dem 13. Februar 1924 stattgefunden hat, bleibt für die Berechnung des Goldmarkbetrages außer Betracht."

übernommen werden, ist für die Berechnung ihres Goldmarkwertes der Umrechnungstag des übrigen Erwerbspreises (Absatz 1) maßgebend; jedoch ist ihr Wert für die Berechnung des Erwerbspreises mindestens mit dem gleichen Betrage einzustellen, wie er bei der Berechnung des neuen Veräußerungspreises in Ansatz gebracht worden ist.

2. Soweit die Schuldverpflichtungen bis zur neuen Veräußerung des Grundstücks getilgt sind, ist ihr Goldmarkwert nach dem Werte der Leistungen zu berechnen, die der Veräußerer für die Tilgung am Tilgungstage aufgewandt hat, soweit nicht ihr Goldmarkwert am Tage des Erwerbs des Grundstücks höher ist.

(3) In gleicher Weise wie der Erwerbspreis nach Absatz 1 sind alle nach dieser Ordnung in Anrechnung kommenden Beträge, die nicht in Gold-, Renten- oder Reichsmark berechnet sind, umzurechnen.

§ 13.

(1) Dem Erwerbspreis sind hinzuzurechnen:

1. 6 v. H. des Erwerbspreises als Ersatz der Erwerbskosten. In den Fällen des § 12 sind die 6 v. H. von dem sich nach Abs. 1 des § 12 ergebenden Erwerbspreise zu berechnen. Auf Antrag sind die nachweislich aufgewendeten Erwerbskosten einschließlich der gezahlten Vermittlungsgebühr hinzuzurechnen. Tritt an die Stelle des Erwerbspreises der gemeine Wert des Grundstücks, so fällt die Anrechnung der Erwerbskosten fort.

2. Falls der Erwerb im Wege der Zwangsversteigerung erfolgt ist und der Veräußerer zur Zeit der Einleitung der Zwangsversteigerung Hypotheken- oder Grundstückgläubiger war, der nachweisliche Betrag seiner ausgefallenen Forderungen in Höhe ihres Wertes zur Zeit des Zuschlages bis zu dem Werte, den das Grundstück zur Zeit der Zwangsversteigerung oder, wenn der Wert zur Zeit der Eintragung der Forderungen höher war, zu diesem Zeitpunkt hatte. Die Forderungen kommen, wenn sie durch entgeltliches Rechtsgeschäft erworben sind, nur in Höhe des geleisteten Entgelts in Anrechnung. Beruht ihr Erwerb auf einer Schenkung oder ist ihr Erwerb innerhalb einer kürzeren Zeit als zwei Jahre vor der Einleitung der Zwangsversteigerung erfolgt, so werden die Forderungen nur berücksichtigt, wenn nach den Umständen Schenkung oder Erwerb keine Wertzuwachssteuerersparung bezwecken. Hat der Veräußerer an dinglich Berechtigte, ohne deren Forderungen erworben zu haben, Abfindungen zur Erzielung eines geringeren Meistgebots gezahlt, so sind diese in entsprechender Weise dem Erwerbspreis hinzuzurechnen.

3. Die Aufwendungen für Bauten, Umbauten und sonstige dauernde Verbesserungen (einschließlich der ortsüblichen Bauzinsen), auch solche land- und forstwirtschaftlicher Art, die

innerhalb des für die Steuerberechnung maßgebenden Zeitraumes gemacht sind und nicht der laufenden Unterhaltung von Baulichkeiten oder der laufenden Bewirtschaftung von Grundstücken dienen, soweit die Bauten und Verbesserungen noch vorhanden sind. Als für die Steuerberechnung maßgebender Zeitraum gilt die Zeit von dem der Steuerberechnung zugrunde zu legenden Erwerbsvorgang bis zu dem die Steuerpflicht auslösenden Rechtsvorgang (§ 2). § 14 Abs. 1 Satz 2 findet sinngemäß Anwendung. Zuschüsse von dritter Seite, auf deren Rückgabe der Hergeber verzichtet hat, sind von den Kosten des Neubaues oder der Verbesserung abzuziehen; ebenso bleiben die durch Versicherungen gedeckten Kosten außer Ansatz; hierbei ist der Wert eigener Arbeit, soweit durch sie bei der Durchführung von Bauten, Umbauten und sonstigen dauernden Verbesserungen eine sonst notwendige fremde Arbeitskraft ersetzt wird, in Höhe des ortsüblichen Lohns als Aufwendung anzurechnen.

4. Die Aufwendungen, Leistungen und Beiträge für Straßenbauten, andere Verkehrsanlagen einschließlich der Kanalisierung, sowie ohne entsprechende Gegenleistung und Verzinsung geleistete Beträge für sonstige öffentliche Einrichtungen, soweit die Aufwendungen, Leistungen und Beträge innerhalb des für die Steuerberechnung maßgebenden Zeitraumes gemacht oder die zugrunde liegenden Verpflichtungen entstanden sind.

(2) Nicht anrechnungsfähig sind Aufwendungen auf steuerfreie Gegenstände (§ 11).

(3) Für die Berechnung des Goldmarkwertes (§ 12 Abs. 3) der Hinzurechnungen ist im Falle der Ziff. 1 der im § 12 Abs. 1 bestimmte Stichtag, im Falle der Ziffer 2 der in dieser Ziffer angegebene Zeitpunkt, im Falle der Ziffern 3 und 4 der Tag der Leistung maßgebend.

§ 14.

(1) Beruht der Erwerb des Grundstücks auf einem steuerfreien Rechtsvorgang der im § 7 bezeichneten Art, so ist für die Bemessung des Wertzuwachses von dem Preise zur Zeit des letzten steuerpflichtigen Rechtsvorganges auszugehen. Entsprechendes gilt in den Fällen des § 26 Abs. 1 Ziff. 1—3, 5 und 6 dieser Ordnung, wenn die Steuer erlassen oder erstattet wird. Ob im Sinne dieser Vorschrift Rechtsvorgänge steuerfrei oder steuerpflichtig sind, ist auch für die Zeit vor dem Inkrafttreten dieser Ordnung nach ihr zu bestimmen.

(2) Liegt der für die Bemessung des Wertzuwachses maßgebende Erwerbsvorgang vor dem 1. Januar 1900, so tritt an die Stelle des Preises der gemeine Wert an diesem Tage, wenn der Steuerpflichtige nicht nachweist, daß er oder sein Rechtsvorgänger vor jener Zeit bei einem steuerfreien oder steuerpflichtigen Erwerb einen höheren Erwerbspreis gezahlt hat.

§ 15.

(1) Bei einem aus Anlaß einer Flurbereinigung, Grenzregulierung oder Umlegung empfangenen Grundstück ist als Erwerbspreis das Entgelt anzusehen, das bei dem letzten steuerpflichtigen Rechtsvorgang für das in die Flurbereinigung usw. gegebene Grundstück bezahlt worden ist. § 14 Abs. 1 Satz 2 findet sinngemäß Anwendung, Ausgleichszahlungen sind dem Erwerbspreis hinzu- oder von ihm abzurechnen.

(2) Hat der Eigentümer oder sein Rechtsvorgänger bei der Flurbereinigung, Grenzregelung oder Umlegung mehrere Grundstücke empfangen, so werden deren Erwerbspreise aus dem in Absatz 1 bezeichneten Entgelt nach dem Verhältnis berechnet, in welchem die Werte der empfangenen Grundstücke im Zeitpunkt der Flurbereinigung, Grenzregelung oder Umlegung zueinander gestanden haben.

§ 16.

(1) Beschränkt sich der steuerpflichtige Rechtsvorgang auf einen Teil des Grundstücks, so wird der Erwerbspreis dieses Teiles nach dem Verhältnis seines Wertes zum Wert des Gesamtgrundstücks berechnet.

(2) Unentgeltliche dauernde Überlassung von Grundstücken für Verkehrszwecke, für öffentliche oder gemeinnützige Zwecke, wird in der Weise berücksichtigt, daß der Gesamterwerbspreis nicht auf die ursprüngliche, sondern auf die nach Abtretung verbleibende Fläche verteilt wird. Hierzu ist nicht erforderlich, daß eine Eigentumsübertragung erfolgt ist.

(3) Werden Teile eines örtlich und wirtschaftlich zusammenhängenden Grundbesitzes durch verschieden Rechtsvorgänge von demselben Veräußerer oder dessen Erben innerhalb dreier Jahre übertragen, so ist der Steuerpflichtige berechtigt, von dem Wertzuwachs des einen Teils des Grundstücks einen bei der Veräußerung anderer Teile eingetretenen Verlust abzuziehen. Die Zuwachssteuer wird bei den einzelnen Rechtsvorgängen fällig; etwa zuviel gezahlte Steuer wird nach dem letzten Rechtsvorgang auf Antrag erstattet.

§ 17.

Bei Teilveräußerungen sind nur diejenigen Aufwendungen anzurechnen, welche diesen Teil ausschließlich oder gemeinschaftlich mit anderen Teilen betreffen. Im letzteren Falle erfolgt die Anrechnung nach dem Verhältnis des Wertes, den die Grundstücksteile zur Zeit der Veräußerung haben.

§ 18.

Von dem Veräußerungspreise sind in Abzug zu bringen die dem Veräußerer nachweislich zur Last fallenden Kosten der Veräußerung und Übertragung einschließlich der von ihm für die Vermittlung tatsächlich gezahlten Gebühr, sofern nicht an Stelle des Preises der gemeine Wert maßgebend ist. (§ 10.)

§ 19.

Dem Veräußerungspreis sind Entschädigungen für eine Wertminderung des Grundstücks hinzuzurechnen, soweit der Anspruch während des für die Steuerberechnung maßgebenden Zeitraumes entstanden und der Betrag nicht nachweislich zur Beseitigung des Schadens verwendet worden ist.

§ 20.

(1) Hat der Erwerber des Grundstücks die Zahlung der Wertzuwachssteuer übernommen, so gehört diese zum Veräußerungspreis im Sinne des § 8 der Ordnung.

(2) Die Berechnung der Steuer erfolgt in der Weise, daß dem Kaufpreis ein nach den sonstigen Bestimmungen der Ordnung berechneter Steuerbetrag hinzugerechnet und hiernach die Steuer festgesetzt wird.

§ 21.

(1) Im Falle der steuerpflichtigen Überlassung eines Grundstücks, das mehreren zur gesamten Hand gehört, an einen oder mehrere Mitberechtigte, bleibt für die Bemessung des Wertzuwachses der Anteil des Erwerbers außer Betracht. Beim Eintritt des nächsten Steuerfalls ist der Wertzuwachs, der für den Anteil des Erwerbers seit dem letzten vor der Auseinandersetzung gelegenen steuerpflichtigen Rechtsvorgang entstanden ist, und der für die Anteile der früheren Mitberechtigten seit der Auseinandersetzung eingetretene Wertzuwachs gesondert zu versteuern.

(2) Die Berechnung erfolgt so, als ob die Beteiligten nach Bruchteilen berechtigt wären. Die Höhe der Bruchteile ist nach den Anteilen zu bestimmen, zu denen die Beteiligten an dem Vermögen zur gesamten Hand berechtigt sind oder nach Verhältnis dessen, was ihnen bei Auflösung der Gemeinschaft zufallen würde.

(3) Die vorstehenden Bestimmungen gelten sinngemäß, wenn eine Gemeinschaft zur gesamten Hand ein Grundstück von einem Mitberechtigten erwirbt.

§ 22.

Beim Tausch von Grundstücken ist die Steuer für jedes Grundstück gesondert zu berechnen.

§ 23.

(1) Die Steuer beträgt:

1. wenn der für die Ermittelung des Wertzuwachses maßgebende Erwerb des Grundstücks in der Zeit vom 1. Januar 1919 bis zum 31. Dezember 1924 stattgefunden hat, 30 v. H. des Wertzuwachses;

2. in allen übrigen Fällen 10 v. H. des Wertzuwachses bei einer Wertsteigerung bis ausschließlich 20 v. H. des Erwerbspreises zuzüglich der Anrechnungen.

12 v. H. bei einer Wertsteigerung von	20	bis ausschl.	30	v. H.
14 " " " " "	30	" "	40	"
16 " " " " "	40	" "	50	"
18 " " " " "	50	" "	60	"
20 " " " " "	60	" "	70	"
22 " " " " "	70	" "	80	"
24 " " " " "	80	" "	90	"
26 " " " " "	90	" "	100	"
28 " " " " "	100	" "	110	"
30 " " " " "	110	v. H. und mehr.		

(2) Die nach Absatz 1 Nr. 2 sich ergebende Steuer erhöht sich bei bei einem für die Steuerberechnung maßgebenden Zeitraum:

bis zu 1 Jahr	um 100	v. H.,
" " 2 Jahren	" 80	"
" " 3 "	" 60	"
" " 4 "	" 40	"
" " 5 "	" 20	"

mit der Maßgabe, daß die Steuer 30 v. H. des Wertzuwachses nicht übersteigen darf.

(3) Der Steuersatz (Abs. 1) ermäßigt sich für das siebente und jedes vollendete weitere Jahr um je $^1/_2$ v. H. § 14 Abs. 1 findet auf den für die Steuerberechnung maßgebenden Zeitraum entsprechende Anwendung. Die Ermäßigung tritt nicht ein, wenn der für die Ermäßigung des Wertzuwachses maßgebende Erwerb des Grundstücks in der Zeit vom 1. Januar 1919 bis 31. Dezember 1924 stattgefunden hat.

(4) Handelt es sich um den Verkauf eines Wohnhauses oder einer Ansiedlungsstätte an Kriegsbeschädigte oder an Hinterbliebene von Kriegsteilnehmern, die auf Grund des Kapitalabfindungsgesetzes Grundstücke erwerben, so kann auf Antrag eine außerordentliche Ermäßigung der Steuer bis zu 50 v. H. gewährt werden, wenn der Veräußerungspreis mit Rücksicht auf die Person des Erwerbers wesentlich niedriger als sonst üblich festgesetzt ist. Die Entscheidung trifft die Steuerbehörde.

(5) Die sich nach Abs. 1—4 ergebende Steuer wird auf volle Reichsmark abgerundet. Steuerbeträge, die im ganzen unter 10 RM bleiben, werden nicht erhoben.

§ 24.

(1) Steuerschuldner ist der Veräußerer und, falls ein solcher nicht vorhanden ist, der bisherige Eigentümer. Mehrere Steuerpflichtige haften als Gesamtschuldner.

(2) Kann die Steuer von dem Veräußerer nicht beigetrieben wer-

den, so haftet der Erwerber bis zum Höchstbetrage von 25. v. H. des Veräußerungspreises. Diese Haftung besteht auch beim Erwerbe im Wege der Zwangsversteigerung, wenn die Zwangsversteigerung von den Beteiligten zum Zwecke der Steuerumgehung an Stelle einer freihändigen Veräußerung des Grundstücks herbeigeführt worden ist.

(3) Hat der Erwerber die Zahlung der Wertzuwachssteuer vertraglich gegenüber dem Veräußerer übernommen, so ist die Steuerbehörde berechtigt, ihn neben dem Veräußerer (§ 421 BGB.) als Steuerschuldner für die volle Steuer in Anspruch zu nehmen.

(4) Ebenso ist die Steuerbehörde berechtigt, den Erwerber neben dem Veräußerer als Steuerschuldner für die volle Steuer in Anspruch zu nehmen, wenn der Tatbestand der §§ 3—5 der Ordnung erfüllt ist.

(5) Ist die Vornahme des steuerpflichtigen Rechtsvorganges unter Mitwirkung eines Bevollmächtigten oder durch die Tätigkeit eines Vermittlers mit der Maßgabe erfolgt, daß diesem der einen gewissen Betrag übersteigende Teil des Kaufpreises verbleibt, so haftet für den auf den Mehrerlös entfallenden Teil der Steuer neben dem Veräußerer als Gesamtschuldner derjenige, dem der Mehrerlös zukommt.

§ 25.

(1) Bei Veräußerungen von unbebauten Grundstücken zum Zwecke der Bebauung im Sinne des Abs. 3 oder von bebauten Grundstücken zum Zwecke des Abrisses und der Wiederbebauung im Sinne des Abs. 3 wird die Steuer bezüglich desjenigen Teiles des Grundstücks, der nach Abs. 4 als zur Bebauung gehörig gilt, dem ersten Veräußerer bis auf den Betrag von 2 v. H. des Kaufpreises zunächst gestundet und dann bis auf diesen Betrag ermäßigt, wenn der erste oder ein späterer Erwerber innerhalb von zwei Jahren nach Eintritt der Steuerpflicht beim ersten Steuerfall die Gebäude errichtet hat und ihre Gebrauchsabnahme erfolgt ist. Die Stundung wird nur gewährt, wenn und soweit der über 2 v. H. des Kaufpreises hinausgehende Wertzuwachssteuerbetrag nach Bestimmung der Steuerbehörde sichergestellt wird.

(2) Die gleiche Ermäßigung tritt ein bei der erstmaligen Veräußerung von Grundstücken, die zum Zwecke der Bebauung im Sinne des Abs. 3 erworben sind und innerhalb von zwei Jahren vom Zeitpunkt der Ingebrauchnahme der Baulichkeiten an weiter veräußert werden hinsichtlich desjenigen Teiles der Grundstücke, der nach Abs. 4 als zur Bebauung gehörig gilt.

(3) Als Bebauung gilt nur die Errichtung von massiven Wohn- und gewerblichen Zwecken dienenden Häusern.

Als Häuser gelten nicht Baulichkeiten von geringem Umfange oder vorübergehender Natur, die sich nicht als normale Ausnutzung der baulichen Ausnutzbarkeit des Grundstücks darstellen, insbesondere nicht Wohnlauben, Wochenendhäuser, Wohn- und Bürobaracken, Fabrikschuppen, Garagen u. a.

(4) Als zur Bebauung gehöriger Teil des Grundstücks gilt außer dem mit der Baulichkeit im Sinne des Abs. 3 besetzten Teil noch das Vierfache der bebauten Fläche, mindestens aber eine als Hof oder Hausgarten genutzte Fläche bis zu 2000 qm.

§ 26.

(1) Die Steuer wird auf Antrag erlassen, erstattet oder ermäßigt:

1. bei Nichtigkeit des Rechtsgeschäfts oder des den Eigentumserwerb begründenden Rechtsvorganges,
2. bei Aufhebung des Rechtsgeschäfts durch Parteivereinbarung oder infolge Ausübung eines vorbehaltenen Rücktrittsrechts,
3. bei Rückgängigmachung infolge Nichterfüllung der Vertragsbedingungen,
4. bei Preisminderung nach §§ 459 und 460 des Bürgerlichen Gesetzbuches, soweit sie eine Ermäßigung der Steuer zur Folge hat,
5. bei Rückkauf innerhalb zweier Jahre. Für die Berechnung der Frist gilt die Bestimmung des § 13 Abs. 1 Ziff. 3, Satz 2 und 3,
6. bei Vorliegen einer Steuerumgehung im Sinne des § 5 der Ordnung, soweit die Steuer auf Grund der für unwirksam zu erachtenden Maßnahmen entrichtet ist, wenn die Entscheidung, die diese Maßnahmen als unwirksam behandelt, rechtskräftig geworden ist..

(2) Der Antrag muß innerhalb eines Jahres nach Eintritt des Ereignisses gestellt werden, auf welches der Erstattungsanspruch sich gründet.

§ 27.

(1) Die Steuerschuldner und die zur Mithaft Verpflichteten sowie deren Bevollmächtigte und gesetzliche Vertreter haben innerhalb zweier Wochen nach dem Eintritt des die Steuerpflicht begründenden Ereignisses der Steuerbehörde hiervon sowie von allen sonstigen für die Festsetzung der Steuer in Betracht kommenden Verhältnissen schriftliche Mitteilung zu machen, auch die die Steuerpflicht betreffenden Urkunden vorzulegen.

(2) Auf Verlangen der Steuerbehörde sind die Steuerschuldner sowie deren Bevollmächtigte und gesetzliche Vertreter verpflichtet, über bestimmte, für die Veranlagung der Steuer erhebliche Tatsachen innerhalb einer ihnen zu bestimmenden Frist schriftlich oder zu Protokoll Auskunft zu erteilen, anderenfalls die Ermittlung und Veranlagung durch die Steuerbehörde selbständig vorgenommen werden.

(3) In den Fällen des § 1 Abs. 3 sind auch gesetzliche Vertreter und Bevollmächtigte der Personenvereinigungen zur Anzeige und zur Auskunftserteilung verpflichtet.

§ 28.

Die Steuerbehörde ist bei der Veranlagung der Steuer an die Angaben der Steuerpflichtigen nicht gebunden. Wird die erteilte Auskunft beanstandet, so sind den Steuerpflichtigen vor der Veranlagung die Gründe der Beanstandung mit dem Anheimstellen mitzuteilen, hierüber binnen einer angemessenen Frist eine weitere Erklärung abzugeben. Findet eine Einigung mit dem Steuerpflichtigen nicht statt, so kann die Steuerbehörde die zu entrichtende Steuer nötigenfalls nach dem Gutachten Sachverständiger festsetzen.

§ 29.

(1) Dem Steuerpflichtigen ist über die Veranlagung der Steuer ein schriftlicher Bescheid zuzustellen. Im Falle der Heranziehung der nach § 24 Abs. 2 und 5 Haftenden ist diesen eine besondere Veranlagung zuzustellen.

(2) Die Steuer ist innerhalb von 8 Tagen nach Bekanntgabe an die in dem Bescheide bezeichnete Kasse zu entrichten.

§ 30.

Die Vorschriften der §§ 83—94, 95 Abs. 1 und 3, 97 Abs. 1 und 3, 98—100, 109—118, 168, 169, 173, 177, 178 bis 185, 188 192, 204, 205 Abs. 1, 2 und 4, 207 Abs. 1 und 210 Abs. 1 und 2 der Reichsabgabenordnung sind sinngemäß anzuwenden mit der Maßgabe, daß an die Stelle des Reichs die Stadtgemeinde, an die Stelle des Finanzamts die Steuerbehörde und an die Stelle des Landesfinanzamts der Oberpräsident treten.

§ 31.

Dem Steuerpflichtigen stehen gegen die Veranlagung die Rechtsmittel gemäß § 69 des Kommunalabgabengesetzes offen.

§ 32.

Zuwiderhandlungen gegen die Bestimmungen dieser Steuerordnung werden mit einer Geldstrafe bis zu dem nach dem Kommunalabgabengesetz zulässigen Höchstmaß bestraft, sofern nicht nach den sonstigen Gesetzen eine höhere Geldstrafe oder eine Freiheitsstrafe verwirkt ist.

§ 33.

Die Steuerbehörde wird ermächtigt, aus Billigkeitsgründen eine Herabsetzung der Steuer im Einzelfall vorzunehmen. Ebenso können bereits veranlagte Steuern auf Antrag durch die Steuerbehörde aus Billigkeitsgründen ganz oder teilweise erlassen oder niedergeschlagen werden.

§ 34.

Diese Steuerordnung tritt mit dem 1. April 1929 in Kraft.

B) Maßgaben des Oberpräsidenten

vom 30. März 1929.

Die Wertzuwachssteuerordnung der Stadt Berlin vom 28. März 1928 wird mit folgenden Maßgaben genehmigt:

1. Im § 6 Abs. 2 werden die Worte „oder nach § 24 Abs. 3 und 4 Steuerschuldner sind" und im § 30 die Zahl „191" gestrichen.

2. Dem § 7 Abs. 1 Nr. 10 ist nachfolgender Zusatz einzufügen:

„Soweit das Vermögen der Vereinigung aus in Berlin belegenen Grundstücken besteht, wenn entweder zum Gegenstande des Unternehmens die Verwertung von Grundstücken gehört, oder wenn die Vereinigung geschaffen ist, um die Zuwachssteuer zu ersparen."

Ferner sind dem § 7 Abs. 1 die nachstehenden Nummern 11 und 12 hinzuzufügen:

„11. Beim Erwerbe durch verdrängte Grenzlande-, Auslands- und Kolonial-Deutsche, die durch ihre Verdrängung ihre wirtschaftliche Lebensgrundlage ganz oder zum überwiegenden Teil verloren haben, sofern der Erwerb zum Zwecke der erstmaligen Wiederansetzung erfolgt und der Veräußerer nachweist, daß er den Veräußerungspreis im Hinblick auf die Nichterhebung der Wertzuwachssteuer entsprechend gesenkt hat.

12. Bei Grundstücksübertragungen, welche der Schaffung gesunder Kleinwohnungen für Minderbemittelte zu dienen bestimmt sind, wenn als Veräußerer Körperschaften des öffentlichen Rechts oder solche Personenvereinigungen, die sich mit den genannten Zwecken befassen, beteiligt sind. Die Befreiung der Personenvereinigungen tritt nur für den erstmaligen Verkauf ein, wenn der Reingewinn satzungsgemäß auf eine Verzinsung von höchstens 5. v. H. der Kapitalseinlagen beschränkt, bei Auslosungen, Ausscheiden eines Mitglieds und für den Fall der Auflösung der Vereinigung den Mitgliedern nicht mehr als der Nennwert ihrer Anteile zugesichert und bei der Auflösung der etwaige Rest des Vermögens für gemeinnützige Zwecke bestimmt ist."

3. Im § 10 Abs. 2 sind hinter die Worte „der gemeine Wert des Grundstücks" die Worte „unter Berücksichtigung seiner Belastung" einzufügen.

4. § 23 hat wie folgt zu lauten:

„§ 23.

(1) Die Steuer beträgt:

1. wenn der für die Ermittelung des Wertzuwachses maßgebende Erwerb des Grundstücks in der Zeit vom 1. Januar 1919 bis zum 31. Dezember 1924 stattgefunden hat, 30 v. H. des Wertzuwachses;
2. in allen übrigen Fällen 10 v. H. des Wertzuwachses bei einer Wertsteigerung bis ausschließlich 20 v. H. des Erwerbspreises zuzüglich der Anrechnungen,

12	v. H.	bei	einer	Wertsteigerung von	20	bis	ausschl.	30 v. H.,
14	„	„	„	„	30	„	„	40 „
16	„	„	„	„	40	„	„	50 „
18	„	„	„	„	50	„	„	60 „
20	„	„	„	„	60	„	„	70 „
22	„	„	„	„	70	„	„	80 „
24	„	„	„	„	80	„	„	90 „
26	„	„	„	„	90	„	„	100 „
28	„	„	„	„	100	„	„	110 „
30	„	„	„	„	110 v. H.	und	mehr.	

(2) Die nach Absatz 1 Nr. 2 sich ergebende Steuer erhöht sich bei einem für die Steuerberechnung maßgebenden Zeitraum:

bis	zu	1 Jahr	um	100 v. H.
„	„	2 Jahren	„	80 „
„	„	3 „	„	60 „
„	„	4 „	„	40 „
„	„	5 „	„	20 „

mit der Maßgabe, daß die Steuer 30 v. H. des Wertzuwachses nicht übersteigen darf.

(3) Der Steuersatz (Abs. 1) ermäßigt sich für das siebente und jedes vollendete weitere Jahr um je 1/2 v. H. § 14 Abs. 1 findet auf den für die Steuerberechnung maßgebenden Zeitraum entsprechende Anwendung. Die Ermäßigung tritt nicht ein, wenn der für die Ermäßigung des Wertzuwachses maßgebende Erwerb des Grundstücks in der Zeit vom 1. Januar 1919 bis 31. Dezember 1924 stattgefunden hat.

(4) Handelt es sich um den Verkauf eines Wohnhauses oder einer Ansiedlungsstätte an Kriegsbeschädigte oder an Hinterbliebene von Kriegsteilnehmern, die auf Grund des Kapitalabfindungsgesetzes Grundstücke erwerben, so kann auf Antrag eine außerordentliche Ermäßigung der Steuer bis zu 50 v. H. gewährt werden, wenn der Veräußerungspreis mit Rücksicht auf die Person des Erwerbers wesentlich niedriger als sonst üblich festgesetzt ist. Die Entscheidung trifft die Steuerbehörde.

(5) Die sich nach Abs. 1—4 ergebende Steuer wird auf volle Reichsmark abgerundet. Steuerbeträge, die im ganzen unter 10 RM bleiben, werden nicht erhoben."

5. Im § 34 werden die Worte „1. März 1928“ durch „1. April 1929“ ersetzt.

Wird der Maßgabe durch erneuten Gemeindebeschluß beigetreten, so tritt die Wirksamkeit der Zustimmung mit dem 1. April 1929 ein.

Charlottenburg, den 30. März 1929.

Der Oberpräsident
der Provinz Brandenburg und von Berlin

(L. S.) gez. Dr. Maier.

O. P. C. 331/29.

Mit den gleichen Maßgaben haben der Minister des Innern und der Finanzminister unterm 28. März 1929 — IV St. Berlin I XV —/Fin. Min. II A 3348 ihre Zustimmung erteilt und dabei noch folgendes ausgesprochen:

„Die Zustimmung wird zunächst bis zum 31. März 1930 befristet. Ihre Verlängerung ist rechtzeitig vorher zu beantragen.

Ferner ordnen wir auf Grund des § 77 Abs. 5 des KAG. an, daß die den vorstehenden Maßgaben beitretenden Gemeindebeschlüsse vom 1. April 1929 ab Wirksamkeit haben sollen.“

Den Maßgaben, mit denen der Oberpräsident die Genehmigung und der Minister des Innern und der Finanzminister ihre Zustimmung erteilt haben, sind die städt. Körperschaften in ihren Sitzungen am 3. und 18. April 1929 beigetreten.

Berlin, den 18. April 1929. H. St. V. III.

Magistrat.

2. Kommentar der Wertzuwachssteuerordnung der Stadt Berlin.

Auf Grund der §§ 13, 18, 63, 69, 70, 79, 82 und 90 des Kommunalabgabengesetzes vom 14. Juli 1893 und der Novelle vom 26. August 1921 wird mit Zustimmung der Stadtverordnetenversammlung für die Stadt Berlin folgende Steuerordnung erlassen:

§ 1[1].

(1) Bei Rechtsvorgängen, die den Übergang des Eigentums[2] an Grundstücken und Anteilen an Grundstücken in der Stadt Berlin[3] betreffen, wird eine Wertzuwachssteuer erhoben[4].

(2) Den Grundstücken stehen Berechtigungen gleich, auf welche die Vorschriften des bürgerlichen Rechts über Grundstücke Anwendung finden[5].

(3) Dem Übergange des Eigentums an Grundstücken steht gleich[6] der Übergang von Rechten an dem Vermögen von Personenvereinigungen[7] (einer Gesellschaft mit beschränkter Haftung, einer Kommanditgesellschaft, Aktiengesellschaft, Kommanditgesellschaft auf Aktien, Gewerkschaft, eingetragenen Genossenschaft, eines eingetragenen Vereins oder einer offenen Handelsgesellschaft usw.), soweit das Vermögen der Vereinigung aus in Berlin belegenen Grundstücken besteht[8], wenn entweder zum Gegenstande des Unternehmens die Verwertung von Grundstücken gehört[9], oder wenn die Vereinigung geschaffen ist[10], um die Zuwachssteuer zu ersparen.

1. Laut § 1 unterliegt der Wertzuwachssteuer die Veräußerung von Grundstücken und Grundstücksteilen. Es werden ferner durch Absatz 2 gewisse Grundstücksberechtigungen den Grundstücken und durch Absatz 3 der Übergang an Recht von Personenvereinigungen unter gewissen Voraussetzungen dem Übergang des Eigentums an Grundstücken gleichgestellt.

2. Das Reichswertzuwachssteuergesetz macht die Steuerpflicht von dem Übergang des *Eigentums* abhängig. Die Berliner Wertzuwachssteuer trifft hingegen nicht nur den dinglichen Eigentumserwerb als solchen, sondern sämtliche den „Übergang des Eigentums betreffende Rechtsvorgänge". Gemeint sind damit: 1. die Rechtsakte, die den Übergang des Eigentums auslösen, also in erster Linie die Auflassung und die Eintragung; 2. aber auch die obligatorischen Rechtsgeschäfte, welche die Verpflichtung des Verkäufers zur Übertragung des Eigentums begründen. (Vgl. auch § 15 des Preuß. Grundstückssperrgesetzes vom 10. Februar 1923 und die RGEntscheidung JW. 1925, S. 1395, sowie das Gesetz vom 20. Juli 1925, Art. 1.) Daß unter „Rechtsvorgängen" im Sinne des § 1 auch die Grundgeschäfte zu verstehen sind, ergibt sich zweifelsfrei aus § 2 Abs. 1. Es fallen also unter § 1 vor allem auch der Grundstückskaufvertrag, der Kauf eines ganzen Vermögens (§ 419 BGB.) eines Handelsgeschäftes (§ 22 ff. HGB.) und der Erbschaftskauf (§ 2371 BGB.), sofern zu der veräußerten Vermögensmasse Grundstücke gehören. Ferner Tauschverträge (vgl. hierzu § 22) die Schenkung (§ 516), wie auch die durch § 1 Absatz 3, wie § 2a Ziffer 1—5 der Grundstücksveräußerung gleichgestellten Geschäfte. Da die Offerte eine *Verpflichtung* zur Eigentumsübertragung nicht begründet, ist sie an sich nicht steuerpflichtig. Wohl aber kann im Einzelfall die Offerte als steuerpflichtiges Geschäft angesehen werden, sofern sie unter § 3 der Steuerordnung fällt. (Vgl. Anm. zu § 3.) Das Gleiche gilt von einer unwiderruflichen Vollmacht, sofern sie in der Form des § 313 BGB. erteilt ist, und deshalb als ein formgültiger Grundstücksveräußerungsvertrag behandelt werden kann.

Nichtige Verträge scheiden für die Steuer aus und zwar gleichgültig, ob sie wegen Verstoßes gegen die Formvorschrift des § 313 BGB. oder aus sonstigen Gründen nichtig sind. Die Steuer kommt also insbesondere nicht bei einem sog. Schwarzkaufvertrag in Frage; denn der protokollierte Vertrag ist als Scheingeschäft (§ 117 Abs. 1 BGB.), das wirklich gewollte Geschäft wegen Verletzung der Form des § 313 BGB. formungültig.

Auch **unwirksame** Geschäfte (z. B. aus § 108 BGB.) und aufschiebend bedingte Verträge geben keinen klagbaren Erfüllungsanspruch und bilden daher keinen Rechtsvorgang im Sinne von § 1 (OVG. 69, S. 7). Das Gleiche hat von dem der behördlichen Genehmigung bedürftigen Veräußerungsvertrage zu gelten, solange die Genehmigung nicht erfolgt ist. (Siehe OVG. vom 17. 12. 1926 PrVerw. Blatt Bd. 48 S. 408.)

Besonders strittig ist die Frage, ob und inwieweit bei **Vergleichen** wegen **Schwarzkaufdifferenzen** die Wertzuwachssteuer zur Erhebung zu gelangen hat. Gedacht ist hierbei an die Fälle, daß der Käufer unter Heranziehung eines gewissen Betrages das Grundstück behält.

A. Bis zum Jahre 1927 haben die Berliner Bezirksämter hier eine im ganzen wohlwollende Stellung eingenommen.

a) Erhielt der Erwerber das Grundstück endgültig auf Grund nachträglicher Genehmigung, ohne daß eine Nachzahlung vereinbart wurde, war also der alte Kaufvertrag maßgebend, so sollte auf Grund der Anerkennung der rückwirkenden Kraft der Genehmigung weder eine Grunderwerbssteuer noch eine Wertzuwachssteuer erhoben werden.

b) Erhielt der Käufer das Grundstück ohne neue Auflassung, aber unter Vereinbarung einer Nachzahlung, so sollte die Grunderwerbssteuer nur von der Nachzahlung erhoben und an Stelle der Wertzuwachssteuer ein Zuschlag von 2% zur Grunderwerbssteuer, also 6 bzw. 7%, gefordert werden.

c) Wurde jedoch die Auflassung neu erklärt, so sollte grundsätzlich eine neue Veranlagung nach dem vollen jetzigen gemeinen Wert erfolgen; für den Fall, daß die Genehmigung nachgesucht würde, sollte aber trotz neuer Auflassung die gleiche Billigkeitsregelung wie zu b) Platz greifen. (S. Asch, Grundstückskauf 2. Auflage, Seite 165/68.)

Das Finanzgericht Berlin und der RFH. in seiner Entscheidung vom 1. 7. 26 (Fg. IX a Nr. 155/26) hatte sogar diese Regelung für zu hart erklärt.

B. Ein völliger Umschwung der steuerlichen Behandlung der Schwarzkaufvergleiche trat aber auf Grund der Entscheidungen des RFH. vom 12. 8. 1927, II A 327, 27 und 23. 9. 1927, II A 389, 27 (JW 27,2946) ein. Der R.F.H. versagte nämlich nunmehr der behördlichen Genehmigung die Kraft der Rückwirkung und unterwarf den Grundstückserwerb auf Grund eines Vergleiches, gleichgültig, ob die Auflassung neu erklärt oder nachträglich genehmigt wurde, der Grunderwerbssteuerpflicht.

Die Berliner Bezirksämter haben sich nunmehr auf folgenden Standpunkt gestellt:

I. Grunderwerbssteuer.

Im Anschluß an die Rechtsprechung des RFH. soll grundsätzlich die Grunderwerbssteuer nach dem jetzigen gemeinen Wert des Grundstücks erhoben werden, und nicht etwa nur in Höhe der Nachzahlung.

Wenn hinreichender Verdacht des Schwarzkaufes vorliegt, soll versucht werden, die Einleitung des Genehmigungsverfahrens durch Eintragung des Amtswiderspruchs gemäß § 11 Preuß. Groß. Verk. Ges. zu erzwingen oder durch ein Steuerstrafverfahren die Aufklärung des Sachverhalts herbeizuführen.

II. Wertzuwachssteuer.

a) Ist ein Schwarzvertrag nicht nachweisbar, aber eine Nachzahlung geleistet, so ist die Nachzahlung zu versteuern, ohne daß im Regelfall, abgesehen von einer Provision, Abzüge oder Anrechnungen in Frage kommen. OVH. vom 1. 6. 1928.

b) Liegt Schwarzvertrag vor, so ist die damalige Veranlagung ohne rechtlichen Grund erfolgt, und es kommt auf Grund völlig neuer Veranlagung die Zuwachssteuer hinsichtlich der Differenz zwischen Anschaffungswert und gesamtem Erstehungspreis unter Berücksichtigung der Aufwendungen und Abzüge und unter Anrechnung einer etwa bereits gezahlten Steuer zur Erhebung.

Handelt es sich um Altbesitz, so wird die Wertzuwachssteuer auch nach der neuen Steuerordnung meist keine praktische Bedeutung haben. Auch bleibt in besonderen Härtefällen die Ermäßigung im Billigkeitswege offen.

C. Das für die Wertzuwachssteuer als höchste Instanz in Betracht kommende OVG. hat aber über die Frage der Rückwirkung der Genehmigung noch keine Entscheidung gefällt. Immerhin kann nicht außer acht gelassen werden, daß das RG. im Gegensatz zum RFH. auch der behördlichen Genehmigung rückwirkende Kraft unter entsprechender Anwendung des § 184 BGB. zugesprochen hat. (RG. 108, 94; Asch, Grundstückskauf, 3. Aufl. S. 100). Für die Wertzuwachssteuer aber dürfte die Frage der rückwirkenden Kraft der Genehmigung überhaupt keine entscheidende Bedeutung haben. Wertzuwachssteuerpflichtig ist nicht die Auflassung, sondern das Grundgeschäft. Haben die Parteien sich in einem Vergleich auf eine erhöhte Vergütung für die Überlassung des Grundstücks nachträglich geeinigt, so ist der damit abgeänderte Vertrag, gleichgültig, ob der ursprüngliche Vertrag gültig war oder nicht, zum Grundgeschäft für die Auflassung geworden. Hiermit ist steuerrechtlich auch die Grundlage für eine erneute Steuerfestsetzung gegeben. Hingegen erscheint es nicht zulässig, nunmehr schlechthin von der Nachzahlung 30 bzw. 39% zu erheben. Da die Parteien in dem Vergleich zur Gegenleistung für die Eigentumsübertragung die gesamten ursprünglichen Leistungen zuzüglich der Nachzahlung gemacht haben, werden dem Steuerpflichtigen vielmehr auch die Abzüge, zu denen er auf Grund des ersten Vertrages berechtigt war, zugute kommen müssen.

D. Behält dagegen der Verkäufer bei nachgewiesenem Schwarzkauf das Grundstück auf Grund eines Vergleichs oder Urteils, kommt weder eine Grunderwerbssteuer noch eine Wertzuwachssteuer in Frage. (OVG. vom 29. 6. 1928 Reichsverw. Blatt Bd. 50 S. 104.)

Außer dem Grundgeschäft ist die **Auflassung** als solche „ein Rechtsvorgang, der den Eigentumsübergang betrifft". § 1 setzt den tatsächlichen Eigentumsübergang nicht voraus; die Auflassung kann daher, auch bevor die Eintragung erfolgt ist, als steuerpflichtiger Akt in Betracht kommen, insbesondere, wenn das Grundgeschäft nichtig ist. Ist aber die Auflassung selbst genehmigungspflichtig, so kann vor Erteilung der Genehmigung durch die Behörde auch keine Wertzuwachssteuer erhoben werden.

Neben dem auf Grund von Auflassung und Eintragung erfolgenden Eigentumserwerbe unterliegen die in § 2 Ziff. b aufgezählten Arten des originären Erwerbes der Steuerpflicht.

Das fiduziarische Eigentum ist steuerrechtlich als vollwirksames Eigentum anzusehen. (OVG. 66, S. 22; 60, S. 139; 64, S. 9.) Dies kommt in erster Linie für die Übereignung eines Grundstücks an einen Treuhänder in Betracht. Auch die Übertragung des Treuhänders an den Treugeber ist als ein steuerpflichtiger Rechtsvorgang zu behandeln; hieran ändert nichts die rechtliche Erwägung, daß der Treuhänder mit der Eigentumsübertragung nur seinen schuldrechtlichen Verpflichtungen aus dem Auftrag nachgekommen ist. (OVG. 80, S. 80; 66, S. 22.) Hat also z. B. A. im Jahre 1912 im Auftrage des B. für diesen ein Grundstück erworben, und es erst im Jahre 1920 an B. seinerseits in Erfüllung seiner Treuverpflichtung ohne Entgelt aufgelassen und B. dann im Jahre 1923 das Grundstück an C. weiterveräußert, so gilt als Stichtag für den Erwerb des Grundstücks durch B. nicht das Jahr 1912, sondern das Jahr 1920. Dies kann für die Berechnung der Steuer mit Rücksicht auf die Staffelungsvorschrift des § 23 der StO. von großer Bedeutung sein; andererseits hat es aber auch die Folge, daß als Erwerbspreis nicht der

Preis zugrunde zu legen ist, den A. im Jahre 1912 gezahlt hat, sondern der gemeine Wert, den das Grundstück im Jahre 1920 hatte. (§ 10 Ziff. 1 Wertzuwachssteuerordnung, OVG. Band 66, S. 22.)

Steuerpflichtig ist ferner:

a) die Einbringung eines Grundstücks in eine Gesellschaft, z. B. eine G.m.b.H. (Entscheidung des sächs. OVG. vom 10. Februar 1913, Amtliche Mitteilungen 1913 S. 143);

b) die Umwandlung von Bruchteilseigentum in Gesamthandseigentum, wie umgekehrt. (RG. 53, 435, RFH., Band 12, S. 76; 17, 40);

c) die Auseinandersetzung zwischen zwei Bruchteilseigentümern dahin, daß jeder bestimmte Parzellen des Grundstücks zum Alleineigentum übernimmt. (RFH. 5, 19.)

3. Das Gebiet der Stadt Berlin ist in § 1 des Ges. über die Bildung einer neuen Staadtgemeinde Berlin vom 19. 4. 20 (PrGS. S. 123) festgelegt.

Maßgebend ist für die Frage des Geltungsbereiches nur die örtliche Lage des Grundstücks, nicht aber der Beurkundungsort. (OVG. 19. 2. 26, Bd. 80, S. 84.)

4. Die Steuer soll nach der ausdrücklichen Bezeichnung des § 1 den Zuwachs, d. h. den wirklichen Gewinn treffen.

Die neue Steuerordnung erfaßt im Gegensatz zu der bisherigen StO. vom 11. 4. 1924 jedes steuerpflichtige Rechtsgeschäft, gleichgültig wann der Erwerb stattgefunden hat. Der Unterschied zwischen „Altbesitz" und „Neubesitz", welcher in der bisherigen StO., die ja als Inflationswertzuwachssteuerordnung aufgezogen war, eine große Rolle spielte, ist fortgefallen. Nur für die Höhe des Steuersatzes ist die Frage, wann der Steuerpflichtige das Grundstück erworben hat, von Bedeutung (siehe hierzu § 23), nicht aber für die Frage der Steuerpflicht.

Der Gesetzgeber ist, wie sich aus der Vorlage an die Stadtverordnetenversammlung ergibt, vor allem aus dem Grunde zur allgemeinen Besteuerung des Wertzuwachses auch beim Altbesitz übergegangen, weil mit Wirkung ab 1. 4. 1927 gemäß § 13 Nr. 8 in Verbindung mit § 19 Abs. 6 des Gesetzes über Änderung des Finanzausgleichs zwischen Reich, Ländern und Gemeinden vom 10. 8. 1925 (BGBl. Teil I S. 254) das Recht auf Erhebung eines Zuschlags zur Grunderwerbssteuer in Fällen, welche der Wertzuwachsbesteuerung nicht unterlagen, in Fortfall gekommen ist.

5. **Berechtigungen** dieser Art sind: Das Erbbaurecht (Verordnung vom 15. Januar 1919, Reichsgesetzblatt S. 72); Erbpachtrecht (Artikel 63 EG. BGB.); die Bahneinheit (Art. 112 EG. BGB.); die Schiffmühlengerechtigkeit, Fährgerechtigkeit, Fischereigerechtigkeit (Art. 40 AG. BGB.); die Berechtigungen zu einem Gewerbebetriebe, die an ein bestimmtes Grundstück geknüpft sind (die Realgewerbeberechtigungen); die Apothekenprivilegien, soweit sie vor dem Gewerbeedikt vom 2. November 1810 verliehen sind. (OVG. 26. September 1916, Amtl. Mitt. 1916, 191); die Abdeckereigerechtigkeit. Eine selbständige Gerechtigkeit im Sinne der Vorschrift liegt aber nur vor, wenn sie ein Grundbuchblatt erhalten hat. (Art. 40 AG. BGB.) Voraussetzung für die Steuerpflichtigkeit ist der Übergang eines derartigen Rechts; bei der Begründung, etwa eines Erbbaurechts, kommt eine Steuerpflicht nicht in Frage. (OVG. 64, 136.)

6. Absatz 3 des § 1 entspricht § 3 des Grunderwerbssteuergesetzes. Während das Grunderwerbssteuergesetz aber nur die Vereinigung sämtlicher Anteile in einer Hand besteuert, fällt unter die Zuwachssteuerordnung auch die **Abtretung einzelner Anteile.** Andererseits wird für die Wertzuwachssteuer die Besteuerung auf solche Vereinigungen beschränkt, welche die Verwertung von Grundstücken zum Gegenstande haben oder welche geschaffen sind, um die Wertzuwachssteuer zu ersparen.

Die Gültigkeit dieser Bestimmung der Zuwachssteuerordnung war in der Literatur mit der Begründung bestritten, daß die Besteuerung der Abtretung von Anteilen über die Steuerhoheit der Stadt Berlin hinausgehe, weil diese Abtretung nicht auf das Gebiet der Berliner Stadtgemeinde örtlich beschränkt sei. Die Gültigkeit ist aber durch die Entscheidung des OVG. vom 19. Februar 1926 (Band 80, S. 84) anerkannt, da ja der Besteuerung nur das Vermögen unterworfen ist, welches aus in Berlin belegenen Grundstücken besteht, ebenso OVG. vom 30. 9. 1927 (Reichsverwaltungsblatt Bd. 49 S. 444) und vom 21. 10. 1927 (Reichsverwaltungsblatt Bd. 49 S. 445).

7. Die gewählte Fassung bringt nicht eine ausschließliche und erschöpfende Aufzählung der in Frage kommenden Vereinigungen, sondern unterstellt der Steuerpflicht sämtliche „Personenvereinigungen"; die ausdrücklich in der Klammer angeführten Vereinigungen stellen nur die wichtigeren Beispiele, insbesondere des Gesellschaftsrechtes dar.

8. Für die Besteuerung scheiden aus:

1. Das Mobiliar, das Baarvermögen und sämtliche sonstigen,

nicht in Grundbesitz bestehenden Vermögenswerte. (Siehe auch § 11 der StO.)

2. Die Grundstücke der Vereinigung, die nicht in Berlin belegen sind.

Es darf also nicht der ganze Kaufpreis, sondern dieser nur zu dem Bruchteil zur Wertzuwachssteuer herangezogen werden, in welchem der Wert des Berliner Grundstücks zu dem Gesamtwert des Gesellschaftsvermögens steht.

Hat z. B. ein Anteilsbesitzer an einer Grundstücksverwertungsgesellschaft die ihm gehörigen Anteile in Höhe der Hälfte des Gesellschaftskapitals für 120 000 Mk. übertragen und, hat die Gesellschaft in Berlin ein Grundstück mit einem gemeinen Wert von 75 000 Mk., während das Gesamtvermögen der Gesellschaft einschließlich der nicht in Berlin belegenen Grundstücke 300 000 Mark beträgt, so ist nur der vierte Teil von 120 000 Mk., also nur ein Betrag von 30 000 Mk. als Veräußerungspreis für die Berechnung der Wertzuwachssteuer einzusetzen.

Gleichgültig ist für die Anwendbarkeit des Absatzes 3, ob das Vermögen im ganzen oder einzelne Anteile an dieselbe Person oder an verschiedene Personen veräußert werden. Doch müssen die weiteren Voraussetzungen der Anm. 9 und 10 zutreffen.

Die Umwandlung von Gesamthandseigentum z. B. der Erbengemeinschaft, (§ 2032 BGB.), der ehelichen und fortgesetzten Gütergemeinschaft, (§ 1923 BGB.), des nicht rechtsfähigen Vereins, der offenen Handelsgesellschaft, wie der Gesellschaft des bürgerlichen Rechts, (§ 705, 54 BGB.) in Bruchteilseigentum ist **grundsätzlich** steuerpflichtig. (Beschl. des Bundesrats Amtl. Mitt. 1913, S. 183, § 21 StO. (über **Berechnung** s. daselbst).

Desgleichen wird die Steuerpflicht ausgelöst, wenn eine offene Handelsgesellschaft in eine juristische Person (G.m.b.H., Aktiengesellschaft oder Kommanditgesellschaft auf Aktien) oder eine juristische Person in eine andere umgewandelt wird. Dagegen ist die Umwandlung einer offenen Handelsgesellschaft, welche ein Grundstück besitzt in eine dieselben Personen umfassende Gesellschaft des Bürgerlichen Rechts kein steuerpflichtiger Rechtsvorgang, da keine neue Rechtspersönlichkeit geschaffen wird; (OVG. 74 S. 6.) ebensowenig die Umwandlung einer offenen Handelsgesellschaft in eine Kommanditgesellschaft. (OVG. 2. Dez. 1912, Pr. Verwbl. 34 S. 859) Über Fusion s. § 7 Ziff. 9.

Besondere steuerrechtliche Schwierigkeiten bieten die Anteilsveräußerungen der sog. **Dachgesellschaft**, wenn zwar zu ihrem Vermögen selbst keine Grundstücke gehören, wohl aber zu dem

Vermögen einer anderen Gesellschaft, deren sämtliche Anteile in Händen der Dachgesellschaft sind. Der Wortlaut des § 1 Abs. 3 rechtfertigt nicht ohne weiteres die Unterwerfung des Veräußerungsgeschäfts eines Anteilsbesitzers der Dachgesellschaft unter die Wertzuwachssteuer, da hier nicht unmittelbar die Übertragung von Rechten an einem aus Grundstücken bestehenden Vermögen den Gegenstand des Geschäftes bildet. Es müssen vielmehr besondere Umstände vorliegen, die den Tatbestand der §§ 3 oder 4 oder 5 der Wertzuwachssteuerordnung ergeben. Regelmäßig wird also die Veräußerung der Anteile der Dachgesellschaft nur dann steuerpflichtig sein, wenn der Wille erkennbar gerade auf die Mitübertragung der Geschäftsanteile an der Gesellschaft geht, in deren Eigentum die fraglichen Grundstücke stehen, so z. B., wenn der Übertragende auch Geschäftsführer der anderen Gesellschaft ist. (OVG. 1. Oktober 1915, Band 70, 1; 8. Januar 1917, Band 72, 19.) In einer neueren Entscheidung vom 5. 10. 1928 VII C 114, 27 hat jedoch das OVG. den § 1 Abs. 3 unmittelbar auf derartige Dachgesellschaften angewandt.

Die bisher ungeklärte Frage, ob trotz vorangegangener Veranlagung gemäß § 1 Abs. 3 eine nochmalige Wertzuwachssteuer dann erhoben werden darf, wenn später selbst der Eigentumsübergang des Grundstücks auf den Erwerber der Anteile erfolgt, ist nunmehr in § 7 Abs. 1 Ziff. 10 geregelt.

9. Maßgebend ist nicht der Gegenstand des Unternehmens, der in den Satzungen angegeben ist, sondern der tatsächlich verfolgte Zweck des Geschäfts. Ist dieser nicht sowohl auf die Nutzung und Verwaltung von Grundstücken, als auf eine bewußte Nutzbarmachung des Mehrwertes gerichtet, so ist bei der Veräußerung eines Grundstücks die Wertzuwachssteuer zu erheben. Hierzu reicht allerdings nicht aus, wenn bei Erwerb von Grundstücken die gelegentliche Veräußerung mit ins Auge gefaßt ist, sofern nur es dem Unternehmen in erster Linie auf die Nutzung der Grundstücke ankommt. Die Verwertung von Grundstücken bildet aber den Gegenstand des Unternehmens, wenn der Erwerb seinem wahren Grunde nach in der Erwartung zukünftiger Wertsteigerung erfolgt und die einstweilige Nutzung der Grundstücke, sei es durch eigene Benutzung, sei es durch Vermietung oder Verpachtung, nur ein Zwischenstadium darstellt, bis die Gelegenheit zur vorteilhaften Weiterveräußerung sich bietet. (OVG. Band 72, S. 24; Band 77, S. 61.)

10. Der Zweck der Gründung braucht nicht gerade in Ersparung der Wertzuwachssteuer zu bestehen; die Voraussetzung der Be-

stimmung muß vielmehr auch dann als gegeben angesehen werden, wenn der eigentliche Wille auf Ersparung der Grunderwerbssteuer gerichtet war. Besteht das Vermögen einer Aktiengesellschaft oder G.m.b.H. lediglich oder im wesentlichen in Grundstücksbesitz, ohne daß sie denselben zum Betriebe eines Handelsunternehmens oder Gewerbes benötigt, so ist die Absicht einer Steuerersparnis bei der Gründung zu vermuten.

§ 2.

Die Steuerpflicht[1] tritt ein:

a) bei den zur Übertragung des Eigentums verpflichtenden Veräußerungsgeschäften mit dem Abschluß des Geschäfts[2]. Als Veräußerungsgeschäfte sind auch anzusehen[3]:

1. Die Übertragung der Rechte der Erwerber aus Veräußerungsgeschäften;

2. die Übertragung von Rechten aus Anträgen zur Schließung eines Veräußerungsgeschäfts, die den Veräußerer binden, sowie aus Verträgen, durch die nur der Veräußerer zur Schließung eines Veräußerungsgeschäftes verpflichtet wird;

3. nachträgliche Erklärungen des aus einem Veräußerungsgeschäft berechtigten Erwerbers, die Rechte für einen Dritten erworben oder die Pflichten für einen Dritten übernommen zu haben;

4. die Abtretung der Rechte aus dem Meistgebot und die Erklärung des Meistbietenden, daß er für einen anderen geboten habe;

5. Rechtsgeschäfte, durch die jemand ermächtigt wird, ein Grundstück ganz oder teilweise auf eigene Rechnung zu veräußern;

b) in allen übrigen Fällen, in denen es eines Veräußerungsgeschäftes zum Übergang des Eigentums nicht bedarf[4] (z. B. Zwangsversteigerung[5], Enteignung[6], Ausschluß[7 8]), mit Vollendung des Rechtsvorganges, der die Rechtsänderung bewirkt.

1. § 2 regelt die Frage des **Eintritts der Steuerpflicht.** Das RZwStGes. war in seinen §§ 4 und 5 der Regelung des GrErwStGes. gefolgt und hatte die Steuerpflicht erst mit der Umschreibung im Grundbuch oder, falls eine solche nicht erfolgte, mit Ablauf eines Jahres nach Abschluß des Veräußerungsge-

geschäftes eintreten lassen. § 1 der Mustersteuerordnung vom 24. 3. 1921 ließ ebenfalls die Steuer erst beim Übergang des Eigentums fällig werden. Von dieser Regelung weicht die Berliner StO. bewußt ab, indem sie die Steuerpflicht bereits mit Abschluß des Veräußerungsgeschäftes eintreten läßt. Da die StO. die Steuerpflicht an den Eintritt bestimmter Tatbestände knüpft, bestehen Bedenken gegen die Regelung, die eine schnelle und ergiebige Erfassung bezweckt, nicht; die Autonomie der Gemeinden ist auf dem Gebiete der Zuwachsbesteuerung anerkannt. (OVG. in ständiger Rechtsprechung, insbesondere auch Bd. 80, S. 76 und Reichsverw. Blatt Bd. 49 S. 973; siehe auch vorläufige Richtlinien zum Ausführungsgesetz zum Finanzausgleichgesetz vom 17. November 1923, Ministerialblatt für die innere Verwaltung S. 1155.)

2. Bei Vorliegen eines obligatorischen Vertrages ist maßgebend der Zeitpunkt des Abschlusses, nicht aber etwa erst der der Einreichung bei der Steuerbehörde. In Betracht kommen nur rechtswirksame, insbesondere also auch nur formgültige Verträge, da rechtsunwirksame Verträge, so z. B. privatschriftliche Verträge eine Verpflichtung zur Übertragung des Eigentums nicht auslösen.

3. Eine Reihe von **anderen Geschäften** ist dem Veräußerungsgeschäft gleichgestellt.

Diese Bestimmung ist wörtlich aus dem § 5 Abs. 4 GrdErw. StGes. übernommen. Getroffen werden durch die Bestimmungen sog. Kettengeschäfte, deren Zwischenglieder steuerrechtlich erfaßt werden sollen. Besonders sei hier hervorgehoben:

Zu Ziff. 1: Die Übertragung der Rechte bedarf nicht der notariellen Form (RG. 108, 60). Ist der Veräußerungsvertrag selbst notariell abgeschlossen, so ist daher auch die formlose Abtretung des Rechts auf Auflassung steuerpflichtig.

Zu Ziff. 2: Im Gegensatz zu Ziff. 1 handelt es sich hier um Fälle, in denen noch kein beiderseits bindender Veräußerungsvertrag vorliegt, sondern nur eine Offerte des Veräußerers, oder ein Vorvertrag, durch welchen sich dieser bindend verpflichtet, auf Verlangen des Berechtigten einen Kaufvertrag abzuschließen.

Die Offerte an sich ist nicht steuerpflichtig (RFH. Band 9 S. 19). Wegen Steuerumgehung mittels Offerte vgl. § 3 der StO. Die Abtretung der Rechte aus der Offerte oder aus einem Vorvertrage unterliegt aber der Steuerpflicht. Zu Zweifelsfragen geben Offerten Anlaß, bei denen die Person, der gegenüber die Offerte erklärt wird, die Berechtigung zugesprochen erhält, einen Dritten zu benennen. Hier kommt es darauf an, ob das Angebot in Wirklichkeit nur an den Dritten oder ob es an den Offertberechtigten oder an einen von diesem zu benennenden Dritten gemacht ist. Ist der Offertempfänger lediglich Stellvertreter des unbenannten Dritten, so enthält dessen nachträgliche Benennung keine Übertragung der Rechte aus dem Kaufangebot (RFH. Band 11 S. 153). Hat der Offertempfänger aber durch die Offerte das eigene Recht zu ihrer Annahme erhalten, so bedeutet die nachträgliche Benennung des Dritten steuerrechtlich eine Übertragung der Rechte aus dem Antrag (RFH. Band 9 S 19, Band 12 S. 66).

Zu Ziff. 3: Gedacht ist an Fälle, in denen nach vollständigem Abschluß des Geschäfts der aus diesem Berechtigte erklärt, nur als Stellvertreter für einen anderen gehandelt zu haben.

Zu Ziff. 4: Getroffen wird die Abtretung der Rechte aus dem Meistgebot, wie die Erklärung des Meistbietenden, für einen anderen geboten zu haben, sofern sie vor dem Zuschlage erfolgt ist. Rechtsgeschäfte nach Erteilung des Zuschlages unterliegen der Steuerpflicht als gewöhnliche Veräußerungsgeschäfte.

Zu Ziff. 5: Gedacht ist an Fälle, in denen der Berechtigte in der Lage ist, rechtlich über das Grundstück zu verfügen und es auf eigene Rechnung und Gefahr zu veräußern (RFH. Band 12 S. 258, JW. 22, S. 829). Die Steuerpflicht ist aber noch nicht ohne weiteres gegeben, wenn ein Vermittler für berechtigt erklärt wird, den Mehrerlös, welchen er über einen bestimmten Preis erzielt, für sich zu behalten (RFH. 5 S. 202, JW. 21, 1129). Wohl aber kommt eine Haftung des Maklers für die Wertzuwachssteuer in diesem Falle aus § 24 Ziff. 5 der Steuerordnung in Betracht.

In den Fällen Ziff. 1 bis 5 ist für die Wertzuwachssteuer der Zwischenerwerber so zu behandeln, als wenn er Veräußerer wäre (OVG. vom 16. April 1915 Amtl. Mitt. 1915, S. 156).

4. Absatz b) des § 2 betrifft die Fälle, in denen das Eigentum ohne obligatorischen Vertrag übergeht. Maßgebend soll dann für den Eintritt der Steuerpflicht die Vollendung des die Rechtsänderung bewirkenden Rechtsvorganges sein.

5. Im Falle einer Zwangsversteigerung wird nach § 90 des Zwangsversteigerungsgesetzes der Ersteher mit dem Zuschlage Eigentümer des Grundstücks, nicht erst mit der Umschreibung im Grundbuch. Der Zuschlag wird mit der Verkündung wirksam (§ 89 ZwVersteigGes.). Ausnahmsweise tritt die Wirk-

samkeit des Zuschlags erst mit der Zustellung an den Erwerber ein, wenn er erst von dem Beschwerdegericht erteilt wird. Wird im Beschwerdewege der Zuschlag rechtskräftig aufgehoben (§ 90 ZwVersteigGes.), so entfällt auch die Steuerpflicht und ist die etwa gezahlte Steuer zu erstatten.

6. Im Falle der Enteignung geht das Eigentum mit Zustellung des Enteignungsbeschlusses über (§ 44 des Enteignungsgesetzes vom 11. 7. 1874). Die bei der Enteignung fällig werdende Wertzuwachssteuer kann der Eigentümer nicht als Entschädigung von dem Enteignenden erstattet verlangen (RG. Band 80 S. 328).

7. Ausgeschlossen kann ein Eigentümer werden, wenn das Grundstück seit 30 Jahren im Eigenbesitz eines anderen ist (§ 927 BGB.). Der Ausschluß erfolgt im Wege des Aufgebotsverfahrens (9. Buch der ZPO.). Eigentum erlangt der Antragsteller nach Erlaß des Ausschlußurteils durch die Eintragung im Grundbuch.

8. Durch die Worte „z. B." (in der Klammer) will die Steuerordnung zu erkennen geben, daß die von ihr vorgenommene Aufzählung der Rechtsgeschäfte keine abschließende ist, sondern daß auch noch andere in Frage kommen können. So umfaßte die StO. vom $\frac{11.\ 4.\ 1924}{27.\ 1.\ 1926}$ noch die Konsolidation. Konsolidation ist die Vereinigung zweier oder mehrerer Bergwerke zu einem einheitlichen Ganzen (§ 41 des Allg. Berggesetzes vom 24. 6. 65). Da im Bereich der Berl. Stadtgemeinde Bergwerke nicht vorhanden sind, kommt der Bestimmung zur Zeit wohl nur theoretische Bedeutung zu.

§ 3[1].

Steuerpflichtig ist auch ein Rechtsvorgang, der nicht unmittelbar den Übergang des Eigentums betrifft, aber ein Rechtsgeschäft zum Gegenstand hat, durch welches es einem anderen ermöglicht werden soll, über das Grundstück wie ein Eigentümer zu verfügen[2 3].

1. Die Bestimmung des § 6 RZwStGes., welcher die Begriffe des Scheingeschäfts und des Ersatzgeschäfts enthielt, ist in der Berliner Steuerordnung in 2 Paragraphen zerlegt. Das **Ersatzgeschäft** ist in § 3, das Scheingeschäft in § 4 der StO. behandelt. Der Wortlaut des § 3 der StO. entspricht fast wörtlich dem § 6 GrdErwStGes., so daß die zu diesem entwickelte Judikatur des RFH. auch für den § 3 der StO. verwertet werden kann.

2. § 3 greift Platz, wenn die Parteien ohne formell das Eigentum übergehen zu lassen, eine Rechtslage schaffen, die den Erwerber ebenso stellt, als wenn er das Eigentum an einem Grundstück oder an einer der in Ziffer 2 des § 1 der StO. dem Grundstücke gleichgestellten Berechtigungen erworben hätte. § 3 erfordert nur die wirtschaftliche Möglichkeit über ein Grundstück zu verfügen, nicht die rechtliche. Letztere ist bereits nach § 2a Ziff. 5 steuerpflichtig. Ob die Voraussetzungen des § 3 vorliegen, ist in jedem Fall nach den tatsächlichen Verhältnissen des Einzelfalls zu beurteilen (OVG. v. 3. 11. 1916, Bd. 72 S. 9).

Steuerpflicht nach § 3 der StO. kann insbesondere in Fällen folgender Art als vorliegend angesehen werden:

a) wenn jemand das Ausbeutungsrecht eines Grundstücks einem andern auf 30 Jahre einräumt und gleichzeitig dem Antragsgegner das Grundstück zum Kauf mit 30jähriger Frist anbietet mit der Bestimmung, daß der Kaufpreis durch das für das Ausbeutungsrecht gezahlte Entgelt mitbeglichen sein soll (RFH. Bd. 7 S. 181).

b) Einräumung eines Nießbrauchs auf lange Zeit mit gleichzeitiger Erteilung einer unwiderruflichen Verkaufs- und Verwaltungsvollmacht. Ein etwaiger Anspruch des Eigentümers auf Rechnunglegung schließt die Steuerpflicht nicht aus, wenn der Beteiligte selbst dieser Verpflichtung keine Bedeutung beilegt (RFH. Bd. 12 S. 298).

c) Langfristige Bindung an eine Offerte unter alsbaldiger Überlassung der Nutzungen und Übernahme der Lasten (OVG. vom 27. 4. 1928 Reichsverw. Blatt Bd. 49 S. 975).

d) Bindung an eine Offerte mit gleichzeitiger Erteilung einer Verwaltungs- und Verkaufsvollmacht und Einräumung einer Vormerkung.

Eine Vollmacht allein, mag sie auch noch so weitgehend sein, löst die Steuerpflicht nicht aus; es kommt stets auf das der Vollmacht zugrunde liegende Kausalgeschäft an (OVG. vom 11. 11. 1927 Reichsverw. Blatt Bd. 49 S. 532).

e) Auch in einem Vertrag, der dem Berechtigten nur die Verwaltung und Hypothekenregulierung überträgt, kann bei Auslegung des wirklichen Willens der Parteien (§ 133 BGB.) eine Übertragung des wirtschaftlichen Eigentums erblickt werden. Es werden z. B. ohne Begrenzung eines Zeitpunktes die gesamten wirtschaftlichen Befugnisse, insbesondere das Recht, nach freiem Ermessen Verbesserungen vorzunehmen und das Recht, selbständig neue Verträge abzuschließen, auf den Erwerber übertragen, ihm gleichzeitig das Grundstück übergeben, und ihm das Recht eingeräumt, es zu belasten (OVG. Bd. 72 S. 11).

3. Zwischengeschäfte können nicht auf Grund von § 3 zur Steuer herangezogen werden; § 3 will nur selbständige Rechtsgeschäfte besteuern. Zwischengeschäfte sind gegebenenfalls nach dem § 2 Ziff. a zur Steuer heranzuziehen (OVG. Bd. 74 S. 34).

§ 4[1].

Die Besteuerung wird nicht dadurch ausgeschlossen, daß ein nach der Steuerordnung steuerpflichtiger Rechtsvorgang durch einen anderen verdeckt wird[2].

1. Wegen des Verhältnisses des § 4 zu § 6 RZwStGes. und § 3 siehe die Bemerkung 1 zu § 3.

Der § 4 entspricht wörtlich dem § 7 Grunderwerbssteuergesetz.

2. § 4 will diejenigen Fälle zur Steuer heranziehen, in denen scheinbar ein der Steuerpflicht nicht unterliegendes Rechtsgeschäft vorgenommen ist, in Wirklichkeit aber die Parteien nicht dieses Geschäft, vielmehr ein anderes, gewollt haben; dann ist das **Scheingeschäft** (§ 117 BGB.) nichtig, und das wirklich gewollte (dissimulierte) Geschäft wirksam, sofern nur die für dasselbe vorgeschriebene Form gewahrt ist. Wird z. B. jemanden von dem Eigentümer unwiderrufliche Vollmacht zum Verkaufe des Grundstücks zu von ihm festzusetzenden Bedingungen gegeben, so ist regelmäßig anzunehmen, daß es sich in Wirklichkeit um die Verkleidung eines Kaufvertrages handelt (RG. 108, 125; JW. 25, 1710). Ist die unwiderrufliche Vollmacht in notarieller oder gerichtlicher Verhandlung aufgenommen, so ist auch gem. § 2a Ziff. 5 die Steuerpflicht gegeben.

Besondere Fälle verdeckter steuerpflichtiger Rechtsgeschäfte enthalten die Bestimmungen des § 7 Z. 1 Nr. 1 und § 7 Z. 1 Nr. 4. Falls die dort zugelassenen sachlichen Steuerbefreiungsgründe nur vorgetäuscht sind, kann nach § 4 die Besteuerung vorgenommen werden.

§ 5[1].

(1) Durch Mißbrauch von Formen und Gestaltungsmöglichkeiten des bürgerlichen Rechts kann die Steuerpflicht nicht umgangen oder gemindert werden.

(2) Ein Mißbrauch im Sinne des Absatzes 1 liegt vor, wenn

1. in Fällen, wo die Steuerordnung wirtschaftliche Vorgänge, Tatsachen und Verhältnisse in der ihnen entsprechenden rechtlichen Gestaltung einer Steuer unterwirft, zur Umgehung der Steuer ihnen nicht entsprechende, ungewöhnliche Rechtsformen gewählt oder Rechtsgeschäfte vorgenommen werden, und

2. nach Lage der Verhältnisse und nach der Art, wie verfahren wird oder verfahren werden soll, wirtschaftlich für die Beteiligten im wesentlichen derselbe Erfolg erzielt wird, der erzielt wäre, wenn eine den wirtschaftlichen Vorgängen, Tatsachen und Verhältnissen entsprechende rechtliche Gestaltung gewählt wäre, und ferner

3. etwaige Rechtsnachteile, die der gewählte Weg mit sich bringt, tatsächlich keine oder nur geringe Bedeutung haben [2].

(3) Liegt ein Mißbrauch vor, so sind die getroffenen Maßnahmen für die Besteuerung ohne Bedeutung. Die Steuer ist so zu erheben, wie sie bei einer den wirtschaftlichen Vorgängen, Tatsachen und Verhältnissen angemessenen rechtlichen Gestaltung zu erheben wäre [3].

1. Die Vorschrift des § 5 entspricht Absatz 1 und 2, Satz 1 des § 5 RAO., welcher bekanntlich **Umgehungsgeschäfte** aller Art zur Steuer heranziehen will. Das Kommunalabgabenrecht und die bisherige StO. enthielt eine derartig ausdrückliche Bestimmung nicht. In ihrer neuerlichen Rechtsprechung haben die Verwaltungsgerichte jedoch mehrfach zum Ausdruck gebracht, daß Rechtsgeschäften, die an sich in legaler und verbindlicher Weise zustande gekommen sind, und die auch an sich nicht gegen die guten Sitten verstoßen, die aber offensichtlich zu dem Zweck getätigt worden sind, die Ziele und Absichten eines anderen Gesetzes zu durchkreuzen und dessen Vorschriften zu umgehen, diese letztere Wirkung unter keinen Umständen zuerkannt werden kann (OVG vom 22. 3. 23, Bd. 78, Seite 370). Dementsprechend ist der Rechtsgrundsatz des § 5 RAO. auch für das Kommunalabgabenrecht bereits analog angewendet worden.

2. Die neue StO. enthält nunmehr die ausdrückliche Umgehungsvorschrift des § 5. Für den im Grunderwerbssteuerrecht häufigen Anwendungsfall des § 5 RAO. bei Abtretung von G.m.b.H.-Anteilen bedarf es allerdings der Heranziehung des § 5 nicht, da § 1 Abs. 3 StO. unmittelbar die steuerliche Erfassung

der Veräußerung von Gesellschaftsanteilen unter entsprechenden Voraussetzungen zuläßt. (Vgl. Bemerkungen zu § 1 Abs. 3.)

In Frage kommen könnte für das Wertzuwachssteuerrecht § 5, gegenüber Auswegen folgender Art, die in letzter Zeit nicht selten zur Vermeidung der Haftung des Käufers für die Wertzuwachssteuer bei Zahlungsunfähigkeit des Grundstückseigentümers eingeschlagen worden sind. Der Eigentümer, der das Grundstück verkaufen will, läßt eine dem Kaufpreis entsprechende oder fingierte höhere Hypothek auf dem Grundstück zugunsten des Kaufreflektanten eintragen, und alsdann das Grundstück zur Subhasta kommen, in der der Hypothekengläubiger abredegemäß das Grundstück ersteht. Für die Wertzuwachssteuer haftete gemäß § 11 der alten StO. nur der vermögenslose Veräußerer, nicht aber auch der Ersteher. § 23 der neuen StO. hat allerdings für diese Fälle unter gewissen Voraussetzungen auch eine Steuerpflicht des Erwerbers stipuliert. Falls jedoch im Einzelfalle diese Bestimmung nicht zur steuerlichen Erfassung des Erwerbers hinreicht, kann die Steuerbehörde auf § 5 zurückgreifen. Hier, wie stets, setzt aber die Heranziehung voraus, daß der Tatbestand des § 5 von der Steuerbehörde nachgewiesen wird, insbesondere also, daß die Rechtsnachteile des gewählten Weges gegenüber denen des normalen Weges, nur geringe Bedeutung haben (vgl. RFH. 5, 247; 11, 310 und JW. 27, 2539, sowie Asch, Bemerkung zu der Entschd. des RFH. ebenda).

Nicht anwendbar dürfte § 5 im allgemeinen dann sein, wenn bei einem **Vergleich über den Schwarzkauf** der Verkäufer im Grundbuch im Wege der Berichtigung wieder als Eigentümer eingetragen und gleichzeitig von dem Verkäufer das Grundstück an einen Dritten verkauft wird, ein Teil des Kaufpreises aber auf Grund des Vergleichs als Entschädigung für alle etwaigen Ansprüche aus dem nicht zur Vollwirksamkeit gekommenen Geschäft an den Schwarzkäufer zu zahlen ist. Hier nehmen freilich die Parteien die Vorteile mit, die sich für die Wertzuwachssteuer aus der Tatsache des Altbesitzes des Verkäufers und dessen höheren Erwerbspreises ergeben. Nur selten aber wird die Feststellung zu treffen sein, daß hier ein Mißbrauch von Formen und Gestaltungsmöglichkeiten des bürgerlichen Rechts vorliegt. Die Grundbuchberichtigung ist ein durchaus üblicher Weg für die vergleichsweise Erledigung von Schwarzkaufdifferenzen. Ferner hätte die Wahl des umgekehrten Weges, der wirksame nachträgliche Erwerb des Grundstücks durch den Käufer und die Weiterveräußerung durch diesen an den Dritten eine weit schwierigere

Rechtsgestaltung mit sich gebracht; er hätte insbesondere entweder eine erneute Auflassung, oder ein nachträgliches Genehmigungsverfahren notwendig gemacht; vor allem wäre aber die Weiterveräußerung an den Dritten gerade, wie auch beim normalen Grundstücksverkehr, meist an den Steuern gescheitert; es wäre also der ganze Vergleich auf diesem Wege nicht zustande gekommen. Wohl aber wäre im Einzelfall die Heranziehung von § 5 möglich, wenn aus den besonderen Tatumständen die Umgehungsabsicht deutlich wird, so z. B., wenn der Schwarzkäufer den Zwischengewinn zum größten Teil selbst erhält, oder wenn der Schwarzkäufer auf Grund einer Vollmacht des Verkäufers den Weiterverkauf selbst in die Hand genommen hat und einen erheblichen Teil des Erlöses behält. (Vgl. Entsch. des Bezirksausschusses Berlin 24. 2. 27, II Z. 59/26.)

3. Der Satz 2 des Abs. 2 des § 5 RAO. ist als besonderer Erstattungsgrund im § 26 Abs. 1 Ziff. 6 der StO. behandelt. (Siehe die dortige Bemerkung.)

§ 6.

(1) Von der Steuerpflicht[1] sind das Deutsche Reich, der Preußische Staat und die Stadtgemeinde Berlin[2] befreit.

(2) Die Befreiung tritt nicht ein, wenn diese Körperschaften als Erwerber nach § 24 Abs. 2 haften[3 4].

1. § 6 enthält **persönliche Steuerbefreiungen** im Gegensatz zu § 7, welcher die sachlichen Steuerbefreiungsgründe aufzählt. In Abweichung von den Bestimmungen des Grunderwerbssteuergesetzes, welches keine subjektive Steuerfreiheit kennt (s. Ott, § 8, Anm. 195), billigt die Steuerordnung eine solche dem Reich, dem Preußischen Staat und der Stadtgemeinde Berlin zu.

2. Da Steuerprivilegien grundsätzlich einschränkend auszulegen sind, haben nur die genannten öffentlich-rechtlichen Gebilde selbst Anspruch auf Steuerfreiheit, nicht etwa auch juristische Personen des Handels- oder bürgerliches Rechts, wie Aktiengesellschaften oder Gesellschaften m.b.H., auch wenn ihre Anteile sich sämtlich im Besitz einer der genannten öffentlich-rechtlichen Personen befinden, und dieser ihre Erträge zufließen (OVG. vom 18. 3. 1927).

3. Die Steuerbefreiung steht ihnen auch nur zu, wenn sie als Veräußerer bei dem Rechtsgeschäft auftreten. Keinen Anspruch auf Steuerbefreiung hat nach Abs. 2 eine privilegierte Körperschaft, falls die Steuer gemäß § 24 Abs. 2 der StO. auf die gennanten öffentlich-rechtlichen Gebilde als Erwerber wegen Nichtbeitreibbarkeit gegen den Veräußerer umgeschrieben worden ist.

Die Bestimmung des Abs. 2 ist neu eingefügt. Sie entspricht der bisherigen Rechtsprechung des OVG., welches die Beschränkung der Privilegierung aus allgemeinen Gesichtspunkten hergeleitet hatte (OVG. vom 16. 2. 1918 Bd. 72 S. 66 und vom 19. 4. 1915 Bd. 74 S. 36).

§ 7.

(1) Die Zuwachssteuer wird nicht erhoben [1]:

1. Beim Erwerbe von Todes wegen sowie beim Erwerb auf Grund einer Schenkung unter Lebenden im Sinne des Erbschaftssteuergesetzes, sofern nicht die Form der Schenkung lediglich gewählt ist, um die Zuwachssteuer zu ersparen [2].

2. Bei der Begründung, Änderung, Fortsetzung und Aufhebung der ehelichen Gütergemeinschaft [3].

3. Beim Erwerb auf Grund von Verträgen, die zwischen Miterben oder Teilnehmern an einer ehelichen oder fortgesetzten Gütergemeinschaft zum Zwecke der Teilung der zum Nachlaß oder zum Gesamtgut gehörenden Gegenstände abgeschlossen werden sowie beim Erwerb auf Grund eines Zuschlages, der in den vorgenannten Fällen bei Teilung im Wege der Versteigerung einem Miterben oder Teilnehmer erteilt wird [4].

4. Beim Erwerbe der Abkömmlinge von den Eltern, Großeltern und entfernteren Voreltern sowie beim Erwerb der Eltern von den Kindern; den Eltern stehen gleich die Stief-, ebenso die Adoptiveltern, wenn kein Verdacht besteht, daß die Annahme an Kindes Statt zum Zwecke der Steuerhinterziehung vorgenommen ist [5].

5. Beim Einbringen in eine ausschließlich aus dem Veräußerer und dessen Abkömmlingen oder aus diesen allein bestehende Vereinigung. Die Steuerpflicht tritt ein, wenn nachträglich ein Gesellschafter aufgenommen wird, der nicht zu den Abkömmlingen des Veräußerers gehört [6].

6. Beim Einbringen von Nachlaßgegenständen in eine ausschließlich von Miterben gebildete Vereinigung. Die Vorschrift von Ziffer 5 Satz 2 findet entsprechende Anwendung [7].

7. Beim Austausch im Inland belegener Grundstücke zum Zwecke der Zusammenlegung (Flurbereinigung), der Grenzregelung oder der besseren Gestaltung von Bauflächen (Um-

legung) sowie bei Ablösung von Rechten an Forsten, wenn diese Maßnahmen auf der Anordnung einer Behörde beruhen oder von einer gesetzlich hierfür zuständigen Behörde als zweckdienlich anerkannt werden [8].

8. Beim Übergang des Vermögens einer öffentlichen Körperschaft als ganzes auf eine andere öffentliche Körperschaft [9].
9. Bei Verschmelzungen von Kapitalgesellschaften usw. gemäß §§ 8 bis 10 des Steuermilderungsgesetzes vom 31. März 1926 (RGBl. S. 185), soweit und solange sie nach diesem Gesetz von der Zuwachssteuer befreit sind. Die auf Grund dieses Gesetzes von der Zuwachssteuer befreiten Rechtsvorgänge gelten auch nach Außerkrafttretung des Steuermilderungsgesetzes als steuerfreie Erwerbsvorgänge im Sinne dieser Ordnung [10].
10. Beim Eigentumsübergang eines auf den Namen einer der nachstehend genannten Personenvereinigungen (Aktiengesellschaft, Kommanditgesellschaft auf Aktien, Gesellschaft mit beschränkter Haftung, Gewerkschaft, Offene Handelsgesellschaft, Kommanditgesellschaft) eingetragenen Grundstücks auf diejenige natürliche Person, in deren Hand sich zuvor alle Gesellschaftsrechte (Aktien, Anteile, Kuxe, Beteiligungen) vereinigt hatten, soweit das Vermögen der Vereinigung aus in Berlin belegenen Grundstücken besteht, wenn entweder zum Gegenstande des Unternehmens die Verwertung von Grundstücken gehört, oder wenn die Vereinigung geschaffen ist, um die Zuwachssteuer zu ersparen [11].
11. Beim Erwerbe durch verdrängte Grenzlands-, Auslands- und Kolonial-Deutsche, die durch ihre Verdrängung ihre wirtschaftliche Lebensgrundlage ganz oder zum überwiegenden Teil verloren haben [12], sofern der Erwerb zum Zwecke der erstmaligen Wiederansetzung erfolgt [13] und der Veräußerer nachweist, daß er den Veräußerungspeis im Hinblick auf die Nichterhebung der Wertzuwachssteuer entsprechend gesenkt hat [14].
12. Bei Grundstücksübertragungen, welche der Schaffung gesunder Kleinwohnungen für Minderbemittelte zu dienen bestimmt sind, wenn als Veräußerer Körperschaften des öffentlichen Rechts oder solche Personenvereinigungen, die sich mit

den genannten Zwecken befassen, beteiligt sind. Die Befreiung der Personenvereinigungen tritt nur für den erstmaligen Verkauf ein, wenn der Reingewinn satzungsgemäß auf eine Verzinsung von höchstens 5 v. H. der Kapitalseinlagen beschränkt, bei Auslosungen, Ausscheiden eines Mitgliedes und für den Fall der Auflösung der Vereinigung den Mitgliedern nicht mehr als der Nennwert ihrer Anteile zugesichert und bei der Auflösung der etwaige Rest des Vermögens für gemeinnützige Zwecke bestimmt ist [15].

(2) Zu den Miterben im Sinne der Ziffer 3 und 6 wird der überlebende Ehegatte gerechnet, der mit den Erben des verstorbenen Gatten gütergemeinschaftliches Vermögen zu teilen hat [16]. **Die Steuerbefreiungen nach Ziffer 3 und 4 kommen auch Ehegatten von Miterben oder Teilnehmern an einer fortgesetzten Gütergemeinschaft sowie Ehegatten von Abkömmlingen zu, wenn sie auf Grund des bestehenden Güterstandes ohne rechtsgeschäftliche Übertragung Eigentümer werden** [17].

1. § 7 zählt eine Reihe von Fällen der **objektiven Steuerbefreiung** auf. Bei ihrem Vorliegen kommt keine Steuerpflicht, weder für den Veräußerer noch für den Erwerber in Frage; gleichgültig, ob es sich um die Veräußerung von Grundstücken, grundstücksgleichen Berechtigungen oder von Rechten an Personenvereinigungen im Sinne des § 1 Ziff. 3 der StO. handelt.

2. Jeder Erwerb von Todes wegen ist steuerfrei, gleichgültig, ob er auf Testament (§ 1937 BGB.), gesetzlicher Erbfolge (§§ 1924 ff. BGB.), Erbvertrag (§ 1941 BGB.), Vermächtnis (§ 2147 ff. BGB.) oder Pflichtteilsanspruch (§§ 2303 ff. BGB.) beruht, und ob ein oder mehrere Erben vorhanden sind. Ein auf Übertragung eines Nachlaßgrundstückes gerichtetes Abkommen des Erben mit dem Pflichtteilsberechtigten ist dagegen nicht steuerfrei, da der Pflichtteilsberechtigte nur einen Anspruch auf Zahlung in Geld hat, und die Übereignung des Grundstücks statt des Geldbetrags auf ein besonderes nach dem Erbfall abgeschlossenes, und daher steuerpflichtiges Abkommen unter Lebenden gegründet ist (OVG. Bd. 71 S. 10).

Dem Erwerbe von Todes wegen ist die Schenkung unter Lebenden gleichgestellt. Es kommen jedoch nur Rechtsgeschäfte in Betracht, die die Parteien in Schenkungsabsicht geschlossen haben, und bei denen eine freiwillige Leistung vorliegt. Die Tatsache allein, daß objektiv das Entgelt unzureichend, ja völlig unangemessen ist, genügt nicht; es muß stets in subjektiver Hinsicht der Schenkungswille vorhanden sein (OVG. Bd. 75 S. 1). Bei sog. gemischter Schenkung unterliegt der entgeltliche Teil der Wertzuwachssteuer.

Ist jedoch unter der Form der Schenkung ein entgeltliches Rechtsgeschäft verkleidet, so entsteht die Steuerpflicht in voller Höhe (s. § 4 der StO.).

3. Die Begründung der allgemeinen Gütergemeinschaft (§§ 1437 ff. BGB.) erfolgt durch Vertrag, welcher der gerichtlichen oder notariellen Beurkundung bedarf. Durch den Vertragsabschluß wird das Vermögen beider Ehegatten zum Gesamtgut; auch das Eigentum an den Grundstücken geht durch den Ehevertrag ohne weiteres auf die Gesamthand über; die nachfolgende Umschreibung im Grundbuch ist nur eine Berichtigung (§ 1438 BGB.).

Änderung der Gütergemeinschaft liegt vor, wenn die Form einer Gütergemeinschaft in eine andere verwandelt wird, z. B. die allgemeine in Fahrnis-Gemeinschaft.

Wenn die Ehegatten in Gütergemeinschaft gelebt haben und bei dem Tode eines Ehegatten gemeinschaftliche Kinder vorhanden sind, so wird zwischen dem überlebenden Ehegatten und den Abkömmlingen in bezug auf das Gesamtgut die Gütergemeinschaft fortgesetzt (§ 1483 BGB.), wobei der überlebende Ehegatte die Stellung des Ehemannes und die Abkömmlinge die Stellung der Ehefrau in bezug auf das Gesamtgut einnehmen.

Die Auflösung der ehelichen Gütergemeinschaft kann durch Scheidung, Aufhebungsvertrag, Tod bei unbeerbter Ehe erfolgen.

Sonstige Rechtsgeschäfte zwischen Ehegatten sind, abgesehen von Schenkungen im Sinne der Ziffer 1, nicht steuerfrei; sie fallen insbesondere nicht unter die Befreiungsvorschrift der Ziffer 4.

Über die Steuerbefreiungen zugunsten von Ehegatten siehe § 7 Abs. 2 und Anm. 16 unten.

4. Es muß sich um Verträge handeln, durch welche zum Nachlaß gehörige Sachen unter den Erben aufgeteilt oder der gesamte Nachlaßbestand durch Überlassung einem der Miterben gegen Abfindung der anderen überlassen wird. Wird hingegen der Erbteil als solcher übertragen (§ 2033 BGB.), ohne daß sich sämtliche Anteile in einer Hand vereinigen, so bleibt die Erbengemeinschaft bestehen, und es kommt Erbschaftskauf in Frage (OVG. Bd. 72 S. 28). Ist die Erbengemeinschaft nach realer Teilung des

Nachlasses aufgelöst, so sind spätere Geschäfte der Erben über früher zur Erbschaft gehörige Grundstücke steuerpflichtig (OVG. Bd. 72 S. 24). Werden nicht zum Nachlaß gehörige Grundstücke eines Miterben an einen anderen Miterben im Zusammenhang mit einer erbrechtlichen Regelung überlassen, so ist die Übertragung des nachlaßfremden Grundstücks nicht steuerfrei (OVG. 16. April 1914, Amtliche Mitteilungen 1915 S. 5). Entsprechendes gilt für die Teilung zur Aufhebung der ehelichen oder fortgesetzten Gütergemeinschaft.

Der Teilung durch Vertrag steht der Erwerb auf Grund einer Versteigerung im Sinne von § 180 ZwVerstGes. gleich.

Über die Steuerbefreiung zugunsten von Ehegatten siehe § 7 Abs. 2 und Anm. 16.

5. Die Steuerbefreiung zugunsten der in Ziffer 4 aufgeführten Rechtsgeschäfte zwischen Aszendenten und Deszendenten gilt sowohl für entgeltliche wie unentgeltliche Rechtsgeschäfte. Bei Erwerb von Aszendenten ist die Vergünstigung unbeschränkt für alle Grade von direkten Nachkommen; beim Erwerb von Kindern jedoch nur zugunsten der Eltern, nicht aber der weiteren Vorfahren. Uneheliche Kinder sind im Sinne des Gesetzes nur mit der Mutter und deren Vorfahren verwandt, legitimierte Kinder stehen den ehelichen gleich. Den Eltern sind in jedem Falle die Stiefeltern und die Adoptiveltern gleichgestellt, letztere aber nur, wenn kein Verdacht besteht, daß die Annahme an Kindes Statt (§ 1741 BGB.) zum Zwecke der Steuerhinterziehung vorgenommen ist.

Ist jedoch ein Rechtsgeschäft nicht unmittelbar zwischen Deszendenten und Aszendenten vorgenommen, sondern hat sich ein Rechtsgeschäft mit einem Dritten dazwischengeschoben, so ist ein Anspruch auf Steuerfreiheit nicht gegeben (OVG. Bd. 72 S. 33). Hat z. B. A an B, und B an C, den Sohn des A verkauft, so sind beide Rechtsgeschäfte steuerpflichtig.

6. Ein Grundstück wird eingebracht, wenn es der Vereinigung gegen Gewährung von Gesellschaftsrechten übertragen wird. Es kommen Vereinigungen aller Art in Frage, juristische Personen (G.m.b.H. oder A.G.), offene Handelsgesellschaften, Kommanditgesellschaften, Gesellschaften des Bürgerlichen Rechts. Erforderlich ist aber, daß die Vereinigung aus dem Veräußerer und dessen Abkömmlingen oder diesen allein besteht. Von praktischer Bedeutung wird die Steuerfreiheit für Geschäfte gemäß Ziff. 5 hauptsächlich bei Einbringung in juristische Personen, während

in sonstigen Fällen die Steuerfreiheit aus Ziff. 4 in Betracht kommt.

Stief- und Adoptivkinder fallen im Gegensatz zu der Bestimmung der Ziffer 4 nicht unter die Vorschrift. Über die Steuerbefreiung zugunsten von Ehegatten siehe § 7 Abs. 2 und unten Anm. 16.

Wird nachträglich ein Fremder als Gesellschafter aufgenommen, so tritt Steuerpflicht ein; maßgebend ist das Beteiligungsverhältnis.

7. Entsprechendes wie zu Anm. 6 gilt, wenn Miterben, und zwar auch einzelne derselben, Nachlaßgrundstücke in eine Gesellschaft von Miterben einbringen. Surrogate für Nachlaßgegenstände gehören gemäß § 2041 BGB. ebenfalls zum Nachlaß.

8. Der Zweck dieser Bestimmung ist, die Zusammenlegung von zersplittertem und daher wirtschaftlich schlecht ausnutzbarem Grundbesitz zu erleichtern. In der Hauptsache handelt es sich um bessere landwirtschaftliche Ausnutzungsmöglichkeit; für städtische Verhältnisse kommt nur der Austausch zum Zweck der besseren Gestaltung von Bauflächen in Frage. Die Voraussetzungen und das Verfahren sind durch besondere landesrechtliche Gesetze geregelt. So: Umlegungsverordnung vom 21. September 1920 (PrGS. S. 453), und PrGes. vom 28. Juli 1902 betr. Umlegung von Grundstücken in Frankfurt a. M. (PrGS. S. 273).

9. Es ist hier an Fälle etwa der Art zu denken, daß eine Gemeinde nach Berlin eingemeindet wird, oder eine Kirchengemeinde, soweit sie die Eigenschaft einer öffentlich-rechtlichen Körperschaft hat, in einer anderen unter Übertragung des ganzen Vermögens aufgeht.

10. Die Aufnahme dieser Bestimmung in die StO. war nicht unbedingt erforderlich, da die Steuerfreiheit der in Frage kommenden Rechtsvorgänge bereits auf Reichsgesetz, welches selbstverständlich durch eine kommunale Steuerordnung nicht abgeändert werden kann, bestimmt ist.

Die §§ 8 bis 10 des **Steuermilderungsgesetzes** haben folgenden Wortlaut:

§ 8.

1. **Bei Verschmelzungen von Kapitalgesellschaften im Sinne des § 12 des Kapitalverkehrssteuergesetzes und bei Sanierungen im Sinne des § 13 zu b, c des Kapitalverkehrsteuergesetzes wird die Gesellschaftssteuer auf 1 vom Hundert ermäßigt.**

2. **Werden in den Fällen des Absatzes 1 Grundstücke eingebracht, so ermäßigt sich die Grunderwerbssteuer auf $1^1/_2$ vom**

Hundert; die Zuschläge zur Grunderwerbssteuer und die Wertzuwachssteuer dürfen nicht erhoben werden. Die Vorschriften des Satzes 1 gelten auch bei Verschmelzungen von Kapitalgesellschaften, bei denen die aufnehmende Gesellschaft ihr Kapital nicht erhöht.

§ 9.

Werden gleichartige oder wirtschaftlich zusammengehörige Betriebe mehrerer Unternehmungen zusammengefaßt, ohne daß die Voraussetzungen des § 8 vorliegen, so kann diese Vorschrift auf Antrag für anwendbar erklärt werden.

1. Auf die Errichtung einer neuen Kapitalgesellschaft;

2. auf die Erhöhung des Gesellschaftskapitals einer Kapitalgesellschaft;

3. auf Übernahme eines Betriebes durch eine Kapitalgesellschaft, wenn als Entgelt Gesellschaftsrechte der aufnehmenden Gesellschaft gewährt werden, diese Gesellschaft ihr Kapital aber nicht erhöht.

§ 10.

(1) Gehen bei der Verschmelzung von Genossenschaften im Sinne des § 93a des Gesetzes betreffend die Erwerbs- und Wirtschaftsgenossenschaften, Grundstücke einer an der Verschmelzung beteiligten Genossenschaft auf die aufnehmende Genossenschaft über, so ermäßigt sich die Grunderwerbssteuer auf $1^1/_2$ vom Hundert. Die Zuschläge zur Grunderwerbssteuer und die Wertzuwachssteuer dürfen nicht erhoben werden.

(2) Auf Antrag kann die Vorschrift des Absatzes 1 für anwendbar erklärt werden, wenn der Betrieb einer Kapitalgesellschaft ganz oder teilweise übernommen wird und die vereinigten Betriebe gleichartig oder wirtschaftlich zusammengehörig sind.

Der **Zweck** dieses Gesetzes ist, in der schwierigen Zeit nach Stabilisierung der Währung dem Bedürfnis der Wirtschaft nach Rationalisierung entgegenzukommen, um den Wiederaufbau nicht durch Steuern zu erschweren. Befreit sind in erster Linie die Fusion von Kapitalgesellschaften (§ 8) und die Verschmelzung von Genossenschaften (§ 10). Auch Betriebszusammenschlüsse anderer Art können der Befreiung teilhaftig werden. Während in den Fällen der §§ 8 und 10 ein gesetzlicher Anspruch auf Befreiung von der Wertzuwachssteuer besteht, ist es in den Fällen des § 9 in das pflichtmäßige Ermessen der Steuerbehörde gestellt, ob sie von Erhebung der Wertzuwachssteuer absehen will (vgl. Ott, S. 544).

Die Geltungsdauer des Steuermilderungsgesetzes ist durch Gesetz vom 28. 11. 1928 (RGBl. 1928 Teil I S. 399) bis zum 30. 9. 1929 verlängert worden.

Von Bedeutung ist, daß auch nach Außerkrafttreten des Steuermilderungsgesetzes der nach diesem steuerfreie Erwerbsvorgang im Falle eines späteren Weiterverkaufs eines der in Betracht kommenden Grundstücke für die Berechnung des Wertzuwachses außer Betracht bleibt, so daß als Erwerbsvorgang das Rechtsgeschäft anzusehen ist, durch welches die aufgenommene Gesellschaft das Grundstück erworben hat.

11. Für das Grunderwerbssteuerrecht hatte der Reichsfinanzhof in der Entscheidung Band 17 S. 277 den Übergang des Eigentums durch Auflassung an den alleinigen Gesellschafter einer Gesellschaft dann für steuerfrei erklärt, wenn der wirtschaftliche Übergang des Eigentums bereits vorher gemäß § 3 GrdErwStGes. infolge der Vereinigung sämtlicher Anteile besteuert war. Für das Wertzuwachssteuerrecht hatte die Spruchpraxis jedoch eine entgegengesetzte Stellung eingenommen und eine Doppelbesteuerung für zulässig erachtet; lediglich im Billigkeitsverfahren konnte die Steuer ermäßigt oder erlassen werden. Hier bringt die neue Bestimmung Abhilfe. Es kommen nur die im Text der Steuerordnung genannten Personenvereinigungen in Betracht, soweit es sich um Grundstücks- oder Umgehungsgesellschaften handelt, also nicht Handels- oder Fabrikationsgesellschaften. Voraussetzung ist ferner, daß sich alle Gesellschaftsrechte bereits in einer Hand vereinigt haben. Sind etwa noch zwei oder mehr Gesellschafter vorhanden und werden ihnen die Grundstücke zu gleichen Teilen übertragen, so findet die Befreiungsvorschrift keine Anwendung.

12. Die Bestimmung ist durch Maßgabe des Ministers in die Steuerordnung eingefügt worden und soll den Verdrängten Grenzlands-, Auslands- und Kolonialdeutschen die Gründung eines neuen Heims und einer Existenz erleichtern. Große Bedeutung wird die Bestimmung kaum noch gewinnen, da diejenigen Kriegsgeschädigten, welche bisher keine Möglichkeit der Wiederansetzung gefunden haben, auch in Zukunft kaum noch dazu in der Lage sein werden. Nur bei Erwerb durch die im Gesetzestext genannten Personen wird Steuerfreiheit gewährt. Sie müssen auch den Nachweis erbringen, daß sie durch die Verdrängung ihre wirtschaftliche Lebensgrundlage ganz oder zum überwiegenden Teil verloren haben. Diesen Nachweis werden sie in der Regel verhältnismäßig leicht durch Beibringung einer Bescheinigung des Reichsentschädigungsamtes für Kriegsschäden erbringen können.

13. Ein Anspruch auf Steuerfreiheit ist nur gegeben, wenn es sich um den erstmaligen Erwerb eines Grundstücks durch eine Person des bezeichneten Personenkreises handelt, also nicht in

Fällen, in denen mehrere Grundstücke gekauft waren, oder dann, wenn der Betreffende ein Grundstück kauft, es dann möglichst mit Gewinn weiter verkauft und hierauf ein neues kauft. Gerade in dieser Beziehung wird die Nachprüfung durch die Steuerbehörden streng sein müssen, aber auch dann nicht leicht sein, wenn etwa früher gekaufte Grundstücke nicht in Berlin liegen. Gegebenenfalls wird die Steuerbehörde hierüber eine Steuererklärung einzufordern haben.

14. Wesentlich aber für die Steuerbefreiung ist vor allem, daß der Kaufpreis gerade mit Rücksicht auf die Nichterhebung der Steuer entsprechend niedrig gehalten ist, da ja nach dem Zweck der Bestimmung die Befreiung von der Steuer nicht dem Veräußerer, sondern dem Erwerber zugute kommen soll. Die Beweispflicht hierfür liegt dem Veräußerer ob. Die Beweisführung, die nicht ganz leicht ist, wird etwa durch den Nachweis erfolgen können, daß dem Veräußerer von anderen Personen, die nicht zu den privilegierten gehören, ein höheres Angebot gemacht worden war, oder abstrakt dahin, daß für gleichwertige Grundstücke höhere Kaufpreise gezahlt zu werden pflegten.

Es handelt sich hier nicht um eine Ermäßigung aus Billigkeitsgründen, wie etwa in den Fällen § 23 Ziffer 4 der St.O.; der Steuerpflichtige hat vielmehr, wie sich aus der Einreihung in die sachlichen Befreiungsgründe des § 7 ergibt, einen Rechtsanspruch auf Steuerfreiheit, welchen er mit den zulässigen Rechtsmitteln geltend machen kann.

15. Die Bestimmung ist fast wörtlich aus § 8 Ziffer 9 Grunderwerbssteuergesetz übernommen.

Die Absicht des Gesetzgebers ging dahin, den Kleinwohnungsbau möglichst durch Steuerbefreiung zu fördern. Dieser Zweck wird jedoch infolge der wenig glücklichen Fassung der Bestimmung nicht in vollem Umfang erreicht werden. Vorerst sind nur Rechtsgeschäfte steuerfrei, bei denen die privilegierten Körperschaften oder Vereinigungen als Veräußerer auftreten. In der Regel erwerben aber gerade diese Verbände unbebautes Gelände, um es erst mit Kleinwohnungen zu bebauen; dieser Erwerb ist nur im Umfang von § 25 steuerfrei, während durch § 7 die beabsichtigte Verbilligung des Baus regelmäßig nicht erreicht wird. Erst der Weiterverkauf bleibt steuerfrei. Soweit die Kleinwohnungen im Hochbau errichtet sind, kommt aber eine Weiterveräußerung kaum in Frage, da zur Zeit im Hochbau meist große Blocks mit hunderten von Wohnungen errichtet werden, welche meist unveräußerlich sind, und bei denen auch eine Veräußerungsabsicht nicht besteht.

Die Steuerbefreiung wird daher nur in denjenigen Fällen in Frage kommen, in denen die Verbände ihr Gelände in kleinen Parzellen zur Errichtung von Einzelwohnhäusern verkaufen. Wenn der Verband bereits ein Eigenheim auf der Parzelle errichtet hat, kommt Steuerfreiheit in der Regel nicht in Frage, da die Grundstücksübertragung nicht erst „der Schaffung von Kleinwohnungen zu dienen bestimmt ist". (RFH. Bd. 13 S. 144). Wohl aber ich dies der Fall, wenn die Bebauung durch den Veräußerer bereits nach den Wünschen des Erwerbers gleichsam, als ob dieser Bauherr wäre, erfolgt ist. (RFH. 16, 182, 19, 278.)

Veräußerer müssen Körperschaften des öffentlichen Rechts (Reich, Staat, Gemeinde) oder Personenvereinigungen sein, die sich mit diesem Zwecke befassen, also Aktiengesellschaften, Gesellschaften m. b. H., Genossenschaften, Vereine od. dgl. Daß letztere sich ausdrücklich als „gemeinnützig" bezeichnen oder als solche staatlich anerkannt sind, ist nicht erforderlich. Es genügt, wenn sie den Nachweis führen, daß sie sich mit dem genannten Zwecke befassen und die weitere Voraussetzung (Verzinsung des Kapitals mit höchstens 5% Rückzahlung nur des Nennbetrages der Anteile an ihre Mitglieder, Bestimmung des Vermögensrestes für gemeinnützige Zwecke) erfüllen. Den Nachweis werden die Vereinigungen in der Regel durch ihre Satzungen erbringen können. Die Satzung ist aber nicht allein entscheidend, es kommt auch auf die tatsächliche Geschäftsgebahrung an. Wenn diese in Widerspruch mit der Satzung und dem angegebenen Geschäftszwecke steht, kommt Steuerbefreiung nicht in Frage. Die Veräußerung muß auch unmittelbar der Schaffung von Kleinwohnungen dienen, nicht nur mittelbar, um etwa durch den Verkauf Mittel zur Erstellung von Wohnungen an andrer Stelle zu beschaffen. (OVG. vom 25. 2. 1927, Bd. 81, 121.)

Dafür, was als Kleinwohnung anzusehen ist, kann der allerdings nur als Verwaltungsanordnung zu wertende und den Verwaltungsrichter nicht bindende Erlaß des Reichsministers der Finanzen vom 26. 2. 1921 einen Anhalt bieten. Danach sind Kleinwohnungen solche, die regelmäßig nicht mehr als 90 qm und bei Eckwohnungen nicht mehr als 100 qm Wohnfläche haben, und deren Ausstattung den gegenwärtig ortsüblichen Bedürfnissen in einfacher Form entsprechen. (RFH. vom 26. 2. 1927 Mrozek Kartei Rechtsspruch 46 zu § 8 Abs. 1 Ziffer 9 GrdErw.St.G.) Geringfügige Überschreitungen etwa bis zu 10% der Wohnfläche werden im allgemeinen nicht beanstandet. Als gesund sind Kleinwohnungen anzusehen, die nach den neuzeitlichen Grundsätzen der Baukunst den Wohnungen möglichst viel Licht und Luft geben.

Der Begriff des „Minderbemittelten" ist wie auch der RFH. in seiner Entscheidung 19, 72 ausgesprochen hat, nicht genau zu umreißen. In dieser Entscheidung hat der RFH. eine Lehrerin mit einem Einkommen von 5000 *RM* als minderbemittelt angesehen. Man wird aber noch weiter gehen müssen, und soweit nicht sonstiges Vermögen vorhanden ist, alle Personen, die nach ihrer Lebensführung auf derartig kleine, einfach ausgestattete Wohnungen Anspruch erheben zu den Minderbemittelten zählen können, so fast alle Beamten, bis etwa auf die höchstbezahlten, und Angehörige anderer Berufsstände (Angestellte, Angehörige freier Berufe), welche sich in gleicher Einkommenslage befinden.

Der Steuerpflichtige, welcher Anspruch auf Steuerfreiheit erhebt, hat die diesen Anspruch rechtfertigenden Tatsachen nachzuweisen, nicht aber der Steuergläubiger das Fehlen dieser Voraussetzungen zu erbringen. Die Beweispflicht liegt also dem Steuerschuldner ob. (OVG. vom 25. 2. 1927.)

16. Durch Absatz 2 Satz 1 wird der Begriff des Miterben für Ziffer 3 und 6 auf den überlebenden Ehegatten ausgedehnt, der Gesamtgut mit den Erben zu teilen hat. Dies ist der Fall, bei der sog. unbeerbten Ehe des § 1482 BGB., wenn keine Abkömmlinge vorhanden sind, oder bei Ablehnung der Fortsetzung durch den überlebenden Ehegatten (§ 1484 BGB.). Auch der Fall der Teilung des gesamten Vermögens beider Ehegatten, des Erblassers und des Überlebenden, auf Grund Märkischen Güterrechts fällt hierunter. Für Ziffer 6 bedeutet die Bestimmung, daß sich der überlebende Ehegatte, ohne der Steuerpflicht zu unterliegen, bei der Gründung einer aus Miterben bestehenden Vereinigung beteiligen darf.

17. Durch die Vorschrift des letzten Satzes des § 7 wird in Fällen folgender Art die Steuerfreiheit zugesichert:

a) An der Teilung ist ein Ehegatte beteiligt, der in Gütergemeinschaft lebt; dann geht der Teilungsvertrag auch über Rechte des anderen Ehegatten und bedarf es seiner Hinzuziehung zur Teilung; andrerseits wird das aus der Teilung Erworbene ohne weiteres Gesamteigentum beider Ehegatten; der Erwerb soll aber trotzdem in voller Höhe steuerfrei bleiben (Fall der Ziffer 3).

b) Ein Abkömmling, der mit seinem Ehegatten in Gütergemeinschaft lebt, hat von seinen Eltern oder Voreltern ein

Grundstück gekauft oder geschenkt erhalten. Dann wird das Grundstück ohne weiteres Gesamteigentum beider Eheleute. Auch hier kommt die Steuerfreiheit gleichfalls dem anderen Ehegatten zugute, so daß der Erwerb völlig steuerfrei ist (Fall der Ziffer 4).

Anhang zu § 7.

Erbschaftssteuergesetz.

(RGBl. 1925 Teil I S. 320)

I. Teil.

Steuerpflicht.

1. Gegenstand der Erbschaftssteuer.

§ 1 pp.

§ 2.

(1) Als Erwerb von Todes wegen gilt

1. der Erwerb durch Erbanfall, durch Vermächtnis (§§ 2147 ff. des Bürgerlichen Gesetzbuchs) oder auf Grund eines geltend gemachten Pflichtteilsanspruchs;
2. der Erwerb auf Grund einer Nachfolge in ein Hausgut, Lehen, Fideikommiß oder Stammgut oder in ein sonstiges gebundenes Vermögen;
3. der Erwerb durch Schenkung auf den Todesfall (§ 2301 BGB.) sowie jeder andere Erwerb, auf den die für Vermächtnisse geltenden Vorschriften des Bürgerlichen Rechtes Anwendung finden.
4. der Erwerb von Vermögensvorteilen, der auf Grund eines vom Erblasser geschlossenen Vertrags unter Lebenden von einem Dritten mit dem Tode des Erblassers unmittelbar gemacht wird.

(2) Als vom Erblasser zugewendet gilt auch

1. der Übergang von Vermögen auf eine vom Erblasser angeordnete Stiftung;
2. was jemand infolge Vollziehung einer vom Erblasser angeordneten Auflage oder infolge Erfüllung einer vom Erblasser gesetzten Bedingung erwirbt, es sei denn, daß eine einheitliche Zweckzuwendung vorliegt;
3. was jemand dadurch erlangt, daß bei Genehmigung einer Zuwendung des Erblassers Leistungen an andere Personen angeordnet oder zur Erlangung der Genehmigung freiwillig übernommen werden;

4. was als Abfindung für einen Verzicht auf den entstandenen Pflichtteilsanspruch oder für die Ausschlagung einer Erbschaft oder eines Vermächtnisses von dritter Seite gewährt wird;
5. was als Entgelt für die Übertragung der Anwartschaft eines Nacherben gewährt wird.

(3) Das Erlöschen von Leibrenten und anderen von dem Leben einer Person abhängigen Lasten gilt nicht als Erwerb von Todes wegen.

§ 3.

(1) Als Schenkung im Sinne des Gesetzes gilt
1. jede Schenkung im Sinne des bürgerlichen Rechts;
2. jede andere freigebige Zuwendung unter Lebenden, soweit der Bedachte durch sie auf Kosten des Zuwendenden bereichert wird;
3. was infolge Vollziehung einer vom Schenker angeordneten Auflage oder infolge Erfüllung einer einem Rechtsgeschäft unter Lebenden beigefügten Bedingung ohne entsprechende Gegenleistung erlangt wird, es sei denn, daß eine einheitliche Zweckzuwendung vorliegt;
4. was jemand dadurch erlangt, daß bei Genehmigung einer Schenkung Leistungen an andere Personen angeordnet oder zur Erlangung der Genehmigung freiwillig übernommen werden;
5. was als Abfindung für einen Erbverzicht (§§ 2346, 2352 BGB.) gewährt wird;
6. was ein Vorerbe dem Nacherben mit Rücksicht auf die angeordnete Nacherbschaft vor ihrem Eintritt herausgibt;
7. der Übergang von Vermögen auf Grund eines Stiftungsgeschäfts unter Lebenden;
8. eine freigebige Zuwendung bei Auflösung eines Fideikommisses oder anderweitiger Aufhebung der Bindung von Vermögen;
9. was bei Aufhebung einer Stiftung erworben wird.

(2) Im Falle des Absatz 1 Nr. 6 ist der Versteuerung auf Antrag das Verhältnis des Nacherben zum Erblasser zugrunde zu legen.

(3) Gegenleistungen, die nicht in Geld veranschlagt werden können, werden bei der Feststellung, ob eine Bereicherung vorliegt, nicht berücksichtigt.

(4) Die Steuerpflicht einer Schenkung wird nicht dadurch ausgeschlossen, daß sie zur Belohnung oder unter einer Auflage gemacht oder in die Form eines lästigen Vertrags gekleidet wird.

(5) Ausstattungen, die Abkömmlingen zur Einrichtung eines den Vermögensverhältnissen und der Lebensstellung der Beteiligten angemessenen Haushalts gewährt werden, gelten nicht als Schen-

kung, sofern zur Zeit der Zuwendung ein Anlaß zur Ausstattung gegeben ist und der Zweck der Zuwendung innerhalb zweier Jahre erfüllt wird. Ausstattungen, die über das angegebene Maß hinausgehen, sind insoweit steuerpflichtig.

§ 4 pp.

§ 8 [1]).

(1) Als steuerpflichtiger Wertzuwachs gilt der Unterschied zwischen dem Erwerbspreise und dem Veräußerungspreise [2].

(2) Der Preis bestimmt sich nach dem Gesamtbetrage der Gegenleistungen einschließlich der vom Erwerber übernommenen oder ihm sonst infolge der Veräußerung obliegenden Leistungen [3] und der vorbehaltenen oder auf dem Grundstücke lastenden Nutzungen [4], bei Verträgen über Leistungen an Erfüllungsstatt nach dem Werte, zu dem die Gegenstände an Erfüllungsstatt angenommen werden [5].

(3) Die auf einem nicht privatrechtlichen Titel beruhenden Abgaben und Leistungen, die auf dem Grundstück kraft Gesetzes lasten (gemeine Lasten) werden nicht mitgerechnet [6]. Der Wert wiederkehrender Leistungen und Nutzungen bestimmt sich nach den Vorschriften der Reichsabgabenordnung [7].

(4) Ist einem der Vertragsschließenden ein Wahlrecht oder die Befugnis eingeräumt, innerhalb gewisser Grenzen den Umfang der Gegenleistung zu bestimmen, so ist der höchstmögliche Betrag der Gegenleistung maßgebend, soweit die Wahl oder die Bestimmung noch nicht stattgefunden haben [8].

1. § 8 definiert den **Begriff des Wertzuwachses** in steuerlicher Beziehung und gibt nähere Anweisungen über die Ermittlung des Preises. Die durch den Währungsverfall erforderlich gewordene Umrechnung der Papiermark in Reichsmark ist in § 12 der StO. geregelt.

2. Grundsätzlich ist bei Ermittlung des Wertzuwachses stets in der Weise vorzugehen, daß der Erwerbspreis dem Veräußerungspreis gegenüber gestellt wird. **Erwerbspreis ist die** Gesamtheit aller Zahlungen und Leistungen, die für den Erwerb des Grundstücks gegeben sind, **Veräußerungspreis** alles, was jetzt als Entgelt für das Grundstück gezahlt wird. Die Ermittlung des Erwerbs- und Veräußerungspreises hat nach den gleichen Grundsätzen zu erfolgen. Soweit daher in den Bestimmungen der §§ 8 ff. Anweisungen zur Ermittlung des

„Preises" enthalten sind, gelten sie gleichzeitig für den Erwerbs- wie den Veräußerungspreis; das Gleiche gilt für die Ausführungen des Kommentars, so oft vom „Preis" die Rede ist.

Bei der Berechnung des Wertzuwachses geht das OVG. sowohl in seiner Rechtsprechung vor dem Krieg, wie auch nach dem Krieg und in der Inflation davon aus, daß in erster Linie der zwischen den Parteien ziffermäßig vereinbarte Preis für die Ermittlung des Wertzuwachses ohne Rücksicht auf die wirtschaftlichen Ergebnisse maßgebend ist. Auch der Einwand, daß bei Inflationskäufen bereits früher, zur Zeit einer höheren Kaufkraft des Geldes, gezahlt sei, greift nicht durch (OVG. vom 13. 1. 1928 Reichsverwaltungsblatt Bd. 48 S. 757). Alle Abmachungen, die lediglich eine besondere Regelung der Erfüllung betreffen und alle Zahlungsmodalitäten sind gegenüber der ziffermäßig festgesetzten Höhe des Kaufpreises bedeutungslos, so der Umstand wann und wie der Kaufpreis zu entrichten ist (OVG. vom 13. Oktober 1912: Amtl. Mitt. 1913, S. 11), so der Minderertrag eines gering verzinslichen Restkaufgeldes (Bayr. Verwaltungsgerichtshof vom 18. Dezember 1912, Amtl. Mitt. 1913 S. 41), so die vereinbarte zinslose Stundung (Bayr. Verw. Gerichtshof vom 6. Juli 1914, Amtl. Mitt. 1914 S. 260 und OVG. vom 30. 9. 1927 (Reichsverwaltungsblatt Bd. 49 S. 445), so der Kursverlust und Damnum bei aufgenommenen Hypotheken (OVG. vom 30. November 1915, Bd. 71 S. 11 und Reichsverwaltungsblatt Bd. 50 S. 106). Über die steuerliche Behandlung der Übernahme von Aufwertungshypotheken siehe § 12 und die Bemerkungen hierzu.

3. Der Preis ist nach dem Gesamtbetrage der Gegenleistungen zu berechnen. Wenn der Käufer neben dem eigentlichen ziffermäßig bestimmten Kaufpreis noch weitere Leistungen übernommen hat, so ist zu prüfen, ob nach dem Willen der Parteien diese Sonderleistungen als Teil des Kaufpreises gelten sollen. Ein Preisteil liegt nicht in einer Sondervergütung für eine mit der Grundstücksübertragung nur wirtschaftlich zusammenhängende Leistung des Veräußerers, für deren Bewirkung die Eigentumsänderung lediglich den Anlaß gebildet hat. Es kommt hierbei stets auf die Sach- und Rechtslage des Einzelfalles an. Besonders häufig entstehen Differenzen daraus, daß der Veräußerer gewisse Beträge aus dem Kaufpreis ausgeschieden wissen will, weil diese von dem Erwerber für die Freimachung des Grundstücks gezahlt sein sollen. Hat der Veräußerer das Grundstück selbst benutzt und sich verpflichtet, dem Erwerber das Grund-

stück mit leeren Räumen zu übergeben, so wird regelmäßig die Zusicherung einer Eigenschaft des Grundstücks als vorliegend anzusehen sein, die in einem höheren Kaufpreis ihren Ausdruck gefunden hat, so daß eine steuerrechtlich besonders zu behandelnde Sondervergütung nicht in Frage kommt. Nur soweit einzelne besondere Maßnahmen dem Veräußerer besondere Kosten verursacht haben, und ein Teil des vom Käufer zu zahlenden Gesamtbetrages als zur Deckung dieser Kosten bestimmt anzusehen ist, entspricht der festzustellende Veräußerungspreis dem Gesamtpreis vermindert um den Betrag der Kosten (OVG. Band 74, S. 16). Regelmäßig aber hat eine dem bisherigen Mieter unmittelbar gezahlte Abfindung mit dem Vertrag überhaupt nichts zu tun, und ist daher auch nicht abzugsfähig (OVG. Bd. 69, S. 16). Anders hingegen wenn der Erwerber dem Veräußerer einen bestimmten Betrag ausdrücklich zur Abfindung eines Mieters gezahlt hat, unter der Bedingung, daß der Betrag zurückzuzahlen ist, wenn der Mieter nicht zum Auszug bereit ist; dann ist eine Sonderleistung gegeben, welche nur aus Anlaß des Kaufvertrages gewährt wird, aber zu einer Erhöhung des wirklichen Kaufpreises nicht führen kann (OVG. Bd. 80, S. 92, Entscheidung des Kaiserl. Rats in Lothringen vom 31. Mai 1913, Amtl. Mitt. 1914, S. 42). Eine dem Veräußerer von dem Erwerber gewährte Entschädigung kann unter Umständen als nicht steuerpflichtige Sondervergütung behandelt werden; dies setzt aber voraus, daß der Verkäufer nicht etwa auch ohne den Verkauf des Grundstücks die Aufgabe des Betriebes beabsichtigt hatte (OVG. 4. November 1913, Amtl. Mitt. 1914, S. 43). Ebenso ist eine Vergütung für den Verzicht auf Ausübung einer Schankkonzession kein Teil des Kaufpreises (OVG. vom 30. 9. 1927 (Reichsverwaltungsblatt Bd. 49 S. 445). Im Interesse der Parteien erscheint es daher angebracht, gegebenenfalls bei Beurkundung des Vertrages durch den Richter oder Notar die Bestimmung der Vergütung etwa dahin zu fassen: „Der Kaufpreis für das Grundstück beträgt X Reichsmark, als Sondervergütung für ..... werden Y Reichsmark gezahlt."

Wenn ein Grundstück enteignet wird, ist als Kaufpreis die Enteignungsentschädigung der Veranlagung zugrunde zu legen (OVG. Bd. 77, S. 13).

Der Kaufpreis braucht nicht nur in Geld zu bestehen. Leistungen aller Art kommen in Frage, so die Gewährung von Wohnungsrechten und die Übernahme von Hypotheken, Grundschulden und Rentenschulden neben der Barzahlung. Auch Leistungen, die der Erwerber nicht an den Veräußerer, sondern in dessen Auftrag an einen Dritten macht, sind ein Teil des Kaufpreises; ebenso die Verpflichtung des Käufers, das Grundstück auf Verlangen an den Verkäufer zurückzuverkaufen, wobei für die Steuerfestsetzung der Wert dieses Rechtes seinem Werte nach zu schätzen ist (OVG. Bd. 71, S. 19).

4. Die Nutzungen eines Grundstücks gehen nach § 446 BGB. mit der Übergabe, oder, falls die Eintragung im Grundbuch früher erfolgt, mit dieser auf den Erwerber über. Die Verteilung der Nutzungen auf die Beteiligten ergibt § 101 BGB. Soweit der Veräußerer sich im Vertrage vorbehält, die Nutzungen über das ihm gesetzlich zustehende Maß oder über die gesetzliche Zeitdauer hinaus zu ziehen, z. B. etwa ein Haus noch eine bestimmte Zeit nach der Übergabe oder der Eintragung mietefrei benutzen zu dürfen, so ist der Wert der Mehrnutzung für die Steuer dem Veräußerungspreis hinzuzuschlagen.

5. Wenn der Erwerber für das Grundstück an Stelle des vereinbarten Kaufpreises eine andere Leistung an Erfüllungsstatt gibt, wozu auch der Verzicht auf eine ihm zustehende Forderung zu rechnen ist, so ist der Wert der Gegenleistung in dem Veräußerungspreis anzusetzen. Haben die Parteien selbst den Wert der Gegenleistung angegeben, so ist von diesem auszugehen, sofern keine Bedenken gegen ihre Angaben bestehen. Sonst kommt Veranlagung nach dem gemeinen Wert gemäß § 10 der Steuerordnung in Frage.

6. Es handelt sich hierbei um die öffentlichen Lasten, für deren Beseitigung der Veräußerer nicht gemäß § 436 BGB. einzustehen hat; so insbesondere die Grundvermögenssteuer, die Hauszinssteuer, Straßenreinigungsbeiträge, Anliegerbeiträge und die in Alt-Berlin bestehende observanzmäßige Verpflichtung zur Reinigung des Bürgersteigs von Schnee. Werden derartige Lasten für die Zukunft ausdrücklich übernommen, so bedeutet dies keine Erhöhung des Kaufpreises. Übernimmt aber der Erwerber rückständige Steuern oder Beiträge, so sind diese Beträge dem Kaufpreis hinzuzurechnen.

7. Der zweite Satz des Absatzes 3 steht an falscher Stelle. Er ist nicht, wie man nach dem Gesetzestext annehmen könnte, auf den 1. Satz des Absatzes 3 zu beziehen, sondern gehört seinem Inhalte nach zu Absatz 2. Als wiederkehrende Leistungen und Nutzungen kommen insbesondere der Nießbrauch (§§ 1030 ff. BGB.), Wohnungsrechte (§ 1093 BGB.), Reallasten (§§ 1105 ff. BGB.), Überbaurente (§ 912 BGB.), in Betracht. Ihr jetziger ka-

pitalisierter Wert ist nach den Vorschriften der RAO., insbesondere den §§ 144 bis 146 zu berechnen und unterliegt als Teil des Veräußerungspreises der Wertzuwachssteuer. Die §§ 144 bis 146 RAO. haben folgenden Wortlaut:

§ 144.

(1) Der Gesamtwert von Nutzungen oder Leistungen, die auf bestimmte Zeit beschränkt sind, ist durch Zusammenzählen der einzelnen Jahreswerte unter Abrechnung der Zwischenzinsen zu berechnen. Der Gesamtwert darf den zum gesetzlichen Zinssatz kapitalisierten Jahreswert nicht übersteigen. Ist die Dauer des Rechtes außerdem durch das Leben einer oder mehrerer Personen bedingt, so darf der nach § 145 zu berechnende Kapitalwert nicht überschritten werden.

(2) Immerwährende Nutzungen oder Leistungen sind mit dem fünfundzwanzigfachen des Jahreswertes, Nutzungen oder Leistungen von unbestimmter Dauer vorbehaltlich § 145 mit dem zwölfeinhalbfachen des Jahreswertes zu veranschlagen.

(3) Ist der gemeine Wert des Gesamtbezugs der Nutzungen oder Leistungen nachweislich geringer oder höher, so ist der gemeine Wert zugrunde zu legen.

§ 145.

(1) Der Wert von Renten oder anderen auf die Lebenszeit einer Person beschränkten Nutzungen und Leistungen bestimmt sich nach dem Lebensalter dieser Person.

(2) Als Wert wird angenommen bei einem Alter

1.		bis zu	15	Jahren das	18	fache
2.	von mehr als	15 „ „	25	„ „	17	„
3.	„ „ „	25 „ „	35	„ „	16	„
4.	„ „ „	35 „ „	45	„ „	14	„
5.	„ „ „	45 „ „	55	„ „	12	„
6.	„ „ „	55 „ „	65	„ „	8½	„
7.	„ „ „	65 „ „	75	„ „	5	„
8.	„ „ „	75 „ „	80	„ „	3	„
9.	„ „ „	80 Jahren das			2	„

des Wertes der einjährigen Nutzung.

(3) Hat jedoch eine nach Abs. 2 bewertete Nutzung oder Leistung im Falle der

Nr. 1	nicht mehr als 9	Jahre
Nr. 2—3	„ „ „ 8	„
Nr. 4	„ „ „ 7	„
Nr. 5	„ „ „ 6	„
Nr. 6	„ „ „ 4	„
Nr. 7—9	„ „ „ 2	„

bestanden, so ist die Veranlagung auf Antrag nach der wirklichen Dauer der Nutzung oder Leistung zu berichtigen. Handelt es sich um den Wegfall einer Last, so ist in gleicher Weise eine Nachveranlagung vorzunehmen.

(4) Hängt die Dauer der Nutzung oder Leistung von der Lebenszeit mehrerer ab, so entscheidet, je nachdem das Recht mit dem Tode des zuerst oder des zuletzt Sterbenden erlischt, das Lebensalter des Ältesten oder Jüngsten.

§ 146.

(1) Der einjährige Betrag der Nutzung einer Geldsumme ist, wenn kein anderer Wert feststeht, zu vier vom Hundert anzunehmen.

(2) Bei Nutzungen oder Leistungen, die ihrem Betrage nach ungewiß sind oder schwanken, ist als Jahreswert der Betrag zugrunde zu legen, der voraussichtlich für die Zukunft durchschnittlich erzielt werden wird.

8. Nach § 262 BGB. steht im Zweifel dem Schuldner, also hier dem Käufer das Wahlrecht zu. Wenn bei Eintritt der Steuerpflicht von diesem Wahlrecht noch nicht Gebrauch gemacht, also zweifelhaft ist, welche der Gegenleistungen, z. B. Geld oder Wertpapiere zu bewirken ist, ist die Leistung dem Veräußerungspreis zugrunde zu legen, welche den größeren Wert hat.

Entsprechendes gilt, wenn der Kaufpreis nur mit einem Höchst- und Mindestbetrag festgelegt ist.

Anhang zu § 8.

Besondere Schwierigkeiten bestehen für die Ermittlung des **Wertes bei der Übertragung von Rechten an Personenvereinigungen.** Nach der Rechtsprechung des OVG. sind grundsätzlich lediglich der Erwerbs- und der Veräußerungspreis des zu übertragenden Rechtes selbst einander gegenüber zu stellen (OVG. 64, S. 57; 68, S. 1). Auch die Hinzurechnungen und Abzüge sind nur insoweit zulässig, als sie das Recht selbst, nicht aber insoweit, als sie das Grundstück betreffen (OVG. 23. September 1913, Amtl. Mitt. 1913 S. 295, OVG. Bd. 68 S. 3 und OVG. vom 24. 2. 1928 Pr. Verw.-Blatt Bd. 49 S. 895). Nach der Rechtsprechung des OVG. können also Aufwendungen zur Verbesserung des Grundstücks bei der Veräußerung der Rechte an einer Personenvereinigung ebensowenig berücksichtigt werden, wie die Verpflichtungen und Leistungen, die dem Veräußerer aus der seinerzeitigen Übernahme von Aufwertungshypotheken erwachsen sind. Es kann kein Zweifel bestehen, daß der Rechtsstandpunkt des OVG. der Billigkeit nicht entspricht. Wenn § 1 Ziff. 3 der StO. den Übergang von Rechten an dem Vermögen von Personenvereinigung dem Eigentumsübergang von Grundstücken selbst gleichstellt, darf auch bezüglich der Zuschläge zum Erwerbspreis und der Abzüge vom Veräußerungspreis keine andere Behandlung eintreten, als wenn das Grundstück selbst verkauft worden wäre.

Gehören bei der Gründung einer G.m.b.H. zu dem Gesellschaftsvermögen Grundstücke, so ist der Veräußerungspreis eines Geschäftsanteils der Betrag der von dem Gesellschafter übernommenen Stammeinlage, und zwar der volle Betrag, auch wenn erst ein Teilbetrag eingezahlt ist (OVG. 74, S. 11 entgegen Entscheidung vom 10. 7. 1914, Amtl. Mitt. 1914 S. 309). Wird ein Grundstück in eine Gesellschaft eingebracht, so ist Preis im Sinne von § 8 der Betrag, der als Entgelt zu gewährenden Aktien oder sonstigen Gesellschaftsrechte (OVG. vom 9. Mai 1913, Amtl. Mitt. 1913 S. 219). Besitzt die Personenvereinigung außer den Grundstücken noch weiteres Vermögen, sei es zur Zeit des Erwerbes der Anteile, sei es zur Zeit der Veräußerung, so ist der Steuerberechnung nur der Teil des vereinbarten Preises zugrunde zu legen, welcher dem Werte des Grundvermögens im Verhältnis zum gesamten Bruttovermögen der Gesellschaft entspricht.

Beispiel: A. hat sämtliche 10 000 Mk. Anteile der X G.m.b.H., deren Vermögen zur Zeit des Erwerbes ausschließlich aus Grundstücken bestand, für 50 000 Mk. gekauft. Als er sie an B. für 100 000 Mark veräußerte, besaß die Gesellschaft außer den Grundstücken, deren Wert inzwischen auf 90 000 Mk. gestiegen ist, noch für 10 000 Mk. Wertpapiere. Dann ist der Wert des Grundstücks mit 90 000 Mk. als Veräußerungspreis der Veranlagung zugrunde zu legen.

Hat aber die Gesellschaft zu der Zeit, als der Berechtigte die Anteile erwarb, noch kein Grundvermögen besessen, so kommt für die Berechnung des Erwerbspreises lediglich der Zeitpunkt des ersten Grundstückserwerbes der Gesellschaft in Betracht, da die Gesellschaft erst in diesem Augenblick in den Kreis der in § 1 Abs. 3 behandelten Personenvereinigungen eingetreten ist (OVG. 10. 7. 1914, Amtl. Mitt. 1914 S. 309, OVG. Bd. 68 S. 3, Bd. 71 S. 1). Zugrunde zu legen ist für die Berechnung der gemeine Wert, den der betreffende Anteil zur Zeit dieses Stichtages hatte, und zwar zu dem Bruchteil des gesamten Gesellschaftsvermögens, der dem Werte des Grundstücks im Verhältnis zu dem gesamten Gesellschaftsvermögen entspricht. Der Wert des

Grundstücks ist nach dem Erwerbspreis zuzüglich der Erwerbskosten zu berechnen (OVG. vom 16. 11 1928).

Beispiel: A. hat 10 000 Mk. Anteile von dem 20 000 Mk. betragenden Gesellschaftskapital übernommen. Erst nach dem Erwerb des Anteils kauft die Gesellschaft ein Grundstück. Der gemeine Wert des Grundstücks beträgt zu dieser Zeit 40 000 Mk., ihr sonstiges Kapitalvermögen 10 000 Mk., das gesamte Gesellschaftsvermögen also 50 000 Mk. Da A. die Hälfte sämtlicher Anteile besitzt, ist der Wertzuwachssteuer bei einer Veräußerung der Anteile als Erwerbspreis der Betrag von 20 000 Mk. gleich 50% von 40 000 Mk. zugrunde zu legen.

§ 9[1].

Beim Übergang im Wege der Zwangsversteigerung gilt als Preis der Betrag des Meistgebots, zu dem der Zuschlag erteilt ist, unter Hinzurechnung der vom Ersteher übernommenen gerichtlich festgelegten Leistungen[2]. Im Falle der Abtretung der Rechte aus dem Meistgebot oder der Erklärung des Meistbietenden, daß er für einen anderen geboten habe, tritt an die Stelle des Meistgebots der Wert der Gegenleistung, wenn sie höher ist als das Meistgebot[3].

1. § 9 enthält Sondervorschriften für die Berechnung des Preises bei der **Zwangsversteigerung** und den damit zusammenhängenden Rechtsvorgängen.

2. Entscheidend ist der Inhalt des gerichtlichen Zuschlagsbeschlusses. Das Meistgebot setzt sich zusammen aus dem geringsten Gebot (Barbeträge, wie Kosten, rückständige Realsteuern sowie die vorhergehenden dinglichen Rechte) und dem Mehrgebot. Wenn der Ersteher hierüber hinaus noch gerichtlich festgestellte Lasten übernimmt, sind diese dem Meistgebot und damit auch dem Preise hinzuzurechnen.

Während die bisherige Berliner StO. keine dem § 14 Ziff. 2 des RZuwStGes. entsprechende Bestimmung bezüglich Anrechnung der Beträge, mit denen ein Hypotheken- oder Grundschuldgläubiger ausgefallen ist, kannte, ist eine derartige Bestimmung in die neue StO. aufgenommen worden (s. § 13 Ziff. 2 der StO. und die Bemerkungen dazu).

3. Die Steuerpflicht für die Abtretung der Rechte aus dem Meistgebot und für die Erklärung des Meistbietenden, daß er für einen anderen geboten habe, ergibt sich aus § 2 Abs. a) Ziff. 4 der StO. Wenn in diesem Falle der Andere dem Meist-

bietenden mehr zahlt als dessen Meistgebot betrug, ist diese Mehrzahlung steuerpflichtig. Erwerbspreis im Sinne der StO. ist dann das Meistgebot, Veräußerungspreis das Meistgebot unter Hinzurechnung der Mehrzahlung.

§ 10.

(1) Ist ein Preis nicht vereinbart oder nicht zu ermitteln, so tritt an dessen Stelle der gemeine Wert des Grundstücks [1].

(2) Das gleiche gilt, wenn auf dem Grundstück eine der im § 1 bezeichneten Berechtigungen oder ein Nießbrauchsrecht lastet, zu deren Beseitigung der Veräußerer nicht verpflichtet ist und der gemeine Wert des Grundstücks unter Berücksichtigung seiner Belastung den Wert der Gegenleistung übersteigt [2].

(3) Wenn die Beteiligten einen Teil des Entgelts in die Form einer Vermittlungsgebühr, einer den üblichen Zinssatz erheblich übersteigenden Verzinsung des gestundeten Preises oder einer sonstigen Nebenleistung kleiden, so ist der als Teil des Entgelts anzusetzende Betrag durch Schätzung zu ermitteln [3].

1. Wenn ausnahmsweise ein Preis nicht vereinbart ist, tritt an dessen Stelle der **gemeine Wert** des Grundstücks. Dies ist z. B. der Fall, wenn der Treuhänder das Grundstück ohne Entgelt an den Treugeber übereignet (OVG. Bd. 80 S. 80) oder ein Rechtsgeschäft als Schenkung dargestellt wird, während tatsächlich ein nicht angegebener Preis gezahlt ist (OVG. Bd. 75 S. 1). Eine Preisvereinbarung fehlt auch im folgenden Fall: A. hat an B., B. an C. verkauft. Es stellt sich später heraus, daß A. beim Abschluß des Rechtsgeschäfts A.-B. geisteskrank war, also dieses Rechtsgeschäft nichtig ist. C., der im guten Glauben war, hat jedoch gemäß § 892 BGB. das Eigentum an dem Grundstück erworben. Bei Besteuerung des Rechtsgeschäfts B.-C. ist dann als Erwerbspreis nicht der im nichtigen Vertrage vereinbarte Preis, sondern der gemeine Wert zur Zeit dieses Vertrages als Erwerbspreis anzusetzen (OVG. Bd. 73 S. 1).

Nicht zu ermitteln ist der Kaufpreis, wenn der im Vertrage angegebene Kaufpreis fingiert oder notorisch falsch ist, eine Aufklärung des tatsächlich vereinbarten Kaufpreises jedoch nicht möglich ist, weil z. B. die Beteiligten im Ausland wohnen oder verstorben sind (OVG. vom 8. Mai 1916, Amtl. Mitt. 1916 S. 127), ebenso, wenn Sachlieferung als Gegenleistung für das

Grundstück vereinbart ist. (OVG. vom 30. 3. 1928 Reichsverwaltungsblatt Bd. 49 S. 974.)

Bei der Ermittlung des gemeinen Wertes sind die Grundsätze der RAO., insbesondere der § 138 RAO. anzuwenden. § 138 RAO. hat folgenden Wortlaut:

(1) Der gemeine Wert wird durch den Preis bestimmt, der im gewöhnlichen Geschäftsverkehr nach der Beschaffenheit des Gegenstandes unter Berücksichtigung aller den Preis beeinflussenden Umstände bei einer Veräußerung zu erzielen wäre; ungewöhnliche oder lediglich persönliche Verhältnisse sind nicht zu berücksichtigen.

(2) Als lediglich persönliche Verhältnisse sind auch Verfügungsbeschränkungen anzusehen, denen der Steuerpflichtige aus Gründen, die in seiner Person oder der Person seiner Rechtsvorgänger liegen, unterworfen ist. Dieses gilt insbesondere für Verfügungsbeschränkungen, die auf letztwilligen Anordnungen beruhen.

(3) Vor Feststellung des gemeinen Wertes ist bei ausländischen Unternehmungen sowie bei gewerblichen und landwirtschaftlichen Neuanlagen auf Antrag des Pflichtigen die für ihn zuständige amtliche Vertretung gutachtlich zu hören.

Auszugehen ist bei der Ermittlung des gemeinen Wertes von Preisen, welche für gleichartige Grundstücke in der fraglichen Zeit im gewöhnlichen Geschäftsverkehr gezahlt sind. Während für die Inflationszeit der RFH. annahm, daß die tatsächlich gezahlten Preise nicht im gewöhnlichen Geschäftsverkehr zustande gekommen seien, und daher eine Bemessung des gemeinen Wertes in Prozentsätzen des Friedenswertes zuließ, erblickt der RFH. für die Zeit seit 1925 in dem vereinbarten Preis grundsätzlich, sofern nicht ein ganz besonders gelagerter Sachverhalt vorliegt, den Ausdruck des gemeinen Wertes. Bei Feststellung des gemeinen Wertes wird daher auch die Steuerbehörde für die Zeit seit 1925 ähnliche, zur gleichen Zeit verkaufte Grundstücke zum Zwecke des Vergleiches heranzuziehen zu haben, und evtl. Sachverständige hören müssen.

2. Die Bestimmung hat vor allem Bedeutung, wenn der Eigentümer eines Grundstücks dem zukünftigen Erwerber zunächst ein Nießbrauchrecht bestellt und dann als Gegenwert für die Veräußerung des Grundstücks ein Betrag festgesetzt wird, der erheblich hinter dem gemeinen Werte des Grundstücks zurückbleibt Wenn der ermittelte gemeine Wert höher ist als der Vertragspreis, ist in Fällen dieser Art stets der gemeine Wert zugrunde zu legen.

3. Auch Absatz 3 soll eine Handhabe bieten, Umgehungen entgegen zu treten. Hier ist besonders an den Fall zu denken, daß der Veräußerer seiner Ehefrau, einem sonstigen Verwandten oder

einer ihm selbst gehörigen Gesellschaft eine Provision zahlen läßt, welche wirtschaftlich einen Teil des vereinbarten Entgeltes darstellt (OVG. 78, S. 11).

Absatz 3 trifft ferner sämtliche Fälle, in denen der Wert des Grundstücks selbst zu niedrig und der Wert der Nebenleistungen, des Zinssatzes, des mitverkauften Inventars oder sonstiger Gegenstände zu hoch angegeben wird. Stets kann hier das Steueramt selbst schätzen, ohne erst den gemeinen Wert des Grundstücks ermitteln zu müssen.

§ 11 [1].

Betrifft der steuerpflichtige Rechtsvorgang steuerpflichtige [2] und steuerfreie Gegenstände, ohne daß Einzelpreise und -werte angegeben werden, so bestimmt die Steuerbehörde den auf die steuerpflichtigen Gegenstände entfallenden Teil der Gesamtsumme, wenn nicht der Steuerpflichtige auf Erfordern innerhalb der ihm bestimmten Frist die Trennung der Preise oder Werte nachholt [2]. Sind zum Zwecke der Steuerersparung dem wahren Wert nicht entsprechende Angaben gemacht worden, so ist der Betrag durch Schätzung zu ermitteln [3]. Das gleiche gilt für die Verteilung des Gesamtbetrages auf mehrere steuerpflichtige Gegenstände [4].

1. Die Bestimmung entspricht wörtlich dem § 13 des RZuw.St.-Ges., sie enthält drei getrennte Tatbestände:

I. Steuerpflichtige und steuerfreie Gegenstände sind durch einen Rechtsvorgang ohne Angabe von Einzelpreisen und Werten verkauft.

II. Es ist zwar eine Verteilung des einheitlichen Kaufpreises vorgenommen, zur Steuerersparung sind aber falsche Angaben gemacht.

III. Es sind durch einen Akt mehrere steuerpflichtige Grundstücke zu einem Gesamtpreis verkauft.

2. Als steuerpflichtige Gegenstände kommen die in § 1 der StO. genannten, also vor allem Grundstücke in Betracht. Während die wesentlichen Bestandteile im Sinne von § 94 BGB. (Gebäude, Fahrstühle, Zentralheizung, Bodenerzeugnisse, die mit dem Grundstück fest verbundenen Maschinen) zum Grundstück gehören, bildet das bewegliche Inventar, abmontierte Maschinen, sowie ein mit dem Grundstück zusammenverkauftes Geschäft nicht einen Teil des Grundstücks. Steuerpflichtig ist aber nur das Grundstück mit seinen wesentlichen Bestandteilen; steuerpflichtig im Sinne dieser StO. ist ferner ein Grundstück auch nur dann,

wenn es im Bereiche Groß-Berlins liegt. Wird in einem Vertrag ein Berliner und ein Potsdamer Grundstück zu einem Gesamtpreis verkauft, so stellt das Berliner Grundstück einen steuerpflichtigen Gegenstand, das Potsdamer einen nicht steuerpflichtigen dar.

Vor der Veranlagung hat die Steuerbehörde den Steuerpflichtigen stets zur eigenen Trennung der Werte und Preise aufzufordern. Zweckmäßig wird der Steuerpflichtige die Trennung bereits im Vertrage vornehmen, also in dem Vertrag angeben, welcher Teil des Kaufpreises auf das Grundstück, welcher auf die nicht steuerpflichtigen Gegenstände, z. B. die Einrichtung der Fabrik, entfällt. Die nach Ablauf der dem Steuerpflichtigen mit der Aufforderung gesetzten Frist von der Steuerbehörde zu treffende Trennung darf nicht willkürlich, sondern muß nach pflichtgemäßem Ermessen erfolgen, erforderlichen Falls nach Einholung von Gutachten.

3. Die Steuerbehörde ist an und für sich an die Erklärungen des Steuerpflichtigen, mögen diese von vornherein oder erst nach Fristsetzung erfolgen, gebunden. Nur wenn die Zerlegung offenbar der wirklichen Sachlage widerspricht, und eine Steuerumgehung bezweckt ist, so z. B., wenn für geringwertiges Inventar übermäßig hohe Preise angegeben sind, ist die Steuerbehörde zur Schätzung berechtigt, die aber gleichfalls pflichtgemäß zu erfolgen hat.

4. Sind mehrere steuerpflichtige Gegenstände für einen Gesamtpreis verkauft, so ist entsprechend zu verfahren. Liegen mehrere zusammen gekaufte Grundstücke im Bereich verschiedener Bezirksämter, so haben sich diese über die Verteilung des Gesamtpreises zu verständigen.

§ 12.

(1) Soweit der Erwerbspreis nicht in Gold-, Renten- oder Reichsmark berechnet ist, wird er gemäß den Bestimmungen des § 2 des Aufwertungsgesetzes vom 16. Juli 1925 [1]) nach seinem Goldmarkwert berechnet [1]. Maßgebend für die Berechnung ist,

---

[1]) § 2 des Aufwertungsgesetzes: „Als Goldmarkbetrag gilt bei Ansprüchen, die vor dem 1. Januar 1918 erworben sind, der Nennbetrag. Ist der Anspruch später erworben, so wird der Goldmarkbetrag dadurch festgestellt, daß der Nennbetrag im Falle des eigentlichen Erwerbes der Erwerbspreis, nach Maßgabe des Wertverhältnisses umgerechnet wird, das in der Anlage zu diesem Gesetze für den Tag des Erwerbes bestimmt ist; ist ein Umrechnungsverhältnis für diesen

falls ein Veräußerungsgeschäft abgeschlossen war, das zur Übertragung des Eigentums verpflichtete, der Tag des Abschlusses des Rechtsgeschäftes, in allen übrigen Fällen der Tag der Vollendung des Rechtsvorganges, der die Rechtsänderung bewirkt hat [2].

(2) Hat der Veräußerer beim Erwerb des Grundstücks in Anrechnung auf den Erwerbspreis Schuldverpflichtungen, Hypotheken usw. übernommen, so gilt abweichend von der Bestimmung des vorhergehenden Absatzes für die Berechnung des Goldmarkwertes der übernommenen Schuldverpflichtungen folgendes [3]:

1. Soweit die Schuldverpflichtungen bei der neuen Veräußerung des Grundstücks noch bestehen und von dem neuen Erwerber übernommen werden, ist für die Berechnung ihres Goldmarkwertes der Umrechnungstag des übrigen Erwerbspreises (Abs. 1) maßgebend; jedoch ist ihr Wert für die Berechnung des Erwerbspreises mindestens mit dem gleichen Betrage einzustellen, wie er bei der Berechnung des neuen Veräußerungspreises in Ansatz gebracht worden ist [4].

2. Soweit die Schuldverpflichtungen bis zur neuen Veräußerung des Grundstücks getilgt sind, ist ihr Goldmarkwert nach dem Werte der Leistungen zu berechnen, die der Veräußerer für die Tilgung am Tilgungstage aufgewandt hat, soweit nicht ihr Goldmarkwert am Tage des Erwerbs des Grundstücks höher ist [5] [6] [7] [8].

(3) In gleicher Weise wie der Erwerbspreis nach Absatz 1 sind alle nach dieser Ordnung in Anrechnung kommenden Beträge, die nicht in Gold-, Renten- oder Reichsmark berechnet sind, umzurechnen [9].

1. § 12 enthält die **Vorschrift**, wie **Erwerbspreise**, welche nicht in Goldmark, Rentenmark oder Reichsmark neuer Währung berechnet sind, nach ihrem Goldmarkwert für die Berechnung der Wertzuwachssteuer **umzurechnen** sind. Die Umrechnung hat gemäß § 2 des Aufw.Ges. vom 16. 7. 25 (RGBl. 1925, Teil I,

---

Tag nicht bestimmt, so ist das letzte vorhergehende Umrechnungsverhältnis maßgebend. An Stelle des Erwerbspreises ist der Nennbetrag der Berechnung zugrunde zu legen, wenn er, nach dem Zeitpunkt der Begründung des Anspruchs in Goldmark umgerechnet, niedriger ist. Ein Erwerb, der nach dem 13. Februar 1924 stattgefunden hat, bleibt für die Berechnung des Goldmarkbetrages außer Betracht."

S. 117) zu erfolgen. Die Vorschrift gilt sowohl für die vor der Inflation wie für die in derselben abgeschlossenen Verträge. Bei Verträgen, die vor dem 1. 1. 1918 abgeschlossen sind, ist der in alter Währung vereinbarte Markbetrag entsprechend der Vorschrift des § 2 Abs. 1, Satz 1 des Aufwertungsgesetzes im Nennbetrag als Erwerbspreis in die Steuerberechnung einzusetzen. Bei Verträgen, die in der Zeit zwischen 1. 1. 1918 bis Ende der Inflation abgeschlossen sind, sind die Papiermark-Kaufpreise unter Benutzung der auf Seite 151 dieses Buches abgedruckten Tabelle zum Aufwertungsgesetz in Goldmark umzurechnen.

In ihrer ursprünglichen Fassung hatte die alte Berliner StO. den amtlich notierten Berliner Mittelkurs des Dollars für Auszahlung in New York als Umrechnungsmaßstab gewählt. Diese Bestimmung ist aufs heftigste angegriffen und auch vom Bezirksausschuß Berlin, welcher an Stelle des Dollars die Reichsindexziffer für die Lebenshaltungskosten setzen wollte, für ungültig erklärt worden. Das OVG. hat jedoch unter Aufhebung der Entscheidungen des Bezirksausschusses die Umrechnung nach dem Dollarkurs für zulässig erachtet. (Siehe Entscheidung des OVG. vom 7. 4. 25 Bd. 79 S. 43 und vom 18. 12. 25 Bd. 80 S. 76.) Der dritte Nachtrag zur alten Steuerordnung hat ebenso wie die neue an Stelle des Dollarkurses den oben erwähnten Umrechnungsmaßstab gesetzt.

Dieser Umrechnungsmaßstab ist, soweit bekannt, bisher nicht im Verwaltungsstreitverfahren angegriffen worden. Es ist auch nicht anzunehmen, daß das OVG. diese Bestimmungen der StO. für unwirksam erklären würde, da in der Entscheidung vom 18. 12. 25 Bd. 80 S. 76 das OVG. sich dahin ausgesprochen hat, daß es dem örtlichen Gesetzgeber freisteht, einen Umrechnungsmaßstab zu bestimmen, den er für sachgemäß hält, sofern ein solcher Maßstab nicht gegen Reichs- oder Landesrecht verstößt.

2. Satz 2 des Abs. 1 bestimmt den Tag, welcher für die Umrechnung des Erwerbspreises maßgebend ist. Er entspricht dem § 2 der StO. Auf die Bemerkungen hierzu wird verwiesen.

Wenn beispielsweise ein Grundstück am 5. 1. 1922 für 500 000 PMk. gekauft ist, ist, da der Umrechnungssatz nach der Tabelle für die Zeit vom 1. bis 10. Januar 1922 100 PMk. = 2,52 GMk. beträgt, als Erwerbspreis bei der Veräußerung ein Betrag von 12 600 GMk. einzusetzen.

3. Eine dem Absatz 2 des § 8 entsprechende Bestimmung hat ursprünglich in der alten Steuerordnung gefehlt. Die Folge

hiervon war, daß alle in der Besitzzeit des Veräußerers vorgenommenen Aufwertungen und Ablösungen von Hypotheken bei der Steuerbewertung ausfielen. Entsprechend seiner Rechtsprechung, daß nur die ziffernmäßig angegebenen Erwerbs- und Veräußerungspreise der Errechnung der Steuer zugrunde gelegt werden dürfen und daß, wenn auf einen Teil des Erwerbspreises Hypotheken übernommen sind, dieses nur eine Zahlungsmodalität ist, hat das OVG. daher die Rückzahlung von Hypotheken sowie die Aufwertung während der Besitzzeit des Veräußerers unberücksichtigt gelassen (OVG. Bd. 80 S. 84).

Dies führte häufig zu unerträglichen Ergebnissen. Ein Verkäufer, der während seiner Besitzzeit eine Hypothek mit hohen Beträgen abgelöst hatte, wurde, obwohl er das Grundstück tatsächlich mit Verlust oder nur mit mäßigem Gewinn weiterverkauft hatte, unter vollständiger Außerachtlassung der Hypothekenablösung, und unter bloßer Berücksichtigung der ziffernmäßigen Differenz zwischen Erwerbs- und Veräußerungspreis zur Wertzuwachssteuer veranlagt. Abhilfe schaffte der im dritten Nachtrag zur alten StO. eingefügte und von der neuen StO. übernommene Absatz 2 des § 8.

4. Absatz 2 dieses Paragraphen enthält Bestimmungen darüber, wie die Umrechnung vorzunehmen ist, wenn der Steuerpflichtige bei Erwerb des Grundstücks Hypotheken oder sonstige Schuldverpflichtungen übernommen hat. In diesen Fällen ist die Berechnung der Steuer infolge der verwickelten Aufwertungsgesetzgebung, und vor allem auch infolge der Rückwirkung gemäß §§ 14 und 15 des Aufw.Ges. und der möglicherweise gemäß § 10 d. Aufw.Ges. erfolgenden höheren Aufwertung der persönlichen Forderung gegenüber der dinglichen Belastung eine besonders schwierige.

Ziffer 1 trifft Bestimmungen für den Fall, daß die **Schuldverpflichtungen** (insbesondere Hypotheken, Grund- und Rentenschulden) bei der Weiterveräußerung **unverändert bestehen** und der neue Erwerber sie in gleicher Höhe übernimmt. In erster Linie sind sie in gleicher Weise wie der bar gezahlte Teil des Kaufpreises gemäß § 8, Abs. 1 auf den Erwerbspreis anzurechnen. Ist aber der Betrag niedriger als der entsprechende von den Parteien vereinbarte Ansatz im Veräußerungspreis, so ist er auf den letzteren Betrag zu erhöhen. Die eingesetzten Werte für die Hypotheken fallen dann rechnerisch im Ausgleich bei der Berechnung der Wertzuwachssteuer aus, so daß tatsächlich nur der bar zu berichtigende Teil des Kaufpreises den Wertzuwachs bestimmt.

Die Bestimmung des § 12 Abs. 2 Ziff. 1 findet auch dann Anwendung, wenn Schuldverpflichtungen in der Zwischenzeit zurückgezahlt und die Hypotheken gelöscht sind, aber gem. §§ 14, 15 des Aufwertungsgesetzes wieder aufleben und vom Käufer übernommen werden.

Wenn der jetzige Verkäufer ein Grundstück in der Inflationszeit erworben hat und neben der Barzahlung, welche gemäß Ziffer 1 dieses Paragraphen in Gold umzurechnen ist, eine Hypothek übernommen hat, welche während seiner Besitzzeit auf 25% aufgewertet ist, und bei dem jetzigen Verkauf diese Hypothek mit ihrem Aufwertungsbetrage vom Erwerber übernommen wird, so ist sie auch mit dem gleichen Aufwertungsbetrag in den Erwerbspreis einzusetzen. Hiermit wird der Steuerpflichtige vor Schaden durch die Aufwertung bewahrt und vermieden, daß ein sich nur rechnerisch ergebender, in Wirklichkeit nicht entstandener Wertzuwachs, besteuert wird.

5. Wenn der Steuerpflichtige während seiner Besitzzeit **Schuldverpflichtungen abgelöst** hat, die er seinerzeit bei Erwerb übernommen hatte, so ist der Goldmarkwert der zur Ablösung aufgewendeten Beträge ihm als Teil des Erwerbspreises anzurechnen. Dieses ist auch billig, da durch diese Aufwendung ein entsprechender Teil des höheren Wertzuwachses, welcher sich durch einen lastenfreien Verkauf des Grundstücks ergibt, bereits im Voraus verausgabt ist. Es sind jedoch nur die tatsächlich für die Ablösung aufgewendeten, nachgewiesenen Beträge anzurechnen. Nur wenn der gemäß Abs. 1 dieses Paragraphen zu errechnende Goldwert der Schuldverpflichtung am Tage des Erwerbes höher war, als der zur Ablösung verwendete Betrag, ist ersterer anzurechnen.

6. Hingewiesen sei noch auf den Fall, daß jemand das **Grundstück** lastenfrei gekauft, es während seiner Besitzzeit mit Hypotheken oder sonstigen Rechten **belastet** hat, und bei dem Verkauf diese Lasten vom Erwerber übernommen werden. Aus der allgemeinen Bestimmung des § 8 (Gegenüberstellung von Erwerbs- und Veräußerungspreis) ergibt sich schon, daß in diesem Fall die übernommenen Hypotheken bei Berechnung der Steuer nur im Veräußerungspreis, nicht aber im Erwerbspreis erscheinen dürfen. Dieses ist auch berechtigt, da in der Valuta für die Hypothek der Steuerpflichtige bereits einen Teil des Wertzuwachses vorweg genommen hat.

7. Die Bestimmung des Abs. 2 schützt aber nicht gegen alle Unbilligkeiten bei der Steuerberechnung, welche sich aus der Auf-

wertungsgesetzgebung ergeben können. Man denke an Fälle folgender Art: A. hat 1923 ein Grundstück gekauft und in Anrechnung auf den Kaufpreis Hypotheken übernommen. Nach Ablösung der Hypotheken hat er 1924 das Grundstück lastenfrei verkauft, ist dann aber auf Grund der Rückwirkungsbestimmungen des Aufwertungsgesetzes als persönlicher Schuldner für die gelöschte Hypothek in Anspruch genommen worden. Der Wortlaut des Abs. 2 ist eng gefaßt. Er trifft in Ziff. 1 nur die Fälle der Schuldübernahme durch den neuen Erwerber und setzt in Ziff. 2 voraus, daß die Tilgung bis zur neuen Veräußerung erfolgt ist (vgl. OVG. RVerw.Bl. Bd. 49 S. 578, Bd. 50 S. 141). Sinngemäß dürfte die Anwendbarkeit von Ziff. 2 sich jedenfalls dann rechtfertigen, wenn bis zur Eintragung des Erwerbers (Richtl. zu § 4 Ziff. 2 der alten St.O.) die Schuld in Papiermark getilgt ist, aber später zur rückwirkenden Aufwertung gelangt. Die fraglichen Fälle sind aber inzwischen meist im Billigkeitswege erledigt.

8. Im Falle der Zwangsversteigerung eines Grundstückes sind Papiermarkhypotheken, die ganz oder teilweise ausgeboten worden sind, unter entsprechender Anwendung des Abs. 2 Ziff. 1 mit dem gleichen Betrag in dem Erwerbspreis anzusetzen, mit welchem sie in dem Meistgebot Berücksichtigung gefunden haben.

9. Abs. 3 bestimmt, daß der Umrechnungsmaßstab des Abs. 1 nicht nur bei Berechnung des reinen Erwerbspreises, sondern auch bei allen sonstigen nach der Steuerordnung anrechenbaren Beträge, also insbesondere im Falle des § 13 anzuwenden ist.

§ 13.

(1) Dem Erwerbspreis sind hinzuzurechnen[1]:

1. 6 v. H. des Erwerbspreises als Ersatz der Erwerbskosten. In den Fällen des § 12 sind die 6 v. H. von dem sich nach Abs. 1 des § 12 ergebenden Erwerbspreise zu berechnen[2]. Auf Antrag[3] sind die nachweislich aufgewendeten Erwerbskosten[4] einschließlich der gezahlten Vermittlungsgebühr[5] hinzuzurechnen. Tritt an die Stelle des Erwerbspreises der gemeine Wert des Grundstücks, so fällt die Anrechnung der Erwerbskosten fort.

2[6]. Falls der Erwerb im Wege der Zwangsversteigerung erfolgt ist und der Veräußerer zur Zeit der Einleitung der Zwangsversteigerung Hypotheken- oder Grundstücksgläubiger war, der nachweisliche Betrag seiner ausgefallenen For-

derungen [7] in Höhe ihres Wertes zur Zeit des Zuschlages bis zu dem Werte [8], den das Grundstück zur Zeit der Zwangsversteigerung oder, wenn der Wert zur Zeit der Eintragung der Forderungen höher war, zu diesem Zeitpunkt hatte. Die Forderungen kommen, wenn sie durch entgeltliches Rechtsgeschäft erworben sind, nur in Höhe des geleisteten Entgelts in Anrechnung [9]. Beruht ihr Erwerb auf einer Schenkung oder ist ihr Erwerb innerhalb einer kürzeren Zeit als 2 Jahre vor der Einleitung der Zwangsversteigerung erfolgt, so werden die Forderungen nur berücksichtigt, wenn nach den Umständen Schenkung oder Erwerb keine Wertzuwachssteuerersparung bezwecken [10]. Hat der Veräußerer an dinglich Berechtigte, ohne deren Forderungen erworben zu haben, Abfindungen zur Erzielung eines geringeren Meistgebots gezahlt, so sind diese in entsprechender Weise dem Erwerbspreis hinzuzurechnen.

3. Die Aufwendungen für Bauten, Umbauten [11] und sonstige dauernde Verbesserungen [12] einschließlich der ortsüblichen Bauzinsen [13] auch solche land- und forstwirtschaftlicher Art, die innerhalb des für die Steuerberechnung maßgebenden Zeitraumes gemacht sind und nicht der laufenden Unterhaltung von Baulichkeiten oder der laufenden Bewirtschaftung von Grundstücken dienen, soweit die Bauten und Verbesserungen noch vorhanden sind. Als für die Steuerberechnung maßgebender Zeitraum gilt die Zeit von dem der Steuerberechnung zugrunde zu legenden Erwerbsvorgang bis zu dem die Steuerpflicht auslösenden Rechtsvorgang (§ 2). § 14 Abs. 1 Satz 2 findet sinngemäß Anwendung. Zuschüsse von dritter Seite, auf deren Rückgabe der Hergeber verzichtet hat, sind von den Kosten des Neubaues oder der Verbesserung abzuziehen; ebenso bleiben die durch Versicherungen gedeckten Kosten außer Ansatz [14]; hierbei ist der Wert eigener Arbiet, soweit durch sie bei der Durchführung von Bauten, Umbauten und sonstigen dauernden Verbesserungen eine sonst notwendige fremde Arbeitskraft ersetzt wird, in Höhe des ortsüblichen Lohns als Aufwendung anzurechnen [15].

4. Die Aufwendungen, Leistungen und Beiträge für Straßen-

bauten[16], andere Verkehrsanlagen[17] einschließlich der Kanalisierung, sowie ohne entsprechende Gegenleistung und Verzinsung geleistete Beträge für sonstige öffentliche Einrichtungen[18], soweit die Aufwendungen, Leistungen und Beträge innerhalb des für die Steuerberechnung maßgebenden Zeitraumes gemacht oder die zugrunde liegenden Verpflichtungen entstanden sind[19].

(2) Nicht anrechnungsfähig sind Aufwendungen auf steuerfreie Gegenstände (§ 11)[20].

(3) Für die Berechnung des Goldmarkwertes (§ 12 Abs. 3) der Hinzurechnungen ist im Falle der Ziff. 1 der im § 12 Abs. 1 bestimmte Stichtag, im Falle der Ziffer 2 der in dieser Ziffer angegebene Zeitpunkt, im Falle der Ziffern 3 u. 4 der Tag der Leistung maßgebend[21].

1. Die neue Steuerordnung läßt in ihrem § 13 die Möglichkeit einer **Anrechnung auf den Erwerbspreis** in viel höherem Umfang zu, wie die bisherige StO., und kehrt damit zu den Grundsätzen des RZuwStGes. zurück.

2. Die StO. hat für den Regelfall die für den Erwerb anzurechnenden Auslagen pauschaliert. Es bedarf daher nicht des Nachweises, daß die Unkosten tatsächlich entstanden sind, vielmehr sind in jedem Fall von Amts wegen 6% des Erwerbspreises anzurechnen. Dies geschieht im Interesse der Steuerpflichtigen, welche zum großen Teil die jetzt verkauften Häuser bereits vor langer Zeit erworben haben und des öfteren Belege aus der Erwerbszeit nicht mehr besitzen. Auch wird eine umfangreiche Umrechnung der seinerzeit für die Erwerbskosten bezahlten Papiermarkbeträge vermieden, welche in der Mehrzahl der Fälle in Reichsmark nur ganz geringe Beträge ergeben würde.

Der Pauschsatz ist auch dann anzurechnen, wenn nachweislich der Steuerpflichtige bei Erwerb des Grundstücks überhaupt keine Kosten aufgewendet hat (OVG. 69, S. 18); dagegen nicht, wenn an Stelle des Erwerbspreises der gemeine Wert tritt — eine unbillige Vorschrift, da auch, wenn aus irgendwelchen Gründen der gemeine Wert als Erwerbspreis angesetzt wird, der Veräußerer Erwerbskosten gehabt haben kann!

Bei Berechnung des Pauschsatzes ist eine Papiermarkhypothek, die in dem Erwerbspreis enthalten ist, nur mit dem Goldmarkwert gemäß § 12 Ziff. 1 der StO. einzusetzen, also mit dem Goldmarkwert zur Zeit des Erwerbsvorganges. Daß nach § 12 Abs. 2, Ziff. 1 der StO. Papiermarkhypotheken in den Veräußerungspreis und den Erwerbspreis entsprechend dem Aufwertungsbetrage einzusetzen sind, ist hier ohne Belang. Denn die Ausnahmevorschrift des § 12 Abs. 2 Ziff. 1 will lediglich Härten ausgleichen, die sich für die Zuwachssteuer aus dem Aufwertungsgesetz ergeben; sie kam aber nicht etwa zur künstlichen Emporschraubung des Pauschbetrages benutzt werden; auch die Erwerbskosten, wie Steuern, Notariatsgebühren, Gerichtskosten sind bei Erwerb in der Inflationszeit nur nach dem Papiermarkbetrag der Hypothek berechnet worden. (OVG. vom 15. 6. 1928 VII C 118, 27.)

3. Auf besonderen Antrag können höhere Erwerbskosten angerechnet werden, sobald der Steuerpflichtige den Nachweis führt, daß die von ihm für den Erwerb aufgewendeten Beträge den Pauschsatz von 6% übersteigen. Dies wird besonders der Fall sein, wenn der Erwerb nicht in der Inflation erfolgt ist und Steuern, Gebühren, Vermittlerprovision und sonstige Unkosten in Goldmark oder Reichsmark bezahlt sind. Dann werden diese Kosten meist durch den Pauschsatz von 6% nicht gedeckt werden.

4. Zu diesen Erwerbskosten gehören in erster Linie die bei Erwerb des Grundstücks von dem jetzigen Verkäufer gezahlte Grunderwerbssteuer, sowie Beurkundungs- und Notariatsgebühren und Gerichtskosten; dagegen ist eine bei dem Erwerb des Grundstücks vertraglich übernommene und auch gezahlte Wertzuwachssteuer nicht zu den Erwerbskosten zu rechnen, sondern als Teil des Erwerbspreises in die Steuerberechnung einzusetzen; dies kann unter Umständen dann besonders beachtlich werden, wenn die Erwerbskosten ohne die Wertzuwachssteuer ihrer Höhe nach hinter 6% des Erwerbspreises zurückbleiben und daher der Steuerpflichtige gut tut, von den ihm eingeräumten Recht zur Pauschalierung Gebrauch zu machen.

In Frage kommen können ferner Aufwendungen, die bei dem Erwerb des Grundstücks durch Zeitungsanzeigen, Einholung von Gutachten, Schreibkosten und Telegrammspesen bei Verhandlungen mit dem Verkäufer oder einem Agenten und Reisespesen entstanden sind. Stets sind jedoch nur diejenigen Beträge abzugsfähig, die normalerweise und unter Berücksichtigung des üblichen Geschäftsverkehrs angemessen sind. Eine Reise insbesondere wird nur dann in Ansatz gestellt werden dürfen, sofern nachweislich auf andere Weise, z. B. durch einen Bevollmächtigten oder durch Erteilung einer Offerte am Wohnsitz der Abschluß und die formgerechte Beurkundung nicht möglich war. Selbstverständlich unterliegen stets die angesetzten Beträge der Nachprüfung auf ihre Erforderlichkeit. Die Kosten eines mehrwöchigen Hotelaufenthalts in Berlin werden regelmäßig das übliche Maß überschreiten. Die durch Führung eines Schwarzkaufprozesses entstandenen Kosten sind nicht anrechnungsfähig (OVG vom 4. 5. 1928 VII C 120, 27).

5. Die Vermittlungsgebühr ist in voller nachgewiesener Höhe, nicht wie bisher nur in ortsüblicher Höhe anzurechnen, gleichgültig, ob im Einzelfall aus besonderen Gründen tatsächlich eine besonders hohe Gebühr gezahlt worden ist.

6. Mit dieser Bestimmung kehrt die neue Wertzusatzsteuerordnung zu den Grundsätzen des RZuwStGes. (§ 12, Ziff. 2) zurück. Nach der bisherigen Wertzuwachssteuerordnung der Stadt Berlin vom 11. 4. 24 war eine derartige Anrechnung nicht zulässig, so daß nur im Billigkeitswege in besonders krassen Fällen geholfen werden konnte.

Die Bestimmung will den wirtschaftlichen Zusammenhang bei Erwerb des Grundstücks berücksichtigen. Gedacht ist an Fälle, in denen ein Hypothekengläubiger, um seine Hypothek zu retten, das Grundstück in der Zwangsversteigerung erwirbt, aber, da kein anderer Bieter vorhanden ist, um Kosten zu sparen, oder aus anderen Gründen seine Hypothekenforderung nicht voll ausbietet. Nach § 9 der StO. darf nur das Meistgebot als Erwerbspreis bei Berechnung der Steuer angesetzt werden. Wirtschaftlich betrachtet, hat aber der seinerzeitige Erwerber auch den von ihm nicht ausgebotenen Teil seiner Hypothekenforderung als Erwerbspreis für das Grundstück hingegeben. Es erscheint daher billig, daß ihm auch diese Beträge angerechnet werden.

Um Steuerumgehungen zu vermeiden, hat schon § 14 Ziff. 2 des RZuwStGes. für diese Fälle besonders strenge Vorschriften geschaffen, welche durch die Berliner Wertzuwachssteuerordnung noch verschärft sind.

7. Der Erwerb muß in der Zwangsversteigerung erfolgt sein; auch muß der Erwerber zur Zeit der Einleitung der Zwangsversteigerung Hypotheken- oder Grundschuldgläubiger gewesen sein. Erforderlich ist strenge Identität des Hypotheken- bzw. Grundschuldgläubigers mit dem Ersteher in der Zwangsversteigerung. Es genügt nicht, wenn jemand im Einverständnis mit dem Hypothekengläubiger das Grundstück ersteigert und die Hypothek nach der Eigentumsänderung wieder eintragen läßt (OVG. vom 4. 10. 1921, 77, S. 13). Dagegen hat das OVG. die Identität als ge-

währt angesehen, wenn Hypothekengläubiger eine offene Handelsgesellschaft war, und Ersteher des Grundstücks deren beide einzige Gesellschafter waren (OVG. vom 28. 4. 1922, 77, S. 45). Wenn Hypothekengläubigerin dagegen eine juristische Person (Aktiengesellschaft, Gesellschaft m. b. H.), Ersteher aber die Aktionäre oder Gesellschafter sind, dürfte diese Entscheidung, wie sich aus der Rechtsnatur der juristischen Person ergibt, nicht anwendbar sein.

Der entscheidende Zeitpunkt ist der der Einleitung der Zwangsversteigerung, also der Beschluß gemäß § 15 Zwangsversteuerungsgesetzes. Ob jemand zu dieser Zeit Hypotheken- oder Grundstücksgläubiger war, richtet sich nach den Vorschriften des BGB. Im Fall der Abtretung einer Hypothek oder Grundschuld bedarf es daher einer Umschreibung auf den Erwerber nur bei Buchhypotheken oder Buchgrundschulden, während bei Briefhypotheken oder Briefgrundschulden nach den §§ 1153, 1154, 1192 BGB. die schriftliche Abtretungserklärung und Übergabe des Briefes genügt (OVG. vom 9. 5. 1913 Bd. 64, S. 92).

Erforderlich ist jedoch, daß der Ersteher tatsächlich Hypotheken- oder Grundschuldgläubiger war; die Bestimmung ist streng auszulegen und darf nicht für andere Fälle entsprechend angewendet werden, so nicht, wenn der Ersteher Pfandgläubiger der Hypothek war (PrVwBlatt Bd. 28, S. 685, und Bd. 29, S. 495), oder wenn Hypothekengläubigerin die Ehefrau, Ersteher der Ehemann ist oder umgekehrt, oder wenn die Hypothek fiduziarisch abgetreten ist, und das Grundstück durch den Treuhänder ersteigert wird (OVG. Bd. 60, S. 139).

8. Der Ersteher muß den Betrag seiner ausgefallenen Forderung nachweisen, erforderlichenfalls durch Bezugnahme auf Zwangsversteigerungs- und Grundakten oder durch Vorlegung von Hypothekenbriefen oder Quittungen. Als ausgefallene Forderung ist nicht nur der Kapitalbetrag, sondern auch der Betrag der rückständigen Hypothekenzinsen, soweit sie im Zwangsversteigerungsverfahren hätten zur Hebung gelangen können, und die Kosten der Rechtsverfolgung anzusehen (OVG. vom 6. 2. 13 Bd. 64, S. 35). Soweit der Hypothekengläubiger jedoch den persönlich haftenden Schuldner, auch als dieser nicht mehr Eigentümer des Grundstücks war, mit Erfolg in Anspruch genommen hat, muß er sich dieses auf die ausgefallene Forderung anrechnen lassen (OVG. vom 28. 4. 22, Bd. 77 S. 45).

Mit Rücksicht darauf, daß Hypothekenforderungen in der Inflationszeit nur einen geringen Wert hatten, darf nur der Betrag angerechnet werden, welchen die Forderung tatsächlich zur Zeit des Zuschlages hatte. Die Feststellung des Wertes hat entsprechend § 12 Abs. 1 der StO. nach den Vorschriften des § 2 des Aufwertungsgesetzes zu erfolgen. Nicht berücksichtigt kann werden, daß das Aufwertungsgesetz eine gewisse Rückwirkung der Aufwertung vorsieht, wenn der Gläubiger die Leistung in der Zeit vom 15. 6. 22 bis 14. 2. 24 angenommen hat, da hier keine freiwillige Annahme der Leistung vorliegt.

9. Für die Höhe der Anrechenbarkeit ist eine Grenze gesetzt. Die ausgefallene Hypothek muß sich unter Berücksichtigung der vorhergehenden Forderung innerhalb des Wertes des Grundstücks halten (OVG. vom 29. 4. 1913, Bd. 64 S. 85). Es darf nicht mehr angerechnet werden, wie der gemeine Wert des Grundstücks zur Zeit des Zuschlags beträgt. Wenn jedoch der gemeine Wert zur Zeit der Eintragung der Forderung höher war, ist dieser zugrunde zu legen. Entscheidend ist hierbei der Zeitpunkt der ersten Eintragung der Hypothek, nicht etwa bei einer Abtretung der Forderung der letztere Zeitpunkt (OVG. Bd. 72 S. 41). Zweck dieser Voraussetzung ist, Umgehungen durch Überbelastungen entgegen zu treten, sowie auch der Gesichtspunkt, daß derjenige, welcher ein Grundstück über den Wert belastet, dieses auf seine eigene Gefahr tut.

Soweit in dieser Bestimmung von „Wert" gesprochen wird, ist der gemeine Wert des Grundstücks gemeint. Der gemeine Wert ist in jedem Fall nach den Vorschriften der RAO. zu ermitteln, und zwar für die Zeit der Versteigerung, gegebenenfalls für die Zeit der Eintragung der Hypothek. Das im Zwangsversteigerungsverfahren abgegebene Meistgebot kann nicht schlechthin und allgemein dem Grundstückswert gleichgestellt werden, da bei der Zwangsversteigerung oft Umstände mitsprechen, welche verhindern, daß das Höchstgebot dem tatsächlichen Wert entspricht (OVG. Bd. 77 S. 46).

Wenn die Hypothek- oder Grundschuld während ihres Bestehens durch den Erwerber erworben und nicht der volle Gegenwert, sondern nur eine geringere Zessionsvaluta dafür bezahlt ist, so ist nur diese anrechenbar; ebenso auch, wenn bei Auszahlung des Darlehns Abzüge für Damno gemacht sind. Etwa gezahlte Vermittlungskosten können nicht angerechnet werden, da sie mit dem Erwerb der Forderung nichts zu tun haben (OVG. vom 1. 12. 1916, Bd. 72 S. 41). Dagegen ist es anzurechnen, wenn der Erwerber an andere dinglich Berechtigte, welche vor ihm rangieren, um das Meistgebot herabzudrücken, gewisse Beträge gezahlt hat.

10. Um Steuerumgehungen möglichst zu verhindern, ist in der Berliner StO. die Frist, welche zwischen dem Erwerb der Hypothek- oder Grundschuld und der Einleitung der Zwangsversteigerung liegen muß, auf 2 Jahre festgesetzt, während § 14 Abs. 2 RZuwStGes. nur eine Frist von 6 Monaten vorsah. Es soll verhindert werden, daß, wie im Grundstückshandel teilweise üblich ist, statt des Grundstücks Grundschulden erworben werden, vermittels derer dann der neue Grundschuldgläubiger das Grundstück zur Zwangsversteigerung bringt. In diesen Fällen, in denen es sich nicht um eine übliche, sondern um eine künstlich herbeigeführte Zwangsversteigerung handelt, soll dem Ersteher nicht noch die Anrechnung zugebilligt werden. In derartigen Fällen, in denen die Hypotheken oder Grundschulden erst kürzere Zeit vor der Zwangsversteigerung erworben sind, soll die Anrechnung nur erfolgen, wenn einwandfrei feststeht, daß keine Umgehung beabsichtigt ist, vielmehr ein ernsthaftes Rechtsgeschäft vorgelegen hat.

11. Unter Bauten sind Neuerrichtungen von Baulichkeiten irgendwelcher Art, unter Umbauten die Veränderung bestehender Baulichkeiten, z. B. durch Aufstockung, Ziehen von Wänden, Ausbau von Wohnungen zu Geschäftsräumen, zu verstehen.

12. Verbesserungen liegen zweifelsfrei vor, wenn Zentralheizung- oder Fahrstuhlanlagen oder Beleuchtungs-, Bewässerungs- oder Entwässerungsanlagen neu eingebaut sind.

Auch die Kosten für den Abbruch eines Gebäudes können unter Umständen anrechnungsfähig sein, wenn dadurch das Grundstück verbessert wird (OVG. 19. 10. 1915, Amtl. Mitt. 1916 Nr. 4).

In Betracht kommen nur Verbesserungen in der Zeit zwischen Erwerb und Veräußerung des Grundstücks; nicht erforderlich ist, daß der Steuerpflichtige die Aufwendungen aus seinem eigenen Vermögen gemacht hat, es genügt vielmehr, z. B. daß der Erwerber des Grundstücks vor Erlangung des Eigentums auf ihm einen Bau ausführt (OVG. 6. Februar 1913, Amtl. Mitt. 1913, S. 141, OVG. 75, S. 13). Hingegen kann der Steuerpflichtige Aufwendungen, die vor Erwerb, beispielsweise durch Errichtung eines Gebäudes gemacht hat, nicht zum Ansatz stellen (OVG. 75 S. 7).

Als Verbesserung eines Grundstücks kommen neben tatsächlichen auch rechtliche in Betracht. Wenn z. B. zugunsten des verkauften Grundstücks zur Erzielung einer besseren Bebauungsmöglichkeit eine Hofgemeinschaft oder eine Servitut auf einem anderen Grundstück eingetragen worden ist, so sind die hierfür aufgewendeten Beträge anrechenbar (Sächs. OVG. vom 30. Januar 1913, Amtl. Mitt. 1913 S. 100).

Schwierigkeit bereitet oft die Feststellung, ob Ausgaben als laufende Instandsetzungsarbeiten oder als eigentliche Verbesserungen aufzufassen sind. Dies gilt insbesondere für größere Reparaturen der Nachinflationszeit, wie Neudeckung des Daches oder die Abputzung des Hauses, die häufig durch die Vernachlässigung der Häuser in der Kriegs- und Inflationszeit erforderlich geworden waren. Ist nachweislich bereits zur Zeit des Erwerbs des Grundstücks ein Haus verwahrlost gewesen und erst von dem Erwerber instand gesetzt worden, so sind die dafür aufgewendeten Leistungen als Grundstücksverbesserungen voll anrechnungsfähig (OVG. vom 7. Juli 1914, Amtl. Mitt. 1914 S. 295 und 16. Dezember 1919, Bd. 75 S. 27). Anders hingegen, wenn der Besitzer erst nach dem Erwerb das Haus hat verkommen lassen, und deshalb die Instandsetzungsarbeiten notwendig geworden sind (OVG. Bd. 73 S. 24). In Zweifelsfällen gibt einen Anhalt die Gegenüberstellung der von dem Steuerpflichtigen während seiner Besitzzeit für Instandsetzungsarbeiten aufgewendeten Summen mit den nach dem Reichsmietengesetz auf Grund der festgesetzten Prozentsätze (zur Zeit 17%) für laufende Instandsetzungsarbeiten zu verwendenden Mietbeträge. Hat z. B. der Steuerpflichtige während seiner Besitzdauer 6000 RM ausgegeben, waren aber nach der Bestimmung des RMG. nur 4000 RM für die Instandsetzungsarbeiten zu verwenden, so sind die überschüssigen 2000 RM regelmäßig als Verbesserungen anzuerkennen.

Eine Verbesserung land- und forstwirtschaftlicher Art im Sinne der Bestimmung ist z. B. die Umgestaltung eines Wiesengrundstücks behufs Benutzung als Eisteich in Frostzeiten (OVG. Bd. 69 S. 24).

Die Bauten und Verbesserungen müssen zur Zeit der Veräußerung noch vorhanden sein, jedoch ist eine Anrechnung ausgeschlossen, wenn die als Verbesserung in Betracht kommenden Anlagen bei dem Veräußerer verbleiben und von dem Erwerber des Grundstücks nicht mitübernommen werden (OVG. Bd. 73 S. 22).

13. Auch Bauzinsen sind bei den anrechenbaren Verbesserungen zu berücksichtigen. Bauzinsen sind Zinsen, die an Baugeldgeber für geliehene Baukapitalien zu entrichten sind. Nur diese sind anrechnungsfähig, und zwar in ortsüblicher Höhe, welche erforderlichenfalls durch Einholung eines Gutachtens zu ermitteln ist. Nicht anrechnungsfähig sind dagegen die dem Grundstücks-

eigentümer für sein eigenes Kapital während der Bauzeit entgehenden Zinsen, die eigenen zur Grundstücksbebauung verwendeten Gelder, die ihm während dieser Zeit entgehende Nutzung des Grundstücks und die von ihm entrichteten Hypothekenzinsen (OVG. vom 1. 11. 1918, Bd. 74 S. 21). Dieses ergibt sich schon aus dem Begriff Bauzinsen und aus der Erwägung, daß der mit der Verwendung eigenen Kapitals verbundene Zinsausfall während der Bauzeit lediglich entgangener Gewinn ist.

14. Gedacht ist an Fälle, in denen die Verbesserung des Grundstücks nicht durch eigene Mittel des Veräußerers erreicht ist. Wenn Dritte, sei es die öffentliche Hand (Reich, Land oder Gemeinden), seien es Private in Form der bei Neubauten vielfach üblichen Baukostenzuschüssen die Errichtung der Verbesserung ermöglicht haben, wäre es unbillig, dieses dem Veräußerer anzurechnen.

Ebenso sind nicht anrechenbar Aufwendungen für Neubauten oder Verbesserungen, welche durch Versicherungen gedeckt sind. Wenn ein Haus abbrennt und mit der Versicherungssumme ein neues errichtet wird, stellt dieses auch keine Verbesserung des Grundstücks dar.

15. Wer die Errichtung von Bauten oder Verbesserungen, auch land- und forstwirtschaftlicher Art, selbst ausführt, statt sich fremder Arbeitskräfte zu bedienen (als Architekt, Baumeister, Maurer, Landwirt), hat Anspruch darauf, daß ihm der ortsübliche Lohn, welchen er sonst an den Dritten hätte zahlen müssen, und dessen Anrechnung er hätte verlangen können, selbst angerechnet wird. Notwendig ist jedoch, daß dadurch eine fremde Arbeitskraft gespart wird. Auch die Arbeit von Familienangehörigen, welche ohne Entgelt die Arbeit für den Unternehmer leisten, dürfte anrechenbar sein (OVG. vom 17. 2. 1914, Bd. 67 S. 16).

16. Zugelassen ist die Anrechnung auch für Beträge, welche nicht unmittelbar für das Grundstück verwendet sind, sondern nur mittelbar, und zwar für andere Anlagen, die erst ihrerseits dem Grundstück zugute kommen und so seinen wirtschaftlichen Wert erhöhen (s. OVG. Bd. 76 S. 17).

In erster Linie — und das ist wohl der in der Praxis am häufigsten vorkommende Fall — sind anrechenbar Aufwendungen, Leistungen und Beiträge für Straßenbauten. Das Recht der Gemeinden, Beiträge behufs Deckung der Kosten für Herstellung und Unterhaltung von Veranstaltungen, welche durch das öffentliche Interesse erfordert werden, von denjenigen Grundeigentümern, denen hierdurch besondere Vorteile erwachsen, zu erheben, beruht auf § 9 KAG. vom 14. 7. 1893. Bezüglich der Anliegerbeiträge kann nach § 15 des Straßen- und Baufluchtliniengesetzes vom 2. 7. 1875 von den Anliegern durch Ortsstatut bei Errichtung eines Baues an einer noch nicht anliegerbeitragsfreien Straße die Freilegung, erste Anlegung, Entwässerung und Beleuchtungsvorrichtung und die Unterhaltung der Straße bis höchstens 5 Jahre oder der Ersatz der zu allen diesen Maßnahmen erforderlichen Kosten gefordert werden. Das für Berlin zur Zeit geltende Ortsstatut ist das Ortsgesetz vom 30. 4. 24.

Nicht erforderlich ist, daß es sich um Aufwendungen für Neuanlage von Straßen handelt. Auch Unterhaltungskosten für eine schon bestehende Straße sind nicht ausgeschlossen, wenn die Unterhaltung deshalb vertraglich übernommen ist, um die bauliche Ausnutzung des Grundstücks zu ermöglichen (OVG. vom 26. 6. 14, Bd. 68 S. 28). Der Anrechnung steht es auch nicht im Wege, daß die durch die Aufwendung geschaffene Anlage auch auf den Grundbesitz anderer Personen, welche an der hergestellten Straße liegen, werterhöhend einwirkt (OVG. vom 11. 6. 1918, Bd. 74 S. 26). Nicht unbedingt erforderlich ist es, daß es sich um öffentliche Straßen handelt; auch Aufwendungen für eine Privatstraße können, sofern durch eine derartige Straße der Wert des Grundstücks gesteigert wird, angerechnet werden (OVG. vom 23. 11. 1920, Bd. 76 S. 1).

17. Unter „anderen Verkehrsanlagen“ sind Kanäle, Eisenbahnen, Straßenbahnen zu verstehen, zu denen die Anlieger Beiträge geleistet haben. Zu den anrechenbaren Anlagen gehören auch die Kosten, welche für Kanalisierung aufgewendet sind, aber nur solche für die Kanalisierung der Straßen, nicht aber die Kosten solcher Anlagen, die zur Entwässerung angrenzender Grundstücke dienen, da die Straße nicht eine Anstalt zur Entwässerung des anliegenden Grundstücks ist (s. v. Strauß-Saß, Straßen- und Baufluchtliniengesetz, § 15, Anm. 9). Die Kosten derartiger Hausanschlüsse sind gegebenenfalls nach § 13 Ziff. 3 der StO. anrechenbar.

Anrechenbar sind nur die Anliegerbeiträge und sonstigen Aufwendungen selbst, nicht aber Zinsen, welche die Gemeinde dafür erhoben hat, daß sie die Beiträge gestundet hat. Derartige Zinsen haben mit den Aufwendungen für die Anlage an sich nichts zu tun, sondern werden nur von der Gemeinde als Entschädigung dafür gefordert, daß sie infolge der Stundung auf die Nutzung des Kapitals verzichtet hat (OVG. vom 13. 4. 1920, Bd. 76 S. 9).

Die Anrechnung ist jedoch nicht nur auf die Barzahlungen beschränkt, sondern erstreckt sich auch auf den Wert sonstiger Leistungen für die genannten Zwecke, insbesondere wenn Gelände zu Straßenland zu Preisen abgetreten ist, welche offensichtlich niedriger sind als der gemeine Wert (OVG. vom 23. 5. 1916, Bd. 71 S. 26), oder wenn, obgleich Anliegerbeiträge überhaupt noch nicht fällig waren, der Anlieger einen Teil des Grundstückes für Straßenzwecke gegeben hat (OVG. vom 11. 5. 15, Bd. 70 S. 16). Wenn jedoch die Gemeinde für Abtretung des Straßenlandes einen Entgelt zahlt, so ist dieser von der Gesamtsumme der anrechenbaren Straßenbaukosten abzuziehen, da diese sich ja dadurch um diesen Betrag verringern (OVG. vom 19. 3. 1918, Bd. 74 S. 31). Zu beachten ist jedoch, daß, wenn die unentgeltliche Überlassung bereits nach der Vorschrift des § 16 Abs. 2 der StO. berücksichtigt ist, eine nochmalige Anrechnung nach § 13 Ziff. 4 nicht angängig ist (OVG. vom 6. 3. 1914, Bd. 67 S. 20 und vom 19. 3. 1918, Bd. 74 S. 31).

18. Schließlich sind noch anrechenbar Beiträge für sonstige öffentliche Einrichtungen; darunter fallen Leistungen für Anlagen, die der Allgemeinheit zu dienen bestimmt sind, wie Parks, Krankenhäuser, Schulen, Friedhöfe und sonstige öffentliche Gebäude oder Anlagen. Erforderlich ist jedoch, daß es sich um öffentliche Einrichtungen handelt; Einrichtungen, die dieses nicht sind, wie Privatbahnen auf dem Grundstück, geben keinen Anspruch auf Anrechnung (OVG. vom 30. 5. 22, Bd. 77 S. 57).

Erforderlich ist in jedem Fall, daß eine gewisse örtliche Beziehung der Einrichtung zu dem Grundstück besteht, und dieses dadurch an Wert gewinnt. Wenn ein Eigentümer, dessen Grundstück an einem Ende der Stadt liegt, für eine öffentliche Badeanstalt an anderem Ende der Stadt Beiträge leistet, so sind diese nicht anrechenbar. Ferner aber müssen die Beiträge ohne entsprechende Gegenleistung und Verzinsung gewährt sein. Damit ist nicht jede Gegenleistung und Verzinsung ausgeschlossen, jedoch muß sie derart sein, daß sie erheblich hinter der üblichen Verzinsung zurückbleibt (s. Lion, § 14, Anm. 39).

19. Voraussetzung für die Anrechenbarkeit in allen Fällen ist weiterhin, daß die Aufwendungen, Beiträge und Leistungen während des für die Steuerberechnung maßgebenden Zeitraums tatsächlich gemacht sind.

20. Daß Aufwendungen auf steuerfreie Gegenstände (s. hierzu die Bemerkungen zu § 11 der StO.) nicht angerechnet werden können, ist selbstverständlich. Wenn derartige Gegenstände bei

der Berechnung der Steuer ganz ausscheiden, bleiben auch die für sie gemachten Aufwendungen unberücksichtigt.

21. Der Goldmarkwert, der nicht in Gold-, Renten- oder Reichsmark bezahlten Leistungen ist nach der auf Seite 151 dieses Buches abgedruckten Tabelle zum Aufwertungsgesetz zu errechnen. Umrechnungstag ist für die Hinzurechnungen gemäß Ziff. 1 der Tag, an welchem die Steuerpflicht des Erwerbes eingetreten ist, in dem Fall der Ziff. 2 der Tag des Erwerbs der ausgefallenen Forderungen, im Fall der Ziffern 3 und 4 der Tag der tatsächlichen Aufwendungen.

§ 14.

(1) Beruht der Erwerb des Grundstücks auf einem steuerfreien Rechtsvorgang der im § 7 bezeichneten Art, so ist für die Bemessung des Wertzuwachses von dem Preise zur Zeit des letzten steuerpflichtigen Rechtsvorganges auszugehen [1]. Entsprechendes gilt in den Fällen des § 26 Abs. 1 Ziff. 1—3, 5 und 6 dieser Ordnung, wenn die Steuer erlassen oder erstattet wird [2]. Ob im Sinne dieser Vorschrift Rechtsvorgänge steuerfrei oder steuerpflichtig sind, ist auch für die Zeit vor dem Inkrafttreten dieser Ordnung nach ihr zu bestimmen [3].

(2) Liegt der für die Bemessung des Wertzuwachses maßgebende Erwerbsvorgang vor dem 1. Januar 1900, so tritt an die Stelle des Preises der gemeine Wert an diesem Tage [4], wenn der Steuerpflichtige nicht nachweist, daß er oder sein Rechtsvorgänger vor jener Zeit bei einem steuerfreien oder steuerpflichtigen Erwerb einen höheren Erwerbspreis gezahlt hat [5].

1. § 14 bringt die logische Konsequenz für die steuerliche Behandlung der Veräußerung von Grundstücken, deren Erwerb gemäß § 7 keine Steuerpflicht ausgelöst oder gemäß § 26 Abs. 1, Ziff. 1, 3, 5 und 6 durch Steuererlaß oder Steuererstattung fortgefallen war: In diesen Fällen soll das eigentliche Erwerbsgeschäft steuerrechtlich aus der Kette völlig ausgeschaltet und auf den letzten steuerpflichtigen Rechtsvorgang bei der Berechnung des Erwerbspreises zurückgegangen werden.

Hat z. B. A. das Grundstück 1922 gekauft, es 1925 an seinen Sohn B. vererbt, und dieser es 1929 verkauft, so ist infolge der Steuerfreiheit des Erbüberganges als Erwerbsvorgang der Erwerb vom Jahre 1922 anzusehen. Der Zeitpunkt dieses

Erwerbsvorganges entscheidet auch den Steuersatz gemäß § 23 StO. (vgl. Bemerkungen zu § 23).

§ 14 trifft durch die Heranziehung von § 7 nur die Rechtsgeschäfte, bei denen sachliche Steuerfreiheit gegeben ist, nicht aber auch Fälle persönlicher Steuerfreiheit im Sinne von § 6 StO. Hat aber z. B. die Stadt Berlin 1922 ein Grundstück gekauft, und es im Jahre 1929 an B. weiter verkauft, so ist sie persönlich für diesen Rechtsvorgang von der Steuer befreit; veräußert dann B. das Grundstück 1930 an C., so ist als Erwerbsvorgang der Kauf im Jahre 1925 anzusehen, da die Stadt Berlin nur persönlich von der Steuer befreit war.

2. Wegen der einzelnen Fälle des § 26 Abs. 1 Ziff. 1 bis 3, 5 und 6 vergleiche die Bemerkungen daselbst. Auch hier ist die Ausschaltung dieser Rechtsvorgänge innerlich gerechtfertigt. Der Fall des § 26 Abs. 1 Ziff. 4 ist hier bewußt fortgelassen worden, da hier das Rechtsgeschäft nicht völlig fortgefallen ist, sondern in durch die Minderung abgeänderten Form fortbesteht.

3. Die Vorschrift des Absatzes 1 Satz 3 stellt klar, daß in allen Fällen die Frage der Steuerfreiheit des letzten Vorganges nach der neuen StO. zu entscheiden ist, auch wenn der Rechtsvorgang vor Inkrafttreten der neuen StO. liegt. Dies ist für den Regelfall unbedenklich, wenn nämlich auch unter der Geltung des bisherigen Steuerrechtes eine Steuer nicht erhoben wurde. Hingegen könnte dann, wenn nach dem bisherigen Steuerrecht eine Wertzuwachssteuer bei dem letzten Rechtsvorgange erhoben worden ist, der nach dem jetzigen Recht steuerfrei ist, Schwierigkeiten für die Behandlung erwachsen; so z. B. wenn der Verkäufer ursprünglich alleiniger Inhaber sämtlicher G.m.b.H.-Anteile der Grundstücksgesellschaft gewesen war und später das Grundstück auf seinen eigenen Namen hatte umschreiben lassen; war in diesem Fall nach der früheren Rechtsauffassung der Verkäufer bei seiner persönlichen Eintragung als Grundstückseigentümer erneut zur Steuer herangezogen worden, so müßte an sich nach dem Wortlaut des § 14 Abs. 1 Satz 3 unter Ausschaltung dieses Rechtsvorganges auf den Zeitpunkt des Erwerbes sämtlicher Anteile als den Erwerbsakt, zurückgegangen werden, da nach § 7 Abs. 1 Ziff. 10 der neuen StO. ein derartiger Rechtsvorgang steuerfrei ist. Sinngemäß wird aber die tatsächlich anläßlich der Grundbucheintragung erfolgte Steuerzahlung bei der nunmehrigen Steuerfestsetzung in Anrechnung zu bringen sein; eine Doppelbesteuerung soll offenbar durch die erwähnte Bestimmung nicht

bezweckt werden. Äußerstenfalls wird hier im Billigkeitsverfahren Abhilfe zu suchen sein.

4. Absatz 2 will in Anlehnung an § 17 des Reichswertzuwachsgesetzes den Steuerpflichtigen davor bewahren, in Fällen, in denen ein Grundstück viele Jahrzehnte in dem Besitz des Steuerpflichtigen oder seiner Familie war, zu einer übermäßigen Steuer herangezogen zu werden; würde man hier z. B. auf die 80er und 90er Jahre des vorherigen Jahrhunderts zurückgehen, so würde sich etwa für Grundstücke am Kurfürstendamm oder in Schöneberg, die damals nur Ackerland waren, ein überaus hoher Zuwachs ergeben. Es ist daher der gemeine Wert, den das Grundstück am 1. Januar 1900 hatte, an Stelle des eigentlichen Erwerbspreises gesetzt. Freilich ist nicht zu verkennen, daß für die Praxis aus dieser Regelung erhebliche Schwierigkeiten erwachsen können, da über den gemeinen Wert für den 1. Januar 1900 die Meinungen der Sachverständigen oft weit auseinander gehen dürften.

5. Da die Vorschrift des Abs. 2 zugunsten des Steuerpflichtigen aufgenommen ist, ist diesem nachgelassen, seinerseits nachzuweisen, daß der von ihm oder seinem unmittelbaren Rechtsvorgänger gezahlte Preis höher war, als der gemeine Wert.

§ 15.

(1) Bei einem aus Anlaß einer Flurbereinigung, Grenzregulierung oder Umlegung empfangenen Grundstück ist als Erwerbspreis das Entgelt anzusehen, das bei dem letzten steuerpflichtigen Rechtsvorgang für das in die Flurbereinigung usw. gegebene Grundstück bezahlt worden [1] ist. § 14 Abs. 1 Satz 2 findet sinngemäß Anwendung, Ausgleichszahlungen sind dem Erwerbspreise hinzu- oder von ihm abzurechnen [2].

(2) Hat der Eigentümer oder sein Rechtsvorgänger bei der Flurbereinigung, Grenzregelung oder Umlegung mehrere Grundstücke empfangen, so werden deren Erwerbspreise aus dem in Absatz 1 bezeichneten Entgelt nach dem Verhältnis berechnet, in welchem die Werte der empfangenen Grundstücke im Zeitpunkt der Flurbereinigung, Grenzregelung oder Umlegung zueinander gestanden haben [3].

1. Die Flurbereinigung, Grenzregulierung oder Umlegung an sich ist steuerfrei (siehe § 7 Abs. 1, Ziff. 7 der StO. und die

Bemerkungen dazu.) Hier wird der für alle Steuerfälle nach § 14 geltende Grundsatz, daß bei einer Weiterveräußerung auf den Erwerbspreis bei dem letzten steuerpflichtigen Rechtsgeschäft zurückzugehen ist, für diesen besonderen Fall noch einmal ausgesprochen. Beispiel: A. kauft 1921 zehn Morgen Land und gibt 1923 im Wege der Grenzregulierung einen Morgen an B. Hierfür wird keine Steuer erhoben. Wenn B. 1929 sein ganzes Grundstück verkauft, ist Erwerbspreis für den einen Morgen der Preis, den A. 1921 bezahlt hat.

2. Wenn bei der Flurbereinigung eine Partei, weil das Grundstück, welches sie erhalten hat, größer oder besser ist als das, welches sie gegeben hat, noch eine Zahlung in bar geleistet hat, so ist dies zu berücksichtigen. Wenn im obigen Beispiel B. an A. gelegentlich der Grenzregulierung im Jahre 1923 noch eine Ausgleichszahlung von 100 000 Mk. gegeben hat, so ist dieser Betrag umgerechnet gemäß der Vorschrift des § 12 der StO. bei einer Weiterveräußerung dem Erwerbspreis vom Jahre 1921 hinzuzurechnen, da sich der Erwerbspreis um diese im Jahr 1923 erfolgte Zahlung erhöht hat. Dieser Erwerbspreis ist der Steuerberechnung bei der Weiterveräußerung zugrunde zu legen.

3. Wenn der jetzige Verkäufer bei der Flurbereinigung seiner Zeit für ein von ihm gegebenes Grundstück mehrere Grundstücke erhalten hat und verkauft nur eins von diesen, oder jedes getrennt, so ist festzustellen, welchen Wert jedes dieser Grundstücke zur Zeit der Flurbereinigung hatte.

Wenn beispielsweise der jetzige Verkäufer für seine Parzelle a die Parzelle b, c und d erhalten hat und jetzt die Parzelle b verkauft, ist zu ermitteln, welchen Wert die Parzelle a einerseits und die Parzellen b, c und d andererseits hatten. Wenn die Parzelle a einen Wert von 10 000 Mk., die Parzelle b, c und d von 3000, 4000 und 8000 Mk., zusammen 15 000 Mk. hatten, so ist bei einem Verkauf der Parzelle b ein Erwerbspreis von $^3/_{15}$ des in Gestalt des Wertes der Parzelle a gegebenen Gegenwertes, also $^3/_{15}$ von 10 000 Mk. = 2000 Mk. der Steuerberechnung zugrunde zu legen.

§ 16 [1].

(1) Beschränkt sich der steuerpflichtige Rechtsvorgang auf einen Teil des Grundstücks [2], so wird der Erwerbspreis dieses Teiles nach dem Verhältnis seines Wertes zum Wert des Gesamtgrundstücks berechnet [3].

(2) Unentgeltliche dauernde Überlassung von Grundstücken für Verkehrszwecke, für öffentliche oder gemeinnützige Zwecke, wird in der Weise berücksichtigt, daß der Gesamterwerbspreis nicht auf die ursprüngliche, sondern auf die nach Abtretung verbleibende Fläche verteilt wird. Hierzu ist nicht erforderlich, daß eine Eigentumsübertragung erfolgt ist[4].

(3) Werden Teile eines örtlich und wirtschaftlich zusammenhängenden Grundbesitzes[5] durch verschiedene Rechtsvorgänge von demselben Veräußerer oder dessen Erben innerhalb dreier Jahre übertragen[6], so ist der Steuerpflichtige berechtigt, von dem Wertzuwachs des einen Teils des Grundstücks einen bei der Veräußerung anderer Teile eingetretenen Verlust abzuziehen. Die Zuwachssteuer wird bei den einzelnen Rechtsvorgängen fällig; etwa zuviel gezahlte Steuer wird nach dem letzten Rechtsvorgang auf Antrag erstattet[7].

1. § 16 entspricht wörtlich dem § 20 des WZwStGes. Er enthält eine Reihe von Vorschriften für die **Berechnung der Steuer bei Teilveräußerungen,** welche bei Parzellierung größerer Baublocks eine wesentliche Rolle spielen und der Berechnung der Steuer oft erhebliche Schwierigkeiten bereiten.

2. Wenn Abs. 1 von einem Grundstück redet, so sind für diesen Begriff nicht nur die Bestimmungen des BGB. und der GBO. maßgebend. Nach § 3 GBO. ist ein Grundstück derjenige Teil der Erdoberfläche, welcher im Grundbuch ein selbständiges Grundbuchblatt hat. Im Sinne dieser Bestimmung der Steuerordnung sind aber auch mehrere zusammenhängende Parzellen oder ein Grundstückskomplex, sofern er als eine wirtschaftliche Einheit erworben ist, als ein Grundstück anzusehen. Erforderlich ist nur, daß es sich um eine größere, zu einem Einheitspreis erworbene, wirtschaftlich zusammenhängende Grundstücksmasse handelt (OVG. 69, 36 und 72, 28). Nicht erforderlich ist, daß das Grundstück gegen bares Entgelt erworben ist; auch bei Erwerb durch Tausch ist die Bestimmung anwendbar, da nach der ständigen Rechtsprechung des OVG. auch beim Tausch eine rechnerisch feststellbare Gegenleistung, nämlich der gemeine Wert des tauschweise erhaltenen Grundstücks vorliegt (OVG. 69, 36).

Wenn von einem derartig zu einem einheitlichen Kaufpreis erworbenen Grundstück ein Teil veräußert wird, so muß zur Berechnung der Steuer der Erwerbspreis für den veräußerten Teil ermittelt werden. Hierbei ist der Wert zur Zeit des Erwerbes festzustellen; Wertzuwachs, den der veräußerte Teil in der Besitzzeit durch nach § 13, Abs. 1, 3 der StO. anrechenbare Aufwendungen erfahren hat, ist hierbei nicht zu berücksichtigen. Die Anrechnungen sind vielmehr gemäß der Vorschrift des § 17 besonders vorzunehmen.

Die Berechnung des Wertes der Teilfläche kann jedoch in der Regel nicht einfach in der Weise erfolgen, daß der Erwerbspreis nach dem Verhältnis der veräußerten Teilfläche zu der Gesamtfläche zerlegt wird. Eine derartige Zerlegung nach dem reinen Flächenverhältnis ist nur dann zulässig, wenn die Wertverhältnisse der verschiedenen, in dem Gesamtgrundstück vereinigten Grundstücksteile die gleichen waren. Andernfalls, wenn z. B. die veräußerte Teilfläche schon zur Zeit des Erwerbes bebaut war, oder wertvolles Vorderland, der Rest jedoch Hinterland darstellt, ist der Wert des verkauften Teilgrundstücks unter Berücksichtigung der Beschaffenheit des Grundstücks zur Zeit des Erwerbes festzustellen, erforderlichenfalls durch Einholung eines Gutachtens, und dementsprechend eine Zerlegung des Gesamterwerbspreises vorzunehmen (OVG. 64, 118).

Auch wenn von einem Gesamtgrundstücke bereits Teile veräußert sind und schließlich das Restgrundstück veräußert wird, für dieses aber ein besonderer Erwerbspreis nicht feststeht, weil seinerzeit der Gesamtkomplex zu einem einheitlichen Preis erworben ist, ist § 16 entsprechend anzuwenden (OVG. 72, 28).

4. Gemäß Abs. 2 soll, wenn von einem Gesamtgrundstück Teile unentgeltlich für Verkehrszwecke, für öffentliche oder gemeinnützige Zwecke überlassen sind, bei Veräußerung des Restgrundstücks nicht eine Zerlegung gem. Ziff. 1 erfolgen, sondern der gesamte Erwerbspreis auf die nach der Abtretung verbleibende Fläche verteilt werden. Es würde eine Unbilligkeit darstellen, wenn derjenige, welcher unentgeltlich Grundstücksflächen für öffentliche Zwecke hergibt, noch dadurch bestraft wird, daß bei Veräußerung des Restes ihm ein Teil des Erwerbspreises auf diese Fläche abgezogen wird.

Erforderlich ist dauernde Überlassung, nicht aber eine formellrechtliche Umschreibung im Grundbuch. Es kommt auf die tatsächliche Übergabe und Widmung zu dem öffentlichen Zwecke an. Der Begriff der „dauernden Überlassung" ist nicht sowohl rechtlicher als vielmehr tatsächlicher Natur; er wird sogar durch einen Kündigungsvorbehalt nicht unbedingt ausgeschlossen (OVG. 70, 28). Es ist daher in jedem Fall gemäß der ganzen Rechtslage zu prüfen, ob ein Dauerzustand beabsichtigt ist und vorliegt.

Die Grundstücke müssen unentgeltlich überlassen sein, also ohne ein in irgendwelcher Form gewährtes entsprechendes Entgelt. Die Berücksichtigung der unentgeltlichen Überlassung ist in dieser Vorschrift erschöpfend geregelt, nicht angängig ist es, daneben den Wert des abgetretenen Grundstücks noch einmal bei der Anrechnung gem. § 13 Abs. 1 Ziff. 4 der StO. zu berücksichtigen (OVG. 67, 20 und 70, 23).

Die Grundstücke müssen für Verkehrszwecke, öffentliche oder gemeinnützige Zwecke Verwendung finden. Der Begriff ist weiter gefaßt als der in § 13, Abs. 1 Ziffer 4. Insbesondere genügt auch die Widmung für gemeinnützige Zwecke, also für Zwecke irgendwelcher Art, die einer größeren, nicht näher bestimmten oder bestimmbaren Menge von Menschen zugute kommen sollen. Voraussetzung ist jedoch in jedem Fall, daß die Grundstücke einem andern überlassen sind; bei Verwendung der Grundstücke im eigenen Betriebe, des Eigentümers, selbst wenn dieser Betrieb die zugelassenen Zwecke verfolgt, ist eine Anrechnung ausgeschlossen (OVG. 70, 28).

Die Berechnung hat in der Weise zu erfolgen, daß der Wert der überlassenen Grundstücke ganz außer acht bleibt. Bei Veräußerung des Restgrundstücks wird der Berechnung der Steuer der Erwerbspreis für das ganze Grundstück zugrunde gelegt.

5. Abs. 3 gewährt dem Steuerpflichtigen einen Ausgleichsanspruch, wenn bei Teilveräußerung eines einheitlichen Grundbesitzes einzelne Geschäfte einen Gewinn, andere aber einen Verlust gebracht haben. Durch diese Sondervorschrift soll der wirtschaftliche Erfolg oder Mißerfolg der gesamten zusammenhängenden Rechtsgeschäfte berücksichtigt werden.

Erforderlich ist nur, daß es sich um örtlich und wirtschaftlich zusammenhängenden Grundbesitz handelt. Nicht unbedingt ist nach der Gesetzesbestimmung notwendig, daß der Grundbesitz auch durch ein einheitliches Rechtsgeschäft erworben ist; jedoch muß ein örtlicher und wirtschaftlicher Zusammenhang bestehen. Letzterer wird aber nicht dadurch aufgehoben, daß ein Teil des Grundbesitzes vorübergehend verpachtet ist oder in andrer Weise als der Rest wirtschaftlich genutzt wird (OVG. 71, 31).

6. Die verschiedenen Rechtsvorgänge müssen von dem Eigentümer oder dessen Erben getätigt sein; sobald sich ein Dritter dazwischen schiebt, fällt das in Frage kommende Rechtsgeschäft bei der Ausgleichung fort. Die Frist, in welcher die verschiedenen Rechtsgeschäfte getätigt sein müssen, beträgt drei

Jahre. Sie beginnt mit der ersten Teilveräußerung und endet 3 Jahre nach dieser (OVG. 77, 9).

Sämtliche Rechtsgeschäfte, welche für den Ausgleichsanspruch in Frage kommen, müssen unter der Geltung der neuen Steuerordnung abgeschlossen sein, da die bisherige StO. eine derartige Bestimmung nicht kannte.

7. Der Ausgleichsanspruch darf nicht nach jeder einzelnen Veranlagung, etwa im Einspruchsverfahren geltend gemacht werden. Die Steuer wird, wenn nicht sonstige Einwendungen gegen die Veranlagung erhoben werden, für jeden Steuerfall fällig. Erst nach Ablauf der dreijährigen Frist kann der Ausgleich besonders beantragt werden (OVG. Bd. 73, 30 und Bd. 77, 9). Wenn das letzte Teilgrundstück vor Ablauf der dreijährigen Frist verkauft wird, ist jedoch der Antrag schon dann zulässig. Der Antrag ist, wie das OVG. in seiner Entscheidung Bd. 73 S. 30 ausführt, als unbefristete Beschwerde im Sinne des § 18 des Pr. Zuständigkeitsgesetzes vom 1. 8. 1883 (PrGesS. S. 237) anzusehen. Gegen den ablehnenden Beschluß ist Klage im Verwaltungsstreitverfahren zulässig (A. M. Lion § 20 Anm. 15, welcher Klage im ordentlichen Rechtswege für zulässig hält).

Nicht erforderlich ist, daß für ein verlustbringendes Geschäft vorher eine besondere Veranlagung erfolgt ist. Der Antrag ist auch zulässig, wenn die Gemeinde für dieses Geschäft überhaupt keine Veranlagung vorgenommen hat.

Der Ausgleich hat in der Weise zu erfolgen, daß sämtliche Veräußerungsgeschäfte, sowohl die Gewinn- wie die Verlustbringenden, welche innerhalb des dreijährigen Zeitraumes liegen, zusammen berücksichtigt werden. Ein Auswahlrecht, daß nur einzelne Steuerfälle dem Ausgleich zugrunde gelegt werden, steht dem Steuerpflichtigen nicht zu (OVG. Bd. 73, 30). Der Ausgleich ist in der Weise vorzunehmen, daß der sich bei den Verlustgeschäften ergebende Verlust auf die sämtlichen Veräußerungsgeschäfte nach dem Verhältnis der Wertzuwachssteuerbeträge verteilt wird und bei den Geschäften, die Gewinn gebracht haben, die Steuer entsprechend zu ermäßigen ist. In diesen Fällen ist die überzahlte Steuer zu erstatten.

§ 17[1].

Bei Teilveräußerungen[2] sind nur diejenigen Aufwendungen[3] anzurechnen, welche diesen Teil ausschließlich oder gemeinschaftlich mit anderen Teilen betreffen[4]. Im letzteren Falle erfolgt

die Anrechnung nach dem Verhältnis des Wertes, den die Grundstücksteile zur Zeit der Veräußerung haben[6].

1. Diese Bestimmung ist aus dem RZuwStGes. entnommen, sie entspricht dem § 21 RZuwGes.

2. Der Sinn der Vorschrift ist der, daß bei Veräußerungen von Teilen eines wirtschaftlich einheitlichen Grundbesitzes **Aufwendungen** nur dann **für das veräußerte Teilgrundstück** angerechnet werden dürfen, wenn sie diesem auch nach seiner Loslösung von dem Gesamtgrundstück noch von Nutzen und daher auch bei der Preisbildung für das Teilgrundstück von Bedeutung gewesen sind (OVG. Bd. 73 S. 25). Nicht erforderlich ist, daß die Aufwendung unmittelbar für das Grundstück gemacht ist. Auch mittelbar kann eine Anlage Bedeutung für ein veräußertes Teilgrundstück haben, so die Anlegung einer Straße für das nicht unmittelbar an ihr gelegene Hinterland, sofern dadurch der ganze Grundbesitz in der fraglichen Gegend an sich wertvoller geworden ist (OVG. Bd 72 S. 55), oder wenn das verkaufte Hinterland dadurch die Eigenschaft als Bauland erworben hat.

3. Als Aufwendungen im Sinne dieser Bestimmung sind, wenn auch in der StO. im Gegensatz zu § 21 RZuwStGes. ein ausdrücklicher Hinweis darauf fehlt, die nach § 13 der StO. anrechenbaren Beträge anzusehen.

4. Wenn von einem Grundstückskomplex ein Teil veräußert wird, kann man bezüglich der Aufwendungen drei Möglichkeiten unterscheiden:

a) Die Aufwendungen betreffen nur den nicht veräußerten Teil und bringen nur diesem Vorteil, z. B. ein darauf errichtetes Gebäude. In diesem Fall ist auf das veräußerte Teilgrundstück nichts anzurechnen.

b) Die Aufwendungen betreffen nur das Teilgrundstück, nicht aber das nicht mitveräußerte Restgrundstück. In diesem Fall werden die Anrechnungen bei Veräußerung des Teilgrundstücks voll berücksichtigt.

c) Die Aufwendungen betreffen neben dem veräußerten Grundstück auch andere Teile des Grundstücks, z. B. Beiträge für einen Kanal, welcher sich an dem veräußerten Teilgrundstück und dem Restgrundstück entlang zieht. Alsdann hat eine Anrechnung der für beide Grundstücke gemeinsam gemachten Aufwendungen für den verkauften Grundstücksteil anteilsweise zu erfolgen.

Die Berechnung ist in diesem Falle nach der Vorschrift der StO. im Verhältnis des Wertes wahrzunehmen, den die in Frage kommenden Grundstückteile zur Zeit der Veräußerung haben. Während bei der Preiszerlegung nach § 16 Ziff. 1 der StO. auf den Wert des veräußerten Teilgrundstücks zur Zeit des Erwerbs zurückzugehen und danach der Erwerbspreis zu bestimmen ist (OVG. Bd. 64 S. 117), ist im Gegensatz hierzu bezüglich der anrechenbaren Aufwendungen der Wert zur Zeit der Veräußerung maßgebend. Wenn also von einem Gesamtgrundstück die eine Hälfte, welche jetzt veräußert wird, während der Besitzzeit mit einer Fabrik bebaut worden ist, sind beispielsweise für einen Kanal geleistete Beiträge auf dieses Teilgrundstück in dem Verhältnis anzurechnen, in welchem der Wert der jetzt veräußerten Hälfte einschließlich der Fabrik zu dem Wert der nicht bebauten übrig bleibenden Hälfte im Zeitpunkt der Veräußerung steht.

5. Teile des Gesamtgrundstückes, welche von der Aufwendung überhaupt nicht betroffen werden, und keinerlei Nutzen von ihr haben, sind bei der Verteilung überhaupt nicht zu berücksichtigen. Wenn das Gesamtgrundstück aus drei Parzellen besteht, von denen zwei an einem Kanal liegen, die dritte jedoch keine Verbindung oder wirtschaftliche Beziehung zu ihm hat, hat bei Veräußerung einer der beiden am Kanal liegenden Parzellen die Verteilung der Aufwendungen nur zwischen ihnen gemäß den obigen Ausführungen zu erfolgen. Die dritte Parzelle bleibt ganz unberücksichtigt.

§ 18.

Von dem Veräußerungspreise [1] sind in Abzug zu bringen die dem Veräußerer [2] nachweislich zur Last fallenden Kosten der Veräußerung [3] und Übertragung [4] einschließlich der von ihm für die Vermittlung tatsächlich gezahlten Gebühr [5], sofern nicht an Stelle des Preises der gemeine Wert maßgebend ist [6]. (§ 10.)

1. Während § 13 die Beträge angibt, die dem Erwerbspreis hinzugerechnet werden können, bestimmt § 18 die vom Veräußerungspreis **abziehbaren Beträge.** § 18 hat fast wörtlich die Ziff. 1 des § 22 RZuwStGes., nicht aber Ziff. 2 des § 22 übernommen; Ziff. 2 des § 22 enthielt eine komplizierte Anrechnung von Ertragsausfällen, welche die Berl. WStO. nicht berücksichtigt. Abzugsfähig sind auf Grund dieser Bestimmung nur die dem Veräußerer durch die Veräußerung und Übertragung zur Last fallenden Kosten, nicht aber die Kosten, die ihm durch den Erwerb des Grundstücks entstanden sind.

über die dem Erwerbspreis hinzuzurechnenden Anrechnungen verhält sich § 13 Abs. 1 Ziff. 1 der StO.

2. Welche Kosten dem Veräußerer zur Last fallen, bestimmt in erster Linie der Veräußerungsvertrag. Soweit der Vertrag keine Bestimmungen trifft, fallen die Kosten des Vertrages, insbesondere die Grunderwerbssteuer dem Veräußerer und Erwerber je zur Hälfte zur Last. Steuerschuldner der Wertzuwachssteuer ist jedoch gemäß § 24 der StO. in erster Linie der Verkäufer.

Zu den Kosten im weiteren Sinne gehören außer den Beurkundungs- und Gerichtskosten auch die mit der Veräußerung verbundenen Steuern und Abgaben. Eine eindeutige Verlautbarung der Kostenregelung ist dringend geboten. Nach der Rechtsprechung erstreckt sich nämlich die Vereinbarung, daß der Käufer „die Kosten" zu tragen habe, im Zweifel nicht auf die Grunderwerbssteuer (RG. Bd. 75 S. 210). Wenn der Veräußerer in irgendeiner Form die Veräußerungskosten auf den Erwerber abwälzt, hat er keinen Anspruch auf Abzug.

3. Bezüglich des Begriffes „Kosten der Veräußerung" wird auf die Bemerkungen zu § 13 Abs. 1 Ziff. 1 verwiesen. Das dort bezüglich der Anrechnungsfähigkeit Gesagte gilt hier entsprechend bezüglich der Abzugsfähigkeit.

4. Anrechenbar sind nur die mit der Veräußerung und Übertragung des Grundstücks in unmittelbarem Zusammenhang stehenden Ausgaben, nicht auch solche Kosten, welche der Vorbereitung des Kaufs dienen, oder ihren Grund in den der Veräußerung nachfolgenden Vorgängen haben (OVG. Bd. 62 S. 59, Bd. 64 S. 54, Bd. 78 S. 1). So ist bei einem im Rahmen einer gewerblichen Tätigkeit erfolgten Grundstücksumsatz die auf Grund des Umsatzsteuergesetzes vom 24. 9. 1919 erhobene Umsatzsteuer nicht abzugsfähig, da sie nicht eine Folge der Grundstücksveräußerung, sondern nur der gewerblichen Veräußerung ist, und nur den Verkäufer als umsatzsteuerpflichtig subjektiv belastet. Auch Aufwendungen, die zu den allgemeinen Geschäftsunkosten des Veräußerers zählen, sind nicht abzugsfähig (OVG. Bd. 67 S. 22).

Hingegen können die Kosten für Vermessung und Parzellierung des zu verkaufenden Grundstücks gegebenenfalls als Veräußerungskosten angesehen werden, wenn bei Verkauf eines Trennstücks eine Vermessung erforderlich ist, um die Auflassung und Umschreibung auf den Erwerber zu ermöglichen (OVG. 4. April 1913; Amtliche Mitteilungen 1913 S. 174); ebenso auch die Kosten für

Nivellierung (OVG. 23. 9. 1927 — Reichsverwaltungsblatt Bd. 49 S. 443).

5. Nach der neuen StO. ist die gesamte vom Veräußerer tatsächlich gezahlte Provision abzugsfähig, während nach der früheren StO. nur die „ortsübliche" berücksichtigt wurde. Der Nachweis der Zahlung der Provision ist vom Veräußerer zu erbringen.

6. Ein Abzug ist nicht zulässig, wenn die Steuer nicht nach dem Veräußerungspreis, sondern in den Fällen des § 10 nach dem gemeinen Wert berechnet wird. Die hierin liegende Unbilligkeit wird im Einzelfall gegebenenfalls im Verfahren gemäß § 34 auszugleichen sein.

§ 19[1].

Dem Veräußerungspreis sind Entschädigungen für eine Wertminderung[2] des Grundstücks hinzuzurechnen, soweit der Anspruch während des für die Steuerberechnung maßgebenden Zeitraumes entstanden[3] und der Betrag nicht nachweislich zur Beseitigung des Schadens verwendet worden ist[4 5].

1. Diese Vorschrift ist dem RZuwStGes. entnommen; sie entspricht fast wörtlich dem § 23 RZuwStGes.

Der Gesetzgeber wollte mit dieser Bestimmung verhindern, daß die das Grundstück betreffenden **Entschädigungszahlungen** an den Grundstückeigentümer sich der Wertzuwachssteuer entziehen. Wenn beispielsweise der Veräußerer das Grundstück in einem nicht in seinem Wert verminderten Zustand verkauft hätte, hätte sich ein Wertzuwachs von 30 000 Reichsmark ergeben. Infolge der Wertminderung hat der Veräußerer während seiner Besitzzeit bereits eine Entschädigung von 10 000 Reichsmark erhalten, muß aber auch das in seinem Wert verminderte Grundstück um 10 000 Reichsmark billiger verkaufen. In diesen Fällen, Fällen, welche wirtschaftlich ebenso zu betrachten sind, als ob der Veräußerer während seiner Besitzzeit das Grundstück mit einer Hypothek belastet und so einen Teil des Wertzuwachses vorweggenommen hat, erscheint es gerechtfertigt, die Entschädigung bei Berechnung der Steuer dem Veräußerungspreise hinzuzurechnen.

2. Voraussetzung ist in jedem Fall, daß eine Wertminderung des Grundstückes erfolgt und dafür eine Entschädigung gezahlt ist. Gleichgültig ist es, welcher Art die Wertminderung ist, und auf welchen Ursachen sie beruht.

Sie kann durch **Naturursachen** entstanden sein (Feuer, Windbruch, Überschwemmung, Erdbeben). Wenn in einem derartigen Fall durch Gesetz den Betroffenen eine Entschädigung zugebilligt wird, ist diese anzurechnen, nicht aber wenn durch freiwillige Sammlungen für die Betroffenen Unterstützungen bereit gestellt werden. Daß derartige freiwillige Spenden nicht anrechnungsfähig sind, ergibt sich daraus, daß die Bestimmung von der Entstehung eines „Anspruchs" spricht, auf derartige freiwillige Sammlungen ein Anspruch jedoch nicht besteht. Auch auf Grund von Versicherungsverträgen (Feuer-, Wasser-, Hagel-, Glasversicherung) gezahlte Versicherungsbeträge sind dem Veräußerungspreis hinzuzurechnen, jedoch wohl nicht in voller Höhe; vielmehr dürften die während der Versicherungszeit gezahlten Prämien von der Versicherungssumme abzuziehen sein, da sie Aufwendungen zur Erlangung der Entschädigung darstellen.

Die Wertminderung kann auch auf **Einwirkung dritter Personen** beruhen, soweit diese gesetzlich zulässig sind, wie bei Bergbauschäden, Immissionen (§ 906 BGB.), Überbau (§ 912 BGB.), Notweg (§ 917 BGB.). In diesen Fällen ist die gesetzliche oder durch Vereinbarung oder durch Urteil festgesetzte Entschädigung dem Veräußerungspreise hinzuzurechnen. Soweit die Entschädigung in einer fortlaufenden Rente besteht, so bei dem Überbau (§ 912 Abs. 2 BGB.) und bei dem Notweg (§ 917, Abs. 2 BGB.), ist diese zu kapitalisieren und zwar nach den Vorschriften der Reichsabgabeordnung (s. § 8, Ziff. 3 der StO.); der kapitalisierte Betrag ist dann dem Veräußerungspreis hinzuzurechnen.

Eine Wertminderung des Grundstückes liegt auch dann vor, wenn das **Grundstück** zugunsten des Eigentümers eines anderen Grundstücks mit einer **Grunddienstbarkeit** oder zugunsten einer bestimmten Person mit einer beschränkt persönlichen Dienstbarkeit des Inhalts **belastet** wird, daß auf dem Grundstück gewisse Handlungen nicht vorgenommen werden dürfen, oder daß die Ausübung eines Rechts ausgeschlossen ist, das sich aus dem Eigentum an dem belasteten Grundstück ergibt (§§ 1018, 1090 BGB.). Derartige Dienstbarkeiten, z. B. Bauverbote, können den Wert des Grundstücks erheblich mindern; der für die Belastung gegebene Gegenwert ist dem Veräußerungspreis hinzuzurechnen.

Schließlich kann die Wertminderung auch durch **gesetzlich erlaubte Einwirkungen auf das Eigentum**, wie bei der Enteignung oder Fluchtlinienfestsetzung zurückzuführen sein. Auch in diesen Fällen ist die gezahlte Entschädigung (§§ 45, 50 ff. Enteignungsgesetz, § 13 Fluchtliniengesetz) dem Veräußerungspreis hinzuzurechnen.

3. Gleichgültig ist, ob die Entschädigung in bar oder in anderer Weise, beispielsweise durch Landabtretung oder Gewährung sonstiger Vorteile geleistet ist. Falls kein Geld gegeben ist, ist der Wert der sonstigen Leistung vor Hinzurechnung festzustellen.

Erforderlich ist, daß der Anspruch auf die Entschädigung während des für die Steuerberechnung maßgebenden Zeitraums entstanden ist.

Wenn zur Zeit der Veräußerung die Entschädigung noch nicht gezahlt ist, dürfte eine Hinzurechnung zum Veräußerungspreis nur zulässig sein, wenn der Veräußerer einen unstreitigen gesetzlich oder durch rechtskräftiges Urteil festgesetzten Zahlungsanspruch gegen einen zahlungsfähigen Dritten (etwa Reich, Staat oder Gemeinde) hat, so daß er mit Eingang der Entschädigung sicher rechnen kann; wenn die Forderung oder doch zum mindesten ihre Beitreibbarkeit zweifelhaft ist, erscheint es unbillig, den Betrag dem Veräußerungspreise hinzuzurechnen.

4. Damit die Entschädigungssumme dem Veräußerungspreise hinzuzurechnen ist, ist schließlich noch erforderlich, daß der Betrag nicht zur Beseitigung des Schadens verwendet ist, der Veräußerer ihn sich also als vorweggenommenen Wertzuwachs in die Tasche gesteckt hat. Sofern er für die Entschädigung — in Betracht kommen wohl hauptsächlich Versicherungssummen — neue Werte auf dem Grundstück an Stelle der verloren gegangenen geschaffen hat, darf eine Hinzurechnung nicht erfolgen.

Bei Prüfung der Frage, ob der Betrag „zur Beseitigung des Schadens" verwendet worden ist, darf nicht allzu kleinlich verfahren werden. Es ist nicht erforderlich, daß das gleiche Gebäude genau so wieder aufgebaut wird. Der Schaden ist auch beseitigt, wenn an Stelle eines Stalles eine Automobilgarage im gleichen Werte erbaut worden ist. Dagegen gilt die für Brandschäden gezahlte Entschädigung nicht als zur Beseitigung des Schadens verwendet, wenn mit ihrer Hilfe ein Neubau auf einem nicht mitveräußerten Teil des Grundstückes aufgeführt worden ist (OVG. Bd. 69 S. 41).

5. Der Steuerpflichtige ist nach § 27 der StO. verpflichtet, der Steuerbehörde von allen derartigen ihm gezahlten Entschädigungen Mitteilung zu machen. Um die Hinzurechnung zum Veräußerungspreis zu vermeiden, hat er auch den Nachweis zu

führen, daß der Betrag zur Beseitigung des Schadens verwendet worden ist.

§ 20 [1].

(1) Hat der Erwerber des Grundstücks die Zahlung der Wertzuwachssteuer übernommen, so gehört diese zum Veräußerungspreis im Sinne des § 8 der Ordnung [2].

(2) Die Berechnung der Steuer erfolgt in der Weise, daß dem Kaufpreis ein nach den sonstigen Bestimmungen der Ordnung berechneter Steuerbetrag hinzugerechnet und hiernach die Steuer festgesetzt wird [3] [4].

1. § 20 entspricht fast völlig dem § 24 des Reichszuwachssteuergesetzes und ist aus diesem in die meisten Steuerordnungen übernommen.

Die Wertzuwachssteuer will denjenigen treffen, der den „unverdienten" Gewinn macht. Wälzt also der Verkäufer sie im Vertrag auf den Käufer ab, so bedeutet dies, daß der eigentliche Kaufpreis wirtschaftlich betrachtet sich aus dem Vertragspreis plus Wertzuwachssteuer zusammensetzt.

Die **Übernahme der Wertzuwachssteuer** ist eine Sondervergütung, die im inneren Zusammenhang mit der Gegenleistung steht. Das Oberverwaltungsgericht erkennt sie nunmehr ausdrücklich als einen Teil des Kaufpreises an (OVG. Band 78 S. 103, gegen OVG. Band 67 S. 8).

Die Übernahme der Wertzuwachssteuer durch den Käufer bringt also an sich den Parteien keine steuerrechtlichen Vorteile. Die Tatsache, daß trotzdem, besonders in der Nachinflationszeit die Übernahme eine häufige Erscheinung ist, erklärt sich daraus, daß erstens der Verkäufer, zumal, wenn er im Ausland lebt, die umfangreichen Verhandlungen mit der Steuerbehörde scheut, und zweitens daraus, daß die Verkäufer es vorziehen, mit einem bestimmten Nettoerlös bei Verkauf des Hauses zu rechnen, und deshalb dem Käufer wie die Chancen auf eine Ermäßigung auch das Risiko einer höheren Festsetzung gegenüber den Kalkulationen der Parteien überlassen.

Durch die neue Rechtsprechung des OVG. wurde bereits der Käufer gegen die Nachteile geschützt, die ihm bei einer späteren Weiterveräußerung des Grundstücks für den Ansatz des Erwerbspreises im Falle der Übernahme der Wertzuwachssteuer erwachsen. Während nämlich noch in der Entscheidung Band 67 S. 8 das OVG. die vom Käufer gezahlte Wertzuwachssteuer im Fall einer Weiterveräußerung bei Festsetzung des Erwerbspreises außer Ansatz lassen wollte, ist nach der Entscheidung 78 S. 103 die vom Käufer übernommene und gezahlte Zuwachssteuer dem Erwerbspreis hinzuzurechnen (ebenso Oldenburgisches OVG. vom 29. 11. 1913; Amtliche Mitteilungen 1913, S. 89). Die neue StO. ist der Rechtsprechung des OVG. gefolgt und hat in ihrem Abs. 1 ausdrücklich bestimmt, daß die übernommene Wertzuwachssteuer als Teil des Veräußerungspreises anzusehen ist.

Freilich bleibt für den Käufer die Schwierigkeit, daß der Verkäufer bei Übernahme der Steuer durch den Käufer das wirtschaftliche Interesse an Wahrung der Rechte gegenüber der Steuerbehörde verliert. Der Käufer wird daher gut tun, beim Kaufabschluß sich nicht nur eine Vollmacht vom Verkäufer für das Steuerverfahren erteilen zu lassen, sondern auch Sicherungsmaßnahmen gegen passive Resistenz des Verkäufers zu treffen. Letzteres kann etwa durch Einbehaltung eines Teils des Kaufpreises bis zur Durchführung des Steuerverfahrens oder durch Vereinbarung einer Konventionalstrafe für den Fall mangelnder Mitwirkung und unzureichender Informierung erfolgen.

2. Die Berechnung der Steuer unter Berücksichtigung des § 20 hat in der Weise zu erfolgen, daß vorerst unter Zugrundelegung des vertraglichen Erwerbs- und Veräußerungspreises der Wertzuwachs errechnet und hiervon die Steuer gemäß den Sätzen des § 23 der StO. berechnet wird. Diese Steuer wird alsdann dem errechneten Wertzuwachs hinzugerechnet und von dem erhöhten Wertzuwachs die endgültige Steuer berechnet (OVG. vom 30. 9. 1927, Reichsverwaltungsblatt Bd. 49 S. 443). Bei Berechnung der endgültigen Steuer ist der gleiche Steuersatz anzuwenden, wie bei Berechnung der ursprünglichen Steuer ohne Berücksichtigung der Sondervorschrift des § 20.

Beispiel (unter Zugrundelegung eines Steuersatzes von 30%).

Erwerbspreis:	1000,—	RMk.
Veräußerungspreis:	20 000,—	„
Wertzuwachs:	19 000,—	RMk.
hiervon 30% Steuer	5700,—	„
erhöhter Wertzuwachs: 19 000,— RM.		
plus: 5700,— „ . . .	24 700,—	RMk.
hiervon 30% endgültige Steuer	7410,—	RMk.

3. Voraussetzung für die Anwendung des § 20 Wertzuwachssteuerordnung ist, daß der Erwerber die Steuer ausdrücklich übernommen hat. Wenn die Steuer nicht in Erfüllung einer

Pflicht aus dem Veräußerungsvertrage, sondern aus irgendwelchen anderen Motiven gezahlt wird, und die Zahlung keinen vertraglichen Entgelt für die Grundstücksüberlassung bildet, kann die Steuer nicht zum Wertzuwachs hinzugerechnet werden (OVG. vom 20. 5. 1913; Amtliche Mitteilungen 1913, S. 226 und vom 30. 4. 26 Bd. 80 S. 92).

4. Steuerschuldner bleibt auch bei Vorliegen einer derartigen Vereinbarung der Veräußerer (§ 24 Wertzuwachssteuerordnung, OVG. vom 27. 3. 1914; Amtliche Mitteilungen 1914 S. 192). Der Verkäufer kann nicht verlangen, daß die Vollstreckung von vornherein gegen den Erwerber gerichtet wird. Er hat lediglich einen zivilrechtlichen Anspruch gegen den Käufer auf Befreiung von der Steuer.

§ 21 [1].

(1) Im Falle der steuerpflichtigen Überlassung eines Grundstücks, das mehreren zur gesamten Hand gehört, an einen oder mehrere Mitberechtigte [2], bleibt für die Bemessung des Wertzuwachses der Anteil des Erwerbers außer Betracht [3]. Beim Eintritt des nächsten Steuerfalls ist der Wertzuwachs, der für den Anteil des Erwerbers seit dem letzten vor der Auseinandersetzung gelegenen steuerpflichtigen Rechtsvorgang entstanden ist, und der für die Anteile der früheren Mitberechtigten seit der Auseinandersetzung eingetretene Wertzuwachs gesondert zu versteuern.

(2) Die Berechnung erfolgt so, als ob die Beteiligten nach Bruchteilen berechtigt wären. Die Höhe der Bruchteile ist nach den Anteilen zu bestimmen, zu denen die Beteiligten an dem Vermögen zur gesamten Hand berechtigt sind oder nach Verhältnis dessen, was ihnen bei Auflösung der Gemeinschaft zufallen würde [4].

(3) Die vorstehenden Bestimmungen gelten sinngemäß, wenn eine Gemeinschaft zur gesamten Hand ein Grundstück von einem Mitberechtigten erwirbt [5].

1. In der bisherigen Wertzuwachssteuer der Stadt Berlin fehlte eine entsprechende Bestimmung. Die Folge davon war, daß, wenn ein einer **Gesamthandsgemeinschaft** gehöriges Grundstück an einen Mitberechtigten übereignet und aufgelassen wurde, die Steuer von dem vollen Wertzuwachs ohne Rücksicht auf den bisherigen Anteil des Erwerbers an der Gesamthandsgemein-

schaft zu erheben war (OVG. vom 17. 9. 1926, Pr. Verwaltungsblatt, Bd. 48 S. 38).

Mit dem neugeschaffenen § 21 kehrt die Steuerordnung zu den Grundsätzen des Reichszuwachssteuergesetzes (§ 25) und den entsprechenden des Grunderwerbssteuergesetzes (§ 15) zurück. Ziff. 1 enthält die allgemeine Bestimmung über die Freilassung eines Anteils des Grundstückswertes und die Grundsätze bei der Weiterveräußerung; Ziff. 2 gibt nähere Bestimmungen über die Art der Berechnung; Ziff. 3 wendet schließlich die Grundsätze der Ziffern 1 und 2 entsprechend an, wenn eine Gemeinschaft zur gesamten Hand ein Grundstück von einem Mitberechtigten erwirbt.

2. Anwendung darf die Bestimmung grundsätzlich nur dann finden, wenn das Grundstück einer Gesamthandsgemeinschaft gehört. Auszuschalten sind daher Fälle, in denen es Eigentum einer juristischen Person (Aktiengesellschaft, G.m.b.H., Genossenschaft, Gewerkschaft od. dgl.) oder einer Gemeinschaft nach Bruchteilen ist. Wegen des Begriffs der Gemeinschaft zur gesamten Hand und der darunter fallenden Rechtsgebilde siehe die Bemerkungen zu § 1 Anmerkung 7.

Erforderlich zur Anwendung der Vorschrift ist ferner, daß das Grundstück an eine an der Gesamthandsgemeinschaft bereits beteiligte Person, nicht etwa an einen außenstehenden Dritten übertragen wird, und daß das Rechtsgeschäft überhaupt steuerpflichtig ist, nicht etwa sich schon aus den Vorschriften der Steuerordnung, z. B. § 7 Ziff. 2 und 3 Steuerfreiheit ergibt.

Gleichgültig ist es, auf welchem Rechtsvorgang die Steuerpflicht beruht, ob es sich um eine Übertragung durch Vertrag oder um originären Rechtserwerb, z. B. Zwangsversteigerung handelt.

3. Die Berechnung der Steuer hat in der Weise zu erfolgen, daß fingiert wird, die am Gesamthandseigentum Beteiligten seien nach Bruchteilen beteiligt. Es ist daher festzustellen, wie hoch der Anteil der Beteiligten an dem Gesamthandsvermögen ist. Falls dieses nicht zu ermitteln ist, ist festzustellen, welchen Anteil sie, wenn die Gesamthandsgemeinschaft aufgelöst würde, bei der Auflösung erhalten würden. Diese Anteile am Gesamthandvermögen bleiben bei Berechnung der Steuer dann außer Betracht.

Wenn beispielsweise eine offene Handelsgesellschaft, an welcher A. B. und C. mit je 20000 Reichsmark, D. mit 40000 Reichsmark beteiligt ist, ein ihr gehöriges Grundstück an D. aufläßt, so werden von dem sich ergebenden Wertzuwachs nur $^{6}/_{10}$ besteuert. Erhält bei der Auseinandersetzung jeder der beiden gleichberechtigten Teilhaber das Grundstückseigentum je zur Hälfte, so wird keine Steuerpflicht ausgelöst. Der RFH. will freilich nur von jedem Bruchteil die Hälfte außer Ansatz lassen (RFH. 17, 40). Doch entspricht die Vorstellung, daß bei der Umwandlung jeder Teilhaber von seinem eigenen Bruchteil die Hälfte an den anderen abgibt, weder dem Sinn noch dem Wortlaut des § 15 Erbertw. StG. 21 St.O., noch auch der Rechtsnatur des Gesamthandeigentums (RG. 65, 235).

Steuerpflichtig ist bei Auflassung an einen Beteiligten die Gesamthandsgemeinschaft als Veräußerin.

4. Aus der oben geschilderten Vergünstigung bei Erwerb eines Grundstücks durch einen Gesellschafter von der Gesamthandsgemeinschaft würden sich Schwierigkeiten für die Berechnung der Steuer bei einer Weiterveräußerung von dem Gesellschafter an einen Dritten ergeben, wenn nicht die StO. hierfür bestimmte Vorschriften enthalten würde. In einem derartigen Fall sind zwei getrennte Berechnungen aufzustellen.

Wenn in dem obigen Beispiel D. das von ihm erworbene Grundstück später an E. veräußert, so ist, da $^{4}/_{10}$ des Wertzuwachses bei Erwerb durch D. nicht versteuert sind, bezüglich dieser $^{4}/_{10}$ von dem Erwerbspreis auszugehen, welchen die Gesamthandsgemeinschaft seinerzeit für das Grundstück gezahlt hat und zwar sind $^{4}/_{10}$ dieses Kaufpreises als Erwerbspreis in die neue Steuerberechnung einzusetzen. Veräußerungspreis bei Berechnung der Steuer sind $^{4}/_{10}$ des von E. an D. gezahlten Kaufpreises. Bezüglich der restlichen $^{6}/_{10}$ ist eine besondere Berechnung aufzustellen, bei welcher Erwerbspreis der von D. an die Gesamthandsgemeinschaft gezahlte Betrag, und Veräußerungspreis $^{6}/_{10}$ des von E. an D. gezahlten Kaufpreises sind. Auf Grund der in § 23 StO. vorgenommenen Staffelung können für die getrennte Steuerberechnung möglicherweise auch verschiedene Steuersätze zur Anwendung kommen, da die Gesamthandsgemeinschaft das Grundstück in der Regel längere Zeit besessen haben wird als der Mitberechtigte, an welchen es aufgelassen ist.

5. Entsprechendes gilt, wenn eine Gemeinschaft zur gesamten Hand ein Grundstück von einem Mitberechtigten erwirbt. Auch hier tritt, da ja der Berechtigte an der Gesamthandsgemeinschaft wirtschaftlich beteiligt ist, in Höhe seines festzustellenden Anteils keine Realisierung eines etwaigen Wertzuwachses ein.

Wenn A. an die aus ihm, B. und C. zu je $^{1}/_{3}$ bestehende offene

Handelsgesellschaft sein Grundstück veräußert, so ist der Berechnung des Wertzuwachses nur $^2/_3$ des Entgelts zugrunde zu legen.

Wenn später die Gesellschaft das Grundstück an D. veräußert, sind wieder zwei verschiedene Steuerberechnungen aufzumachen. Bezüglich $^1/_3$ ist Erwerbspreis $^1/_3$ des an A. gezahlten Kaufpreises und Veräußerungspreises $^1/_3$ des von D. gezahlten Kaufpreises. Bezüglich der übrigen $^2/_3$ ist Erwerbspreis das von der Gesellschaft an A. in irgendeiner Form (z. B. bei Einbringung in Gestalt von Gesellschaftsrechten) gewährte Entgelt und Veräußerungspreis $^2/_3$ des von D. an die Gesellschaft gezahlten Kaufpreises.

§ 22.

Beim Tausch[1] von Grundstücken[2] ist die Steuer für jedes Grundstück gesondert zu berechnen[3].

1. Voraussetzung ist also, daß zwei oder mehrere Grundstücke gegeneinander vertauscht werden.

2. Nicht erforderlich ist, daß beide **Tausch**grundstücke in Berlin gelegen sind, und damit beide Steuerfälle der Steuerhoheit der Stadt Berlin unterliegen. Liegt eines der Grundstücke außerhalb Berlins, so ist das Berliner Grundstück nach dem Grundsatz des § 22 zu behandeln, während die steuerliche Behandlung des anderen Grundstücks sich nach der für dieses in Frage kommenden Steuerordnung richtet.

3. Bei der Errechnung der Steuer ist für jeden Steuerfall nach den Vorschriften der §§ 8 ff. der Steuerordnung zu verfahren. Die Besonderheit beruht darin, daß bei einem Tausch der Veräußerungspreis meist im Vertrag nicht zahlenmäßig bestimmt wird, sondern das einzutauschende Grundstück an Stelle des Veräußerungspreises tritt. Gleichwohl sind auch beim Tausch für die Berechnung der Steuer die Preise maßgebend, und zwar nicht etwa die im Vertrage angegebenen Kaufpreise, sondern für jeden der Vertragsteile der Wert dessen, was er im Wege des Austauschs von dem anderen Vertragsteil erhält (OVG. Bd. 66 S. 25).

Als Veräußerungspreis ist in der Regel der gemeine Wert des als Gegenleistung gegebenen Grundstücks in die Steuerberechnung einzusetzen (OVG. Bd. 69 S. 36) und Reichsverwaltungsblatt Bd. 50 S. 73.) Wegen der Feststellung des gemeinen Wertes vergleiche die Bemerkungen zu § 10 der StO.

Nur dann, wenn offenbar der in den Tauschvertrag angegebene Kaufpreis dem tatsächlichen Werte der Tauschsache entspricht, kann er als Veräußerungspreis eingesetzt werden.

Wenn in dem Vertrag bestimmt ist, daß jeder Teil oder einer der Vertragsparteien Hypothekenschulden des andern Teils als Selbstschuldner zu übernehmen hat, so bildet diese Abwälzung der Hypothekenschulden auf den Erwerber einen Teil der Gegenleistung für das Grundstück und ist somit als Veräußerungspreis anzusetzen (OVG. Bd. 66 S. 25).

§ 23.

(1) Die Steuer beträgt [1]:

1. wenn der für die Ermittelung des Wertzuwachses maßgebende Erwerb des Grundstücks in der Zeit vom 1. Januar 1919 bis zum 31. Dezember 1924 stattgefunden hat, 30 v. H. des Wertzuwachses [2];

2. in allen übrigen Fällen 10 v. H. des Wertzuwachses bei einer Wertsteigerung bis ausschließlich 20 v. H. des Erwerbspreises zuzüglich der Anrechnungen [3],

12	**v. H.**	**bei**	**einer**	**Wertsteigerung**	**von**	**20**	**bis ausschl.**	**30**	**v. H.**
14	„ „	„	„	„	„	**30**	„ „	**40**	„ „
16	„ „	„	„	„	„	**40**	„ „	**50**	„ „
18	„ „	„	„	„	„	**50**	„ „	**60**	„ „
20	„ „	„	„	„	„	**60**	„ „	**70**	„ „
22	„ „	„	„	„	„	**70**	„ „	**80**	„ „
24	„ „	„	„	„	„	**80**	„ „	**90**	„ „
26	„ „	„	„	„	„	**90**	„ „	**100**	„ „
28	„ „	„	„	„	„	**100**	„ „	**110**	„ „
30	„ „	„	„	„	„	**110**	**v. H. und mehr.**		

(2) Die nach Absatz 1 Nr. 2 sich ergebende Steuer erhöht sich bei einem für die Steuerberechnung maßgebenden Zeitraum:

bis zu einem Jahr	**um 100**	**v. H.**
„ „ **zwei Jahren**	„ **80**	„ „
„ „ **drei** „	„ **60**	„ „
„ „ **vier** „	„ **40**	„ „
„ „ **fünf** „	„ **20**	„ „

mit der Maßgabe, daß die Steuer 30 v. H. des Wertzuwachses nicht übersteigen darf.

(3) Der Steuersatz (Abs. 1) ermäßigt sich für das siebente und jedes vollendete weitere Jahr um je 1/2 v. H. § 14 Abs. 1 findet auf den für die Steuerberechnung maßgebenden Zeitraum entsprechend

sprechende Anwendung. Die Ermäßigung tritt nicht ein, wenn der für die Ermäßigung des Wertzuwachses maßgebende Erwerb des Grundstücks in der Zeit vom 1. Januar 1919 bis 31. Dezember 1924 stattgefunden hat [4 5 6].

(4) Handelt es sich um den Verkauf eines Wohnhauses oder einer Ansiedlungsstätte an Kriegsbeschädigte oder an Hinterbliebene von Kriegsteilnehmern, die auf Grund des Kapitalabfindungsgesetzes Grundstücke erwerben, so kann auf Antrag eine außerordentliche Ermäßigung der Steuer bis zu 50 v. H. gewährt werden [7], wenn der Veräußerungspreis mit Rücksicht auf die Person des Erwerbers wesentlich niedriger als sonst üblich festgesetzt ist. Die Entscheidung trifft die Steuerbehörde [8].

(5) Die sich nach Abs. 1—4 ergebende Steuer wird auf volle Reichsmark abgerundet. Steuerbeträge, die im ganzen unter 10 *RM* bleiben, werden nicht erhoben [9].

1. Während die bisherige Berliner StO. für sämtliche Steuerfälle einen einheitlichen **Steuersatz** von 30 % bestimmte, sieht die neue StO. eine Differenzierung zwischen Inflationserwerb und Nichtinflationserwerb, und für letzteren eine Staffelung nach der Dauer des Besitzes vor. Sie kehrt damit in gewissem Umfang zu den Grundsätzen des RZuwStG. (§ 24) zurück.

2. Als Inflationszeit im Sinne dieser Bestimmung ist die Zeit vom 1. Januar 1919 bis 31. Dezember 1924 anzusehen. Bei Verkauf von Grundstücken, welche in dieser Zeit erworben sind, wird stets der volle Satz von 30% des Wertzuwachses erhoben. Die StO. geht davon aus, daß der Gewinn aus der Weiterveräußerung von Grundstücken, die in der Zeit der Nachkriegsnot und der Geldentwertung erworben sind, schärfer zur Wertzuwachssteuer herangezogen zu werden verdient. Die StO. nimmt für diese Rechtsgeschäfte den zulässigen Höchststeuersatz, der nach dem Erlaß des MdJ. und FM. vom 3. 6. 1927 — IV. St. 689. II und IIa 5948 (Ministerialbl. f. d. i. Verwaltung 1927 S. 631) Aussicht auf Genehmigung hatte. Rechtliche Einwendungen gegen die Anwendung eines nicht gestaffelten Tarifs für derartige Rechtsgeschäfte lassen sich nicht erheben, da die Kommunen volle Autonomie in der Ausgestaltung ihrer Steuerordnung haben (OVG. 78, 8).

Entscheidend für die Frage, ob ein Rechtsgeschäft unter diesen Steuersatz fällt, ist der Zeitpunkt des Eintrittes der Steuerpflicht bei dem Erwerbsgeschäft. (Vgl. hierzu die Bemerkungen zu § 2). Bei normalen Verkäufen kommt es also auf den Tag des Abschlusses des obligatorischen Kaufvertrages an. Ist der dem

Erwerb zugrunde liegende Vertrag z. B. am 31. Dezember 1918 abgeschlossen, die Umschreibung aber erst im Januar 1919 erfolgt, sind nicht 30%, sondern der entsprechende Staffelsatz gemäß § 23 Abs. 1 Ziff. 2 zu erheben. Umgekehrt unterliegen alle Rechtsgeschäfte der vollen Steuer von 30%, bei denen der obligatorische Vertrag vor dem 31. Dezember 1924 abgeschlossen, die Umschreibung aber erst im Jahre 1925 erfolgt ist.

3. Sämtliche anderen Rechtsgeschäfte, bei denen es sich nicht um Inflationserwerb handelt, unterliegen nach der vom Minister in seiner Maßgabe angeordneten Fassung des § 23 einer doppelten Staffelung, nämlich erstens nach der Höhe des Wertzuwachses und zweitens nach der Dauer des Besitzes.

4. Man muß daher, um die Höhe des Steuersatzes in jedem Fall zu ermitteln, eine doppelte Berechnung anstellen. Um die Wertsteigerung festzustellen, ist der Erwerbs- und Veräußerungspreis gegenüberzustellen, jedoch nicht nur der im Vertrage zahlenmäßig angegebene Erwerbspreis, vielmehr sind ihm die nach § 13 der WO. zulässigen Anrechnungen hinzuzurechnen. An Hand dieser sich alsdann ergebenden Wertsteigerung läßt sich der Steuersatz nach dem Wortlaut der StO. ermittelt. Dieser normale Steuersatz kommt jedoch nur bei einer Besitzdauer in Frage, die volle 6 Jahr, aber nicht volle sieben Jahr beträgt. Bei einer geringeren Besitzdauer erhöht sich die Steuer; bei einer längeren erniedrigt sie sich allmählich und zwar für jedes Jahr um 1/2 %. Ein Steuermindestsatz ist nicht festgesetzt, so daß selbst bei dem höchsten Wertzuwachs keine Steuer zu zahlen ist, sofern nur die Besitzdauer entsprechend lang ist, wohl aber ein Steuerhöchstsatz, nämlich 30 %.

In anliegender Tabelle ist der Steuersatz für jede denkbare Wertsteigerung und für jede denkbare Besitzdauer ausgerechnet, so daß man, wenn man beide maßgebenden Faktoren kennt, den Steuersatz ohne weiteres ablesen kann.

Angerechnet werden nur volle Jahre. Die Berechnung der Frist hat nach den Vorschriften der §§ 186 ff. BGB. zu erfolgen. Die Frist läuft von dem Zeitpunkte, in welchem die Wertzuwachssteuerpflicht im Sinne dieser Ordnung (§ 2) eingetreten ist, oder eingetreten wäre, wenn die StO. damals schon bestanden hätte, bis zu dem Zeitpunkt, an welchem die Steuerpflicht für das Veräußerungsgeschäft eingetreten ist, umspannt also grundsätzlich den Zeitraum zwischen Erwerbs- und Veräußerungsvertrag.

5. Hat der Erwerber die Steuer vertraglich übernommen, so ist der übernommene Steuerbetrag dem Veräußerungspreis hin-

zuzurechnen, so daß z. B. bei einem Steuersatz von 30% von der an sich steuerpflichtigen Differenz zwischen Veräußerungs- und Erwerbspreis insgesamt 39% zur Erhebung gelangen (vgl. § 20 StO.).

6. Die Steuer wird von sämtlichen Steuerpflichtigen in gleicher Höhe erhoben. Die persönlichen Verhältnisse der Zensiten sind bei Berechnung der Steuer völlig außer acht zu lassen. Insbesondere ist die Steuer für Inländer ebenso hoch wie für Ausländer. (Art. 276, Ziff. c. des Versailler Friedensvertrages.)

Der Anregung des Magistrats auf Ermäßigung der Steuer für die Dauer eines Jahres, welche den Rückübergang von Grundstücken aus der Hand von Ausländern an Inländer erleichtern sollte, ist die Stadtverordnetenversammlung nicht gefolgt.

Die persönlichen Verhältnisse des einzelnen Steuerpflichtigen können erst nach erfolgter Veranlagung bei einem etwaigen Antrag auf Ermäßigung der Steuer aus Billigkeitsgründen berücksichtigt werden. (Bemerkungen zu § 33.)

7. Sowohl das Gesetz über Kapitalabfindung an Stelle von Kriegsversorgung (Kapitalabfindungsgesetz) vom 3. 7. 1916 (RGBl. 1916 S. 680), welches nach dem Ergänzungsgesetz vom 26. 7. 1918 (RGBl. 1918 S. 993) auf Personen der Unterklassen des Heeres, der Marine, der Schutztruppen und auf Personen der freiwilligen Krankenpflege im Kriege und diesen gleichgestellte Beamte Anwendung findet, wie auch das Kapitalabfindungsgesetz für Offiziere vom 26. 7. 1918 (RGBl. 1918 S. 994) sehen vor, daß die in dem Gesetze genannten Personen und ihre Hinterbliebenen, soweit sie Anspruch auf Kriegsversorgung haben, zum Erwerb oder zur Stärkung eigenen Grundbesitzes durch eine Kapitalzahlung abgefunden werden können. Die genannten Gesetze enthalten nähere Bestimmungen über die Voraussetzungen der Zahlung und der Berechnung des Kapitals, sowie insbesondere auch darüber, daß die bestimmungsgemäße Verwendung des Kapitals durch geeignete Maßnahmen zu sichern sind.

Zweck der Gesetze ist, den Kriegsbeschädigten durch Zahlung eines einmaligen größeren Betrages statt einer laufenden kleinen Rente die Schaffung eines Heimes und einer Erwerbstätigkeit zu erleichtern.

Um diese Absicht des Gesetzgebers nicht durch die oft sehr hohe Wertzuwachssteuer unmöglich zu machen, sieht diese durch die Maßgabe des Ministers des Innern eingefügte Bestimmung gegebenenfalls eine Ermäßigung der Steuer bis zu 50% vor.

Voraussetzung ist, daß die Begünstigten Erwerber und nicht Ver-

Bei Erwerb in der Zeit vom 1. Januar 1919 bis 31. Dezember
oder nach dem 31. Dezember 1924 richtet sich der Steuersatz n

Be

Wertsteigerung	bis 1	bis 2	bis 3	bis 4	bis 5	bis 6	bis 7	bis 8	bis 9	bis 10	bis 11	bis 12	bis 13	bis 14	bis 15	bis 16	bis 17	bis 18	bis 19	bis 20	bis 21	bis 22	bis 23	bis 24	bis 25	bis 26
is ausschließlich 20 v. H. des Erwerbspreises	20	18	16	14	12	10	9½	9	8½	8	7½	7	6½	6	5½	5	4½	4	3½	3	2½	2	1½	1	½	0
von 20 bis ausschließlich 30 v. H. des Erwerbspreises . . .	24	21.6	19.2	16.8	14.4	12	11½	11	10½	10	9½	9	8½	8	7½	7	6½	6	5½	5	4½	4	3½	3	2½	2
von 30 bis ausschließlich 40 v. H. des Erwerbspreises . . .	28	25.2	22.4	19.6	16.8	14	13½	13	12½	12	11½	11	10½	10	9½	9	8½	8	7½	7	6½	6	5½	5	4½	4
von 40 bis ausschließlich 50 v. H. des Erwerbspreises . . .	30	28.8	25.6	22.4	19.2	16	15½	15	14½	14	13½	13	12½	12	11½	11	10½	10	9½	9	8½	8	7½	7	6½	6
von 50 bis ausschließlich 60 v. H. des Erwerbspreises . . .	30	30	28.8	25.2	21.6	18	17½	17	16½	16	15½	15	14½	14	13½	13	12½	12	11½	11	10½	10	9½	9	8½	8
von 60 bis ausschließlich 70 v. H. des Erwerbspreises . . .	30	30	30	28	24	20	19½	19	18½	18	17½	17	16½	16	15½	15	14½	14	13½	13	12½	12	11½	11	10½	10
von 70 bis ausschließlich 80 v. H. des Erwerbspreises . . .	30	30	30	30	26.4	22	21½	21	20½	20	19½	19	18½	18	17½	17	16½	16	15½	15	14½	14	13½	13	12½	12
von 80 bis ausschließlich 90 v. H. des Erwerbspreises . . .	30	30	30	30	28.8	24	23½	23	22½	22	21½	21	20½	20	19½	19	18½	18	17½	17	16½	16	15½	15	14½	14
von 90 bis ausschließlich 100 v. H. des Erwerbspreises . . .	30	30	30	30	30	26	25½	25	24½	24	23½	23	22½	22	21½	21	20½	20	19½	19	18½	18	17½	17	16½	16
von 100 bis ausschließlich 110 v. H. des Erwerbspreises . . .	30	30	30	30	30	28	27½	27	26½	26	25½	25	24½	24	23½	23	22½	22	21½	21	20½	20	19½	19	18½	18
von 110 und mehr v. H. des Erwerbspreises	30	30	30	30	30	30	29½	29	28½	28	27½	27	26½	26	25½	25	24½	24	23½	23	22½	22	21½	21	20½	20

30 % des Wertzuwachses. Bei Erwerb vor dem 1. Januar 1919
:gerung und Dauer des Besitzes entsprechend folgender Tabelle:

n.

bis 33	bis 34	bis 35	bis 36	bis 37	bis 38	bis 39	bis 40	bis 41	bis 42	bis 43	bis 44	bis 45	bis 46	bis 47	bis 48	bis 49	bis 50	bis 51	bis 52	bis 53	bis 54	bis 55	bis 56	bis 57	bis 58	bis 59	bis 60	bis 61	bis 62	bis 63	bis 64	bis 65	längere Dauer
½	0																																
2½	2	1½	1	½	0																												
4½	4	3½	3	2½	2	1½	1	½	0																								
6½	6	5½	5	4½	4	3½	3	2½	2	1½	1	½	0																				
8½	8	7½	7	6½	6	5½	5	4½	4	3½	3	2½	2	1½	1	½	0																
10½	10	9½	9	8½	8	7½	7	6½	6	5½	5	4½	4	3½	3	2½	2	1½	1	½	0												
12½	12	11½	11	10½	10	9½	9	8½	8	7½	7	6½	6	5½	5	4½	4	3½	3	2½	2	1½	1	½	0								
14½	14	13½	13	12½	12	11½	11	10½	10	9½	9	8½	8	7½	7	6½	6	5½	5	4½	4	3½	3	2½	2	1½	1	½	0				
16½	16	15½	15	14½	14	13½	13	12½	12	11½	11	10½	10	9½	9	8½	8	7½	7	6½	6	5½	5	4½	4	3½	3	2½	2	1½	1	½	0

äußerer sind, und daß es sich um den Verkauf eines Wohnhauses oder einer Ansiedlungsstätte, also nicht eines Geschäftshauses handelt.

8. Schließlich ist Bedingung, daß der Kaufpreis gerade mit Rücksicht auf die Person des Erwerbers wesentlich niedriger als sonst üblich ist. Zur Bewilligung eines niedrigeren Kaufpreises wird der Veräußerer sehr wohl in der Lage sein, da sich ja nach der Bestimmung die Steuer entsprechend ermäßigt. Es muß eine wesentliche Ermäßigung des Kaufpreises stattgefunden haben, nicht nur eine geringfügige. Die Nachprüfung der Steuerbehörde in dieser Beziehung wird oft nicht leicht sein. Sie kann vorgenommen werden durch Vergleich des Kaufpreises mit den Kaufpreisen für gleiche oder ähnliche Grundstücke.

Ob und in welchem Umfang die Steuerbehörde die Ermäßigung gewähren will, ist in ihr pflichtgemäßes Ermessen gestellt. Da es sich um eine „Kannbestimmung" handelt, ist ein Rechtsanspruch nicht gegeben, also auch gegen Ablehnung des Antrages keine Klage, sondern nur Beschwerde im Aufsichtswege. Es handelt sich um eine Ermäßigung aus Billigkeitsgründen, für welche jedoch ausnahmsweise nicht wie sonst die persönlichen Verhältnisse des Veräußerers, sondern des Erwerbers entscheidend sind.

9. Um die Verwaltung zu vereinfachen, ist angeordnet, daß die Steuer stets auf volle Reichsmark abzurunden ist, Pfennigbeträge bis 50 Pfennig also nach unten, über 50 Pfennig nach oben. Aus gleichen Gründen ist vorgesehen, daß Steuerbeträge unter zehn Reichsmark überhaupt nicht erhoben werden sollen.

§ 24.

(1) Steuerschuldner ist der Veräußerer und, falls ein solcher nicht vorhanden ist, der bisherige Eigentümer [1]. Mehrere Steuerpflichtige haften als Gesamtschuldner [2 3 4 5].

(2) Kann die Steuer von dem Veräußerer nicht beigetrieben werden, so haftet der Erwerber bis zum Höchstbetrage von 25 v. H. des Veräußerungspreises [6 7]. Diese Haftung besteht auch beim Erwerbe im Wege der Zwangsversteigerung, wenn die Zwangsversteigerung von den Beteiligten zum Zwecke der Steuerumgehung an Stelle einer freihändigen Veräußerung des Grundstücks herbeigeführt worden ist [8].

(3) Hat der Erwerber die Zahlung der Wertzuwachssteuer vertraglich gegenüber dem Veräußerer übernommen, so ist die Steuerbehörde berechtigt, ihn neben dem Veräußerer (§ 421

BGB.) als Steuerschuldner für die volle Steuer in Anspruch zu nehmen [9].

(4) Ebenso ist die Steuerbehörde berechtigt, den Erwerber neben dem Veräußerer als Steuerschuldner für die volle Steuer in Anspruch zu nehmen, wenn der Tatbestand der §§ 3—5 der Ordnung erfüllt ist [10].

(5) Ist die Vornahme des steuerpflichtigen Rechtsvorganges unter Mitwirkung eines Bevollmächtigten oder durch die Tätigkeit eines Vermittlers mit der Maßgabe erfolgt, daß diesem der einen gewissen Betrag übersteigende Teil des Kaufpreises verbleibt, so haftet für den auf den Mehrerlös entfallenden Teil der Steuer neben dem Veräußerer als Gesamtschuldner derjenige, dem der Mehrerlös zukommt [11].

1. Öffentlich-rechtlicher Träger der **Steuerpflicht** ist entsprechend den Grundsätzen des Wertzuwachssteuerrechts der **Veräußerer.** Die vertragliche Abrede, daß der Erwerber die Steuer übernehmen soll, hat nur privatrechtliche Bedeutung zwischen den Parteien; sie gibt insbesondere dem von der Steuerbehörde in Anspruch genommenen Veräußerer einen Regreßanspruch gegen den Erwerber (OVG. Amtliche Mitteilungen 1914 S. 192). Die Steuerbehörde aber hat derartige Abmachungen, abgesehen von der durch 20 WZuwStO. vorgesehenen Erhöhung des Veräußerungspreises, nicht zu beachten. Auch wenn der Erwerber die Steuer vertraglich übernommen hat, bleibt der Veräußerer Steuerschuldner der gemäß § 20 der StO. errechneten höheren Steuer. OVG. 9. 3. 1928 (Reichsverw.-Bl. Bd. 49 S. 973).

Dem Veräußerer als Steuerpflichtigem ist demgemäß auch der schriftliche Steuerbescheid zuzustellen. Er allein ist auch zur Einlegung von Rechtsmitteln und Stundungsgesuchen berechtigt, nicht der Erwerber; dieser kann nur auf Grund einer Vollmacht des steuerpflichtigen Veräußerers Rechtsmittel einlegen und Anträge stellen.

In Berlin ist es im übrigen Verwaltungspraxis, im Falle der Steuerübernahme dem Erwerber eine Abschrift des dem Veräußerer zugestellten Steuerbescheides zu übersenden, damit er sich alsbald über die Höhe der zu zahlenden Steuer informieren und seine Dispositionen danach treffen kann.

Die Bestimmung der StO., daß dann, wenn ein Veräußerer nicht vorhanden ist, der bisherige Eigentümer haftet, trifft, insbesondere die im § 2 Ziff. b der StO. erwähnten Fälle des originären Rechtserwerbs, nicht aber die Fälle, in denen der Eigentümer sein Eigentum nach § 928 BGB. aufgegeben hat, das Grundstück somit herrenlos ist, und der Fiskus sein Enteignungsrecht ausgeübt hat. In Fällen der letzteren Art wird sich eine Wertzuwachssteuerpflicht überhaupt nicht konstruieren lassen da derjenige, welcher sein Eigentum bereits aufgegeben hat, nicht noch für einen erst nachträglich entstehenden Wertzuwachs zur Steuer herangezogen werden kann.

2. Wenn mehrere Personen als steuerpflichtige Veräußerer in Frage kommen, so haften sie der Steuerbehörde gegenüber nach der ausdrücklich in die StO. aufgenommenen Vorschrift als Gesamtschuldner. Dieses erscheint billig in den Fällen, in denen sie Eigentum zur gesamten Hand hatten, jedoch schwerlich dann, wenn ihnen Eigentum nach Bruchteilen zustand. Wenn A. $^{1}/_{10}$ Bruchteil des Grundstücks und B. $^{9}/_{10}$ Bruchteile des Grundstücks besaß, ist es ungerechtfertigt, A. als Gesamtschuldner auch für die weit höhere Steuerschuld des B. heranzuziehen. Auch das OVG. hat bei Bruchteilseigentum entschieden, daß jeder Eigentümer nur für den auf seinen Bruchteil entfallenden Teil der Steuer haftet (OVG. Bd. 62, 32 und Reichsverw.-Blatt Bd. 49 S. 974).. Siehe dagegen Badischer Verwaltungsgerichtshof vom 26. 10. 27 (Reichsverw.-Blatt Bd. 49 S. 703), welcher die Zulässigkeit der gesamtschuldnerischen Haftung bejaht.

3. Fraglich ist, wer als Steuerschuldner anzusehen ist, wenn der Verkäufer in **Konkurs** ist, und das Grundstück zur Zwangsversteigerung gebracht wird, oder der Konkursverwalter es freihändig veräußert.

a) Nach ständiger Rechtsprechung ist, wenn die Zwangsversteigerung auf Antrag eines Hypothekengläubigers erfolgt, nicht der Konkursverwalter, sondern der im Konkurs befindliche Eigentümer als Steuerschuldner heranzuziehen. Verliert doch mit dem Konkursausbruch der Eigentümer gemäß § 6 KO. nur das Verwaltungs- und Verfügungsrecht, nicht aber das Eigentum an den zur Konkursmasse gehörenden Sachen. Er ist also zur Zeit der Zwangsversteigerung noch Eigentümer, und daher zur Tragung der Steuer verpflichtet. Auch als Massekosten im Sinne des § 58 Ziff. 2 KO. kann die entstehende Wertzuwachssteuer nicht angesehen werden, da die auf Antrag des Hypothekengläubigers bewirkte Zwangsversteigerung eine Maßnahme der abgesonderten Befriedigung ist, die nach § 4 Abs. 2 KO. in Verbindung mit § 47 KO. unabhängig vom

Konkursverfahren erfolgt, und daher keine Verwertung der Masse im Sinne des § 58 Ziff. 2 KO. darstellt (s. OVG. Bd. 58, 142 und Bd. 71, 54, sowie sächsisches OVG. Amtliche Mitteilungen 1914, S. 102 und OVG. vom 27. 1. 1928 Reichsverw.-Blatt Bd. 49 S. 832).

b) Anders liegt die Rechtslage, wenn der Konkursverwalter selbst die Zwangsversteigerung gemäß § 126 KO. beantragt, oder dem von dritter Seite betriebenen Zwangsversteigerungsverfahren beitritt. In diesem Falle gehört die WZuwSt. zu den Massekosten des § 58 Ziff. 2 KO. oder Masseschulden des § 59 Ziff. 1 KO., welche vom Konkursverwalter aus der Konkursmasse vorweg zu befriedigen sind. Da nach § 117 KO. der Konkursverwalter das zur Konkursmasse gehörige Vermögen, also auch das Grundstück zu verwerten hat, so sind, wenn er zur Verwertung des Grundstücks die Zwangsversteigerung beantragt, oder derselben beitritt, die dadurch fällig werdenden Steuern auch als Massekosten anzusehen. (Sächs. OVG., Amtliche Mitteilungen 1914, S. 117 und OVG. vom 15. 6. 26, Pr. Verwaltungsblatt, Bd. 48, S. 130 vom 24. 2. 1928 Reichsverw.-Blatt Bd. 49 S. 895 und vom 27. 4. 1928 Reichsverw.-Blatt Bd. 50 S. 55). Dem Konkursverwalter ist also auch der Steuerbescheid zuzustellen.

c) Entsprechend ist auch dann der Konkursverwalter zur Steuer zu veranlagen, wenn er freihändig zwecks Verwertung der Konkursmasse das Grundstück veräußert. (Anderer Meinung OVG. Amtliche Mitteilungen 1914, 194.)

4. Neben dem primär haftenden Veräußerer kennt die StO. auch noch einen zweiten Steuerschuldner in der Person des Erwerbers. Die Haftung des Erwerbers für die Steuer ähnelt in gewisser Weise der bürgerlich-rechtlichen Haftung des Bürgen (§ 771—773 BGB.) und steht mit der Steuerpflicht des Veräußerers insofern auf gleicher Stufe, als beide dem öffentlich-rechtlichen Anspruch auf Berichtigung der gesetzlichen Steuerschuld entspringen (OVG. Amtliche Mitteilungen 1913, Seite 234). Da der Erwerber Steuerschuldner im Sinne der StO. ist, muß ihm ein formgerechter Steuerbescheid zugestellt werden (OVG. Amtliche Mitteilungen 1914, Seite 135 und OVG. vom 25. 9. 1927 Reichsverw.-Blatt Bd. 49 S. 585). Auch stehen ihm gegen seine Veranlagung die gleichen Rechtsmittel zu wie dem Veräußerer, gleichgültig, ob dieser von ihnen bereits einmal für seine Person Gebrauch gemacht hat oder nicht.

5. Voraussetzung zur Heranziehung des Erwerbers ist, daß die Steuer von dem Veräußerer nicht beigetrieben werden kann. Nach der Rechtsprechung des OVG. ist der Steuerbehörde der Nachweis der Nichtbeitreibbarkeit der Steuer verhältnismäßig leicht gemacht. Es genügt, wenn die Steuerbehörde einen Vollstreckungsversuch gemacht hat, und nach den Umständen des Falles nicht anzunehmen ist, daß weitere Maßnahmen Erfolg haben würden (OVG. 75, S. 28). Insbesondere schließen ungewisse oder zweifelhafte Forderungen des Veräußerers die Haftung des Erwerbers nicht aus, da derartige Forderungen keine zur Befriedigung des Gläubigers geeignete Pfändungswerte sind (OVG. 74, S. 36). Die Voraussetzungen für die Haftung des Erwerbers sind auch gegeben, wenn dem Steueramt unbekannt ist, daß der Schuldner noch der Zwangsvollstreckung unterworfene Gegenstände im Inlande hat. Einen Vollstreckungsversuch im Auslande braucht die Steuerbehörde nicht zu machen (Sächs. OVG. vom 14. 4. 1913, Amtliche Mitteilungen 1913, S. 159); dies um so weniger, als die internationalen Rechtshilfeabkommen in Steuersachen, soweit solche überhaupt bestehen, so der Vertrag zwischen dem Deutschen Reich und der Republik Österreich über Rechtsschutz und Rechtshilfe in Steuersachen vom 23. 5. 1922 (RGesBl. 1923, Teil II, S. 94) und der Vertrag zwischen dem Deutschen Reich und der Tschechoslowakei über Rechtsschutz und Rechtshilfe in Steuersachen vom 31. 12. 1921 (RGesBl. 1923, Teil II, S. 76), die Rechtshilfe für Kommunalsteuern, zu denen auch die Wertzuwachssteuer gehört, ganz ausschließen.

6. Auch diejenigen öffentlichen Verbände, welche nach § 6 der StO. subjektive Steuerbefreiung genießen, sind zur Steuer heranzuziehen, sofern sie nicht als Veräußerer, sondern als Erwerber veranlagt werden. Steuerfreiheit steht ihnen nur zu, wenn sie die Stellung eines Veräußerers haben (so ausdrücklich § 6 Abs. 2, vgl. auch OVG. Amtliche Mitteilungen 1917, S. 79 und Bd. 74, S. 36).

7. Während § 29 RZuwStGes. nur eine Haftung des Erwerbers bis zu 2% des Veräußerungspreises vorsehen, hat die Stadt Berlin den Haftungssatz auf 25% ausgedehnt. Rechtliche Bedenken gegen die Zulässigkeit dieser Bestimmung bestehen nicht, da nach der Rechtsprechung des OVG. die Gemeinden volle Autonomie in der Gestaltung ihrer StO. haben. Auch die Minister des Inneren und der Finanzen haben in ihrem Erlaß vom 28. 1. 23 (Ministerialblatt für die innere Verwaltung 1923,

S. 114) sich dahin ausgesprochen, daß keine Bedenken bestehen, die Haftung des Erwerbers über das in § 29 Abs. 2 RZuwStGes. vorgesehene Maß zu erhöhen.

Die 25%, bis zu denen der Veräußerer haftet, sind nach dem von den Parteien vereinbarten Veräußerungspreis zu berechnen, die nach der StO. zulässigen Hinzurechnungen und Abzüge sind nicht zu berücksichtigen (OVG. 9. 12. 1927, Reichsverwbl. Bd. 49 S. 578 und Bd. 82, 129). Da es sich nur um eine subsidiäre Steuerhaftung des Erwerbers handelt, soll er bereits bei Abschluß des Vertrages berechnen können, bis zu welchem Höchstbetrag er auf Grund seiner Handlung herangezogen werden kann. Eine Ausnahme besteht jedoch in den Fällen der Ziff. 3 und 4 dieses Paragraphen.

8. Während die bisherige StO. in denjenigen Fällen, in denen der Erwerb des Grundstücks in der Zwangsversteigerung erfolgt war, überhaupt keine Haftung des Erwerbers vorsah, hat die neue StO. mit Rücksicht auf die vielen Umgehungsversuche, zu welchen diese Bestimmung benutzt wurde, unter gewissen Voraussetzungen eine derartige Haftung des Erwerbers festgesetzt. Aus dem Wortlaut ergibt sich jedoch, daß die Steuerbehörde, wenn sie von dieser Bestimmung Gebrauch machen will, die Beweislast dafür hat, daß die Zwangsversteigerung zu Steuerumgehungszwecken herbeigeführt ist. Dieser Beweis wird in der Mehrzahl der Fälle schwer zu führen sein. Im übrigen hätte es dieser Sonderbestimmung kaum bedurft, da eine Heranziehung des Erwerbers in derartigen Fällen sich auch auf Grund des § 5 StO. hätte begründen lassen.

9. Wenn der Erwerber die Steuer vertraglich übernommen hat, beschränkt sich seine Haftung nicht auf 25% des Kaufpreises; er kann vielmehr für die ganze Steuer herangezogen werden, und zwar als Gesamtschuldner neben dem Veräußerer. Die Steuerbehörde braucht also nicht erst den Veräußerer zu veranlagen und gegen ihn die Vollstreckung zu versuchen, sondern kann ohne weiteres gegen den Erwerber vorgehen.

10. Das gleiche gilt, wenn versucht ist, die Steuer zu umgehen. Auch hier ist Heranziehung des Erwerbers zur vollen Steuer, falls die Veranlagung auf Grund der §§ 3—5 StO. (s. d. Bemerkungen zu diesen Paragraphen) erfolgt ist, berechtigt.

11. § 2a der StO. hat eine ganze Reihe von Umgehungsgeschäften als selbständige Veräußerungsgeschäfte und damit als steuerpflichtig erklärt (s. d. Bemerkungen zu § 2 der StO.). § 24 Ziff. 5 der StO. geht weiter, indem er bei einem Rechtsvor-

gang mitwirkende Bevollmächtigte oder Vermittler unter gewissen Voraussetzungen stets neben dem Veräußerer als Gesamtschuldner für einen Teil der Steuer haften läßt, gleichgültig, ob sie in steuerrechtlichem Sinne den Tatbestand eines Zwischengeschäfts verwirklichen oder nicht. Voraussetzung für die Anwendung des § 24 Ziff. 5 ist nur, daß einem Bevollmächtigten oder Vermittler zugesichert ist, der einen gewissen Betrag des Preises übersteigende Teil würde ihm verbleiben. Nicht erforderlich ist, daß der Begünstigte das Geschäft auf eigene Rechnung und Gefahr machen oder ein Risiko übernehmen muß. Es genügt vielmehr schon, wenn der Veräußerer den Betreffenden beauftragt hat, sich um den Verkauf des Hauses zu bemühen und ihm erklärt hat, alles, was er über einen bestimmten Kaufpreis erzielt, könne er behalten.

Der Betreffende kann in zweierlei Eigenschaft bei dem Geschäft mitwirken, als Bevollmächtigter oder Vermittler.

a) Als Bevollmächtiger hat er den Veräußerer bei den Verhandlungen und dem Abschluß des Rechtsgeschäftes zu vertreten, insbesondere Willenserklärungen für ihn abzugeben (§§ 164 ff. BGB.).

b) Als Vermittler braucht seine Tätigkeit nach außen nicht hervorzutreten, sie kann sich darin erschöpfen, daß er dem Verkäufer einen geeigneten Käufer nachweist, zuführt und das Geschäft vermittelt.

Beide Arten von Personen können für den auf ihren Mehrerlös entfallenden Teil der Steuer neben dem Veräußerer als Gesamtschuldner herangezogen werden. Die Steuerbehörde hat also wegen dieses Teilbetrages der Steuer zwei primäre Steuerschuldner, den Veräußerer und den Mittelsmann. Die Haftung des Erwerbers nach § 24 Ziff. 2—4 StO. wird hierdurch in keiner Weise berührt; er haftet unter den Voraussetzungen dieser Bestimmungen ebenfalls für die volle Steuer.

§ 25 [1].

(1) Bei Veräußerungen von unbebauten Grundstücken [2] zum Zwecke der Bebauung im Sinne des Abs. 3 oder von bebauten Grundstücken zum Zwecke des Abrisses und der Wiederbebauung im Sinne des Abs. 3 [3] wird die Steuer bezüglich desjenigen Teiles des Grundstücks, der nach Abs. 4 als zur Bebauung gehörig gilt, dem ersten Veräußerer bis auf den Betrag von 2 v. H. des Kaufpreises zunächst gestundet und dann bis auf diesen Be-

trag ermäßigt, wenn der erste oder ein späterer Erwerber innerhalb von 2 Jahren nach Eintritt der Steuerpflicht beim ersten Steuerfall die Gebäude errichtet hat und ihre Gebrauchsabnahme erfolgt ist[4]. Die Stundung wird nur gewährt, wenn und soweit der über 2 v. H. des Kaufpreises hinausgehende Wertzuwachssteuerbetrag nach Bestimmung der Steuerbehörde sichergestellt wird[5].

(2) Die gleiche Ermäßigung tritt ein bei der erstmaligen Veräußerung von Grundstücken, die zum Zwecke der Bebauung im Sinne des Abs. 3 erworben sind und innerhalb von 2 Jahren vom Zeitpunkt der Ingebrauchnahme der Baulichkeiten an weiter veräußert werden hinsichtlich desjenigen Teiles der Grundstücke, der nach Abs. 4 als zur Bebauung gehörig gilt[6].

(3) Als Bebauung gilt nur die Errichtung von massiven Wohn- und gewerblichen Zwecken dienenden Häusern.

Als Häuser gelten nicht Baulichkeiten von geringem Umfange oder vorübergehender Natur, die sich nicht als normale Ausnutzung der baulichen Ausnutzbarkeit des Grundstücks darstellen, insbesondere nicht Wohnlauben, Wochenendhäuser, Wohn- und Bürobaracken, Fabrikschuppen, Garagen u. ä.

(4) Als zur Bebauung gehöriger Teil des Grundstücks gilt außer dem mit der Baulichkeit im Sinne des Abs. 3 besetzten Teil noch das Vierfache der bebauten Fläche, mindestens aber eine als Hof oder Hausgarten genutzte Fläche bis zu 2000 qm[7 8 9].

1. Die Bestimmung will die Zuführung von Bauland in die Hände von baubereiten Personen fördern und die Baulust erwecken und verstärken. Das RZuwStGes. kannte eine dem § 25 entsprechende Bestimmung nicht. Auch die Mustersteuerordnung vom 24. 3. 1921 gewährte in ihrem § 15 Abs. 4 nur Steuererleichterungen bei Verkauf eines Wohnhauses oder einer Ansiedlungsstätte an Kriegsbeschädigte oder Hinterbliebene von Kriegsteilnehmern. Erst die Mustersteuerordnung vom 27. 11. 1925 schuf in ihrem § 16 eine dem § 25 der Berliner StO. entsprechende Vorschrift. Der gesetzespolitisch gesunde Grundgedanke des § 25 verdankt seine Entstehung der großen Wohnungsnot Deutschlands in der Nachkriegszeit und hat in entsprechender Weise seinen Ausdruck in § 33 des Mieterschutzgesetzes, § 12 des Wohnungsmangelgesetzes und in § 3 der Pr. Steuernotverordnung vom 1. April 1924 durch Freistellung von den Einschränkungen der Wohnungszwangswirtschaft und der Zahlung der Hauszinssteuer

gefunden. Des weiteren will die Bestimmung aber auch dem Baumarkt und den damit zusammenhängenden Gewerben Beschäftigung bringen und auf diese Weise bei der Ankurbelung der Wirtschaft helfen.

Das Verfahren nach § 25 wickelt sich in der Weise ab, daß vorerst nach den Grundsätzen der StO. die Steuer in der vorgeschriebenen Höhe berechnet und dem steuerpflichtigen Veräußerer ein Steuerbescheid zugestellt wird; materielle Einwendungen gegen die Höhe der Steuer sind im Wege des Einspruchs und des Verwaltungsstreitverfahrens durchzuführen. Erst auf entsprechende Anträge der Parteien hin tritt das Steueramt einer Anwendung des § 25 Ziff. 1 näher. Sie hat möglichst im Wege der Verhandlung mit den Parteien, evtl. auch durch Ermittlungen bei anderen städtischen Dienststellen, z. B. der Baupolizei festzustellen, ob ein ernsthaftes Bauprojekt vorliegt.

2. In Betracht kommen Grundstücke, die zur Zeit des Verkaufs unbebaut sind.

Als unbebaut haben aber auch Grundstücke zu gelten, wenn die auf ihnen befindlichen Baulichkeiten zur Zeit ihrer Errichtung nur für einen vorübergehenden Zweck bestimmt waren (vgl. § 95 I BGB.); also insbesondere Buden, Schuppen, Baracken, Lauben, Karussells, Ausstellungsgebäude und Bauterrains. Als unbebaut wird ein Grundstück aber auch dann regelmäßig anzusehen sein, wenn es mit Ställen, kleinen Werkstätten oder ähnlichen leichten Baulichkeiten bebaut ist, und, zwar nicht im Augenblick der Aufführung der Baulichkeiten, wohl aber inzwischen nach Lage des Grundstücks seit längerem für ein Wohnhaus baureif geworden ist.

3. Gleichgestellt sind durch einen von der Stadtverordnetenversammlung gemachten Zusatz den unbebauten Grundstücken auch abbruchreife Grundstücke, sofern sie zum Zweck des Abbruchs gekauft und gleich wieder bebaut werden. Die übrigen Voraussetzungen für Ermäßigung der Steuer, insbesondere die Einhaltung der Frist, muß auch in diesem Fall gewahrt werden.

Im Gegensatz zu der bisherigen StO., welche die Erleichterung nur für den Bau von „Wohnhäusern" gewähren wollte, ist dieses jetzt auch auf gewerblichen Zwecken dienende Gebäude ausgedehnt. Voraussetzung ist jedoch in jedem Fall, daß es sich um massive, also für die Dauer errichtete Gebäude handelt, die nach ihrem ganzen Zweck für ständige Benutzung bestimmt sind (s. auch Entscheidung des Bezirksausschusses Berlin vom 11. 1. 27, II Z 337/27).

Provisorische Bauten der in Ziff. 3 Abs. 2 genannten Art gewähren keinen Anspruch auf Ermäßigung, insbesondere, wenn sie nur auf einem Teil des Grundstücks errichtet sind, und nicht die nach der Bauordnung der Stadt Berlin zulässige bebaute Fläche ausnutzen.

4. Die zweijährige Frist ist eine Ausschlußfrist, d. h. es kommt weder eine Hemmung (etwa durch Streik oder Frost), noch eine Unterbrechung für sie in Frage.

Das Gebäude muß innerhalb von zwei Jahren nach Eintritt der Steuerpflicht tatsächlich errichtet sein. Unter Gebrauchsabnahme ist die polizeiliche Abnahme zu verstehen (OVG. vom 15. 6. 1926, Pr. Verwaltungsblatt Bd. 48 S. 270 und vom 7. 10. 1927 Reichsverw.-Blatt Bd. 49 S. 446). Wenn die zweijährige Frist abgelaufen ist, ohne daß der Bau fertiggestellt ist, kann die Steuerbehörde die Stundung widerrufen und die Steuer einziehen. Dagegen ist es nach der neuen StO. nicht mehr erforderlich, daß der erste Käufer den Bau fertigstellt. Es genügt auch, daß dieses ein späterer Erwerber tut, jedoch muß auf jeden Fall die zweijährige Frist gewährt sein. Die Ermäßigung auf 2% wird jedoch nur für den ersten Erwerb gewährt.

Wenn B. 1928 ein Grundstück zur Bebauung für 50 000 Reichsmark kauft, hat er sofort 2% des Kaufpreises = 2500 Reichsmark zu zahlen. Der Rest der Wertzuwachssteuer wird ihm gestundet. Wenn B. es 1929, nachdem er den Bau halb fertiggestellt hat, an C. für 75 000 Reichsmark weiter verkauft, ist für diesen Wertzuwachssteuerfall sofort die volle Steuer zu zahlen. Wenn C. das Gebäude schließlich innerhalb der zweijährigen Frist fertigstellt, wird für den Steuerfall A.—B. der gestundete Teil des Steuerbetrages endgültig erlassen.

5. Ein Erlaß der gesamten Steuer kommt nicht in Frage.

Ein Teilbetrag, welcher 2% des Veräußerungspreises entspricht, muß sofort bezahlt werden. Dieser Satz ist gewählt, weil der städtische Zuschlag zur Grunderwerbssteuer, welchen die Gemeinde nach Einführung der WZuwStO. nicht mehr erheben darf, 2% betragen hat. Die Gemeinde will aber dadurch, daß sie die Wertzuwachssteuer ermäßigt, nicht schlechter gestellt sein, als wenn sie noch die vollen Zuschläge zur Grunderwerbssteuer erheben würde.

Voraussetzung für die Stundung des Mehrbetrages der Steuer ist, daß für diesen Betrag Sicherheit (z. B. durch Sicherungshypothek, Hinterlegung von Wertpapieren, Bürgschaft einer Großbank) geleistet wird, sei es von dem in erster Linie steuerpflichtigen Veräußerer, sei es vom Erwerber, welcher dann auch zumeist noch die selbstschuldnerische Bürgschaft dem Steuerfiskus gegenüber zu übernehmen haben wird.

Wenn die Voraussetzungen des § 25, Abs. 1 erfüllt sind, wird nach Ablauf von 2 Jahren die bisher gestundete Steuer erlassen. Die gestundeten Beträge sind in Höhe des jeweilig für Verzugszinsen geltenden Satzes zu verzinsen; die Zinsen sind mit der Steuer, falls ein Erlaß nicht erfolgt, zu zahlen.

6. Denkbar ist, daß zwei Ermäßigungen von Steuern aufeinander folgen, nämlich eine auf Grund von § 25 Ziff. 1, und die zweite auf Grund von § 25 Ziff. 2 z. B.:

A. verkauft 1929 sein unbebautes Grundstück an B., welcher bis 1931 ein Wohnhaus darauf errichtet (§ 25, Ziff. 1).

B. verkauft das Grundstück mit Wohnhaus 1932 an C. (§ 25, Ziff. 2).

Jedoch genießt nur die erstmalige Veräußerung nach der Bebauung die Begünstigung nach § 25. Eine spätere auch dann nicht, wenn sie an sich innerhalb der Frist von 2 Jahren nach der erfolgten Bebauung liegt.

Für die Wahrung der Frist genügt es, wenn der obligatorische Kaufvertrag innerhalb der zweijährigen Frist abgeschlossen ist. Auflassung und Umschreibung kann nachfolgen.

7. Die Begünstigung wird nicht nur für die mit dem Gebäude selbst besetzte Fläche gewährt, sondern auch für angemessenen Hof- und Gartenraum. Diese zum bebauten Grundstück gerechnete Fläche darf das vierfache des bebauten Grundstücksteils betragen, mindestens aber 2000 qm. Für eine größere Fläche ist jedoch die volle Steuer zu zahlen. Wenn ein Grundstück von 5000 qm gekauft wird und auf diesem ein Gebäude mit 500 qm bebauter Fläche errichtet wird, ist für diese 500 qm zuzüglich der vierfachen Fläche als Garten die Ermäßigung zu gewähren, also insgesamt für 2500 qm. Für die restlichen 2500 qm ist dagegen die volle Steuer zu zahlen.

8. Kein Anspruch auf die Vergünstigung besteht bei Übertragung von Rechten an Grundstücksgesellschaften, die unbebaute Grundstücke haben. Dieses ergibt sich aus dem Wortlaut der Bestimmung, welche, wie alle Steuerprivilegien, eng auszulegen ist, sowie aus der ständigen Rechtsprechung der Verwaltungsgerichte, welche scharf zwischen Veräußerung von Grundstücken und Anteilen von Gesellschaften im Sinne des § 1 Abs. 3 der StO. scheidet.

9. Der Steuerpflichtige hat einen im Verwaltungsstreitverfahren verfolgbaren Anspruch auf Befolgung der Bestimmungen dieses Paragraphen. Er ist nicht auf die Billigkeitserwägungen der Steuerbehörde angewiesen. Dieses ergibt sich aus der analog anzuwendenden Rechtsprechung des OVG. zu § 30 der Ausführungsbestimmungen zu § 34 Abs. 2 RZuwStGes. (OVG. Bd. 68 S. 17). Siehe auch OVG. vom 7. 10. 1927 (Reichsverwaltungsblatt Bd. 49 S. 486).

§ 26.

(1) Die Steuer wird auf Antrag erlassen, erstattet oder ermäßigt [1]:

1. bei Nichtigkeit des Rechtsgeschäfts oder des den Eigentumserwerb begründenden Rechtsvorganges [2],

2. bei Aufhebung des Rechtsgeschäfts durch Parteivereinbarung oder infolge Ausübung eines vorbehaltenen Rücktrittsrechts [3],

3. bei Rückgängigmachung infolge Nichterfüllung der Vertragsbedingungen [4],

4. bei Preisminderung nach §§ 459 und 460 des Bürgerlichen Gesetzbuches, soweit sie eine Ermäßigung der Steuer zur Folge hat [5],

5. bei Rückkauf innerhalb zweier Jahre. Für die Berechnung der Frist gilt die Bestimmung des § 13 Abs. 1 Ziff. 3, Satz 2 und 3 [6],

6. bei Vorliegen einer Steuerumgehung im Sinne des § 5 der Ordnung, soweit die Steuer auf Grund der für unwirksam zu erachtenden Maßnahmen entrichtet ist, wenn die Entscheidung, die diese Maßnahmen als unwirksam behandelt, rechtskräftig geworden ist [7].

(2) Der Antrag muß innerhalb eines Jahres nach Eintritt des Ereignisses gestellt werden, auf welches der Erstattungsanspruch sich gründet [8] [9].

1. § 26 der StO. gibt dem Steuerpflichtigen die Möglichkeit, unter bestimmten Voraussetzungen, **Erlaß, Erstattung oder Ermäßigung** der Steuer zu erreichen. Erlaß liegt vor, wenn die Steuerbehörde darauf verzichtet, eine veranlagte Steuer einzuziehen; Erstattung, wenn eine bereits gezahlte Steuer zurückgezahlt wird; Ermäßigung, wenn eine Steuer in der Höhe teilweise herabgesetzt wird. Auf Grund der Steuerautonomie konnte die

Gemeinde den Erlaß von Steuern ohne an die Vorschriften des RZuwStGes., insbesondere § 34 desselben gebunden zu sein, selbständig regeln (OVG. Bd. 80 S. 76).

Voraussetzung für Erlaß, Erstattung oder Ermäßigung ist ein Antrag des Steuerpflichtigen. Den Antrag muß der Steuerpflichtige auch dann selbst stellen, wenn der Erwerber, ohne nach § 24 der StO. zur Steuer herangezogen zu sein, die Steuer zahlt.

2. In Frage kommt die Nichtigkeit des Grundgeschäftes, der Auflassung oder eines sonstigen Rechtsvorganges, auf dem der Eigentumserwerb und damit die Steuerpflicht beruht (§ 2 StO.).

Erforderlich ist die absolute Nichtigkeit. Schwebende Unwirksamkeit z. B. wegen Fehlens der Genehmigung nach dem Pr. Grundstücksverkehrsgesetz oder relative Unwirksamkeit (§§ 135, 136 BGB.) genügt nicht. Nichtigkeitsgründe sind insbesondere die Geschäftsunfähigkeit einer Vertragspartei (§ 105), Willensmängel (§ 116, 118 BGB.), Verstoß gegen die guten Sitten (§ 138 BGB.) und die erfolgte Anfechtung (§ 142 BGB.).

Die Nichtigkeit des obligatorischen Vertrages kann insbesondere auf Verletzung der Formvorschrift des § 313 beruhen; mit der Vollendung des Eigentumserwerbs ist aber auch die Nichtigkeit des Grundgeschäfts gemäß § 313 Abs. 2 BGB. behoben.

In Frage kommt ferner die Nichtigkeit des dinglichen Erwerbsaktes selbst, so z. B., wenn bei der Auflassung eine Partei entmündigt ist oder, wenn ein geisteskranker Richter den Zuschlag in der Zwangsversteigerung erteilt hat.

Der Nachweis der Nichtigkeit ist erforderlich; die bloße Behauptung reicht nicht aus.

3. Zur Aufhebung des Rechtsgeschäftes ist erforderlich, daß beide Vertragsparteien das Rechtsgeschäft in allen seinen Wirkungen rechtlich und wirtschaftlich aufheben und den früheren Rechtszustand wieder herstellen wollen. Da die Berliner StO. für den Erlaß nur die Aufhebung durch Parteivereinbarung als ausreichend anerkennt, fällt hierunter nicht die Rückübertragung durch Zuschlag in der Zwangsversteigerung (anders OVG. Bd. 69 S. 46 für § 34 Abs. 2 RZwGesetz).

Gleichgültig ist, aus welchem Grunde die Aufhebung durch die Parteien erfolgt. Als Vertragsaufhebung hat daher auch die Wandlung gem. § 462, 467 BGB. zu gelten. Ebenso ist der Eintritt einer auflösenden Bedingung (§ 158 BGB.), wie der

Rücktritt vom Vertrage auf Grund eines Vorbehaltes gem. § 346 BGB. der Aufhebung gleichzustellen.

4. In Frage kommt besonders die Ablehnung der Vertragserfüllung gemäß § 326 BGB. Die Nichterfüllung der Vertragsbedingung kann u. a. darin liegen, daß das Grundstück nicht ordnungsgemäß übergeben, die Auflassung nicht erteilt, die Wertzuwachssteuer nicht gezahlt ist.

5. Während in vorangehenden Fällen nur Erlaß oder Erstattung der gesamten Steuer in Frage kommt, ist infolge der Kaufpreisminderung eine entsprechende Ermäßigung der Steuer zulässig; zweckmäßig wird sich eine neue Veranlagung der Steuer empfehlen.

6. Rückkauf liegt vor, wenn die Parteien, obgleich das erste Vertragsgeschäft durchaus ordnungsmäßig zustande gekommen ist, und keiner der Gründe der Ziffern 1—3 vorliegt, aus rein wirtschaftlichen Erwägungen oder sonstigen Gründen das Grundstück zurückverkaufen. Unerheblich ist es, ob in dem Rückkaufsvertrag ein höherer Verkaufspreis vereinbart ist als im ursprünglichen Vertrag. Auch in diesen Fällen ist die Steuer zu erlassen oder zu erstatten. Voraussetzung ist jedoch, daß sich Kauf- und Rückkauf zwischen den gleichen Personen abspielen; wenn sich ein Dritter dazwischen schiebt, kann die Vergünstigung nicht beansprucht werden. Falls eine der Vertragsparteien jedoch gestorben ist, und die Erben an deren Stelle getreten sind, ist die Bestimmung entsprechend anzuwenden. Voraussetzung ist jedoch in jedem Fall, daß der Rückkauf innerhalb von zwei Jahren stattfindet. Die zwei Jahre sind von dem Erwerbsakt bis zum Rückerwerbsakt zu rechnen. Was als ein derartiger Akt anzusehen ist, ergibt sich aus § 2 der StO.

7. Wenn ein Geschäft besteuert ist, jedoch nachträglich sich herausstellt, daß es ein Umgehungsgeschäft war und das Umgehungsgeschäft zur Besteuerung gelangt ist, kann Erstattung oder Erlaß der Steuer für das Umgehungsgeschäft begehrt werden, da andernfalls eine Doppelbesteuerung vorliegen würde. Voraussetzung ist aber, daß das Umgehungsgeschäft rechtskräftig zur Steuer herangezogen ist.

8. § 26 gewährt einen Rechtsanspruch auf Steuererlaß. Der Anspruch ist im Wege des Verwaltungsstreitverfahrens, nicht im ordentlichen Rechtsweg geltend zu machen (OVG. 69, 17). Bezüglich der Ausschaltung derartiger Geschäfte bei einem Weiterverkauf aus der Kette der steuerpflichtigen Rechtsgeschäfte, s. Bemerkung zu § 14 der StO.

9. Für die Stellung des Antrags ist eine Ausschlußfrist von einem Jahr gesetzt. Sie läuft von dem Eintritt des Ereignisses ab, auf welches der Anspruch sich gründet, also von der Aufhebung des Vertrages, der Ausübung des Rücktrittsrechts, der erfolgten Wandlung usw. ab.

§ 27.

(1) Die Steuerschuldner und die zur Mithaft Verpflichteten sowie deren Bevollmächtigte und gesetzliche Vertreter haben innerhalb zweier Wochen nach dem Eintritt des die Steuerpflicht begründenden Ereignisses der Steuerbehörde hiervon sowie von allen sonstigen für die Festsetzung der Steuer in Betracht kommenden Verhältnissen schriftliche Mitteilung [1] zu machen, auch die die Steuerpflicht betreffenden Urkunden vorzulegen [2].

(2) Auf Verlangen der Steuerbehörde sind die Steuerschuldner sowie deren Bevollmächtigte und gesetzliche Vertreter verpflichtet, über bestimmte, für die Veranlagung der Steuer erhebliche Tatsachen innerhalb einer ihnen zu bestimmenden Frist schriftlich oder zu Protokoll Auskunft zu erteilen, anderenfalls die Ermittlung und Veranlagung durch die Steuerbehörde selbständig vorgenommen werden [3, 4].

(3) In den Fällen des § 1 Abs. 3 sind auch gesetzliche Vertreter und Bevollmächtigte der Personenvereinigungen zur Anzeige und zur Auskunftserteilung verpflichtet [5].

1. Den zur Entrichtung der Steuer und dem zur Mithaft Verpflichteten ist eine **Anzeigepflicht** auferlegt. Verpflichtet zur Zahlung der Steuer ist der Veräußerer (§ 24 Abs. 1 der StO); Mithaftende sind der Erwerber (§ 24 Abs. 2 der StO.) und gegebenenfalls der Bevollmächtigte und der Vermittler (§ 24 Ziff. 5 der StO.). Den Notaren, Grundbuchämtern und sonstigen Behörden ist durch die StO. selbst eine Steuerpflicht nicht auferlegt; es sei jedoch darauf hingewiesen, daß die im § 38 RZuwStGes. den Notaren vorgeschriebene Mitteilungspflicht auch dann noch fortbesteht, wenn die Gemeinden eine selbständige Zuwachsbesteuerung eingeführt haben. (Erlaß des Pr. Ministers des Innern vom 28. 12. 1921.)

In der Praxis wird diese dem Steuerpflichtigen obliegende Mitteilungspflicht nur selten befolgt, da sie offenbar nicht genügend bekannt ist. Soweit das steuerpflichtige Rechtsgeschäft von einem Notar beurkundet ist, erhält das Steueramt durch diesen in der Regel Kenntnis, indem er Anzeige erstattet oder eine Abschrift des Vertrages übersendet. Diese Anzeigen des Notars gehen um so regelmäßiger ein, als die Bearbeitung der Grunderwerbs- und Wertzuwachssteuerfälle in Groß-Berlin bei der gleichen Steuerstelle erfolgt und für Notare bezüglich der Grunderwerbssteuer eine Anzeigepflicht gemäß § 25 GrdErw-StGes. besteht.

Diese den Beteiligten obliegende Anzeigepflicht gewinnt jedoch besondere Bedeutung, wenn das steuerpflichtige Rechtsgeschäft nicht von einem Notar beurkundet ist. So bei Abschluß eines privatschriftlichen Kaufvertrages, bei Enteignung und bei Verkauf von Aktien oder sonstigen Gesellschaftsrechten.

Für die Anzeigepflicht ist eine Frist von zwei Wochen gesetzt, welche von dem Eintritt des die Steuerpflicht begründenden Ereignisses läuft. Bezüglich des Zeitpunktes des Eintritts der Steuerpflicht s. die Bemerkungen zu § 2 der StO.

2. Sämtliche Unterlagen für die Berechnungen der Steuer sind dem Steueramt vorzulegen; von allen hierbei bezüglichen Vereinbarungen ist Mitteilung zu machen, also insbesondere vom Preis und etwaigen Nebenabreden, wie Gewährung von Mietrechten. In der Regel wird dieser Anzeigepflicht durch Einreichung einer Abschrift des Vertrages genügt werden; falls jedoch neben dem Vertrag noch sonstige schriftliche Nebenabreden getroffen sind, sind diese ebenfalls vorzulegen.

3. Nach § 63 KAG. kann eine StO. den Gemeindevorstand ermächtigen, von dem Steuerpflichtigen binnen einer angemessenen Frist durch eine besondere dem Steuerpflichtigen zuzustellende Zuschrift Auskunft über Besteuerungsmerkmale zu verlangen. Auf dieser Ermächtigung beruht der Abs. 2 des § 27 der StO., nach welchem die Steuerbehörde die Erteilung von Auskünften schriftlich oder zu Protokoll verlangen darf. Üblicherweise wird, wenn hiervon Gebrauch gemacht wird, dem Steuerpflichtigen ein Formular zur Steuererklärung übersandt, welches er ausgefüllt und unterschrieben an das Steueramt zurückzusenden hat.

Falls der Steuerpflichtige trotz Aufforderung keine Steuererklärung abgibt, kann gemäß § 32 der StO. in Verbindung mit § 82 KAG. eine Geldstrafe gegen ihn festgesetzt werden.

Auch kann die Steuerbehörde die Veranlagung selbständig vornehmen; bei einer derartigen Veranlagung ohne vorhergehende Steuererklärung wird in der Regel die Steuer höher ausfallen, da die dem Erwerbspreis hinzuzurechnenden und vom Veräußerungspreis abzuziehenden Beträge dem Steueramt nicht bekannt sein werden, und daher nicht Berücksichtigung finden können.

4. Die Vorschrift des § 27 Abs. 2 der StO. legt jedoch dem Steueramt nicht die Verpflichtung auf, in allen Fällen eine Steuererklärung zu verlangen. Sie begründet nur für den Steuerpflichtigen die Verpflichtung, auf Verlangen eine Steuererklärung abzugeben. Es liegt kein wesentlicher Mangel des Veranlageverfahrens vor, wenn das Steueramt den Steuerbescheid ohne Einforderung einer Steuererklärung erläßt (OVG. vom 23. 9. 1913; Amtliche Mitteilungen 1913 S. 273). Das Steueramt kann also sofort, sobald es von dem die Steuerpflicht auslösenden Ereignis Kenntnis erhält, die Steuer festsetzen und abwarten, ob der Steuerpflichtige im Wege des Einspruchs Anrechnungen oder Abzüge verlangt.

5. Abs. 3 des § 27 erweitert den Kreis der Anzeige- und Auskunftspflichtigen für den Fall, daß Rechte an den im § 1 Abs. 3 der StO. genannten Personenvereinigungen übertragen werden. Hier trifft diese Pflicht die gesetzlichen Vertreter der Vereinigung, also beispielsweise den Vorstand einer Aktiengesellschaft, den Geschäftsführer einer G.m.b.H., oder den Vorstand eines eingetragenen Vereins. Diese Bestimmung ist besonders dann von Bedeutung, wenn die Abtretung der Rechte an dem Vermögen derartiger Vereinigungen nicht der notariellen Beurkundung bedarf (z. B. der Aktien einer Grundstücks-AktGes.), so daß die Mithilfe der Notare bei der Kontrolle der steuerpflichtigen Geschäfte entfällt. Auch gegen diese Vertreter können bei Unterlassung der Anzeige und Verweigerung der Auskünfte auf Grund der oben unter Ziff. 3 erwähnten Vorschriften Strafen festgesetzt werden.

§ 28.

Die Steuerbehörde ist bei der Veranlagung der Steuer an die Angaben der Steuerpflichtigen nicht gebunden [1]. Wird die erteilte Auskunft beanstandet, so sind den Steuerpflichtigen vor der Veranlagung die Gründe der Beanstandung mit dem Anheimstellen mitzuteilen, hierüber binnen einer angemessenen Frist eine weitere Erklärung abzugeben [2]. Findet eine Einigung [3] mit dem Steuerpflichtigen nicht statt, so kann die Steuerbehörde die zu entrichtende Steuer nötigenfalls nach dem Gutachten Sachverständiger festsetzen [4].

1. Die Steuerbehörde ist berechtigt, ohne von dem Veräußerer eine Steuererklärung zu erfordern,. die **Veranlagung** vorzunehmen

(Bemerkung zu § 27 Ziffer 4); sofern der Steuerpflichtige jedoch eine Steuererklärung abgegeben oder sonstige Auskunft erteilt hat, muß die Verwaltungsbehörde in eine Prüfung eintreten. Die Angaben des Steuerpflichtigen bilden zwar die Unterlagen; doch ist die Behörde nicht an sie gebunden. Das Steueramt kann sich zur Nachprüfung und Ergänzung der verschiedensten Hilfsmittel bedienen; außer Einsicht in das Grundbuch und in das Handelsregister kommt insbesondere die Heranziehung von Akten oder Urkunden über Vorverkäufe und andere mit dem steuerpflichtigen Rechtsvorgang in Verbindung stehende Rechtsgeschäfte in Frage.

2. Bei Beanstandungen hat die Steuerbehörde dem Steuerpflichtigen die einzelnen Punkte, in denen sie den Angaben nicht folgen will, mitzuteilen. Die Vorschrift, wie die Fristsetzung, hat den Zweck, den Steuerpflichtigen vor Überraschungen zu schützen und eine möglichst sachentsprechende Veranlagung zu gewährleisten; sie bezieht sich nicht nur auf tatsächliche Angaben, sondern auch auf abweichende Rechtsergebnisse. Die Vorschrift ist zwingender Natur, ihre Nichtbeachtung macht den Steuerbescheid unwirksam. (OVG. vom 15. 1 1928 Reichsverw.=Blatt Bd. 50 S. 72). Wenn auch die StO. keine dem § 43 des ZuwStG. entsprechende Bestimmung enthält, daß die von der Steuererklärung abweichenden Punkte besonders hervorgehoben werden müssen, so trifft doch dieser Grundsatz, den das OVG. Bd. 69 Seite 51 für das RZuwStG. aufgestellt hat, auch für die Berliner StO. zu. Der Steuerpflichtige muß bei Erhalt des Steuerbescheides volle Klarheit über die Grundlagen der Veranlagung erhalten.

3. Auf Grund der auf die Beanstandung hin abgegebenen Erklärungen kann die Steuerbehörde sich entweder mit dem Steuerpflichtigen einigen, sofort die Steuer festsetzen oder erforderlichenfalls noch ein Gutachten Sachverständiger einholen.

Eine Einigung wird das Steueramt vornehmen, wenn über die Unterlagen der Veranlagung z. B. über die Anrechenbarkeit gewisser Posten nach § 13 der StO. Streit mit dem Steuerpflichtigen besteht und die Sach- und Rechtslage tatsächlich zweifelhaft ist, oder wenn weitere Feststellungen nicht oder nur mit unverhältnismäßig hohen Kosten möglich sind.

Während für die Grunderwerbssteuer der RFH. die Zulässigkeit eines Vergleichs der Steuerbehörde mit dem Steuerpflichtigen verneint (RFH. Bd. 18 Seite 92), gibt die StO. der Steuerbehörde die Möglichkeit einer vergleichsweisen Regelung. Pflichtgemäß dürfen die Steuerämter sich aber nur in tatsächlichen

Zweifelsfällen einigen und zwar über die zweifelhaften Punkte, nicht aber etwa über die Höhe des Steuersatzes oder über die Höhe der Steuer selbst. Es ist also nicht angängig, etwa im Vergleichswege den Steuersatz herabzusetzen. Eine Ermäßigung unstrittiger Punkte, z. B. die gesetzlich zweifelsfreie Nichtanrechnungsmöglichkeit des Ertragsausfalls könnte nur im Wege des Erlasses aus Billigkeitsgründen erfolgen.

4. Wenn keine Einigung über die streitigen Rechts- oder Tatfragen zu erzielen ist, und das Steueramt die von ihm ermittelten Unterlagen für ausreichend ansieht, wird es ohne weiteres zur Veranlagung schreiten. Sonst sind die Ermittlungen fortzusetzen, insbesondere Sachverständige über den Wert des Grundstücks oder die aufgewendeten Verbesserungen zu hören.

§ 29.

(1) Dem Steuerpflichtigen ist über die Veranlagung der Steuer ein schriftlicher Bescheid [1] [2] zuzustellen [3]. Im Falle der Heranziehung der nach § 24 Abs. 2 und 5 Haftenden ist diesen eine besondere Veranlagung zuzustellen [4].

(2) Die Steuer ist innerhalb von 8 Tagen nach Bekanntgabe an die in dem Bescheide bezeichnete Kasse zu entrichten [5].

1. Nach Durchführung des Ermittlungsverfahrens hat die Steuerbehörde einen Steuerbescheid zu erlassen. Die StO. enthält nicht, wie § 43 des RZuwStG. Vorschriften darüber, welchen Inhalt der **Steuerbescheid** enthalten muß.

§ 29 bestimmt nur, daß der Bescheid schriftliche Form haben und zugestellt werden muß; eine mündliche Mitteilung genügt also nicht.

§ 43 RZuwStG. wird aber auch für die jetzige Praxis die Richtlinien abgeben. Der Steuerbescheid muß zum mindesten enthalten:

1. die Person des Steuerpflichtigen;
2. den Betrag der Steuer;
3. die Berechnungsgrundlage.

Mangels einer dem § 43 RZuwStG. entsprechenden Vorschrift ist eine Angabe der von der Steuererklärung abweichenden Punkte und eine Rechtsmittelbelehrung nicht unbedingt erforderlich; in der Praxis enthält aber auch jetzt der Steuerbescheid regelmäßig die Rechtsmittelbelehrung, wie sich auch die Angabe der von der Steuererklärung abweichenden Punkte empfiehlt.

2. Das Steueramt ist an den von ihm erlassenen Steuerbescheid nicht gebunden. Es kann ihn sogar, wenn er bereits Rechtskraft erlangt hat, abändern, aufheben und Nachveranlagungen vornehmen, sofern sich bei der Nachprüfung ergibt, daß die erste Veranlagung der Steuerbehörde unrichtig war (OVG. 13. Juni 1913; Amtl. Mitteilungen 1913 S. 20, 2. Januar 1914; Amtl. Mitteilungen 1914 S. 50, OVG. 2. Januar 1913; Amtl. Mitteilungen 1913 S. 62, OVG. Band 73 S. 5). Eine dem § 76 RAO. entsprechende Bestimmung dahin, daß eine Abänderung des Steuerbescheids nur mit Zustimmung des Steuerpflichtigen erfolgen darf, gilt für das Pr. KAG. nicht. Doch ist eine Nachforderung nach Ablauf der dreijährigen Verjährungsfrist des § 87 KAG. ausgeschlossen.

3. Über die Form der Zustellung enthält die Steuerordnung nichts. Sie regelt sich nach den allgemeinen Grundsätzen des Kommunalabgabenrechts. Gemäß § 61 Abs. 2 KAG. sind die Vorschriften der §§ 55, Abs. 3 bis einschließlich 59 des PrEinkSt. entsprechend anzuwenden. Die Zustellung des Steuerbescheids richtet sich somit nach § 58 des PrEinkStG. Die Zustellung ins Ausland kann daher auch mittels eingeschriebenen Briefes erfolgen. Es bedarf nicht der Zustellung auf diplomatischem Wege, wie dies für die Grunderwerbssteuer gemäß RFH. Band 17 S. 159 erforderlich ist. Bei der Zustellung ins Ausland empfiehlt sich die in der Praxis auch gebräuchliche Zustellung durch eingeschriebenen Brief gegen Rückschein.

4. Bei der Heranziehung der gemäß § 24 mithaftenden Personen bedarf es für die Inlaufsetzung der Rechtsmittelfrist der Zustellung eines formgerechten Steuerbescheides an sie. Die Zustellung einer Abschrift der dem ersten Steuerschuldner zugestellten Veranlagung genügt nicht (OVG. 66 S. 20). Auch wird zur Ausschaltung von Mißverständnissen die Bezugnahme auf § 24 Abs. 2 oder 5 in dem Bescheide angebracht sein; sonst besteht die Gefahr, daß der Zweitschuldner nicht damit rechnet, nunmehr selbst als Steuerschuldner zur Wahrung seiner Rechte, insbesondere zur Einlegung der Rechtsmittel genötigt zu sein.

5. Acht Tage bedeuten nicht eine Woche, sondern acht volle Tage. Die Frist endigt mit dem Ablauf des letzten Tages der Frist (§ 188 Abs. 1 BGB.). Erfolgt die Zahlung nicht innerhalb von acht Tagen, so sind, sofern die Steuer nicht gestundet ist, auf Grund des Gesetzes vom 24. November 1926 (Pr. Gesetzsammlung S. 305) 10% Verzugszinsen seit Fälligkeit zu zahlen. Verzugszuschläge werden nicht mehr erhoben. Ist die Steuer ge-

stundet, so sind nur 5 bis 6% Stundungszinsen zu entrichten. Stundung wird in der Regel nur gegen Sicherheitsleistung (Sicherungshypothek, Bürgschaft einer Großbank, Hinterlegung von Wertpapieren) gewährt.

Bei der Erstattung von Steuern durch die Steuerstelle sind die rückerstattungspflichtigen Beträge, sofern sie 50,— Mk. übersteigen, jedoch erst vom 1. Oktober 1926 an mit 5 % zu verzinsen; jedoch werden Zinsbeträge unter 1,— Mk. nicht ausgezahlt.

Selbst im Falle des Obsiegens des Steuerpflichtigen besteht aber ein Anspruch auf Rückerstattung der Beitreibungskosten und Mahngebühren nicht (Nöll-Freund § 75 Anm. 1).

Es empfiehlt sich daher stets, bei Einlegung eines Einspruchs ein Stundungsgesuch zu stellen, um die Vollstreckung aus dem ergangenen Bescheide abzuwenden.

§ 30.

Die Vorschriften der §§ 83 bis 94, 95 Abs. 1 und 3, 97 Abs. 1 und 3, 98 bis 100, 109 bis 118, 168, 169, 173, 177, 178 bis 185, 188, 192, 204, 205 Abs. 1, 2 und 4, 207 Abs. 1 und 210 Abs. 1 und 2 der Reichsabgabeordnung sind sinngemäß anzuwenden, mit der Maßgabe, daß an die Stelle des Reichs die Stadtgemeinde, an die Stelle des Finanzamts die Steuerbehörde, und an die Stelle des Landesfinanzamts der Oberpräsident treten.

Anm.: Die Vorschrift dient der Vereinheitlichung des Steuerrechts. Sie bringt die reichsrechtliche Regelung der **Abgabenordnung** bezüglich der Geschäftsfähigkeit, Vertretung, Vollmacht und Haftung (Zweiter Teil 1. Abschnitt, 2), der Sicherheitsleistung (1 Abschnitt, 3), der Pflichten der Steuerpflichtigen (2. Teil 3. Abschnitt II.), der Pflichten anderer Personen zur Auskunft, Einsichtgewährung und Gutachten (2. Teil, 3. Abschnitt III), der Beistandspflicht der Behörden und berufsständischen Vertretungen (2. Teil 3. Abschnitt V.), des Ermittlungs- und Festsetzungsverfahrens (2. Teil 3. Abschnitt, 2. Titel) in ihren wesentlichen Bestimmungen zu entsprechender Anwendung.

Die durch § 30 angezogenen Bestimmungen der Reichsabgabenordnung lauten wie folgt:

§ 83.

(1) Für die Geschäftsfähigkeit von Privatpersonen gelten in Steuersachen die Vorschriften des bürgerlichen Rechts.

(2) Das gleiche gilt von der Vertretung und Vollmacht, soweit in den §§ 84 bis 92 nichts anderes vorgeschrieben ist.

§ 84.

Die gesetzlichen Vertreter juristischer Personen und solcher Personen, die geschäftsunfähig oder in der Geschäftsfähigkeit beschränkt sind, haben alle Pflichten zu erfüllen, die den Personen, die sie vertreten, obliegen; insbesondere haben sie dafür zu sorgen, daß die Steuern aus den Mitteln, die sie verwalten, entrichtet werden. Für Zwangsgeldstrafen und Sicherungsgelder, die gegen sie erkannt, und für Kosten von Zwangsmitteln, die gegen sie festgesetzt werden, haften neben ihnen die von ihnen vertretenen Personen.

§ 85.

Steht eine Vermögensverwaltung nach Gesetz, Anordnung der Behörde oder letztwilliger Verfügung anderen Personen zu als den Eigentümern oder deren gesetzlichen Vertretern, so haben sie, soweit ihre Verwaltung reicht, die gleiche Pflicht (§ 84).

§ 86.

(1) Bei Personenvereinigungen, die als solche steuerpflichtig sind, aber keine eigene Rechtspersönlichkeit besitzen, haben die Vorstände oder Geschäftsführer und, soweit solche nicht vorhanden sind, die Mitglieder die Pflichten zu erfüllen, die den Personenvereinigungen wegen der Besteuerung auferlegt sind. Die §§ 84, 85 gelten entsprechend.

(2) Das gleiche gilt für Zweckvermögen und sonstige einer juristischen Person ähnliche Gebilde, die als solche der Besteuerung unterliegen.

(3) Entstehen dadurch Schwierigkeiten, daß es in den Fällen der ersten beiden Absätze an Vorständen oder Geschäftsführern fehlt und Beteiligte in größerer Zahl vorhanden sind, so haben die Beteiligten einen oder mehrere Bevollmächtigte im Inland zu stellen. Unterlassen sie dies, so kann das Finanzamt einen oder einzelne Beteiligte als Bevollmächtigte mit Wirkung für die Gesamtheit behandeln.

§ 87.

(1) Bei Wegfall eines Steuerpflichtigen (Tod, Auflösung einer juristischen Person, einer Personenvereinigung oder eines Zweckvermögens) haben die Rechtsnachfolger, Testamentsvollstrecker, Erbschaftsbesitzer (§ 2018 des Bürgerlichen Gesetzbuchs), Pfleger, Liquidatoren, Verwalter und die Bevollmächtigten dieser Personen dafür zu sorgen, daß Mittel zur Bezahlung der vorher entstandenen Steuerschulden (§ 81 Abs. 1) zurückgehalten und diese Steuerschulden bezahlt werden. Auf Verlangen ist aus dem Nachlaß oder der Masse Sicherheit zu leisten.

(2) Die gleichen Pflichten haben wegen der Steuern, die aus einem Nachlaß zu entrichten sind, die Erben, Testamentsvollstrecker, Erbschaftsbesitzer, Pfleger, Verwalter und die Bevollmächtigten dieser Personen.

(3) Ist zweifelhaft, wer zur Vertretung eines Nachlasses oder eines sonst verbleibenden Vermögens befugt ist, so hat das Nachlaßgericht und beim Wegfall einer juristischen Person oder eines dieser ähnlichen Gebildes das Amtsgericht des nach § 52 zuständigen Ortes auf Antrag des Finanzamts einen Pfleger für den Nachlaß oder die sonstige Masse zu bestellen; der Pfleger hat die Stellung eines Nachlaßpflegers im Sinne des § 1961 des Bürgerlichen Gesetzbuchs. Die Steueransprüche können gegen ihn geltend gemacht werden, und er ist befugt, Rechtsmittel gegen die Heranziehung einzulegen.

§ 88.

(1) Wer durch Abwesenheit oder sonst verhindert ist, Pflichten zu erfüllen, die ihm im Interesse der Besteuerung obliegen, oder Rechte wahrzunehmen, die ihm nach den Steuergesetzen zustehen, kann dies durch Bevollmächtigte tun. Bevollmächtigte, die aus der Erteilung von Rat und Hilfe in Steuersachen ein Geschäft machen oder denen die Fähigkeit zum geeigneten schriftlichen oder mündlichen Vortrag mangelt, können zurückgewiesen werden. Dies gilt nicht für Rechtsanwälte oder Notare, sowie auch nicht für Vertreter beruflicher und gewerkschaftlicher Vereinigungen hinsichtlich des von ihnen in dieser Eigenschaft vertretenen Personenkreises, es gilt ferner nicht für Personen, die von einem Landesfinanzamte zugelassen worden sind; das Landesfinanzamt kann die Zulassung jederzeit zurücknehmen.

(2) Die Finanzämter können auch sonst Bevollmächtigte zulassen, es bleibt ihnen aber unbenommen, sich neben dem Bevollmächtigten an den Steuerpflichtigen selbst zu wenden.

(3) Der Steuerpflichtige kann sich in jeder Lage des Verfahrens eines Beistandes bedienen. Auf den Beistand finden die Vorschriften des Abs. 1 Satz 2, 3 Anwendung.

(4) Eine Vereinbarung durch die als Entgelt für die Tätigkeit eines Vertreters oder Beistandes ein Teil an der von ihm zu erzielenden Steuerermäßigung oder Steuerersparung ausbedungen wird, ist nichtig.

§ 89.

Wer als Bevollmächtigter oder als Verfügungsberechtigter auftritt, hat die Pflichten eines gesetzlichen Vertreters (§ 84). Für Zwangsgeldstrafen und Sicherungsgelder, die gegen ihn erkannt, und für Kosten von Zwangsmitteln, die gegen ihn festgesetzt werden, haftet neben ihm der Vertretene.

§ 90.

(1) Die Vertreter und die übrigen in den §§ 84 bis 89 bezeichneten Personen haften insoweit persönlich neben dem Steuerpflichtigen, als durch schuldhafte Verletzung der ihnen in den §§ 84 bis 89 auferlegten Pflichten Steueransprüche verkürzt oder Erstattungen oder Vergütungen zu Unrecht gewährt worden sind. Zur Geltendmachung dieser Ersatzansprüche bedarf es der Zustimmung des Landesfinanzamts.

(2) Rechtsanwälte sind wegen Handlungen, die sie in Ausübung ihres Berufs bei der Beratung in Steuersachen vorgenommen haben, dem Reiche gegenüber nur dann schadensersatzpflichtig, wenn diese Handlungen eine Verletzung ihrer Berufspflicht enthalten; ob eine solche Verletzung der Berufspflicht vorliegt, wird auf Antrag des Landesfinanzamts im ehrengerichtlichen Verfahren entschieden.

§ 91.

Das Erlöschen der Vertretungsmacht oder der Vollmacht läßt die Pflichten der Vertreter und Bevollmächtigten unberührt, soweit es sich um die vorangegangene Zeit handelt.

§ 92.

(1) Wenn Vertreter, Verwalter oder Bevollmächtigte im Sinne der §§ 84 bis 89 bei Ausübung ihrer Obliegenheiten Steuerhinterziehungen oder Steuergefährdungen begehen (§§ 359, 367), so haften die Vertretenen für die verkürzten Steuereinnahmen und die zu Unrecht gewährten oder belassenen Steuervorteile.

(2) Das gleiche gilt für den Geschäftsherrn oder den Haushaltungsvorstand, wenn der Angestellte oder sonst im Dienste oder Lohne stehende Personen sowie Familien- und Haushaltungsangehörige bei Ausübung von Obliegenheiten, die sie im Interesse dieser Personen wahrnehmen, Steuerhinterziehungen oder Steuergefährdungen begehen; diese Haftung tritt jedoch, sofern sie nicht aus anderen Gründen besteht, nicht ein, wenn festgestellt wird, daß die Steuerhinterziehung oder Steuergefährdung ohne Wissen des Geschäftsherrn oder des Haushaltungsvorstandes oder einer zu seiner Vertretung nach außen befugten Person begangen worden ist und die genannten Personen bei der Auswahl oder Beaufsichtigung der Angestellten oder der Beaufsichtigung der Familien- und Haushaltungsmitglieder die erforderliche Sorgfalt aufgewandt haben.

§ 93.

Wo Gesellschaften, Vereine oder Genossenschaften als solche der Besteuerung unterliegen, gelten für die persönliche Haftung der einzelnen Gesellschafter und Mitglieder sinngemäß die Vorschriften des bürgerlichen Rechtes.

§ 94.

Sind mehrere nebeneinander verpflichtet, so kommt die Erfüllung der Pflicht durch einen Verpflichteten den andern Verpflichteten zustatten, soweit ihrer eigenen Pflicht dadurch genügt wird und es für das Finanzamt nicht von Wert ist, daß die Pflicht auch von den anderen Beteiligten erfüllt wird.

§ 95.

(1) Personen, die nebeneinander für eine Steuerschuld oder eine andere aus den Steuergesetzen entspringende Geldschuld haften, haften als Gesamtschuldner.

(3) Erben haften für die aus dem Nachlaß zu entrichtenden Steuern wie für Nachlaßverbindlichkeiten nach bürgerlichem Rechte. Die §§ 86, 87, 90, 97 bleiben unberührt.

§ 97.

(1) Wenn nach dem Tode oder Wegfall eines Steuerpflichtigen die Testamentsvollstrecker, Pfleger, Liquidatoren, Verwalter und Erbschaftsbesitzer, welche nicht zugleich Rechtsnachfolger des Steuerpflichtigen sind, erkennen, daß Erklärungen, die der Steuerpflichtige zur Festsetzung oder Veranlagung von Steuern abgegeben hat, unrichtig oder unvollständig sind, oder daß er pflichtwidrig unterlassen hat, solche Erklärungen abzugeben, so haben sie dies binnen Monatsfrist dem Finanzamt anzuzeigen; andernfalls haften sie persönlich für die vorenthaltenen Steuerbeträge.

(3) Dasselbe gilt sinngemäß bei einem Wechsel in der Person des gesetzlichen Vertreters, Betriebsleiters oder Bevollmächtigten sowie dann, wenn eine gesetzliche Vertretung angeordnet wird.

§ 98.

Das Finanzamt, das die Steuerschuld des Steuerpflichtigen festzusetzen hat, ist befugt, die Vertreter und Bevollmächtigten und die übrigen in den §§ 84 bis 89 bezeichneten Personen zur Erfüllung der ihnen obliegenden Verpflichtung anzuhalten und diejenigen, die neben dem Steuerpflichtigen oder an dessen Stelle persönlich für die Steuer haften (§ 79 Abs. 2), in Anspruch zu nehmen.

§ 99.

(1) Wer neben dem Steuerpflichtigen oder an dessen Stelle persönlich auf Zahlung einer Steuer in Anspruch genommen wird (§ 79 Abs. 2), kann gegen seine Heranziehung die Rechtsmittel geltend machen, die dem Steuerpflichtigen zustehen. Die Frist zur Einlegung des Rechtsmittels beginnt mit Ablauf des Tages, an dem ihm der Beschluß über seine Heranziehung zugestellt oder, wenn keine Zustellung vorgeschrieben ist, bekannt gemacht worden ist.

(2) Ist die Steuerschuld dem Steuerpflichtigen gegenüber unanfechtbar festgestellt, so hat dies gegen sich gelten zu lassen, wer als

Rechtsnachfolger des Steuerpflichtigen haftet, oder wer in der Lage gewesen wäre, den gegen den Steuerpflichtigen erlassenen Bescheid als dessen Vertreter, Bevollmächtigter oder kraft eigenen Rechtes anzufechten.

§ 100.

(1) Wenn jemand außer in den Fällen der §§ 84 bis 96 nach den Vorschriften des bürgerlichen Rechtes kraft Gesetzes verpflichtet ist, die Verbindlichkeiten eines andern zu erfüllen oder wegen solcher Verbindlichkeiten die Zwangsvollstreckung in ein Vermögen zu dulden, das seiner Verwaltung unterliegt, so gilt diese Verpflichtung auch für die Steuerschulden des anderen. Soweit § 303 nichts anderes vorschreibt, gelten die Vorschriften des bürgerlichen Rechtes.

(2) Hat sich jemand durch Vertrag verpflichtet, eine Steuerschuld eines anderen zu bezahlen oder dafür einzustehen, so ist der Anspruch des Reichs nach den Vorschriften des bürgerlichen Rechtes zu verfolgen.

§ 109.

(1) Eine Sicherheit kann der Steuerpflichtige nach seiner Wahl leisten durch:

1. Hinterlegung von Geld;
2. Hinterlegung von Schuldverschreibungen des Reichs oder eines Landes;
3. Hinterlegung von Schuldverschreibungen der deutschen Schutzgebietsanleihen;
4. Hinterlegung von Schuldverschreibungen, deren Verzinsung das Reich oder ein Land gewährleistet hat;
5. Hinterlegung von inländischen Pfandbriefen und sonstigen von einer inländischen kommunalen Körperschaft oder der Kreditanstalt einer solchen Körperschaft ausgestellten Schuldverschreibungen, wenn die Wertpapiere vom Reichsrat oder durch landesgesetzliche Vorschriften für geeignet zur Anlegung von Mündelgeld erklärt worden sind;
6. Hinterlegung von sonstigen Wertpapieren, wenn sie bei der Reichsbank beleihbar sind;
7. Verpfändung des Anspruchs aus der Hinterlegung solcher Wertpapiere bei der Reichsbank oder einer andern vom Reichsminister der Finanzen bezeichneten Stelle;
8. Verpfändung eines Guthabens bei einer inländischen öffentlichen oder unter öffentlicher Aufsicht stehenden Sparkasse, wenn sie von der zuständigen Behörde des Landes, in dem sie ihren Sitz hat, zur Anlegung von Mündelgeld für geeignet erklärt ist, unter Übergabe des Sparkassenbuchs und einer Bescheinigung der Sparkasse, daß ihr die Verpfändung vom Verpfändenden mitgeteilt worden ist;
9. Verpfändung von Forderungen, die in das Reichsschuldbuch

oder in das Staatsschuldbuch eines Landes eingetragen sind;

10. Verpfändung von sonstigen Schuldbuchforderungen, die bei der Reichsbank beleihbar sind;
11. Verpfändung von Forderungen, für die eine Hypothek an einem inländischen Grundstück besteht, oder Verpfändung von Grund- oder Rentenschulden an inländischen Grundstücken;
12. Bestellung von Hypotheken, Grund- oder Rentenschulden an inländischen Grundstücken.

(2) Mit den Wertpapieren sind die Zins-, Renten-, Gewinnanteil- und Erneuerungsscheine zu hinterlegen.

(3) Statt der Verpfändung genügt Abtretung zur Sicherheit.

(4) Ein unter Steuerverschluß befindliches Lager steuerpflichtiger Erzeugnisse gilt als genügende Sicherheit für die darauf lastende Steuer.

§ 110.

(1) Im Falle des § 109 Abs. 1 Nr. 7 muß der Steuerpflichtige die Wertpapiere für eigene Rechnung hinterlegt haben. Außer der Niederlegungsbescheinigung ist eine Erklärung der Reichsbank zu überreichen, daß ihr die Verpfändung von dem Verpfändenden mitgeteilt worden ist; beizufügen ist eine Bescheinigung der Reichsbank, daß die in der Niederlegungsbescheinigung bezeichneten Papiere umlauffähig sind. Durch die Bescheinigung der Umlauffähigkeit übernimmt die Reichsbank die Haftung dafür:

1. daß das Rückforderungsrecht des Niederlegers durch gerichtliche Sperre und Beschlagnahme nicht beschränkt ist;
2. daß die niedergelegten Wertpapiere in den Sammellisten aufgerufener Wertpapiere nicht als gestohlen oder verloren gemeldet und weder mit Zahlungssperre belegt noch zur Kraftloserklärung aufgeboten oder für kraftlos erklärt worden sind;
3. daß sie auf den Inhaber lauten oder, falls sie auf den Namen ausgestellt sein sollten, mit Blankogiro versehen und auch sonst nicht gesperrt sind, daß der Stempelpflicht genügt ist und die Gewinnanteil- und Erneuerungsscheine bei den Stücken sind.

(2) Wird die Umlaufsbescheinigung der Reichsbank nicht gleich nach ihrer Ausstellung hinterlegt, so ist eine Bescheinigung der Reichsbank beizubringen, daß ihre Gültigkeit noch fortdauert.

(3) Diese Vorschriften gelten entsprechend bei der Verpfändung aus einer Hinterlegung bei den sonst nach § 109 Abs. 1 Nr. 7 zugelassenen Stellen.

§ 111.

Hypothekenforderungen, Grund- oder Rentenschulden sind zur Sicherheitsleistung nur geeignet, wenn sie den Voraussetzungen entsprechen, unter denen in dem Lande, wo das belastete Grundstück liegt, Mündelgeld in Hypothekenforderungen, Grund- oder Rentenschulden angelegt werden darf.

§ 112.

Soweit nichts anderes vorgeschrieben ist, bestimmt der Reichsminister der Finanzen, zu welchen Werten die im § 109 Abs. 1 Nr. 2 bis 12 aufgeführten Gegenstände als Sicherheit anzunehmen sind.

§ 113.

Inwieweit der Pflichtige in anderer Weise nach seiner Wahl Sicherheit leisten kann, insbesondere durch Wechsel und Zahlungsversprechen, die von zahlungsfähigen Personen ausgestellt worden sind, oder durch taugliche Bürgen, bestimmt der Reichsminister der Finanzen.

§ 114.

Andere als die in den §§ 109 bis 113 bezeichneten Werte kann das Finanzamt nach seinem Ermessen als Sicherheit annehmen. Vorzuziehen sind Vermögensgegenstände, die größere Sicherheit bieten oder bei Eintritt auch außerordentlicher Verhältnisse ohne erhebliche Schwierigkeit und innerhalb angemessener Frist verwertet werden können.

§ 115.

Ist die Leistung von Sicherheiten der in den §§ 109 bis 114 bezeichneten Art in der dort geforderten Form für den Steuerpflichtigen mit Härten verbunden, so darf sich das Finanzamt mit anderen Sicherungen begnügen, z. B. mit der Annahme von gesperrten Sparkassenbüchern, Versicherungsscheinen oder Hypothekenbriefen.

§ 116.

Mit der Hinterlegung erwirbt das Reich ein Pfandrecht am hinterlegten Gelde oder den hinterlegten Wertpapieren, oder, wenn das Geld oder die Wertpapiere nach den gemäß § 119 Abs. 1 erlassenen Bestimmungen oder nach landesgesetzlicher Vorschrift in das Eigentum des Fiskus oder der als Hinterlegungsstelle bestimmten Anstalt übergehen, ein Pfandrecht an der Forderung auf Rückerstattung.

§ 117.

Wer nach den §§ 109, 114, Sicherheit geleistet hat, ist berechtigt, die Sicherheit oder einen Teil davon durch eine andere nach §§ 109, 113 geeignete Sicherheit zu ersetzen.

§ 118.

Wird eine Sicherheit unzureichend, so ist sie zu ergänzen oder es ist anderweitige Sicherheit zu leisten.

§ 168.

(1) Bei Steuererklärungen (Erklärungen, die nach Vorschrift der Gesetze oder Ausführungsbestimmungen als Unterlage für die Festsetzung einer Steuer dienen) hat der Steuerpflichtige zu versichern, daß er die Angaben nach bestem Wissen und Gewissen gemacht hat. Die Erklärungen sind nach Form und Inhalt so abzugeben, wie es das Finanzamt nach den Gesetzen und Ausführungsbestimmungen vorschreibt. Die Versicherung kann nach Anordnung des Finanzamts allgemein abgegeben werden. Bei Zöllen und Verbrauchsabgaben kann von ihrer Abgabe abgesehen werden.

(2) Bei der Ausfüllung von Vordrucken sind alle Fragen zu beantworten. Die Fragen und Antworten sind so zu fassen, daß die Prüfung, was steuerpflichtig ist, und was nicht, dem Finanzamt ermöglicht wird. In den Vordrucken ist zu betonen, daß diese Prüfung dem Finanzamt, nicht dem Steuerpflichtigen zusteht. Den Steuererklärungen sind die Unterlagen beizufügen, die nach den Gesetzen und Ausführungsbestimmungen gefordert werden. Wenn diese Unterlagen in Bescheinigungen bestehen, die von anderer Seite zu erteilen sind, sind die beteiligten Stellen verpflichtet, sie auszustellen.

(3) Auf Verlangen haben die Steuerpflichtigen auch bei anderen Erklärungen, Anmeldungen, Anzeigen und Auskünften zu versichern, daß sie die Angaben nach bestem Wissen und Gewissen gemacht haben.

§ 169.

Dem Steuerpflichtigen im Sinne der §§ 168, 170 bis 176 steht gleich, wer verpflichtet ist, eine Steuererklärung abzugeben. Soweit nichts anderes bestimmt ist, ist zur Abgabe einer Steuererklärung jeder verpflichtet, bei dem nach Ermessen des Finanzamts die Möglichkeit einer Steuerpflicht gegeben ist.

§ 173.

(1) Auf Verlangen (§ 205 Abs. 1, 2) hat der Steuerpflichtige die Richtigkeit seiner Steuererklärung nachzuweisen. Wo seine Angaben zu Zweifeln Anlaß geben, hat er sie zu ergänzen, den Sachverhalt aufzuklären und seine Behauptungen, soweit ihm dies nach den Umständen zugemutet werden kann, zu beweisen, zum Beispiel den Verbleib von Vermögen, das er früher besessen hat.

(2) Er hat Aufzeichnungen, Bücher und Geschäftspapiere sowie Urkunden, die für die Festsetzung der Steuer von Bedeutung sind, auf Verlangen (§ 207) zur Einsicht und Prüfung vorzulegen.

§ 177.

1. Auch wer nicht als Steuerpflichtiger beteiligt ist, hat mit Ausnahme der im § 178 als nahe Angehörige bezeichneten Personen dem Finanzamt über Tatsachen Auskunft zu erteilen, die

für die Ausübung der Steueraufsicht oder in einem Steuerermittlungsverfahren für die Feststellung von Steueransprüchen von Bedeutung sind. Die Auskunft ist wahrheitsgemäß nach bestem Wissen und Gewissen zu erteilen. Wer nicht aus dem Gedächtnis Auskunft geben kann, hat Schriftstücke und Geschäftsbücher, die ihm zur Verfügung stehen, einzusehen und soweit nötig, Aufzeichnungen daraus zu entnehmen. Die Auskunft ist nach Form und Inhalt so zu erteilen, wie es das Finanzamt nach den Gesetzen und Ausführungsbestimmungen vorschreibt.

2. Die Auskunft soll, soweit dies durchführbar ist, und nicht aus besonderen Gründen Abweichungen geboten sind, schriftlich erbeten und erteilt werden; das Finanzamt kann jedoch das Erscheinen des Auskunftspflichtigen anordnen.

3. Wenn von Behörden, von Verbänden und Vertretungen von Betriebs- oder Berufszweigen, von geschäftlichen oder gewerblichen Unternehmungen, Gesellschaften oder Anstalten Auskunft begehrt wird, ist das Ersuchen, falls nicht bestimmte Personen als Auskunftspersonen in Frage kommen, an den Vorstand oder die Geschäfts- und Betriebsleitung zu richten.

§ 178.

(1) In den Fällen des § 177 kann der Befragte die Auskunft auf Fragen verweigern, deren Bejahung oder Verneinung ihm selbst oder einem nahen Angehörigen die Gefahr einer Strafverfolgung zuziehen würde.

(2) Als naher Angehöriger gilt:

1. der Verlobte;
2. der Ehegatte, auch wenn die Ehe nicht mehr besteht;
3. wer mit dem Befragten in gerader Linie verwandt oder verschwägert oder in der Seitenlinie im zweiten oder dritten Grade verwandt oder im zweiten Grade verschwägert ist.

§ 179.

(1) Die Auskunft können ferner verweigern:

1. Verteidiger und Rechtsanwälte, soweit sie in Strafsachen tätig gewesen sind;
2. Ärzte über das, was ihnen bei Ausübung ihres Berufs anvertraut ist;
3. Rechtsanwälte über das, was ihnen bei Ausübung ihres Berufs anvertraut ist;
4. die Gehilfen der zu 1 bis 3 bezeichneten Personen hinsichtlich der Tatsachen, die sie in dieser ihrer Eigenschaft erfahren haben.

(2) Diese Bestimmung findet auf die zu 3 und 4 bezeichneten Personen insoweit keine Anwendung, als es sich um Tatsachen handelt, die bei Beratung oder Vertretung in Steuerangelegenheiten zu ihrer Kenntnis gekommen sind, es sei denn, daß es sich

um Fragen handelt, deren Bejahung oder Verneinung ihre Auftraggeber der Gefahr einer Strafverfolgung aussetzen würde.

§ 180.

Ein Geistlicher darf nicht über solche Tatsachen befragt werden, über die er nach Annahme des Finanzamts oder nach seiner Versicherung nicht aussagen kann, ohne die Pflicht der Verschwiegenheit, die ihm als Seelsorger obliegt, zu verletzen.

§ 181.

(1) Die Verpflichtung öffentlicher Behörden und Beamten, einschließlich der Beamten der Reichsbank, der Staatsbanken und der Schuldbuchverwaltungen, zur Verschwiegenheit gilt nicht für ihre Auskunftspflicht gegenüber den Finanzämtern. Sie dürfen jedoch über Umstände, auf die sich ihre Pflicht zur Verschwiegenheit bezieht, nicht befragt werden, wenn ihnen die Behörde, die ihnen vorgesetzt ist, oder bei Beamten, die nicht mehr im Dienste sind, zuletzt vorgesetzt war, die Erteilung der Auskunft im Einzelfall untersagt hat. Dies darf nur geschehen, wenn die Auskunft dem Wohle des Reichs oder eines Landes nachteilig sein würde.

(2) Für die Post- und Telegraphenbehörden und deren Beamte bleibt es bei der Unverletzlichkeit des Post-, Telegraphen- und Fernsprechgeheimnisses.

§ 182.

Auch abgesehen von den Fällen des § 181 kann eine Auskunft nicht gefordert werden, wenn eine oberste Reichs- oder Landesbehörde erklärt, daß die Auskunft dem Wohle des Reichs oder eines Landes nachteilig sein würde.

§ 183.

Auskunftspersonen kann auf Verlangen eine angemessene Entschädigung für Aufwand und Zeitverlust gewährt werden.

§ 184.

(1) Mit Genehmigung des Landesfinanzamts, die für den einzelnen Fall einzuholen und zu erteilen ist, kann das Finanzamt verlangen, daß eine Auskunftsperson die Wahrheit ihrer Aussage durch Eid bekräftige (§ 209). Die Vorschriften des § 393 Abs. 1, Nr. 2 der Zivilprozeßordnung gelten entsprechend. Wer die Auskunft verweigern darf, kann auch den Eid verweigern.

(2) Für Abnahme des Eides gelten sinngemäß die Vorschriften der Zivilprozeßordnung. Der Eid wird vom Vorsteher des Finanzamts unter Zuziehung eines Schriftführers oder auf Ersuchen des Finanzamts vom Amtsgericht abgenommen.

(3) Die Auskunftsperson gilt als Zeuge im Sinne des Strafgesetzbuchs.

§ 185.

Wer Auskunft zu erteilen hat (§§ 177 ff.), hat, wenn es das Finanzamt mit Genehmigung des Landesfinanzamts verlangt (§ 209), diejenigen Urkunden und Schriftstücke einschließlich der einschlagenden Stellen seiner Geschäftsbücher zur Einsicht vorzulegen, die sich auf bestimmt zu bezeichnende Rechtsvorgänge beziehen. Unter den gleichen Voraussetzungen hat er Wertsachen (§ 165 Abs. 1) vorzulegen, die er für den Steuerpflichtigen verwahrt und Einsicht in verschlossene Behältnisse zu gewähren, die er dem Steuerpflichtigen überlassen hat. Er kann die Vorlegung oder die Gewährung der Einsicht verweigern, soweit er die Auskunft über die Vorgänge verweigern könnte.

§ 188.

(1) Als Sachverständiger hat auf Verlangen des Finanzamts ein Gutachten abzugeben, wer zur Erstattung von Gutachten der geforderten Art öffentlich bestellt ist oder die Wissenschaft, die Kunst oder das Gewerbe, deren Kenntnis Voraussetzung zur Begutachtung ist, öffentlich zum Erwerb ausübt oder zu ihrer Ausübung öffentlich bestellt oder ermächtigt ist.

(2) Die Gründe, aus denen eine Auskunft verweigert werden darf, berechtigen einen Sachverständigen zur Verweigerung des Gutachtens.

(3) Die §§ 183 und 184 gelten entsprechend.

(4) Öffentliche Beamte sind nicht als Sachverständige zuzuziehen, wenn ihre vorgesetzte Behörde erklärt, daß dies dem Dienste nachteilig sein würde.

§ 192.

Sämtliche Behörden und Beamten haben Steuerzuwiderhandlungen, die sie dienstlich erfahren, den Finanzämtern mitzuteilen. Die Unverletzbarkeit des Post-, Telegraphen- und Fernsprechgeheimnisses bleibt unberührt.

§ 204.

Das Finanzamt hat die steuerpflichtigen Fälle zu erforschen und von Amts wegen die tatsächlichen und rechtlichen Verhältnisse zu ermitteln, die für die Steuerpflicht und die Bemessung der Steuer wesentlich sind. Es hat Angaben der Steuerpflichtigen auch zugunsten der Steuerpflichtigen zu prüfen.

§ 205.

(1) Das Finanzamt hat die Steuererklärungen (§ 168) zu prüfen. Soweit nötig, hat es tunlichst durch schriftliche Aufforderung zu veranlassen, daß Lücken ergänzt und Zweifel beseitigt werden.

(2) Trägt das Finanzamt Bedenken gegen die Richtigkeit der Erklärung, so hat es, wenn nötig, Ermittlungen vorzunehmen; es kann den Steuerpflichtigen, falls eine Aufforderung zu schriftlicher Erklärung nicht angezeigt ist, oder keinen Erfolg hat, vorladen und ihn nach §§ 172 ff. zu Auskunft und weiteren Nachweisungen anhalten.

(4) Wenn von der Steuererklärung abgewichen werden soll, sind dem Steuerpflichtigen die Punkte, in denen eine wesentliche Abweichung zu seinen Ungunsten in Frage kommt, zur vorherigen Äußerung mitzuteilen.

§ 207.

(1) Das Finanzamt soll die Vorlegung von Büchern und Geschäftspapieren in der Regel erst verlangen, wenn die Auskunft des Steuerpflichtigen nicht genügt oder Bedenken gegen ihre Richtigkeit vorliegen.

§ 210.

(1) Nach Abschluß seiner Ermittlungen stellt das Finanzamt die Steuer fest. Soweit es die Besteuerungsgrundlagen nach seinen Ermittlungen nicht feststellen oder berechnen kann, hat es sie zu schätzen. Dabei sind alle Umstände zu berücksichtigen, die für die Schätzung von Bedeutung sind.

(2) Zu schätzen ist insbesondere dann, wenn der Steuerpflichtige über seine Angaben keine ausreichenden Aufklärungen zu geben vermag oder weitere Auskunft oder eine Versicherung an Eidesstatt verweigert. Das gleiche gilt, wenn der Steuerpflichtige Bücher oder Aufzeichnungen, die er nach den Steuergesetzen zu führen hat, nicht vorlegen kann.

§ 31.

Dem Steuerpflichtigen stehen gegen die Veranlagung die Rechtsmittel gemäß § 69 des Kommunalabgabengesetzes offen [1 2 3 4 5 6].

1. Bei dem durch den Gemeindevorstand vorgenommenen Veranlagungen ist die Zuwachssteuer durchweg wie eine **Kommunalsteuer** zu behandeln (§ 2 des Pr. Ausführungsgesetzes zum RZuwStG. vom 14. Juli 1911, OVG. Bd. 62 Seite 45, Bd. 68 Seite 17). Das Rechtsmittelverfahren gegen die Veranlagung zur Zuwachssteuer richtet sich gemäß § 2 des Pr. Ausführungsgesetzes nach §§ 69, 70, 75 des KAG. vom 14. Juli 1893 (Pr. Gesetzsammlung Seite 152).

Gegen die Veranlagung ist stets der Einspruch gegeben, gegen den Einspruchsbescheid die Klage bei dem Bezirksausschuß, gegen dessen Entscheidung die Revision bei dem Oberverwaltungsgericht zulässig.

2. Einspruch.

a) Einspruch kann jeder einlegen, welcher, wenn auch nur irrtümlicherweise, einen Steuerbescheid erhalten hat.

b) Wird der Einspruch durch einen Bevollmächtigten eingelegt, so muß die Vollmacht vor Ablauf der Einspruchsfrist erteilt sein. Der Mangel der Vertretungsmacht wird also nicht durch eine nach Ablauf der Einspruchsfrist ausgestellte Vollmacht geheilt; der Einspruch ist vielmehr in diesem Fall als unzulässig zu verwerfen (OVG. 27. 2. 1912, Pr.VerwBl. Bd. 33 Seite 790).

c) Ein bedingter Einspruch ist nicht zulässig (OVG. 2. Januar 1903; PrVerwBl. Bd. 24 Seite 467).

d) Der Einspruch unterliegt keiner Formvorschrift. Wird er schriftlich eingelegt, muß er allerdings die Unterschrift des Einlegenden tragen.

Die telegraphische Einlegung ist zulässig (OVG. vom 8. Juli 1910, PrVerwBl. Bd. 32 Seite 401). Eine Verpflichtung zur Annahme eines mündlichen oder telephonischen Einspruchs besteht für die Behörde nicht (OVG. Bd. 77 Seite 11); hat aber der Gemeindevorsteher eine Reklamation entgegen genommen und einen sachlichen Bescheid erteilt, so kann nicht mehr gerügt werden, daß kein ordnungsmäßiger Einspruch vorlag (OVG. Bd. 51 S. 156).

Der Einspruch muß — auch wenn er sich nicht ausdrücklich als Einspruch bezeichnet — erkennen lassen, daß der Steuerpflichtige mit der Veranlagung aus rechtlichen Gründen unzufrieden ist und ihre Beseitigung anstrebt (OVG. Bd. 35 S. 136). Ein Einspruch, der sich nicht gegen die Veranlagung im ganzen richten soll, muß erkennen lassen, zu welchem Betrage Herabsetzung der Steuer begehrt wird. Ein Einspruch, der inhaltlich nicht auf das Verlangen einer bloßen Herabsetzung der Abgabe beschränkt ist, ist im Zweifelsfalle als gegen die ganze Veranlagung gerichtet anzusehen (OVG. vom 4. April 1913; Amtliche Mitteilungen 1913 S. 172).

e) Der Einspruch ist bei dem Gemeindevorstand einzulegen. Es genügt zur Wahrung der Einspruchsfrist, daß er bei der Zentralstelle der Gemeinde eingegangen ist; nicht erforderlich ist seine Adressierung an das Steueramt. Hingegen ist der Einspruch nicht ordnungsmäßig eingereicht, wenn er bei einem unzuständigen Bezirksamt abgegeben wird, z. B. bei einer Veranlagung durch das Bezirksamt

Wedding bei einer Dienststelle des Bezirksamts Tempelhof. Die Bezirksämter sind selbständige Verwaltungsbehörden im Rechtssinne und nicht bloße Geschäftsstellen (§ 25 des Gesetzes über die Bildung der neuen Stadtgemeinde Berlin vom 27. April 1920).

f) Die Einspruchsfrist beträgt 4 Wochen, nicht wie nach § 230 RAO. 1 Monat. Sie beginnt mit dem Tage nach erfolgter Zustellung und endigt mit dem Tage, welcher den gleichen Namen führt, wie der Tag der Zustellung; wenn der Schlußtag ein Sonntag oder gesetzlicher Feiertag ist, mit dem nächsten Werktag. Die Frist ist gewahrt, wenn der Einspruch erweislich mit dem letzten Tag der Frist, wenn auch nach Schluß der Dienststunden, jedoch vor 12 Uhr nachts, einem in der Dienststelle anwesenden Beamten oder Angestellten der Behörde übergeben oder in einen dort angebrachten Briefkasten geworfen wird (OVG. vom 23. 2. 1898, Pr. VWBl. 19 S. 312).

Entscheidend ist der tatsächliche Tag des Eingangs, nicht aber der Eingangsvermerk. Es steht im freien Ermessen der Behörde, ob sie bei unverschuldeter Fristversäumnis die Einsetzung in den vorherigen Stand gewähren will.

3. Einspruchsbescheid.

a) Über den Einspruch muß durch einen formalen Beschluß entschieden werden.

Der Beschluß muß vom Gemeindevorstand erlassen werden.

Nach der früheren Fassung des § 70 GAK. war es unzulässig, einzelnen Magistratsmitgliedern die Beschlußfassung und die Zeichnung des Bescheides zu übertragen (OVG. Bd. 68 S. 37). Nach Artikel 7, Ziffer 5 des Gesetzes zur Vereinfachung der Verwaltung vom 13. Mai 1918 und dem Gesetz zur Wiederinkraftsetzung des Kriegsgesetzes zur Vereinfachung der Verwaltung vom 3. 1. 1928 (PrGesS. 1928 S. 53) kann nunmehr auch der Vorsitzende allein beschließen oder diese Befugnisse auf ein anderes Magistratsmitglied übertragen.

b) Der Einspruchsbescheid muß schriftlich ergehen und zugestellt werden. Die Gemeindebehörde kann ihn an den Bevollmächtigten, wie auch an den Steuerpflichtigen selbst zustellen (OVG. PrVerwBl. Bd. 17 S. 396).

c) Eine Rechtsmittelbelehrung braucht der Einspruchsbescheid nicht zu enthalten, wenn sie auch zweckmäßig und üblich ist (OVG. vom 8. Mai 1916, PrVerwBl. Bd. 38 S. 433).

4. Klageerhebung bei dem Bezirksausschuß.

Gegen den Einspruchsbescheid steht dem Steuerpflichtigen als Rechtsmittel die Klage im Verwaltungsstreitverfahren zu (§§ 61 bis 114 des Landesverwaltungsgesetzes vom 30. Juli 1883).

Zuständig zur Entscheidung über die Klage ist der Bezirksausschuß. Die Klage muß binnen einer Frist von zwei Wochen bei dem Bezirksausschuß eingegangen sein. Die Wiedereinsetzung in den vorherigen Stand ist anders als im Einspruchsverfahren in § 112 LVG. geregelt. Die Klage kann erst erhoben werden, wenn ein Einspruchsbescheid vorliegt. Eine vorher angestrengte Klage ist als unzulässig abzuweisen; andererseits entbindet die Zurücknahme des Einspruchsbescheides nach Einleitung des Verwaltungsstreitverfahrens den Verwaltungsrichter nicht von einer Entscheidung in der Sache (OVG. 75 S. 35).

Die Klagefrist wird auch durch eine unvollständige Klage gewahrt; es genügt auch, daß die Prozeßvollmacht erst nachträglich von dem Anwalt eingereicht wird (OVG. 9 S. 82 und 41 S. 456).

Der Klageantrag darf nicht über den Antrag des Einspruchs hinausgehen; doch kann die Klage rechtlich anders begründet werden als der Einspruch.

5. Revision.

Gegen die Entscheidung des Bezirksausschusses ist das Rechtsmittel der Revision an das Oberverwaltungsgericht gegeben. Die Revision ist innerhalb einer Frist von 2 Wochen nach Zustellung des Urteils nicht nur einzulegen sondern auch zu rechtfertigen, doch ist gemäß § 95, 86 Abs. 3 LVG. auf Antrag die Verlängerung der Begründungsfrist zulässig.

Die Revision kann nur darauf gestützt werden:

1. daß die angefochtene Entscheidung auf der Nichtanwendung oder auf der unrichtigen Anwendung des bestehenden Rechts beruhe;
2. daß das Verfahren an wesentlichen Mängeln leide.

6. Die Wiederaufnahme des Verfahrens.

Gegen das rechtskräftig gewordene Endurteil ist nach § 100 LVG. die Klage auf Wiederaufnahme des Verfahrens unter den

Voraussetzungen gegeben, unter denen nach der ZPO. die Nichtigkeits- bzw. die Restitutionsklage zulässig ist (§ 578 ff. ZPO.).

§ 32[1].

Zuwiderhandlungen gegen die Bestimmungen dieser Steuerordnung werden mit einer Geldstrafe bis zu dem nach dem Kommunalabgabengesetz zulässigen Höchstmaß bestraft[2], sofern nicht nach den sonstigen Gesetzen eine höhere Geldstrafe oder eine Freiheitsstrafe verwirkt ist[3 4 5 6].

1. Die Fassung des § 32 der StO. ist keine glückliche. § 32 bezieht sich nicht etwa auf die vollendete oder versuchte Steuerhinterziehung, er enthält vielmehr eine besondere **Strafandrohung** bei Zuwiderhandlungen „gegen die Bestimmungen dieser Steuerordnung"; er beruht auf § 82 KAG.

In Frage kommen nur Verstöße gegen die dem Steuerpflichtigen in § 27 der StO. auferlegte Anzeige- und Auskunftspflicht, nicht ein Verstoß gegen § 29 Abs. 2 StO., also nicht die Versäumung der Zahlungsfrist.

2. Es handelt sich um eine kriminelle Strafe. Nach Artikel I und III in Verbindung mit Artikel VIII Abs. 1 der Verordnung über Vermögensstrafen und Bußen vom 6. Februar 1924 (Reichsgesetzbl. Teil I S. 44) beträgt daher das Mindestmaß der Strafe 1.— RM. und das Höchstmaß 150.— RM. (Verfügung des Ministers des Innern und des Finanzministers vom 20. Juni 1924, Ministerialbl. 1924 S. 675).

3. Die Strafe wird von der Steuerbehörde festgesetzt. Gegen den Strafbescheid kann Beschwerde an die höhere Verwaltungsbehörde eingelegt oder Antrag auf gerichtliche Entscheidung gestellt werden, über die das zuständige Gericht gemäß §§ 420 ff. StPO. entscheidet. Der Antrag auf gerichtliche Entscheidung muß binnen einer Woche nach Bekanntgabe des Strafbescheids bei dem Steueramt eingelegt werden. In dem Strafbescheid muß auf die zulässigen Rechtsmittel hingewiesen werden (§ 419 StPO). Die Geltendmachung des einen Rechtsmittels schließt die des anderen aus. Wenn der Strafbescheid rechtskräftig geworden ist, wird die Strafe im Verwaltungszwangsverfahren eingezogen und fließt in die Gemeindekasse. Eine Umwandlung nicht auftreibbarer Geldstrafen in Freiheitsstrafen auf Grund des § 20 ff. StGB. ist nicht angängig, weil § 80 Abs. 1 KAG. eine derartige Umwandlung nur für die auf Grund der §§ 79 und 80 KAG. festgesetzten Strafen vorsieht (Nöll-Freund § 82 Anmerkung 8).

4. Neben § 32 StO. sind auch die allgemeinen Bestimmungen des § 79 KAG. über Strafen anwendbar.

Der Strafrahmen umfaßt nach Artikel I in Verbindung mit Artikel VIII Abs. 1 der Verordnung über Vermögensstrafen und Bußen vom 6. Februar 1924 (RGBl. Teil I S. 44) Strafen von 3.— RM. bis 10000.— RM.

§ 79 KAG. kennt zwei verschiedene Arten von Steuerdelikten,

a) die vorsätzliche Steuerhinterziehung,

b) die wissentliche Abgabe unrichtiger und unvollständiger Angaben ohne Absicht der Steuerhinterziehung.

Voraussetzung für eine Bestrafung nach § 79 KAG. ist, daß die unrichtige oder unvollständige Angabe auf Fragen der Steuerbehörde oder bei der Begründung eines Einspruchs gemacht sind. Eine derartige Frage liegt auch vor, wenn die Steuerbehörde den Steuerpflichtigen zur Abgabe einer Steuererklärung aufgefordert hat. Auch falsche Angaben in der Steuererklärung verwirklichen daher den Tatbestand der Steuerhinterziehung, nicht aber schon falsche Angaben im Kaufvertrag.

5. Straffreiheit wird gewährt, wenn der Täter eine Selbstanzeige erstattet und die vorenthaltene Steuer nachzahlt, bevor Anzeige erfolgt oder eine Untersuchung eingeleitet ist (§ 79 Abs. 3 KAG.). Die Einleitung einer Untersuchung liegt dann vor, wenn die Steuerbehörde aktenkundig gemacht hat, daß sie ein Verfahren zwecks Aufklärung des Tatbestandes einer Steuerhinterziehung eröffnet hat.

6. Über das Verfahren in Strafsachen enthält der § 81 KAO. einzelne Vorschriften. So kann die Steuerbehörde nur dann eine Strafe vorläufig festsetzen, wenn der Beschuldigte in Preußen seinen Wohnsitz hat. Andernfalls ist die Sache ohne vorherige Festsetzung eines Strafbescheides an die Staatsanwaltschaft abzugeben. Aber auch bei einem Wohnsitz des Beschuldigten in Preußen ist die Steuerbehörde berechtigt, ohne weiteres die Verfolgung an die Staatsanwaltschaft abzugeben.

Die Umwandlung der festgesetzten aber nicht beitreibbaren Geldstrafen in Haft hat nach den Vorschriften der §§ 28, 29 StGB. zu erfolgen.

§ 33 [1].

Die Steuerbehörde wird ermächtigt, aus Billigkeitsgründen eine Herabsetzung der Steuer im Einzelfall vorzunehmen. Ebenso können bereits veranlagte Steuern auf Antrag durch die Steuerbehörde aus Billigkeitsgründen ganz oder teilweise erlassen oder niedergeschlagen werden [2].

1. Die Vorschrift gewährt dem Steuerpflichtigen keinen Rechtsanspruch auf Ermäßigung oder Erlaß der Steuer; er kann eine solche insbesondere nicht im Einspruchs- oder Verwaltungsstreitverfahren erzwingen. Es ist in das pflichtgemäße Ermessen der Veranlagungsbehörde gestellt, ob sie im Einzelfall Ermäßigung oder Erlaß der Steuer eintreten lassen will. Gegen eine Ablehnung eines derartigen Gesuchs durch das Bezirkssteueramt ist nur die allgemeine Aufsichtsbeschwerde gegeben, über welche das Bezirksamt entscheidet. Gegen dessen Entscheidung ist wiederum Beschwerde an den Magistrat zulässig.

2. Satz 1 läßt eine **Ermäßigung** bereits während des Schwebens des Veranlagungsverfahrens zu, während Satz 2 auch nach bereits rechtskräftiger Veranlagung noch einen gänzlichen oder teilweisen **Erlaß** der Steuer zuläßt.

Der Steuerpflichtige hat dahingehende Anträge nach Möglichkeit, um eine schnellere Erledigung zu erreichen, zu begründen, und Belege für seine Angaben einzureichen. Als allgemeine Gründe, welche einen Erlaß oder eine Ermäßigung der Steuer rechtfertigen können, kommen insbesondere in Betracht: Verkauf aus besonderer Notlage des Zensiten oder von ihm zu unterhaltender Familienangehöriger, hohes Alter, Fehlen anderweitiger Vermögenswerte oder Einnahmequellen.

Sowohl persönliche wie sachliche Härten können einen Erlaß oder eine Ermäßigung rechtfertigen. Persönlich, bei Notlage des Steuerpflichtigen; sachlich, wenn die Erhebung der vollen Steuer nach der strengen Vorschrift der StO. unter Berücksichtigung des Einzelfalls eine untragbare Härte darstellen würde. Die Steuerbehörde wird, bevor sie über einen derartigen Antrag entscheiden kann, Ermittlungen über die Verhältnisse des Antragstellers anstellen, insbesondere das zuständige Finanzamt anfragen müssen, wie er zur Einkommens- und Vermögenssteuer veranlagt ist. Ferner dürfte in der Regel der zuständige Bezirksvorsteher zum Bericht aufzufordern sein, welchen Aufwand der Steuerpflichtige treibt, wie groß seine Wohnung und wie er eingerichtet ist, und ob er zur Zahlung der Steuer wenigstens in Teilzahlungen in der Lage ist.

Da nach § 24 Abs. 1 der StO. steuerpflichtig der Veräußerer ist, sind in der Regel bei Ermäßigungsanträgen nur seine, nicht auch des Erwerbers Verhältnisse maßgebend. Auch wenn der Erwerber die Steuer vertraglich übernommen hat (§ 20 StO.) und er gemäß § 24 Abs. 2—4 StO. zur Zahlung herangezogen ist, werden die persönlichen Verhältnisse des Erwerbers grundsätzlich nicht berücksichtigt. Sie können nur dann berücksichtigt werden, wenn die Steuer auf ihn umgeschrieben ist, ohne daß er sie vertraglich übernommen habe.

Nach der bisherigen Praxis kam es jedoch in den privilegierten Fällen des Rückkaufs allein auf die persönlichen Verhältnisse des Erwerbers, nicht des Veräußerers, an: Der Preußische Landtag hatte nämlich am 30. 6. 25 folgende Entschließung angenommen:

> „das Staatsministerium zu ersuchen, dafür Sorge zu tragen, daß für diejenigen Rechtsgeschäfte, welche den Rückkauf der in den Jahren 1922—1924 aus Gründen persönlicher Not veräußerten Grundstücke zum Gegenstand haben und künftig bis zum Ende des Jahres 1926 abgeschlossen werden, ganz oder teilweise Befreiung von allen Steuern, Verwaltungs- und allen sonstigen Gebühren gewährt wird, sofern der Erwerber der frühere Eigentümer oder Ehegatte oder dessen Kinder sind, und die besonderen Umstände des Falles die Befreiung billig erscheinen lassen."

Die Frist, bis zu welcher Rückkäufe Ermäßigung oder Erlaß der Steuer zur Folge haben können, ist mehrfach verlängert, zuletzt durch den RdErl. d. M.d.J. u. d. F.M. vom 30. 12. 1927 — IV St. 1506 und II A/C. 14/621 bis zum 30. 6. 1928. Für den Erlaß mußten jedoch zwei Voraussetzungen erfüllt sein, nämlich erstens, daß die Veräußerung des Grundstücks aus Gründen persönlicher Not erfolgt ist, zweitens, daß die besonderen Umstände des Falls die Ermäßigung billig erscheinen lassen. Es war in jedem Fall zu prüfen, ob nicht etwa der seinerzeitige Verkauf aus Spekulationsabsichten erfolgt ist und ob die jetzigen Vermögensverhältnisse die Entrichtung der Steuer als Härte erscheinen lassen. Die Landtagsentschließung erstreckte sich auch auf diejenigen Fälle, in denen das Grundstück nicht von dem seinerzeitigen Käufer, sondern von einem späteren Erwerber zurückgekauft wurde, nicht aber auch auf diejenigen, in denen nicht das gleiche Grundstück, sondern nur ein Ersatzgrundstück zurückgekauft werden sollte.

Nachdem die Frist nicht mehr verlängert ist, kann nunmehr in Fällen letzterer Art nur mit Hilfe der allgemeinen Bestimmungen des § 33 geholfen werden. Fälle, welche eine Ermäßigung oder Erlaß aus sachlichen Erwägungen erfordern (selbstverständlich stets vorausgesetzt, daß die persönlichen Verhältnisse eine solche nicht verbieten), sind noch folgende:

1. Auf Grund der Rechtsprechung des OVG. ergibt sich ein rein rechnerischer Zuwachs, obgleich ein solcher auf Grund

der Rückwirkung der Aufwertung tatsächlich nicht vorhanden ist (s. hierzu die Bemerkungen zu § 12, Anm. 7).

2. Kurzfristige und unverschuldete Überschreitungen der Ausschlußfrist des § 25 StO.
3. Steuerrechtliche Härten, die sich für die Beteiligten bei Vergleichen von Schwarzkaufprozessen ergeben.

Wegen Ermäßigung bei Erwerb eines Grundstücks durch Kriegsbeschädigte siehe § 23 Ziff. 4 und die Anmerkung dazu.

Nach der bisherigen StO., welche eine der Vorschrift des § 13 Abs. 1 Ziff. 2 der neuen StO. entsprechende Bestimmung nicht enthielt, kam Erlaß oder Ermäßigung aus Billigkeitserwägungen insbesondere auch in Frage, wenn der Erwerb des Grundstückes in der Zwangsversteigerung erfolgt, und der jetzige Steuerpflichtige mit seiner Hypothek ausgefallen war.

Grundsätzlich darf die Steuer nicht unter 3% des für die Grunderwerbssteuer maßgebenden Veräußerungspreises oder der etwa höheren 2% des für die gleiche Steuer maßgebenden gemeinen Wertes herabgesetzt werden.

§ 34.

Diese Steuerordnung tritt mit dem 1. April 1929 in Kraft.

Berlin, den 28. März 1928[1 2].

Magistrat

gez. Boeß.

1. Der Minister des Innern hat in seiner Zustimmungserklärung vom 28. 3. 29 auf Grund von § 77 Abs. 5 KAG. angeordnet, daß die seiner Maßgabe zu der Steuerordnung beitretenden Gemeindebeschlüsse Wirkung vom 1. April 1929 haben sollen. Hierdurch ist verhindert, daß zwischen dem 31. 3. 29, dem Tage des Ablaufs der Wirksamkeit der alten Steuerordnung bis zum Inkrafttreten der neuen Ordnung ein Vakuum entstanden ist.

Die ursprüngliche von der Gemeindebehörde beschlossene Fassung der Steuerordnung hat die Aufsichtsbehörde nur mit Maßgaben genehmigt. Diesen Maßgaben mußten die Gemeindebehörden erneut zustimmen. (Siehe Nöll-Freund 8. Auflage § 77 Anm. 3). Dieses ist durch die Beschlüsse des Magistrats vom 3. 4. 29 und der Stadtverordnetenversammlung vom 18. 4. 29 geschehen.

Daß die Veröffentlichung eines Ortsgesetzes nicht Voraussetzung seines Inkrafttretens ist, hat das OVG. unter Bezugnahme darauf, daß § 18 KAG. eine derartige Publikation nicht vorschreibt, wiederholt entschieden (OVG. Bd. 38 S. 101 und Bd. 77 S. 169.)

Nach der Rechtsprechung des OVG. kann ferner, wenn die nach § 77 Abs. 3 KAG. erforderliche Zustimmung zu einer Steuerordnung mit einer Maßgabe erteilt wird, die einen erneuten Gemeindebeschluß erforderlich macht, die die Maßgabe aussprechende Behörde (gemäß der durch Art. II § 3 des Gesetzes vom 8. August 1923 dem § 77 hinzugefügten Bestimmung des § 77 Abs. 5 Satz 2 KAG.) gleichzeitig bestimmen, daß der erneute Gemeindebeschluß, sofern er der Maßgabe beitritt, vom Tage des ursprünglichen Beschlusses oder einem späteren Zeitpunkt ab Gültigkeit hat (OVG. 9. 3. 1928 RVerwBl. Bd. 49 S. 897). Dieses ist hier in der Maßgabe des Ministers geschehen. Es kann daher kaum einem Zweifel unterliegen, daß auch die vom 1. 4. 1924 bis zur Veröffentlichung der StO. getätigten Rechtsgeschäfte ihr unterliegen. (Vgl. aber Meyerstein, Ind. u. Handelskammer 1929, S 41.)

2. Für die Frage, ob ein Rechtsgeschäft nach der alten Steuerordnung vom 11. 4. 1924/27. 1. 1926 oder nach der neuen Steuerordnung zu veranlagen ist, ist entscheidend, ob der Zeitpunkt, welcher gemäß § 2 der Steuerordnung die Steuerpflicht auslöst, vor dem 1. April liegt oder nicht. Da die Steuerordnung bei normalen Rechtsgeschäften die Steuerpflicht mit dem Abschluß des obligatorischen Vertrages eintreten läßt, ist dieser Tag entscheidend. Nicht von Bedeutung ist in diesen Fällen der Tag der Umschreibung im Grundbuch und des Eigentumsübergangs (OVG. vom 26. 11. 1926 PrVerwBl. Bd. 48 S. 333). Dieses ergibt sich ferner aus der Rechtsprechung des OVG., welche umgekehrt in den Fällen, in denen eine neue Steuerordnung die Steuerpflicht an einen Eigentumsübergang knüpft, das Rechtsgeschäft der Steuer unterwirft, wenn der Kaufvertrag vor Inkrafttreten der Steuerordnung abgeschlossen ist, die Umschreibung im Grundbuch aber nachher liegt (OVG. 21. 10. 1927 RVerwBl. Bd. 49 S. 447 und 11. 11. 1927 RVerwBl. Bd. 49 S. 586). Wenn daher ein Kaufvertrag am 31. 3. 1929 abgeschlossen ist, die Umschreibung im Grundbuch aber erst am 20. 4. 1929 erfolgt, ist die Frage, ob überhaupt eine Steuerpflicht eingetreten ist und in welcher Höhe, nach der alten Steuerordnung zu entscheiden. Wenn dagegen am 31. 3. 1929 eine Offerte gemacht, diese aber erst am 3. 4. 1929 angenommen ist, richten sich Steuerpflicht und Steuersatz nach der neuen Steuerordnung, da die Offerte allein kein obligatorischer Kaufvertrag ist, dieser vielmehr erst durch die Annahme zustande kommt.

Anhang

zu 2 (Verl. ZWStO.).

Goldmark-Umrechnungstabelle

zu § 2 des Aufwertungsgesetzes.

Zeit		Wert v. Papiermark	in Goldmark
1918			
Januar bis Juni		10	8,00
Juli		10	7,14
August		10	6,90
September bis Oktober		10	6,45
November		10	5,71
Dezember		10	5,00
1919			
Januar		10	5,13
Februar		10	4,65
März		10	4,00
April		10	3,41
Mai		10	3,32
Juni		10	3,11
Juli		10	2,86
August		10	2,29
September		10	1,88
Oktober		10	1,66
November		10	1,26
Dezember		10	1,04
1920			
Januar	1.—10.	100	9,67
	11.—20.	100	7,75
	21.—31.	100	5,76
Februar	1.—10.	100	4,90
	11.—20.	100	5,06
	21.—29.	100	4,86

Zeit		Wert v. Papiermark	in Goldmark
März	1.—10.	100	4,87
	11.—20.	100	6,12
	21.—31.	100	5,79
April	1.—10.	100	7,00
	11.—20.	100	6,99
	21.—30.	100	7,10
Mai	1.—10.	100	7,86
	11.—20.	100	8,79
	21.—31.	100	11,01
Juni	1.—10.	100	10,32
	11.—20.	100	10,64
	21.—30.	100	11,19
Juli	1.—10.	100	11,10
	11.—20.	100	10,91
	21.—31.	100	10,05
August	1.—10.	100	9,23
	11.—20.	100	8,83
	21.—31.	100	8,40
September	1.—10.	100	8,24
	11.—20.	100	6,80
	21.—30.	100	6,80
Oktober	1.—10.	100	6,87
	11.—20.	100	6,39
	21.—31.	100	6,22
November	1.—10.	100	5,57
	11.—20.	100	5,83
	21.—30.	100	6,65
Dezember	1.—10.	100	6,38
	11.—20.	100	6,27
	21.—31.	100	6,20
1921			
Januar	1.—10.	100	6,05
	11.—20.	100	6,62
	21.—31.	100	7,41
Februar	1.—10.	100	6,90
	11.—20.	100	7,26
	21.—28.	100	7,01

Zeit		Wert v. Papiermark	in Goldmark
März	1.—10.	100	7,01
	11.—20.	100	7,09
	21.—31.	100	7,12
April	1.—10.	100	7,24
	11.—20.	100	7,15
	21.—30.	100	6,77
Mai	1.—10.	100	6,77
	11.—20.	100	7,42
	21.—31.	100	7,32
Juni	1.—10.	100	6,88
	11.—20.	100	6,61
	21.—30.	100	6,39
Juli	1.—10.	100	6,34
	11.—20.	100	6,25
	21.—31.	100	5,88
August	1.—10.	100	5,32
	11.—20.	100	4,96
	21.—31.	100	5,01
September	1.—10.	100	4,82
	11.—20.	100	4,31
	21.—30.	100	4,07
Oktober	1.—10.	100	3,88
	11.—20.	100	3,23
	21.—31.	100	2,98
November	1.—10.	100	2,24
	11.—20.	100	2,06
	21.—30.	100	1,92
Dezember	1.—10.	100	2,37
	11.—20.	100	2,56
	21.—31.	100	2,55
1922			
Januar	1.—10.	100	2,52
	11.—20.	100	2,50
	21.—31.	100	2,28
Februar	1.—10.	100	2,30
	11.—20.	100	2,24
	21.—28.	100	2,08

Zeit		Wert v. Papiermark	in Goldmark
März	1.—10.	100	1,86
	11.—20.	100	1,70
	21.—31.	100	1,43
April	1.—10.	100	1,43
	11.—20.	100	1,50
	21.—30.	100	1,59
Mai	1.—10.	100	1,50
	11.—20.	100	1,49
	21.—31.	100	1,51
Juni	1.—10.	100	1,52
	11.—20.	100	1,37
	21.—30.	100	1,26
Juli	1.—10.	1000	9,50
	11.—20.	1000	9,70
	21.—31.	1000	8,46
August	1.—10.	1000	6,06
	11.—20.	1000	4,88
	21.—31.	1000	3,16
September	1.—10.	1000	3,33
	11.—20.	1000	3,09
	21.—30.	1000	3,05
Oktober	1.—10.	1000	2,13
	11.—20.	1000	1,65
	21.—31.	1000	1,11
November	1.—10.	10000	7,60
	11.—20.	10000	6,79
	21.—30.	10000	6,62
Dezember	1.—10.	10000	5,80
	11.—20.	10000	6,18
	21.—31.	10000	6,34
1923			
Januar	1.—10.	10000	4,94
	11.—20.	10000	3,22
	21.—31.	10000	1,87
Februar	1.—10.	10000	1,35
	11.—20.	10000	1,87
	21.—28.	10000	1,86

Zeit		Wert v. Papiermark	Wert in Goldmark
März	1.—10.	10000	1,95
	11.—20.	10000	2,06
	21.—31.	10000	2,04
April	1.—10.	10000	2,02
	11.—20.	10000	1,92
	21.—30.	10000	1,57
Mai	1.—10.	10000	1,29
	11.—20.	10000	1,09
	21.—31.	100000	8,40
Juni	1.	100000	6,47
	2.	100000	6,82
	3.	100000	6,82
	4.	100000	6,83
	5.	100000	6,71
	6.	100000	6,30
	7.	100000	6,17
	8.	100000	6,18
	9.	100000	6,09
	10.	100000	6,09
	11.	100000	5,79
	12.	100000	5,29
	13.	100000	4,94
	14.	100000	4,73
	15.	100000	4,26
	16.	100000	3,86
	17.	100000	3,86
	18.	100000	3,66
	19.	100000	3,80
	20.	100000	3,79
	21.	100000	3,82
	22.	100000	3,89
	23.	100000	3,94
	24.	100000	3,94
	25.	100000	3,58
	26.	100000	3,26
	27.	100000	3,03
	28.	100000	2,00
	29.	100000	2,92

Zeit		Wert v. Papiermark	in Goldmark
Juni	30.	100000	2,87
Juli	1.	100000	2,87
	2.	100000	2,73
	3.	100000	2,68
	4.	100000	2,54
	5.	100000	2,43
	6.	100000	2,37
	7.	100000	2,32
	8.	100000	2,32
	9.	100000	2,28
	10.	100000	2,25
	11.	100000	2,25
	12.	100000	2,21
	13.	100000	2,10
	14.	100000	2,10
	15.	100000	2,10
	16.	100000	1,99
	17.	100000	1,75
	18.	100000	1,75
	19.	100000	1,52
	20.	100000	1,33
	21.	100000	1,33
	22.	100000	1,33
	23.	1 Million	9,83
	24.	1 "	8,39
	25.	1 "	8,39
	26.	1 "	6,01
	27.	1 "	5,16
	28.	1 "	5,16
	29.	1 "	5,16
	30.	1 "	4,49
	31.	1 "	4,37
August	1.	1 "	3,98
	2.	1 "	3,93
	3.	1 "	2,63
	4.	1 "	2,63
	5.	1 "	2,63
	6.	1 "	1,68

Zeit		Wert v. Papiermark	in Goldmark
August	7.	1 Million	1,32
	8.	1 "	1,18
	9.	1 "	1,20
	10.	1 "	1,33
	11.	1 "	1,33
	12.	1 "	1,33
	13.	1 "	1,42
	14.	1 "	1,50
	15.	1 "	1,47
	16.	1 "	1,25
	17.	10 Millionen	9,81
	18.	10 "	9,81
	19.	10 "	9,81
	20.	10 "	8,44
	21.	10 "	7,98
	22.	10 "	8,51
	23.	10 "	8,46
	24.	10 "	7,90
	25.	10 "	7,90
	26.	10 "	7,90
	27.	10 "	6,86
	28.	10 "	5,45
	29.	10 "	4,86
	30.	10 "	4,67
	31.	10 "	4,53
September	1.	10 "	4,53
	2.	10 "	4,53
	3.	10 "	3,62
	4.	10 "	2,42
	5.	10 "	1,51
	6.	10 "	1,17
	7.	100 Millionen	9,43
	8.	100 "	9,43
	9.	100 "	9,43
	10.	100 "	7,52
	11.	100 "	6,29
	12.	100 "	5,52
	13.	100 "	4,70

Zeit		Wert v. Papiermark	Wert in Goldmark
September	14.	100 Millionen	3,84
	15.	100 „	3,84
	16.	100 „	3,84
	17.	100 „	2,97
	18.	100 „	2,59
	19.	100 „	2,73
	20.	100 „	2,87
	21.	100 „	3,33
	22.	100 „	3,33
	23.	100 „	3,33
	24.	100 „	3,20
	25.	100 „	3,23
	26.	100 „	2,94
	27.	100 „	2,31
	28.	100 „	1,78
	29.	100 „	1,78
	30.	100 „	1,78
Oktober	1.	1 Milliarde	1,35
	2.	1 „	1,07
	3.	1 „	9,21
	4.	1 „	7,71
	5.	1 „	6,10
	6.	1 „	6,10
	7.	1 „	6,10
	8.	1 „	3,38
	9.	1 „	1,93
	10.	1 „	1,41
	11.	1 „	1,27
	12.	1 „	1,31
	13.	1 „	1,31
	14.	1 „	1,31
	15.	1 „	1,12
	16.	10 Milliarden	8,06
	17.	10 „	5,44
	18.	10 „	2,26
	19.	10 „	1,23
	20.	10 „	1,23
	21.	10 „	1,23
	22.	100 „	8,18

Zeit		Wert	
		v. Papiermark	in Goldmark
November	23.	100 Milliarden	7,02
	24.	100 "	6,65
	25.	100 "	6,65
	26.	100 "	6,72
	27.	100 "	6,79
	28.	100 "	6,79
	29.	100 "	6,60
	30.	100 "	5,05
	31.	100 "	2,57
November	1.	100 "	1,53
	2.	100 "	1,14
	3.	100 "	1,04
	4.	100 "	1,04
	5.	1 Billion	8,85
	6.	1 "	7,69
	7.	1 "	6,97
	8.	1 "	7,12
	9.	1 "	7,28
	10.	1 "	6,70
	11.	1 "	6,70
	12.	1 "	5,27
	13.	1 "	3,19
	14.	1 "	2,19
	15.	1 "	1,72
	16.	1 "	1,67
	17.	1 "	1,36
	18.	1 "	1,36
	19.	1 "	1,15
	20.	1 "	1,00
	21.	1 "	1,00
	22.	1 "	1,00
	23.	1 "	1,00
	24.	1 "	1,00
	25.	1 "	1,00
	26.	1 "	1,00
	27.	1 "	1,00
	28.	1 "	1,00
	29.	1 "	1,00
	30. und folgende Tage	1 "	1,00

3. Preußische Mustersteuerordnung

abgedruckt im Ministerialblatt für die Preußische Innere Verwaltung 1928 S. 302 ff.

Mustersteuerordnung für die Erhebung einer Wertzuwachssteuer.

Wertzuwachssteuerordnung der Stadt . . . .
des Landkreises . . . .

(Gemäß RdErl. des MdJ. und des FM. v. 3. 6. 1927 — IV St. 689 II u. II A 5948, MBliV. S. 629.)

Auf Grund der §§ 13, 18, 63, 69, 70, 79, 82 u. 90 des Kommunalabgabengesetzes v. 14. 7. 1893 (GS. S. 152) [bzw. der §§ 6, 16, 17, 19 u. 20 des Kreis- und Provinzialabgabengesetzes v. 23. 4. 1906 (GS. S. 159)] in der jetzt geltenden Fassung des Gesetzes über Änderungen im Finanzwesen v. 3. 7. 1913 (RGBl. S. 521), des § 38 des Preußischen Ausführungsgesetzes zum Finanzausgleichsgesetze (GS. 1927 S. 63) und des Beschlusses ..... vom ..... wird für .... folgende Steuerordnung erlassen:

§ 1. 1. Bei Rechtsvorgängen, die den Übergang des Eigentums an Grundstücken und Grundstücksteilen in der Stadt (in dem Landkreise) ...... betreffen, wird eine Wertzuwachssteuer erhoben. Ein Eigentumserwerb der im § 5, Ziffer I, 1 bis 9 genannten Art bleibt unberücksichtigt.

2. Den Grundstücken stehen Berechtigungen gleich, auf welche die Vorschriften des bürgerlichen Rechts über Grundstücke Anwendung finden; ausgenommen sind unbewegliche Bergwerksanteile.

3. Dem Übergange des Eigentums an Grundstücken steht gleich der Übergang von Rechten an dem Vermögen von Personenvereinigungen (einer Gesellschaft mit beschränkter Haftung, einer Kommanditgesellschaft, Aktiengesellschaft, Kommanditgesell-

schaft auf Aktien, Gewerkschaft, eingetragenen Genossenschaft, eines eingetragenen Vereins oder einer offenen Handelsgesellschaft usw.), soweit das Vermögen der Vereinigung aus in . . . . belegenen Grundstücken besteht, wenn entweder zum Gegenstande des Unternehmens die Verwertung von Grundstücken gehört, oder wenn die Vereinigung geschaffen ist, um die Zuwachssteuer zu ersparen.

Zu Abs. 1. I. Siehe hierzu die Bemerkungen zu § 1 Z. 1 der Berl. Steuerordnung.

II. Entsprechende Bestimmungen der Steuerordnungen folgender Gemeinden:

a) Breslau § 1 Abs. 1 der Steuerordnung vom 11. 5. 28/5. 7. 28.
b) Dresden § 1 Ziff. 1 der Steuerordnung vom 22. 5. 24/21. 1. 26.
c) Frankfurt a. M. § 1 Ziff. 1 der Steuerordnung vom 22. 3. 28.
d) Hamburg § 1 des Wertzuwachssteuerges. vom 27. 6. 27.
e) Köln § 1 der Steuerordnung vom 5. 7. 28.
f) Leipzig § 1 der Steuerordnung vom 8. 10. 24 in der Fassung des 67. Nachtrags.
g) München § 1 Ziff. 1 der Steuerordnung vom 31. 3. 27.

Zu Abs. 2. I. Siehe hierzu die Bemerkungen zu § 1 Ziff. 2 der Berl. Steuerordnung.

II. Entsprechende Bestimmungen der Steuerordnungen der andern zum Vergleich herangezogenen Gemeinden.

a) Breslau § 1 Abs. 2.
b) Dresden § 1 Ziff. 2.
c) Frankfurt a. M. § 1 Ziff. 2.
d) Hamburg § 1.
e) Köln § 1 Abs. 2.
f) Leipzig § 1 Ziff. 2.
g) München § 2.

Zu Abs. 3. I. Siehe hierzu die Bemerkungen zu § 1 Ziff. 3 der Berl. Steuerordnung.

II. Entsprechende Bestimmungen der Steuerordnungen der andern zum Vergleich herangezogenen Gemeinden:

a) Breslau § 2.

b) Dresden § 1 Abs. 3.
c) Frankfurt a. M. § 1 Ziff. 3.
d) Hamburg § 2 Ziff. 10.
e) Köln § 1 Abs. 3.
f) Leipzig § 1 Ziff. 3.
g) München § 3.

§ 2.

Die Steuerpflicht tritt ein:

a) bei den zur Übertragung des Eigentums verpflichtenden Veräußerungsgeschäften mit dem Abschluß des Geschäfts; als Veräußerungsgeschäft gelten auch die im § 5 Abs. 4 des Grunderwerbssteuergesetzes vom 12. 9. 1919 (RGBl. S. 1617 aufgeführten Geschäfte;

b) in allen übrigen Fällen, in denen es eines Veräußerungsgeschäftes zum Übergang des Eigentums nicht bedarf (Zwangsversteigerung, Enteignung, Ausschluß, Konsolidation), mit Vollendung des Rechtsvorganges, der die Rechtsänderung bewirkt.

I. Siehe hierzu die Bemerkungen zu § 2 Berl. StO.

II. Entsprechende Bestimmungen der Steuerordnungen der andern zum Vergleich herangezogenen Gemeinden.

a) Breslau § 5.
d) Dresden § 2.
c) Frankfurt a. Main § 2.
d) Hamburg § 5.
e) Köln § 2.
f) Leipzig §§ 2 und 3.
g) München §§ 4 und 5.

§ 3.

Steuerpflichtig ist auch ein Rechtsvorgang, der nicht unmittelbar den Übergang des Eigentums betrifft, aber ein Rechtsgeschäft zum Gegenstande hat, durch welches einem andern ermöglicht werden soll, über das Grundstück wie ein Eigentümer zu verfügen.

I. Siehe hierzu die Bemerkungen zu § 3 der Berliner Steuerordnung.

II. Entsprechende Bestimmungen der Steuerordnungen der andern zum Vergleich herangezogenen Gemeinden.

a) Breslau § 3.
b) Dresden § 4.

c) Frankfurt § 3.
d) Hamburg § 2 Ziff. 9.
e) Köln § 3.
f) Leipzig § 4.
g) München § 6.

§ 4.

Die Besteuerung wird nicht dadurch ausgeschlossen, daß ein nach der Steuerordnung steuerpflichtiger Rechtsvorgang durch einen andern verdeckt wird.

I. Siehe hierzu die Bemerkungen zu § 4 der Berliner Steuerordnung.

II. Entsprechende Bestimmungen der Steuerordnungen der andern zum Vergleich herangezogenen Gemeinden.

a) Breslau § 4.
b) Dresden § 4.
c) Frankfurt a. M. § 4 Ziff. 1.
d) Hamburg § 2 Ziff. 11.
e) Köln § 4.
f) Leipzig § 4.
g) München entsprechende Bestimmung fehlt.

§ 5.

I. Die Zuwachssteuer wird nicht erhoben:

1. beim Erwerbe von Todes wegen im Sinne des § 2 des Erbschaftssteuergesetzes, in der Fassung vom 22. 8. 1925 (RGBl. I S. 320), sowie beim Erwerb auf Grund einer Schenkung unter Lebenden im Sinne des § 3 des Erbschaftssteuergesetzes, sofern nicht die Form der Schenkung lediglich gewählt ist, um die Zuwachssteuer zu ersparen;

2. bei der Begründung, Änderung, Fortsetzung und Aufhebung der ehelichen Gütergemeinschaft;

3. beim Erwerb auf Grund von Verträgen, die zwischen Miterben oder Teilnehmern an einer ehelichen oder fortgesetzten Gütergemeinschaft zum Zwecke der Teilung der zum Nachlaß oder zum Gesamtgut gehörenden Gegenstände abgeschlossen werden, sowie beim Erwerb auf Grund eines Zuschlages, der in den vorgenannten Fällen bei Teilung im Wege der Versteigerung einem Miterben oder Teilnehmer erteilt wird;

4. Beim Erwerbe der Abkömmlinge von Eltern, Großeltern und entfernteren Voreltern, sowie beim Erwerb der Eltern von den Kindern; den Eltern stehen gleich die Stief- und Schwiegereltern, ebenso die Adoptiveltern, wenn kein Verdacht besteht, daß die Annahme an Kindesstatt zum Zwecke der Steuerhinterziehung vorgenommen ist.

5. Beim Erwerbe durch verdrängte Grenzlands-, Auslands- und Kolonialdeutsche, die durch ihre Verdrängung ihre wirtschaftliche Lebensgrundlage ganz oder zum überwiegenden Teil verloren haben, sofern der Erwerb zum Zwecke der erstmaligen Wiederansetzung erfolgt und der Veräußerer nachweist, daß er den Veräußerungspreis im Hinblick auf die Nichterhebung der Wertzuwachssteuer entsprechend gesenkt hat.

6. Beim Einbringen in eine ausschließlich aus dem Veräußerer und dessen Abkömmlingen oder aus diesen allein bestehende Vereinigung. Die Steuerpflicht tritt ein, wenn nachträglich ein Gesellschafter aufgenommen wird, der nicht zu den Abkömmlingen des Veräußerers gehört.

7. Beim Einbringen von Nachlaßgegenständen in eine ausschließlich von Miterben gebildete Vereinigung. Die Vorschrift von Ziff. 5 Satz 2 findet entsprechende Anwendung.

8. Beim Austausch im Inland belegener Grundstücke zum Zwecke der Zusammenlegung (Flurbereinigung), der Grenzregelung oder der besseren Gestaltung von Bauflächen (Umlegung), sowie bei Ablösung von Rechten an Forsten, wenn diese Maßnahmen auf der Anordnung einer Behörde beruhen oder von einer gesetzlich hierfür zuständigen Behörde als zweckdienlich anerkannt werden.

9. Bei Grundstücksübertragungen, welche der Besiedelung des platten Landes oder der Schaffung gesunder Kleinwohnungen für Minderbemittelte zu dienen bestimmt sind, wenn als Veräußerer Körperschaften des öffentlichen Rechts oder solche Personenvereinigungen, die sich mit den genannten Zwecken befassen, beteiligt sind. Die Befreiung der Personenvereinigungen tritt nur für den erstmaligen Verkauf ein, wenn der Reingewinn satzungsgemäß auf eine Verzinsung von höchstens 5 v. H. der Kapitaleinlagen beschränkt, bei Auslosungen, Ausscheiden eines Mitgliedes und für den Fall der Auflösung der Vereinigung den Mitgliedern

nicht mehr als der Nennwert ihrer Anteile zugesichert und bei der Auflösung der etwaige Rest des Vermögens für gemeinnützige Zwecke bestimmt ist.

10. Wenn das Vermögen einer öffentlichen Körperschaft als Ganzes auf eine andere öffentliche Körperschaft übertragen wird.

11. Vom Reich, dem Lande oder den Gemeinden (Gemeindeverbänden), in deren Bereich sich das Grundstück befindet.

II. Zu den Miterben im Sinne der Ziff. 3 und 6 wird der überlebende Ehegatte gerechnet, der mit den Erben des verstorbenen Gatten gütergemeinschaftliches Vermögen zu teilen hat. Die Steuerbefreiungen nach Ziff. 3 und 4 kommen auch Ehegatten von Miterben oder Teilnehmern an einer fortgesetzten Gütergemeinschaft, sowie Ehegatten von Abkömmlingen zu, wenn sie auf Grund des bestehenden Güterstandes ohne rechtsgeschäftliche Übertragung Eigentümer werden.

I. Siehe hierzu die Bemerkungen zu §§ 6 und 7 der Berliner Steuerordnung.

II. Entsprechende Bestimmungen der Steuerordnungen der andern zum Vergleich herangezogenen Gemeinden.

a) Breslau § 6.
b) Dresden §§ 5 und 6.
c) Frankfurt a. M. § 5.
d) Hamburg §§ 3 und 15.
e) Köln § 5.
f) Leipzig §§ 5 und 6.
g) München §§ 7 und 27.

Die meisten Gemeinden unterscheiden im Gegensatz zu der Mustersteuerordnung ebenso wie die Berliner Steuerordnung persönliche und sachliche Besteuerungsgründe. Der § 5 der Mustersteuerordnung ist daher zumeist in zwei verschiedene Bestimmungen geteilt.

§ 6.

1. Als steuerpflichtiger Wertzuwachs gilt der Unterschied zwischen dem Erwerbspreise und dem Veräußerungspreise.

2. Der Preis bestimmt sich nach dem Gesamtbetrage der Gegenleistungen einschließlich der vom Erwerber übernommenen oder ihm sonst infolge der Veräußerung obliegenden Leistungen und der vorbehaltenen oder auf dem Grundstück lastenden Nutzungen; bei Verträgen über Leistungen an Erfüllungsstatt nach dem

Werte, zu dem die Gegenstände an Erfüllungsstatt angenommen werden.

3. Die auf einem nicht privatrechtlichen Titel beruhenden Abgaben und Leistungen, die auf dem Grundstücke kraft Gesetzes lasten (gemeine Lasten) werden nicht mitgerechnet. Der Wert wiederkehrender Leistungen und Nutzungen bestimmt sich nach den Vorschriften der Reichsabgabenordnung.

4. Ist einem der Vertragschließenden ein Wahlrecht oder die Befugnis eingeräumt, innerhalb gewisser Grenzen den Umfang der Gegenleistung zu bestimmen, so ist der höchstmögliche Betrag der Gegenleistung maßgebend.

5. Beim Übergang im Wege der Zwangsversteigerung gilt als Preis der Betrag des Meistgebots, zu dem der Zuschlag erteilt ist, unter Hinzurechnung der vom Ersteher übernommenen gerichtlich festgestellten Leistungen. Im Falle der Abtretung der Rechte aus dem Meistgebot oder der Erklärung des Meistbietenden, daß er für einen anderen geboten habe, tritt an die Stelle des Meistgebots der Wert der Gegenleistung, wenn sie höher ist als das Meistgebot.

6. Ist ein Preis nicht vereinbart, oder nicht zu ermitteln, so tritt an dessen Stelle der gemeine Wert des Grundstücks.

7. Das gleiche gilt, wenn auf dem Grundstück eine der im § 1 bezeichneten Berechtigungen oder ein Nießbrauchrecht lastet, zu deren Beseitigung der Veräußerer nicht verpflichtet ist und der gemeine Wert des Grundstücks unter Berücksichtigung seiner Belastung den Wert der Gegenleistung übersteigt.

8. Wenn die Beteiligten einen Teil des Entgelts in die Form einer Vermittlungsgebühr, einer den üblichen Zinssatz erheblich übersteigenden Verzinsung des gestundeten Preises oder einer sonstigen Nebenleistung kleiden, so ist der als Teil des Entgelts anzusetzende Betrag durch Schätzung zu ermitteln.

I. Siehe hierzu die Bemerkungen zu den §§ 8—10 der Berliner Steuerordnung.

II. Entsprechende Bestimmungen der Steuerordnungen der andern zum Vergleich herangezogenen Gemeinden.

a) Breslau § 7.
b) Dresden §§ 8—12.
c) Frankfurt a. M. § 6.

d) Hamburg §§ 8 und 9.
e) Köln §§ 5 und 6.
f) Leipzig §§ 8—12.
g) München §§ 8—10, 12—13.

§ 7.

1. Soweit der Erwerbspreis nicht in Gold-, Renten- oder Reichsmark berechnet ist, wird er gemäß den Bestimmungen des § 2 des Aufwertungsgesetzes vom 16. 7. 1925 (RGBl. I S. 117) nach seinem Goldmarkwert berechnet. Maßgebend für die Berechnung ist, falls ein Veräußerungsgeschäft abgeschlossen war, das zur Übertragung des Eigentums verpflichtete, der Tag des Abschlusses des Rechtsgeschäftes, in allen übrigen Fällen der Tag der Vollendung des Rechtsvorganges, der die Rechtsänderung bewirkt hat.

2. Hat der Veräußerer beim Erwerbe des Grundstücks in Anrechnung auf den Erwerbspreis Schuldverpflichtungen, Hypotheken usw. übernommen, so gilt abweichend von der Bestimmung des vorhergehenden Absatzes für die Berechnung des Goldmarkwertes der übernommenen Schuldverpflichtungen folgendes:

1. Bestehen die Schuldverpflichtungen bei der neuen Veräußerung des Grundstücks noch und werden diese von dem neuen Erwerber übernommen, so ist für die Berechnung ihres Goldmarkwertes der Umrechnungstag des übrigen Erwerbspreises (Abs. 1) maßgebend; jedoch ist ihr Wert für die Berechnung des Erwerbspreises mindestens mit dem gleichen Betrage einzustellen, wie er bei der Berechnung des neuen Veräußerungspreises in Ansatz gebracht worden ist.

2. Sind die Schuldverpflichtungen bis zur neuen Veräußerung des Grundstücks getilgt, ist ihr Goldmarkwert nach dem Werte der Leistungen zu berechnen, die der Veräußerer für die Tilgung am Tilgungstage aufgewandt hat, soweit nicht ihr Goldmarkwert am Tage des Erwerbs des Grundstücks höher ist.

I. Siehe hierzu die Bemerkungen zu § 12 der Berliner Steuerordnung.

II. Entsprechende Bestimmungen der Steuerordnungen der andern zum Vergleich herangezogenen Gemeinden.

a) Breslau § 8.
b) Dresden § 8 in der Fassung des Nachtrags vom 21. 1. 26.

c) Frankfurt a. M. § 8.
d) Hamburg § 10.
e) Leipzig § 8.
f) Köln § 6.
g) München § 11.

§ 8.

Dem Erwerbspreis sind hinzuzurechnen:

1. Die nachweislich aufgewandten Erwerbskosten einschließlich einer etwa bezahlten Vermittlungsgebühr in ortsüblicher Höhe. An Stelle der nachweislich aufgewandten Erwerbskosten wird auf Antrag des Veräußerers ein Betrag von 6 v. H. des Erwerbspreises als Erwerbskosten angenommen.

2. Die Aufwendungen für Bauten, Umbauten und sonstige dauernde Verbesserungen auch solcher land- und forstwirtschaftlicher Art, die innerhalb des für die Steuerberechnung maßgebenden Zeitraums gemacht sind und nicht der laufenden Unterhaltung von Baulichkeiten oder der laufenden Bewirtschaftung von Grundstücken dienen, soweit die Bauten und Verbesserungen noch vorhanden sind.

3. Falls der Erwerb im Wege der Zwangsversteigerung erfolgt ist und der Veräußerer zur Zeit der Einleitung der Zwangsversteigerung Hypotheken- oder Grundschuldgläubiger war, der nachweisliche Betrag seiner infolge der Zwangsversteigerung ausgefallenen Forderungen bis zu dem gemeinen Werte, den das Grundstück zur Zeit der Zwangsversteigerung hatte. Die Forderungen kommen, wenn sie durch entgeltliches Rechtsgeschäft erworben sind, nur in Höhe des geleisteten Entgelts in Anrechnung. Beruht ihr Erwerb auf einer Schenkung oder ist ihre Eintragung innerhalb kürzerer Zeit als sechs Monate vor der Einleitung der Zwangsversteigerung erfolgt, so werden die Forderungen nur berücksichtigt, wenn nach den Umständen Schenkung oder Eintragung keine Steuerersparung bezweckten.

(2) Die Berechnung des Goldmarkbetrages hat gemäß § 7 Abs. 1 Satz 1 zu erfolgen; maßgebend ist:

a) hinsichtlich der Erwerbskosten (Ziff. 1) der im § 7 Abs. 1 bestimmte Stichtag,

b) hinsichtlich der Aufwendungen (Ziff. 2) der Tag der Leistung,

c) hinsichtlich der Hypothek oder Grundschuld (Ziff. 3) der Zeit-

punkt ihrer Erwerbung (§§ 3, 5 Aufwertungsgesetz vom 16. 7. 1925, RGBl. I S. 117),

d) hinsichtlich des für den Erwerb der Forderungen geleisteten Entgelts (Ziff. 3) der Tag der Leistung.

I. Siehe hierzu die Bemerkungen zu § 13 der Berliner StO.

Der Pauschsatz für die Erwerbslasten beträgt in Berlin 6%.

II. Entsprechende Bestimmungen der Steuerordnungen der andern zum Vergleich herangezogenen Gemeinden.

a) Breslau § 3 Pauschsatz 6%.
b) Dresden § 14 Ziff. 1 und 3 Pauschsatz 7%.
c) Frankfurt a. M. § 9 Pauschsatz 5%; bei Erwerb nach dem 1. Oktober 1919 8%.
d) Hamburg § 11 Pauschsatz 6%.
e) Köln § 8 Pauschsatz 6%.
f) Leipzig § 14 Ziff. 1 und 3 Pauschsatz 8%.
g) München § 14 Abs. 1 und 3 Pauschsatz 6%.

§ 9.

Dem Veräußerungspreis ist ein nach den Vorschriften dieser Ordnung zu berechnender Steuerbetrag hinzuzurechnen, wenn der Erwerber des Grundstücks die Zahlung der Zuwachssteuer übernommen hat.

I. Siehe hierzu die Bemerkungen zu § 20 der Berliner Steuerordnung.

II. Entsprechende Bestimmungen der Steuerordnungen der andern zum Vergleich herangezogenen Gemeinden.

a) Breslau § 20.
b) Dresden § 19 Ziff. 4.
c) Frankfurt a. M. § 10.
d) Hamburg § 12 Abs. 2.
e) Köln § 9 Ziff. 2.
f) Leipzig § 19 Ziff. 4.
g) München § 20.

§ 10.

Von dem Veräußerungspreise sind in Abzug zu bringen die dem Veräußerer nachweislich zur Last fallenden Kosten der Veräußerung und Übertragung einschließlich der von ihm für die Vermittlung gezahlten ortsüblichen Gebühr, sofern nicht an Stelle des Veräußerungspreises der gemeine Wert maßgebend ist.

I. Siehe hierzu die Bemerkungen zu § 18 der Berliner Steuerordnung.

II. Entsprechende Bestimmungen der Steuerordnungen der andern zum Vergleich herangezogenen Gemeinden.

a) Breslau § 12.
b) Dresden § 19 Abs. 1.
c) Frankfurt a. M. § 11.
d) Hamburg § 12 Abs. 1.
e) Köln § 10.
f) Leipzig § 19.
g) München § 21 Ziff. 1.

§ 11.

Beim Tausch von Grundstücken ist die Steuer für jedes Grundstück gesondert zu berechnen.

I. Siehe hierzu die Bemerkungen zu § 22 der Berliner Steuerordnung.

II. Entsprechende Bestimmungen der Steuerordnungen der andern zum Vergleich herangezogenen Gemeinden.

a) Breslau § 17.
b) Dresden § 21.
c) Frankfurt a. M. § 12.
d) Hamburg § 13.
e) Köln § 12.
f) Leipzig § 21.
g) München § 24.

§ 12.

1. Bei einem aus Anlaß einer Flurbereinigung, Grenzregulierung oder Umlegung empfangenen Grundstück ist als Erwerbspreis das Entgelt anzusehen, das bei dem letzten steuerpflichtigen Rechtsvorgang für das in die Flurbereinigung usw. gegebene Grundstück gezahlt worden ist.

2. Ausgleichszahlungen sind dem Erwerbspreise hinzu- oder abzurechnen. Für die Steuerberechnung kommt der auf diesem Wege berichtigte Erwerbspreis und die Größe des aus der Bereinigung empfangenen Grundstücks in Frage. Als Besitzdauer gilt die Zeit von dem Erwerb des in die Flurbereinigung, Grenzregulierung oder Umlegung gegebenen Grundstücks an.

I. Siehe hierzu die Bemerkungen zu § 15 der Berliner Steuerordnung.

II. Entsprechende Bestimmungen der Steuerordnungen der andern zum Vergleich herangezogenen Gemeinden:

a) Breslau § 18.
b) Dresden § 16.
c) Frankfurt a. M. § 13.
d) Hamburg. Entsprechende Bestimmung fehlt.
e) Köln § 13.
f) Leipzig § 16.
g) München § 17.

§ 13.

(1) Beschränkt sich der steuerpflichtige Rechtsvorgang auf einen Teil eines Grundstücks, so wird der Erwerbspreis dieses Teiles nach dem Verhältnis seiner Größe zur Größe des Gesamtgrundstücks berechnet. Das zu Straßen und Plätzen unentgeltlich abgetretene Land wird hierbei von der Gesamtgröße vorab in Abzug gebracht. Sind in dem Erwerbspreis Bauten oder sonstige Leistungen eingeschlossen, so ist deren Wert aus dem Erwerbspreis vorher auszusondern.

(2) Werden mehrere Teile des Grundstücks durch verschiedene Rechtsvorgänge von demselben Veräußerer oder seinen Erben innerhalb drei Jahren veräußert, so ist der Steuerpflichtige berechtigt, den bei einem Geschäft erlittenen, nach den Vorschriften dieser Ordnung zu berechnenden Verlust bei dem Veräußerungspreis des jeweilig letzten Geschäfts innerhalb dieses Zeitpunktes in Abzug zu bringen. Die während des Zeitraums stattgefundenen Veranlagungen sind erforderlichenfalls zu berichtigen; ein diesbezüglicher Antrag ist innerhalb drei Monaten nach Ablauf der dreijährigen Frist zu stellen. Für Erwerbsvorgänge, die vor dem Inkrafttreten dieser Ordnung stattgefunden haben, beginnt der Lauf der Frist mit dem Tage, an dem die Ordnung Geltung erlangt.

(3) Aufwendungen kommen nur insoweit in Anrechnung, als sie den veräußerten Teil betreffen. Handelt es sich um eine das Gesamtgrundstück oder mehrere Teile desselben betreffende An-

lage, so sind die zu berücksichtigenden Kosten nach dem Flächenverhältnis zu verteilen.

I. Siehe hierzu die Bemerkungen zu § 16 der Berliner Steuerordnung.

II. Entsprechende Bestimmungen der andern zum Vergleich herangezogenen Steuerordnungen:

a) Breslau § 13.
b) Dresden § 17.
c) Frankfurt a. M. §§ 14, 15.
d) Hamburg fehlt.
e) Köln § 12.
f) Leipzig § 17.
g) München § 18 Abs. 1 und 3, § 19.

§ 14.

(1) Bei der steuerpflichtigen Überlassung eines gemeinschaftlichen Grundstücks an einen Mitberechtigten bleibt die Steuerpflicht auf den veräußerten Anteil beschränkt. Bei dem nächsten Steuerfall ist der Wertzuwachs für den eigenen und für den hinzuerworbenen Anteil gesondert zu berechnen und zu versteuern.

(2) Eine gleiche gesonderte Steuerberechnung hat auch in anderen Fällen dann stattzufinden, wenn der Veräußerer Anteile des Grundstücks zu verschiedenen Zeiten erworben hatte.

I. Siehe hierzu die Bemerkungen zu § 21 der Berliner Steuerordnung.

II. Entsprechende Bestimmungen der andern zum Vergleich herangezogenen Gemeinden:

a) Breslau § 21.
b) Dresden § 20.
c) Frankfurt a. M. § 16.
d) Hamburg § 7.
e) Köln § 14.
f) Leipzig § 20.
g) München § 23.

§ 15.

(1) Die Steuer beträgt:

10 v. H. des Wertzuwachses bei einer Wertsteigerung bis aus-

schließlich 20 v. H. des Erwerbspreises zuzüglich der Anrechnungen,

11	v. H.	bei	einer	Wertsteigerung	von	20	bis	ausschl.	30 v. H.
12	„	„	„	„	„	30	„	„	50 „
13	„	„	„	„	„	50	„	„	70 „
14	„	„	„	„	„	70	„	„	90 „
15	„	„	„	„	„	90	„	„	110 „
16	„	„	„	„	„	110	„	„	130 „
17	„	„	„	„	„	130	„	„	150 „
18	„	„	„	„	„	150	„	„	170 „
19	„	„	„	„	„	170	„	„	190 „
20	„	„	„	„	„	190	„	„	200 „
21	„	„	„	„	„	200	„	„	210 „
22	„	„	„	„	„	210	„	„	220 „
23	„	„	„	„	„	220	„	„	230 „
24	„	„	„	„	„	230	„	„	240 „
25	„	„	„	„	„	240	„	„	250 „
26	„	„	„	„	„	250	„	„	260 „
27	„	„	„	„	„	260	„	„	270 „
28	„	„	„	„	„	270	„	„	280 „
29	„	„	„	„	„	280	„	„	300 „
30	„	„	„	„	„	300 v. H. und mehr.			

(2) Die nach Abs. 1 sich ergebende Steuer erhöht sich bei einem für die Steuerberechnung maßgebenden Zeitraum,

bis	zu	1 Jahr	um	100	v. H.
„	„	2 Jahren	„	80	„
„	„	3 „	„	60	„
„	„	4 „	„	40	„
„	„	5 „	„	20	„

mit der Maßgabe, daß die Steuer 30 v. H. des Wertzuwachses nicht übersteigen darf.

(3) Der Steuersatz (Abs. 1) ermäßigt sich für das siebente und jedes vollendete weitere Jahr um je 1 v. H.; § 6 Abs. 1 Satz 2 und 3 finden auf den für die Steuerberechnung maßgebenden Zeitraum entsprechende Anwendung. Die Ermäßigung tritt nicht ein, wenn der für die Ermittelung des Wertzuwachses maßgebende Erwerb des Grundstücks in der Zeit vom 1. Januar 1919 bis 31. Dezember 1924 stattgefunden hat.

(4) Handelt es sich um den Verkauf eines Wohnhauses oder einer Ansiedlungsstätte an Kriegsbeschädigte oder an Hinterbliebene von Kriegsteilnehmern, die auf Grund des Kapitalabfindungsgesetzes Grundstücke erwerben, so kann auf Antrag eine außerordentliche Ermäßigung der Steuer bis zu 50 v. H. gewährt werden, wenn der Veräußerungspreis mit Rücksicht auf die Person des Erwerbers wesentlich niedriger als sonst üblich festgesetzt ist. Die Entscheidung trifft der . . . .

(5) Steuerbeträge, die im ganzen unter 20 RMk. bleiben, werden nicht erhoben.

I. Siehe hierzu die Bemerkungen zu § 23 der Berliner Steuerordnung.

II. Entsprechende Bestimmungen der Steuerordnungen der andern zum Vergleich herangezogenen Gemeinden:

a) Breslau § 19. Staffeltarif von 10% Steuer bei einer Wertsteigerung von nicht mehr als 10 v. H. bis zu 30% bei einer Wertsteigerung von 300 v. H. und darüber. Die Steuer erhöht sich bei einer Eigentumsdauer bis zu 1 Jahr um 100%; bis zu 2 Jahren um 80%; bis zu 3 Jahren um 60%; bis zu 4 Jahren um 40% und bis zu 5 Jahren um 20%.

b) Dresden § 22 in der Fassung vom 23. 4. 25. Wenn Veräußerer das Grundstück vor dem 21. 11. 23 erworben hat $33^1/_3$%. Sonst Staffeltarif von 15% Steuer bei einem Wertzuwachs bis 10 v. H. bis 50% Steuer bei einem Wertzuwachs von über 250 v. H. Die Steuer erhöht sich bei einer Eigentumsdauer unter 1 Jahr um 50%; von 1 bis 2 Jahr um 40%; von 2 bis 3 Jahr um 30%; von 3 bis 4 Jahr um 20%; von 4 bis 5 Jahr um 10%.

c) Frankfurt a. M. § 17. Staffeltarif von 20% Steuer bei einem Wertzuwachs bis 10% bis 30% bei einem Wertzuwachs von über 100%. Erhöhung oder Herabsetzung der Steuer nach Besitzdauer.

d) Hamburg § 6. 20% bei Erwerben bis 31. 12. 1917 und 30% bei Erwerben nach diesem Zeitpunkt. Der Steuersatz erhöht sich auf 40%, wenn der Zeitraum zwischen Erwerb und Veräußerung weniger als 2 Jahr beträgt. Nach § 23 dürfen die Hamburgischen Gemeinden Zuschläge erheben.

c) Köln § 15. Staffeltarif von 10% Steuer bei einer Wertsteigerung bis 50% des Erwerbspreises, bis 30% Steuer bei einer Wertsteigerung von über 150% des Erwerbspreises.

f) Leipzig § 22 in der Fassung vom 4. 7. 1925. Staffeltarif von 15% Steuer bei einem Wertzuwachs bis zu 10 v. H. bis 30% Steuer bei einem Wertzuwachs über 125 v. H. des Erwerbspreises.

g) München § 25. 20% und wenn der steuerpflichtige Erwerb in der Zeit vom 1. 1. 1919 bis 31. 12. 1924 stattgefunden hat 30%.

§ 16.

(1) Zur Entrichtung der Steuer ist der Veräußerer verpflichtet; mehrere Steuerpflichtige haften als Gesamtschuldner. Kann die Steuer von dem Veräußerer nicht beigetrieben werden, so haftet der Erwerber bis zum Höchstbetrage von 15 v. H. des Veräußerungspreises. Auf Erwerbungen im Wege der Zwangsversteigerung findet diese Bestimmung keine Anwendung. Die Haftung des Erwerbers erlischt 1 Jahr nach der Eintragung der Eigentumsänderung im Grundbuch.

(2) Ist die Vornahme des steuerpflichtigen Rechtsvorganges unter Mitwirkung eines Bevollmächtigten oder durch die Tätigkeit eines Vermittlers mit der Maßgabe erfolgt, daß diesem der einen gewissen Betrag übersteigende Teil des Preises verbleibt, so haftet für den auf den Mehrerlös entfallenden Teil der Steuer neben dem Veräußerer als Gesamtschuldner derjenige, dem der Mehrerlös zukommt.

I. Siehe hierzu die Bemerkungen zu § 24 der Berliner Steuerordnung. In Berlin Haftung des Erwerbers bis 25% des Veräußerungspreises. Die Einschränkung des Satzes 3 des Abs. 1 fehlt in der Berliner Steuerordnung.

II. Entsprechende Bestimmungen der Steuerordnungen der andern zum Vergleich herangezogenen Gemeinden:

a) Breslau § 20.

b) Dresden § 7.

c) Frankfurt a. M. § 18. Erwerber haftet auf die Dauer von 2 Jahren als Gesamtschuldner neben dem Veräußerer für die ganze Steuer.

d) Hamburg § 4. Wenn Erwerber Steuer vertraglich übernommen hat, haftet er primär für die ganze Steuer, sonst sekundär bis 10% des Veräußerungspreises.

e) Köln § 24. Wenn Erwerber die Steuer vertraglich übernommen hat, haftet er primär für die volle Steuer, sonst sekundär bis zu 15% des Veräußerungspreises.

f) Leipzig § 7.
g) München § 26. Haftung des Erwerbers bis 10% des Veräußerungspreises, unter Umständen bis 30%.

§ 17.

(1) Bei Veräußerungen von unbebauten Grundstücken zum Zwecke der Bebauung mit Wohnhäusern wird die Steuer bis auf den Betrag von 2 v. H. des Veräußerungspreises zunächst gestundet und dann bis auf diesen Betrag ermäßigt, wenn innerhalb von zwei Jahren nach Eintritt der Steuerpflicht die Gebäude errichtet sind und ihre Gebrauchsabnahme erfolgt ist.

(2) Die gleiche Ermäßigung tritt ein bei der erstmaligen Veräußerung von Grundstücken, die zum Zwecke der Bebauung mit Wohnhäusern erworben sind und innerhalb von zwei Jahren nach erfolgter Bebauung weiter veräußert werden.

(3) Werden im Falle der Bebauung mit Wohnhäusern in diese gewerbliche Räume eingebaut, so tritt die Stundung und Ermäßigung nur für den Teil der Steuer ein, der dem Wertverhältnis entspricht, in dem die zu Wohnzwecken bestimmten Teile zu den gewerblich genutzten Räumen stehen; dabei ist insbesondere auf die aus den einzelnen Teilen erzielbare Jahresrohmiete abzustellen.

(Absatz 3, eingefügt durch RdErl. d. MdJ. u. FM. vom 30.3.1929 — IV St. 943 III. IV/28 u. II Ä 14113/28 — Ministerial-Blatt für die Preußische innere Verwaltung 1929 S. 239.)

I. Siehe hierzu die Bemerkungen zu § 25 der Berliner Steuerordnung.

II. Entsprechende Bestimmungen der Steuerordnungen der andern zum Vergleich herangezogenen Gemeinden:
a) Breslau § 25.
b) Dresden § 23 Abs. 3 in der Fassung vom 21. 1. 26.
c) Frankfurt a. M. § 19.
d) Hamburg § 17. Die Steuer kann erlassen werden, wenn Veräußerer den Kaufpreis innerhalb eines Jahres zum Neubau eines Wohnhauses oder in anderer Weise zur Neuschaffung von Wohnräumen im Hamburgischen Staatsgebiet verwendet.
e) Köln § 18.
f) Leipzig § 23 Ziff. 5.
g) München § 21 Abs. 2.

§ 18.

I. Die Steuer wird auf Antrag erlassen, erstattet oder ermäßigt:

1. Bei Nichtigkeit des Rechtsgeschäftes oder des den Eigentumserwerb begründenden Rechtsvorganges.

2. Bei Aufhebung des Rechtsgeschäftes durch Parteivereinbarung oder infolge Ausübung eines vorbehaltenen Rücktrittsrechts.

3. Bei Rückgängigmachung infolge Nichterfüllung der Vertragsbedingungen.

4. Bei Preisminderung nach §§ 459 u. 460 des BGB., soweit sie eine Ermäßigung der Steuer zur Folge hat.

5. Bei Wahl eines geringeren als des höchstmöglichen Betrages der Gegenleistung (§ 6 Abs. 4), soweit sich danach die Steuer als zu hoch festgesetzt ergibt.

II. Der Antrag muß innerhalb eines Jahres nach Eintritt des Ereignisses gestellt werden, auf welches der Erstattungsanspruch sich gründet.

III. Wird die Steuer erlassen, so gilt die Veräußerung und der Rückerwerb im Sinne dieser Ordnung als nicht erfolgt.

I. Vergleiche hierzu die Bemerkungen zu § 26 der Berliner Steuerordnung.

II. Entsprechende Bestimmungen der Steuerordnungen der andern zum Vergleich herangezogenen Gemeinden:

a) Breslau § 23.
b) Dresden § 24.
c) Frankfurt a. M. § 20.
d) Hamburg § 16.
e) Köln § 19.
f) Leipzig § 24 Abs. 1 und 2.
g) München § 32.

§ 19.

I. Die zur Entrichtung der Steuer Verpflichteten und die zur Mithaft Verpflichteten haben innerhalb zweier Wochen nach dem Eintritt des die Steuerpflicht begründenden Ereignisses der Steuerbehörde hiervon, sowie von allen sonstigen für die Festsetzung der Steuer in Betracht kommenden Verhältnissen schrift-

liche Mitteilung zu machen, auch die die Steuerpflicht betreffenden Urkunden vorzulegen.

2. Auf Verlangen der Steuerbehörde sind die Steuerpflichtigen verbunden, über bestimmte, für die Veranlagung der Steuer erhebliche Tatsachen innerhalb einer ihnen zu bestimmenden Frist schriftlich oder zu Protokoll Auskunft zu erteilen, andernfalls die Ermittlung und Veranlagung durch die Steuerbehörde selbständig vorgenommen werden.

3. In den Fällen des § 1 sind auch die Gesellschaft oder der Verein zur Anzeige und zur Auskunfterteilung verpflichtet.

I. Siehe hierzu die Bemerkungen zu § 27 der Berliner Steuerordnung.

II. Entsprechende Bestimmungen der Steuerordnungen der andern zum Vergleich herangezogenen Gemeinden:

a) Breslau § 21.
b) Dresden § 26.
c) Frankfurt a. M. § 21.
d) Hamburg § 18.
e) Köln § 20.
f) Leipzig § 25.
g) München § 29.

§ 20.

Die Steuerbehörde ist bei der Veranlagung der Steuer an die Angaben der Steuerpflichtigen nicht gebunden. Wird die erteilte Auskunft beanstandet, so sind dem Steuerpflichtigen vor der Veranlagung die Gründe der Beanstandung mit dem Anheimstellen mitzuteilen, hierüber binnen einer angemessenen Frist eine weitere Erklärung abzugeben. Findet eine Einigung mit dem Steuerpflichtigen nicht statt, so kann die Steuerbehörde die zu entrichtende Steuer nötigenfalls nach dem Gutachten Sachverständiger festsetzen.

I. Siehe hierzu die Bemerkungen zu § 28 der Berliner Steuerordnung.

II. Entsprechende Bestimmungen der Steuerordnungen der andern zum Vergleich herangezogenen Gemeinden:

a) Breslau §§ 21 und 22.
b) Dresden § 26.
c) Frankfurt a. M. § 22.
d) Hamburg § 18.

e) Köln § 21.
f) Leipzig § 26.
g) München § 29.

§ 21.

1. Dem Steuerpflichtigen ist über die Veranlagung der Steuer ein schriftlicher Bescheid zuzustellen. Im Falle der Heranziehung der nach § 14 Abs. 1 Satz 2 und Abs. 2 Haftenden ist diesen eine besondere Veranlagung zuzustellen.

2. Die Steuer ist innerhalb 8 Tagen nach Zustellung an die in dem Bescheide bezeichnete Kasse zu entrichten.

I. Siehe hierzu die Bemerkungen zu § 29 der Berliner Steuerordnung.

II. Entsprechende Bestimmungen der Steuerordnungen der andern zum Vergleich herangezogenen Gemeinden:

a) Breslau § 26. Frist zur Zahlung der Steuer zwei Wochen nach Zustellung des Steuerbescheides.
b) Dresden § 27.
c) Frankfurt a. M. § 23. Frist zur Zahlung der Steuer sechs Wochen nach Zustellung des Steuerbescheides.
d) Hamburg § 19. Frist zur Zahlung der Steuer ein Monat nach Zustellung des Steuerbescheides.
e) Köln § 22. Frist zur Zahlung der Steuer vier Wochen nach Zustellung des Steuerbescheides.
f) Leipzig § 27.
g) München § 30. Frist zur Zahlung der Steuer ein Monat nach Zustellung des Steuerbescheides.

§ 22.

Dem Steuerpflichtigen stehen gegen die Veranlagung die im Kommunalabgabengesetz (bzw. im Kreis- und Provinzialabgabengesetz) gegebenen Rechtsmittel offen.

I. Siehe hierzu die Bemerkungen zu § 31 der Berliner Steuerordnung.

II. Entsprechende Bestimmungen der Steuerordnungen der andern zum Vergleich herangezogenen Gemeinden:

a) Breslau § 27. Rechtsmittel Einspruch, gegen Einspruchsbescheid Klage im Verwaltungsstreitverfahren.
b) Dresden. Entsprechende Bestimmung fehlt. Rechtsmittel nach den Bestimmungen des sächsischen Gemeindesteuergesetzes.

c) Frankfurt a. M. § 24. Regelung wie in Breslau.
d) Hamburg § 20. Einspruch unter entsprechender Anwendung der Bestimmungen der RAO. Gegen Einspruchsbescheid Klage im Verwaltungsstreitverfahren.
e) Köln § 24. Rechtsmittel Einspruch, gegen Einspruchsbescheid Klage im Verwaltungsstreitverfahren.
f) Leipzig. Regelung wie in Dresden.
g) München § 31. Rechtsmittel gemäß Bayrischem Verwaltungsgerichtsgesetz.

§ 23.

Zuwiderhandlungen gegen die Bestimmungen dieser Steuerordnung werden mit einer Geldstrafe bis zu dem nach dem KAG. (bzw. Kreis- und Provinzialabgabengesetz) zulässigen Höchstmaß bestraft, sofern nicht nach den sonstigen Gesetzen eine höhere Geldstrafe oder eine Freiheitsstrafe verwirkt ist.

I. Siehe hierzu die Bemerkungen zu § 32 der Berliner Steuerordnung.

II. Entsprechende Bestimmungen der Steuerordnungen der andern zum Vergleich herangezogenen Gemeinden:

a) Breslau § 28.
b) Dresden § 28.
c) Frankfurt a. M. § 25.
d) Hamburg § 21.
e) Köln §§ 24, 25.
f) Leipzig § 28.
g) München. Die ortspolizeiliche Vorschrift zum Vollzug der Satzung über die Erhebung der Zuwachssteuer enthält die Strafbestimmungen.

§ 24.

Die Steuerbehörde wird ermächtigt, aus Billigkeitsgründen eine Herabsetzung der Steuer im Einzelfall vorzunehmen. Ebenso können bereits veranlagte Steuern auf Antrag durch die Steuerbehörde aus Billigkeitsgründen ganz oder teilweise erlassen oder niedergeschlagen werden.

I. Siehe hierzu die Bemerkungen zu § 33 der Berliner Steuerordnung.

II. Entsprechende Bestimmungen der Steuerordnungen der andern zum Vergleich herangezogenen Gemeinden:

a) Breslau § 25.
b) Dresden § 24 Abſ. 3.
c) Frankfurt a. M. § 26.
d) Hamburg § 16 Abſ. 1.
e) Köln § 25.
f) Leipzig § 24 Abſ. 3.
g) München § 33.

§ 25.

(1) Dieſe Steuerordnung tritt mit dem .... in Kraft. Mit dem gleichen Tage tritt die Wertzuwachsſteuerordnung vom .... außer Kraft.

(2) Rechtsvorgänge, die vor dem Inkrafttreten dieſer Steuerordnung ſteuerpflichtig geworden ſind, unterliegen der Beſteuerung nach der bisherigen Steuerordnung.

Siehe hierzu die Bemerkung zu § 34 der Berliner Steuerordnung. Im übrigen kann, wie in dem Runderlaß des M.d.J. und des F.M. vom 27. 11. 25 — Miniſterialblatt für die innere Verwaltung 1925 S. 1261 — ausgeführt iſt, der Steuerordnung, da es ſich um die Einführung bzw. Abänderung einer indirekten Steuer handelt, rückwirkende Kraft nicht beigelegt werden. Es iſt jedoch zuläſſig, an Stelle des Tages der Verkündung bereits den Tag der Beſchlußfaſſung durch die kommunalen Körperſchaften als Tag des Inkrafttretens der Steuerordnung zu wählen.

4. Wertzuwachssteuer Breslau.

Die von den städtischen Körperschaften am 10./11. Mai 1928 beschlossene Wertzuwachssteuerordnung ist vom Bezirksausschuß Breslau am 21. Juni 1928 genehmigt worden.

Der Herr Oberpräsident der Provinz Niederschlesien hat der Genehmigung des Bezirksausschusses am 29. Juni 1928 bis 31. März 1931 mit der Maßgabe zugestimmt, daß dem § 6 Abschnitt I als Ziff. 14 folgende Bestimmung hinzugefügt wird:

„14. vom Reich, dem Lande oder den Gemeinden (Gemeindeverbänden), in deren Bereich sich das Grundstück befindet"

und dabei gleichzeitig bestimmt, daß, sofern die städtischen Körperschaften obiger Maßgabe beitreten, der betr. Beschluß rückwirkende Kraft bis zu dem Tage der Beschlußfassung der Steuerordnung selbst hat.

Die städtischen Körperschaften sind der Maßgabe des Herrn Oberpräsidenten durch die Beschlüsse vom 29. Juni 1928 und 5. Juli 1928 beigetreten.

Der Bezirksausschuß hat in Ergänzung seiner Genehmigung vom 21. Juni 1928 die Wertzuwachssteuerordnung in der Fassung, welche ihr durch die Zustimmungserklärung des Herrn Oberpräsidenten vom 29. Juni 1928 gegeben worden ist, durch Beschluß vom 12. Juli 1928 genehmigt.

Die somit am 11. Mai 1928 in Kraft getretene Wertzuwachssteuerordnung wird nachstehend in dem nunmehr geltenden Wortlaut bekannt gemacht.

Wertzuwachssteuerordnung für die Stadtgemeinde Breslau.

Auf Grund der §§ 13, 18, 63, 69, 70, 79, 82 und 90 des Kommunalabgabengesetzes vom 14. Juli 1893 in der jetzt geltenden Fassung des Gesetzes über Änderungen im Finanzwesen vom 3. Juli 1913 (RGBl. S. 521) und des § 38 des Preußischen Ausführungsgesetzes zum Finanzausgleichsgesetze (GS. 1927, S. 63) wird mit Zustimmung der Stadtverordnetenversammlung für die Stadtgemeinde Breslau folgende

Steuerordnung

erlassen:

§ 1.

Beim Übergange des Eigentums an Grundstücken und Grundstücksteilen im Bezirke der Stadtgemeinde Breslau wird eine Wertzuwachssteuer erhoben.

Den Grundstücken stehen Berechtigungen gleich, auf welche die Vorschriften des bürgerlichen Rechts über Grundstücke Anwendung finden.

Vergleiche hierzu die Bemerkungen zu § 1 Abs. 1 und 2 der Berliner Steuerordnung.

§ 2.

Dem Übergange des Eigentums an Grundstücken steht gleich der Übergang von Rechten an dem Vermögen von Personenvereinigungen (einer Gesellschaft mit beschränkter Haftung, Aktiengesellschaft, Kommanditgesellschaft auf Aktien, Gewerkschaft, eingetragenen Genossenschaft, eines eingetragenen Vereins, einer offenen Handelsgesellschaft oder einer Kommanditgesellschaft usw.), soweit das Vermögen der Vereinigung aus in Breslau belegenen Grundstücken besteht, wenn entweder zum Gegenstande des Unternehmens die Verwertung von Grundstücken gehört, oder wenn die Vereinigung geschaffen ist, um die Wertzuwachssteuer zu ersparen.

Vergleiche hierzu die Bemerkungen zu § 1 Abs. 3 der Berliner Steuerordnung.

§ 3.

Steuerpflichtig ist auch ein Rechtsvorgang, der nicht unmittelbar den Übergang des Eigentums betrifft, aber ein Rechtsgeschäft zum Gegenstande hat, durch das einem anderen ermöglicht werden soll, über das Grundstück wie ein Eigentümer zu verfügen.

Vergleiche hierzu die Bemerkungen zu § 3 der Berliner Steuerordnung.

§ 4.

Die Besteuerung wird nicht dadurch ausgeschlossen, daß ein nach der Steuerordnung steuerpflichtiger Rechtsvorgang durch einen anderen verdeckt wird.

Vergleiche hierzu die Bemerkungen zu § 4 der Berliner Steuerordnung.

§ 5.

Die Steuerpflicht tritt ein:

a) bei den zur Übertragung des Eigentums verpflichtenden Veräußerungsgeschäften mit der Eintragung der Rechtsänderung in das Grundbuch, spätestens aber 6 Monate nach Abschluß des Veräußerungsgeschäfts;
b) im Falle des § 3 mit dem Abschluß des Rechtsgeschäfts;
c) in allen übrigen Fällen, in denen es eines Veräußerungsgeschäfts zum Übergange des Eigentums nicht bedarf, z. B. Zwangsversteigerung, Enteignung, Ausschluß usw., mit der Vollendung des Rechtsvorganges, der die Rechtsänderung bewirkt.

Als Veräußerungsgeschäfte im Sinne des Absatz 1a sind auch anzusehen:

1. die Übertragung der Rechte der Erwerber aus Veräußerungsgeschäften;
2. die Übertragung von Rechten aus Anträgen zur Schließung eines Veräußerungsgeschäfts, die den Veräußerer binden, sowie aus Verträgen, durch die nur der Veräußerer zur Schließung eines Veräußerungsgeschäfts verpflichtet wird;
3. nachträgliche Erklärungen des aus einem Veräußerungsgeschäfte

berechtigten Erwerbers, die Rechte für einen Dritten erworben, oder die Pflichten für einen Dritten übernommen zu haben;
4. die Abtretung der Rechte aus dem Meistgebote und die Erklärung des Meistbietenden, daß er für einen anderen geboten habe;
5. Rechtsgeschäfte, durch die jemand ermächtigt wird, ein Grundstück ganz oder teilweise für eigene Rechnung zu veräußern.

Vergleiche hierzu die Bemerkungen zu § 2 der Berliner Steuerordnung.

§ 6.

I. Die Wertzuwachssteuer wird nicht erhoben:
1. beim Erwerbe von Todes wegen sowie beim Erwerbe auf Grund einer Schenkung unter Lebenden im Sinne des Erbschaftssteuergesetzes, sofern nicht die Form der Schenkung lediglich gewählt ist, um die Wertzuwachssteuer zu ersparen;
2. bei der Begründung, Änderung, Fortsetzung und Aufhebung der ehelichen Gütergemeinschaft;
3. beim Erwerbe auf Grund von Verträgen, die zwischen Miterben oder Teilnehmern an einer ehelichen oder fortgesetzten Gütergemeinschaft zum Zwecke der Teilung der zum Nachlaß oder zum Gesamtgut gehörenden Gegenstände abgeschlossen werden, sowie beim Erwerbe auf Grund eines Zuschlags, der in den vorgenannten Fällen bei Teilung im Wege der Versteigerung einem Miterben oder Teilnehmer erteilt wird;
4. beim Erwerbe der Abkömmlinge von Eltern, Großeltern und entfernten Voreltern, sowie beim Erwerbe der Eltern von den Kindern; den Eltern stehen gleich die Stiefeltern, sowie die Adoptiveltern, es sei denn, daß die Annahme an Kindes Statt zum Zwecke der Steuerhinterziehung vorgenommen worden ist;
5. beim Erwerbe durch verdrängte Grenzlands-, Auslands- und Kolonialdeutsche, die durch ihre Verdrängung ihre wirtschaftliche Lebensgrundlage ganz oder zum überwiegenden Teil verloren haben, sofern der Erwerb zum Zwecke der erstmaligen Wiederansetzung erfolgt, und der Veräußerer nachweist, daß er den Veräußerungspreis im Hinblick auf die Nichterhebung der Wertzuwachssteuer entsprechend gesenkt hat;
6. beim Einbringen in eine ausschließlich aus dem Veräußerer und dessen Abkömmlingen oder aus diesen allein bestehende Vereinigung.

   Die Steuerpflicht tritt ein, wenn nachträglich ein Gesellschafter aufgenommen wird, der nicht zu den Abkömmlingen des Veräußerers gehört;
7. beim Einbringen von Nachlaßgegenständen in eine ausschließlich von Miterben gebildete Vereinigung.

   Die Vorschrift von Ziffer 6, Satz 2 findet entsprechende Anwendung;
8. beim Austausch im Inland gelegener Grundstücke zum Zwecke der Zusammenlegung (Flurbereinigung), der Ermöglichung einer besseren landwirtschaftlichen Ausnutzung von Grundstücken in Gemengelage, der Grenzregelung oder besseren Gestaltung von Bauflächen (Umlegung), sowie bei der Ablösung von Rechten an Forsten, wenn diese Maßnahmen auf der An-

ordnung einer Behörde beruhen oder von einer gesetzlich hierfür zuständigen Behörde als zweckdienlich anerkannt werden;

9. bei Grundstücksübertragungen, die der Besiedelung des platten Landes oder der Schaffung gesunder Kleinwohnungen für Minderbemittelte zu dienen bestimmt sind, wenn als Erwerber oder Veräußerer Körperschaften des öffentlichen Rechts oder solche Personenvereinigungen, die sich mit den genannten Zwecken befassen, beteiligt sind. Die Befreiung der Personenvereinigungen tritt nur ein, wenn der Reingewinn satzungsgemäß auf eine Verzinsung von höchstens 5 v. H. der Kapitaleinlagen beschränkt, bei Auslosungen, Ausscheiden eines Mitgliedes und für den Fall der Auflösung der Vereinigung den Mitgliedern nicht mehr als der Nennwert ihrer Anteile zugesichert und bei der Auflösung der etwaige Rest des Vermögens für gemeinnützige Zwecke bestimmt ist;
10. wenn das Vermögen einer öffentlichen Körperschaft als Ganzes auf eine andere öffentliche Körperschaft übertragen wird;
11. bei der Veräußerung von Grundstücken zwecks Schaffung oder Erweiterung öffentlicher Erholungs-, Wald- und sonstiger Grünanlagen, sowie für Zwecke öffentlicher Straßen und Plätze;
12. bei der Veräußerung von Eigenheimen an Minderbemittelte, wenn die Veräußerer Körperschaften des öffentlichen Rechts oder Personenvereinigungen der in der Ziffer 9 bezeichneten Art sind, und wenn diese Veräußerer die Eigenheime auf ihren Grundstücken in der Absicht geschaffen haben, um sie auf Minderbemittelte zu übertragen;
13. beim Rückerwerb eines an einen ausländischen Staatsangehörigen veräußerten Grundstücks durch den inländischen Veräußerer;
14. vom Reich, dem Lande oder den Gemeinden (Gemeindeverbänden), in deren Bereich sich das Grundstück befindet.

II. Zu den Miterben im Sinne I Ziffer 3 und 7 wird der überlebende Ehegatte gerechnet, der mit den Erben des verstorbenen Gatten gütergemeinschaftliches Vermögen zu teilen hat. Die Steuerbefreiungen nach I, Ziffer 3 und 4 kommen auch Ehegatten von Miterben oder Teilnehmern an einer fortgesetzten Gütergemeinschaft sowie Ehegatten von Abkömmlingen zu, wenn sie auf Grund des bestehenden Güterstandes ohne rechtsgeschäftliche Übertragung Eigentümer werden.

Vergleiche hierzu die Bemerkungen zu §§ 6 und 7 der Berliner Steuerordnung.

§ 7.

1. Als steuerpflichtiger Wertzuwachs gilt der Unterschied zwischen dem Erwerbspreise und dem Veräußerungspreise.
2. Der Preis bestimmt sich nach dem Gesamtbetrage der Gegenleistungen einschließlich der vom Erwerber übernommenen oder ihm sonst infolge der Veräußerung obliegenden Leistungen und der vorbehaltenen oder auf dem Grundstück lastenden Nutzungen; bei Verträgen über Leistungen an Erfüllungsstatt nach dem Werte, zu dem die Gegenstände an Erfüllungsstatt angenommen werden.

3. Die auf einem nicht privatrechtlichen Titel beruhenden Abgaben und Leistungen, die auf dem Grundstücke kraft Gesetzes lasten (gemeine Lasten) werden nicht mitgerechnet. Der Wert wiederkehrender Leistungen und Nutzungen bestimmt sich nach den Vorschriften der Reichsabgabenordnung.
4. Ist einem der Vertragschließenden ein Wahlrecht oder die Befugnis eingeräumt, innerhalb gewisser Grenzen den Umfang der Gegenleistungen zu bestimmen, so ist der höchstmögliche Betrag der Gegenleistung maßgebend.
5. Beim Übergange im Wege der Zwangsversteigerung gilt als Preis der Betrag des Meistgebots, zu dem der Zuschlag erteilt ist, unter Hinzurechnung der vom Ersteher übernommenen gerichtlich festgestellten Leistungen. Im Falle der Abtretung der Rechte aus dem Meistgebot oder der Erklärung des Meistbietenden, daß er für einen anderen geboten habe, tritt an die Stelle des Meistgebots der Wert der Gegenleistung, wenn sie höher ist als das Meistgebot.
6. Ist ein Preis nicht vereinbart oder nicht zu ermitteln, so tritt an dessen Stelle der gemeine Wert des Grundstücks im Sinne der Reichsabgabenordnung.
7. Das gleiche gilt, wenn auf dem Grundstücke eine der im § 1 bezeichneten Berechtigungen oder ein Nießbrauchrecht lastet, zu deren Beseitigung der Veräußerer nicht verpflichtet ist, und der gemeine Wert des Grundstücks unter Berücksichtigung seiner Belastung den Wert der Gegenleistung übersteigt.
8. Wenn die Beteiligten einen Teil des Entgelts in die Form einer Vermittlungsgebühr, einer den üblichen Zinssatz erheblich übersteigenden Verzinsung des gestundeten Preises oder einer sonstigen Nebenleistung kleiden, so ist der als Teil des Entgelts anzusetzende Betrag durch Schätzung zu ermitteln.

Vergleiche hierzu die Bemerkungen zu §§ 8, 9 und 10 der Berliner Steuerordnung.

§ 8.

1. Soweit der Erwerbspreis nicht in Gold-, Renten- oder Reichsmark berechnet ist, wird er nach den Bestimmungen des § 2 des Aufwertungsgesetzes vom 16. Juli 1925 (RGBl. I, S. 117) nach seinem Goldmarkbetrag berechnet. Maßgebend für die Berechnung ist, falls ein Veräußerungsgeschäft abgeschlossen war, das zur Übertragung des Eigentums verpflichtete, der Tag des Abschlusses des Rechtsgeschäftes, jedoch falls der Antrag und die Annahme des Antrages auf Abschluß des Veräußerungsgeschäfts nicht gleichzeitig erfolgen, der Tag der Abgabe des Angebots. In allen übrigen Fällen ist maßgebend der Tag der Vollendung des Rechtsvorganges, der die Rechtsänderung bewirkt hat.
2. Hat der Veräußerer beim Erwerbe des Grundstücks in Anrechnung auf den Erwerbspreis Schuldverpflichtungen, Hypotheken usw. übernommen, so gilt abweichend von der Bestimmung des vorhergehenden Absatzes für die Berechnung des Goldmarkbetrages der übernommenen Schuldverpflichtungen folgendes:

1. Bestehen die Schuldverpflichtungen bei der neuen Veräußerung des Grundstücks noch, und werden diese von dem neuen Erwerber übernommen, so ist für die Berechnung ihres Goldmarkbetrages der Umrechnungstag des übrigen Erwerbspreises (Absatz 1) maßgebend; jedoch ist ihr Wert für die Berechnung des Erwerbspreises mindestens mit dem gleichen Betrage einzustellen, wie er bei der Berechnung des neuen Veräußerungspreises in Ansatz gebracht worden ist.
2. Sind die Schuldverpflichtungen bis zur neuen Veräußerung des Grundstücks getilgt, so ist ihr Goldmarkbetrag nach dem Werte der Leistungen zu berechnen, die der Veräußerer für die Tilgung am Tilgungstage aufgewandt hat, soweit nicht ihr Goldmarkbetrag am Tage des Erwerbes des Grundstücks höher ist.
3. An Stelle des Goldmarkbetrages (Ziffer 1 und 2) ist auf Antrag des Veräußerers der von ihm nachweislich geleistete oder geschuldete, den Goldmarkbetrag überschreitende Aufwertungsbetrag einzusetzen.
4. Als Teil des Erwerbspreises gelten ferner diejenigen Aufwertungsbeträge, welche der Veräußerer für solche Schuldverpflichtungen, Hypotheken usw. nachweislich geleistet hat oder zu leisten hat, die er nicht in Anrechnung auf den Kaufpreis übernommen hat oder wegen deren er seinem Rechtsvorgänger ausgleichungspflichtig geworden ist.

Vergleiche hierzu die Bemerkungen zu § 12 der Berliner Steuerorduung.

§ 9.

Liegt der für die Berechnung des Wertzuwachses maßgebende Erwerbsvorgang vor dem 1. April 1914, so tritt an die Stelle des Erwerbspreises der nach der Reichsabgabenordnung zu ermittelnde gemeine Wert, den das Grundstück am 1. April 1914 gehabt hat, wenn der Steuerpflichtige nicht nachweist, daß er oder sein Rechtsvorgänger vor dem 1. April 1914 bei einem steuerfreien oder steuerpflichtigen Erwerbe einen gegebenenfalls unter Berücksichtigung der zulässigen Hinzurechnungen und Abzüge höheren Erwerbspreis gezahlt hat.

Vergleiche hierzu die Bemerkungen zu § 14 der Berliner Steuerordnung.

§ 10.

Von dem Preise (§ 7) kommt in Abzug der Wert der vom Veräußerer übernommenen Lasten, der Maschinen und sonstigen Zubehörs, auch soweit sie zu den wesentlichen Bestandteilen des Grundstücks gehören, und der Erzeugnisse des Grundstücks, solange sie mit dem Boden zusammenhängen.

Sind Einzelpreise oder Werte der steuerpflichtigen und steuerfreien Gegenstände nicht angegeben, so ist der auf die steuerpflichtigen und steuerfreien Gegenstände entfallende Teil des Gesamtpreises von der Steuerverwaltung durch Schätzung festzustellen, wenn nicht der Steuerpflichtige auf Erfordern innerhalb einer ihm bestimmten Frist die Trennung der Preise oder Werte nachholt. Die gleiche Feststellung durch Schätzung erfolgt, wenn die angegebenen Preise oder Werte nicht zutreffend erscheinen.

Vergleiche hierzu die Bemerkungen zu § 11 der Berliner Steuerordnung

§ 11.

Dem Erwerbspreise sind hinzuzurechnen:

1. die nachweislich aufgewandten Erwerbskosten einschließlich einer etwa gezahlten Vermittlungsgebühr, diese jedoch nur bis zum Höchstbetrage von 2 vom Hundert des Erwerbspreises. An Stelle der nachweislich aufgewandten Erwerbskosten wird auf Antrag des Veräußerers ein Betrag von 6 vom Hundert des Erwerbspreises als Erwerbskosten angenommen.

   Tritt an Stelle des Erwerbspreises der Wert des Grundstücks, so findet eine Hinzurechnung von Erwerbskosten nicht statt;

2. falls das Grundstück im Wege der Zwangsversteigerung erworben worden ist, und der Veräußerer zur Zeit der Einleitung der Zwangsversteigerung Hypotheken- oder Grundschuldgläubiger war, der nachweisliche Betrag seiner infolge der Zwangsversteigerung ausgefallenen Forderungen bis zu dem gemeinen Werte, den das Grundstück zur Zeit der Zwangsversteigerung hatte.

   Die Forderungen werden, wenn sie durch entgeltliches Rechtsgeschäft erworben worden sind, nur in Höhe des geleisteten Entgelts angerechnet. Beruht ihr Erwerb auf einer Schenkung oder sind sie innerhalb kürzerer Zeit als 6 Monate vor der Einleitung der Zwangsversteigerung eingetragen worden, so werden die Forderungen nur berücksichtigt, wenn nach den Umständen Schenkung oder Eintragung keine Steuerersparung bezweckten;

3. die Aufwendungen für Bauten und Umbauten, soweit solche nicht mit öffentlichen Mitteln hergestellt sind, sowie für sonstige dauernde Verbesserungen, auch land- und forstwirtschaftlicher Art, die innerhalb des für die Steuerberechnung maßgebenden Zeitraums gemacht sind und weder die nach § 10 abzugsfähigen Gegenstände betreffen, noch der laufenden Unterhaltung von Baulichkeiten oder der laufenden Bewirtschaftung von Grundstücken dienen, soweit die Bauten und Verbesserungen noch vorhanden sind;

4. die Aufwendungen, Leistungen und Beiträge für Straßenbauten, andere Verkehrsanlagen einschließlich der Kanalisierung, sowie ohne entsprechende Gegenleistung und Verzinsung geleistete Beiträge für sonstige öffentliche Einrichtungen, soweit die Aufwendungen innerhalb des für die Steuerberechnung maßgebenden Zeitraums gemacht sind.

Tritt in den Fällen der Ziffern 3 und 4 der gemeine Wert am 1. April 1914 an die Stelle des Erwerbspreises (§ 9), so beginnt der für die Steuerberechnung maßgebende Zeitraum mit diesem Tage.

Die Berechnung des Goldmarkbetrages hat nach § 8, Absatz 1, Satz 1 zu erfolgen; maßgebend ist:

a) für die Erwerbskosten (Ziffer 1) der im § 8, Absatz 1 bestimmte Stichtag,
b) für die Aufwendungen (Ziffer 3) der Tag der Leistung,
c) für die Hypothek oder Grundschuld (Ziffer 2, Absatz 1) der Zeitpunkt ihrer Erwerbung (§§ 3, 5 Aufwertungsgesetz vom 16. Juli 1925 — RGBl. I, S. 117) —),

d) für das für den Erwerb der Forderungen geleistete Entgelt (Ziffer 2, Absatz 2) der Tag der Leistung.

Vergleiche hierzu die Bemerkungen zu § 13 der Berliner Steuerordnung.

§ 12.

Von dem Veräußerungspreise sind in Abzug zu bringen, die dem Veräußerer nachweislich zur Last fallenden Kosten der Veräußerung und Übertragung — einschließlich der von ihm für die Vermittelung gezahlten Gebühr bis zum Höchstbetrage von 2 vom Hundert des Veräußerungspreises —, soweit nicht an Stelle des Preises der gemeine Wert maßgebend ist.

Vergleiche hierzu die Bemerkungen zu § 18 der Berliner Steuerordnung.

§ 13.

Beschränkt sich der steuerpflichtige Rechtsvorgang auf einen Teil eines Grundstücks, so wird der Erwerbspreis dieses Grundstücks nach dem Verhältnis seines Wertes zum Werte des Gesamtgrundstücks berechnet.

Unentgeltliche dauernde Überlassung von Grundstücken für Verkehrszwecke, für öffentliche oder gemeinnützige Zwecke wird in der Weise berücksichtigt, daß der Gesamterwerbspreis nicht auf die ursprüngliche, sondern auf die nach der Abtretung verbleibende Fläche verteilt wird.

Bei Teilveräußerungen sind nur diejenigen Aufwendungen anzurechnen, die diesen Teil ausschließlich oder gemeinschaftlich mit anderen Teilen betreffen. Im letzteren Falle werden die Aufwendungen nach dem Verhältnisse des Wertes, den die Grundstücksteile zur Zeit der Veräußerung haben, angerechnet.

Werden Teile eines örtlich und wirtschaftlich zusammenhängenden Grundbesitzes durch verschiedene Rechtsvorgänge von demselben Veräußerer oder von seinen Erben innerhalb dreier Jahre veräußert, so ist der Steuerpflichtige berechtigt, von dem Wertzuwachs des einen Teils des Grundstücks einen bei der Veräußerung anderer Teile eingetretenen Verlust abzuziehen. Die Wertzuwachssteuer wird bei den einzelnen Rechtsvorgängen fällig; etwa zuviel gezahlte Steuer wird nach dem letzten Rechtsvorgange auf Antrag erstattet. Dieser Antrag ist spätestens innerhalb drei Monaten nach dem letzten Rechtsvorgange zu stellen.

Vergleiche hierzu die Bemerkungen zu § 16 der Berliner Steuerordnung.

§ 14.

Hat der Erwerber des Grundstücks die Zahlung der Wertzuwachssteuer übernommen, so ist dem Veräußerungspreise ein nach den Vorschriften dieser Ordnung zu berechnender Steuerbetrag hinzuzurechnen und hiernach die Steuer festzusetzen.

Vergleiche hierzu die Bemerkungen zu § 20 der Berliner Steuerordnung.

§ 15.

Beruht der Erwerb des Grundstücks auf einem steuerfreien Rechtsvorgange (§ 6), so ist für die Bemessung des Wertzuwachses von dem Preise zur Zeit des letzten steuerpflichtigen Rechtsvorganges oder im Falle des § 9 von dem gemeinen Werte auszugehen.

Ob im Sinne dieser Vorschrift Rechtsvorgänge steuerfrei oder steuerpflichtig sind, ist auch für die Zeit vor dem Inkrafttreten dieser Ordnung nach ihr zu bestimmen, mit Ausnahme der Fälle, in denen nach einer fremden Steuerordnung eine Wertzuwachssteuer veranlagt worden ist.

Vergleiche hierzu die Bemerkungen zu § 14 der Berliner Steuerordnung.

§ 16.

Geht ein Grundstück, das mehreren zur gesamten Hand gehört, an einen oder mehrere Mitberechtigte oder Gesellschafter über, so wird die Steuer so berechnet, als ob die Beteiligten nach Bruchteilen berechtigt wären, der Bruchteil der Erwerber bleibt unberücksichtigt. Die Höhe der Bruchteile ist nach den Anteilen zu bestimmen, zu denen die Beteiligten an dem Vermögen zur gesamten Hand berechtigt sind, oder nach dem Verhältnis dessen, was ihnen bei Auflösung der Gesellschaft zufallen würde.

Bei dem nächsten Steuerfall ist der Wertzuwachs für den eigenen und für den hinzuerworbenen Anteil gesondert zu berechnen und zu versteuern.

Ebenso hat eine gesonderte Steuerberechnung auch in anderen Fällen dann stattzufinden, wenn der Veräußerer Anteile des Grundstücks zu verschiedenen Zeiten erworben hat.

Vergleiche hierzu die Bemerkungen zu § 21 der Berliner Steuerordnung.

§ 17.

Beim Tausche von Grundstücken ist die Steuer für jedes Grundstück gesondert zu berechnen.

Vergleiche hierzu die Bemerkungen zu § 22 der Berliner Steuerordnuug.

§ 18.

1. Bei einem aus Anlaß einer Flurbereinigung, Grenzregulierung oder Umlegung empfangenen Grundstück ist als Erwerbspreis das Entgelt anzusehen, das bei dem letzten steuerpflichtigen Rechtsvorgange für das in die Flurbereinigung usw. gegebene Grundstück gezahlt worden ist.
2. Ausgleichszahlungen sind dem Erwerbspreise hinzu- oder abzurechnen. Für die Steuerberechnung kommt der auf diesem Wege berichtigte Erwerbspreis und die Größe des aus der Vereinigung empfangenen Grundstücks in Frage.

Vergleiche hierzu die Bemerkungen zu § 13 der Berliner Steuerordnung.

§ 19.

1. Die Steuer beträgt vom Wertzuwachs:

10 v. H.	bei einer Wertsteigerung bis ausschließlich des Erwerbspreises zuzüglich der Anrechnungen,	20 v. H.
11 v. H.	bei einer Wertsteigerung von 20 v. H. bis ausschließlich	30 v. H.
12 v. H.	bei einer Wertsteigerung von 30 v. H. bis ausschließlich	50 v. H.

13 v. H. bei einer Wertsteigerung von 50 v. H. bis ausschließlich . . . . 70 v. H.
14 v. H. bei einer Wertsteigerung von 70 v. H. bis ausschließlich . . . . 90 v. H.
15 v. H. bei einer Wertsteigerung von 90 v. H. bis ausschließlich . . . . 110 v. H.
16 v. H. bei einer Wertsteigerung von 110 v. H. bis ausschließlich . . . . 130 v. H.
17 v. H. bei einer Wertsteigerung von 130 v. H. bis ausschließlich . . . . 150 v. H.
18 v. H. bei einer Wertsteigerung von 150 v. H. bis ausschließlich . . . . 170 v. H.
19 v. H. bei einer Wertsteigerung von 170 v. H. bis ausschließlich . . . . 190 v. H
20 v. H. bei einer Wertsteigerung von 190 v. H. bis ausschließlich . . . . 200 v. H.
21 v. H. bei einer Wertsteigerung von 200 v. H. bis ausschließlich . . . . 210 v. H.
22 v. H. bei einer Wertsteigerung von 210 v, H. bis ausschließlich . . . . 220 v. H.
23 v. H. bei einer Wertsteigerung von 220 v. H. bis ausschließlich . . . . 230 v. H.
24 v. H. bei einer Wertsteigerung von 230 v. H. bis ausschließlich . . . . 240 v. H.
25 v. H. bei einer Wertsteigerung von 240 v. H. bis ausschließlich . . . . 250 v. H.
26 v. H. bei einer Wertsteigerung von 250 v. H. bis ausschließlich . . . . 260 v. H.
27 v. H. bei einer Wertsteigerung von 260 v. H. bis ausschließlich . . . . 270 v. H.
28 v. H. bei einer Wertsteigerung von 270 v. H. bis ausschließlich . . . . 280 v. H.
29 v. H. bei einer Wertsteigerung von 280 v. H. bis
30 v. H. bei einer Wertsteigerung von 300 v. H. und darüber.

2. Die Steuer erhöht sich bei einer Eigentumsdauer bis zu einem Jahre um 100 v. H., bis zu 2 Jahren um 80 v. H., bis zu 3 Jahren um 60 v. H., bis zu 4 Jahren um 40 v. H. und bis zu 5 Jahren um 20 v. H. der Sätze in Abs. 1.
3. Die Steuer darf jedoch in keinem Falle 30 v. H. des Wertzuwachses übersteigen.
4. Die Steuer ermäßigt sich für das 7. Jahr und jedes vollendete weitere Jahr
   a) bei unbebauten Grundstücken um je 2 v. H. ihres Betrages,
   b) bei bebauten Grundstücken um je $2^1/_2$ v. H. ihres Betrages.
   Als bebaut im Sinne vorstehender Bestimmungen gelten:
   1. die mit Gebäuden bebauten Grundstücksflächen in dem nach den amtlichen Unterlagen der Steuerverwaltung ausgewiesenen Umfange,
   2. ein höchstens ebenso großer Hofraum und
   3. wenn ein Hausgarten vorhanden ist, ein Flächenraum von höchstens 1000 qm.

Ist hiernach das Grundstück nur teilweise bebaut, so ist für die Berechnung der Ermäßigung der Steuerbetrag nach dem Verhältnis der bebauten und der unbebauten Flächen zu zerlegen. § 15, Absatz 1 und 2 finden auf den für die Steuerberechnung maßgebenden Zeitraum entsprechende Anwendung. Die Ermäßigung tritt nicht ein, wenn der für die Ermittelung des Wertzuwachses maßgebende Erwerb des Grundstücks in der Zeit vom 1. Juli 1919 bis 30. Juni 1924 und die Veräußerung vor dem Ablauf des vollendeten 15. Jahres seit dem Erwerbe stattgefunden hat.

5. Steuerbeträge, die im ganzen unter 10 Reichsmark bleiben, werden nicht erhoben.
6. Wird ein Wohnhaus oder eine Ansiedlungsstätte an Kriegsbeschädigte oder an Hinterbliebene von Kriegsteilnehmern, die auf Grund des Kapitalabfindungsgesetzes Grundstücke erwerben, veräußert, so kann auf Antrag eine Ermäßigung der Steuer bis zu 50 v. H. gewährt werden, wenn der Veräußerungspreis mit Rücksicht auf die Person des Erwerbers wesentlich niedriger als sonst üblich festgesetzt ist. Die Entscheidung trifft der Magistrat — Steuerverwaltung —.

Vergleiche hierzu die Bemerkungen zu § 23 der Berliner Steuerordnung.

§ 20.

1. Steuerschuldner ist der Veräußerer und, wenn ein solcher nicht vorhanden ist, der bisherige Eigentümer. Mehrere Steuerpflichtige haften als Gesamtschuldner.
2. Kann die Steuer vom Veräußerer nicht beigetrieben werden, so haftet der Erwerber bis zum Höchstbetrage von 25 v. H. des Veräußerungspreises. Die Haftung des Erwerbers erlischt 1 Jahr nach Eintritt der Steuerpflicht. Beim Erwerbe im Wege der Zwangsversteigerung findet diese Bestimmung keine Anwendung.
3. Hat der Erwerber die Zahlung der Wertzuwachssteuer vertraglich gegenüber dem Veräußerer übernommen, so ist die Steuerverwaltung berechtigt, ihn neben dem Veräußerer durch Zustellung eines besonderen Veranlagungsbescheides als Steuerschuldner für die volle Steuer in Anspruch zu nehmen (§ 421 BGB.).
4. Ebenso ist die Steuerverwaltung berechtigt, den Erwerber neben dem Veräußerer als Steuerschuldner für die volle Steuer in Anspruch zu nehmen, wenn der Tatbestand der §§ 3 und 4 der Ordnung erfüllt ist.
5. Ist die Vornahme des steuerpflichtigen Rechtsvorganges unter Mitwirkung eines Bevollmächtigten oder durch die Tätigkeit eines Vermittlers mit der Maßgabe erfolgt, daß diesem der einen gewissen Betrag übersteigende Teil des Preises verbleibt, so haftet für den auf den Mehrerlös entfallende Teil der Steuer neben dem Veräußerer als Gesamtschuldner derjenige, dem der Mehrerlös zukommt.

Vergleiche hierzu die Bemerkungen zu § 24 der Berliner Steuerordnung.

§ 21.

1. Die zur Entrichtung der Steuer Verpflichteten und die zur Mithaft Verpflichteten haben innerhalb 2 Wochen nach Abschluß des steuerpflichtigen Rechtsvorganges der Steuerverwaltung hiervon, sowie von allen sonstigen für die Festsetzung der Steuer in Betracht kommenden Verhältnissen schriftlich Mitteilung zu machen, auch die die Steuerpflicht begründenden Urkunden vorzulegen.
2. Auf Verlangen der Steuerverwaltung sind die Steuerpflichtigen verbunden, über bestimmte für die Veranlagung der Steuer erhebliche Tatsachen innerhalb einer ihnen zu bestimmenden Frist schriftlich oder zu Protokoll Auskunft zu erteilen, anderenfalls werden die Ermittelungen und die Veranlagung durch die Steuerverwaltung selbständig vorgenommen.
3. In den Fällen des § 2 sind auch die Gesellschaft oder der Verein zur Anzeige und Auskunftserteilung verpflichtet.

Vergleiche hierzu die Bemerkungen zu § 27 der Berliner Steuerordnung.

§ 22.

Die Steuerverwaltung ist bei der Veranlagung der Steuer an diese Angaben der Steuerpflichtigen nicht gebunden. Wird die erteilte Auskunft beanstandet, so sind dem Steuerpflichtigen vor der Veranlagung die Gründe der Beanstandung mit dem Anheimstellen mitzuteilen, hierüber binnen einer angegebenen Frist eine weitere Erklärung abzugeben. Findet eine Einigung mit dem Steuerpflichtigen nicht statt, so kann die Steuerverwaltung die zu entrichtende Steuer nach den vorliegenden Unterlagen festsetzen.

Vergleiche hierzu die Bemerkungen zu § 28 der Berliner Steuerordnung.

§ 23.

Die Steuer wird auf Antrag erlassen, erstattet oder ermäßigt:

1. bei Nichtigkeit des Rechtsgeschäfts oder des den Eigentumserwerb begründenden Rechtsvorganges;
2. bei Aufhebung des Rechtsgeschäfts durch Vereinbarung oder infolge Ausübung eines vorbehaltenen Rücktrittsrechts;
3. bei Rückgängigmachung infolge Nichterfüllung der Vertragsbedingungen;
4. bei Preisminderung nach §§ 459 und 460 BGB., soweit sie eine Ermäßigung der Steuer zur Folge hat;
5. bei Wahl eines geringeren als des höchstmöglichen Betrages der Gegenleistung (§ 7, Absatz 4), soweit sich danach die Steuer als zu hoch festgesetzt ergibt;
6. bei nachträglicher Erhöhung der vom Erwerber nach § 8 zu tragenden Aufwertungslasten, soweit sich danach die Steuer als zu hoch festgestellt ergibt.

Der Antrag muß innerhalb eines Jahres nach Eintritt des Ereignisses gestellt werden, auf das der Erstattungsanspruch sich gründet. Der Lauf der Frist beginnt im Falle von Ziffer 1 erst mit der Feststellung der Nichtigkeit durch Einigung der Parteien oder durch rechtskräftiges Urteil.

Vergleiche hierzu die Bemerkungen zu § 26 der Berliner Steuerordnung.

§ 24.

I. 1. Bei Veräußerungen von unbebauten Grundstücken zum Zwecke der Bebauung mit Miet- oder Eigenwohnhäusern wird die Steuer auf Antrag zunächst nur in Höhe von 2 v. H. des Veräußerungspreises erhoben, wenn die Steuer diesen Betrag übersteigt.

2. Als zum Zwecke der Bebauung erworbenes Bauland gilt die für die Errichtung von Vorderhäusern erforderliche Grundfläche zuzüglich der Freifläche, die nach den zur Zeit der Bebauung geltenden baupolizeilichen Vorschriften notwendig ist. Als Bauland gelten auch solche unbebauten Flächen, die über die erforderliche Freifläche hinaus im Zusammenhange mit dieser als Garten für Vorderwohnhäuser dienen.

3. Werden solche Grundstücke innerhalb 3 Jahren seit dem Tage des Vertragsabschlusses mit Miet- oder Eigenwohnhäusern in dem in Ziffer 2 bezeichneten Umfange bebaut, und wird innerhalb dieser Frist der Gebrauchsabnahmeschein erteilt, so wird der über 2 v. H. des Veräußerungspreises hinausgehende Steuerbetrag in voller Höhe erlassen.

4. Sind dagegen die veräußerten Grundstücke nicht in dem in Ziffer 2 bezeichneten Umfange bebaut worden, so wird die Wertzuwachssteuer für das Bauland und den unbebauten Grundstücksteil gesondert berechnet und nur insoweit erlassen, als sie 2 v. H. des auf den bebauten Grundstücksteil entfallenden Veräußerungspreises übersteigt.

5. Für die gesonderte Berechnung der Wertzuwachssteuer nach Ziffer 4 wird die Fläche des Baulandes nach Maßgabe der Ziffer 2 ermittelt und der Erwerbs- und Veräußerungspreis auf das Bauland und den unbebauten Grundstücksteil im allgemeinen nach dem Flächenverhältnisse verteilt. Stellt der unbebaute Grundstücksteil Hinterland dar, das mehr als 50 m hinter der Baufluchtlinie liegt, so wird der Erwerbs- und Veräußerungspreis auf das hiernach zu unterscheidende Hinter- und Vorderland im Verhältnisse von 1 zu 3 verteilt.

6. Werden die Grundstücke oder Teile davon innerhalb der dreijährigen Frist mehrfach unbebaut weiter veräußert, so läuft die dreijährige Bebauungsfrist vom Tage des Vertragsabschlusses durch den ersten Erwerber.

II. Die Wertzuwachssteuer ist aus Anlaß der Veräußerung eines Miet- oder Eigenwohnhauses ganz oder teilweise zu erlassen, wenn innerhalb eines Jahres seit Abschluß des Kaufvertrages der Nachweis geführt wird, daß ein dem steuerpflichtigen Wertzuwachs entsprechender Betrag zur Wohnungsvermehrung im Stadtkreise Breslau verwendet worden ist.

Vergleiche hierzu die Bemerkungen zu § 25 der Berliner Steuerordnung.

§ 25.

Die Steuerverwaltung wird ermächtigt, aus Billigkeitsgründen eine Herabsetzung der Steuer im Einzelfalle vorzunehmen. Ebenso können bereits veranlagte Steuern auf Antrag durch die Steuerverwaltun aus Billigkeitsgründen ganz oder teilweise erlassen werden.

Vergleiche hierzu die Bemerkungen zu § 33 der Berliner Steuerordnung.

§ 26.

Die Wertzuwachssteuer wird von dem Magistrat — Steuerverwaltung — veranlagt und erhoben. Der Steuerpflichtige erhält einen schriftlichen Veranlagungsbescheid, aus dem die Berechnungsunterlagen ersichtlich sind. Im Falle der Heranziehung der nach § 20, Absatz 2 und 5 Haftenden ist diesen eine besondere Veranlagung zuzustellen. Die Steuer ist binnen einer Frist von 2 Wochen nach Zustellung des Steuerbescheides zu zahlen. Durch Rechtsmittel wird die Zahlung der Steuer nicht aufgehalten.

Auf nicht rechtzeitig gezahlte Steuerbeträge finden die jeweilig geltenden Vorschriften über die Erhebung von Verzugszinsen für Gemeindeabgaben Anwendung.

Vergleiche hierzu die Bemerkungen zu § 29 der Berliner Steuerordnung.

§ 27.

Der Einspruch gegen die Veranlagung ist binnen einer Frist von 4 Wochen nach Zustellung des Veranlagungsbescheides beim Magistrat — Steuerverwaltung — schriftlich anzubringen und zu begründen.

Über den Einspruch entscheidet der Magistrat.

Gegen diesen Bescheid ist binnen einer mit dem ersten Tage nach erfolgter Zustellung beginnenden Frist von 2 Wochen die Klage im Verwaltungsstreitverfahren (an den Bezirksausschuß) zulässig.

Vergleiche hierzu die Bemerkungen zu § 31 der Berliner Steuerordnung.

§ 28.

Zuwiderhandlungen gegen die Bestimmungen dieser Steuerordnung und Steuerhinterziehungen unterliegen, soweit nicht auf Grund anderweiter Bestimmungen eine höhere Strafe verwirkt ist, einer Geldstrafe nach den Vorschriften der §§ 79 und 82 des Kommunalabgabengesetzes unter Beachtung der Verordnung über Vermögensstrafen und Bußen vom 6. Februar 1924 (RGBl. I, S. 44).

Vergleiche hierzu die Bemerkungen zu § 32 der Berliner Steuerordnuug.

§ 29.

Diese Steuerordnung tritt mit dem Tage der Beschlußfassung durch die städtischen Körperschaften in Kraft. (XIX. 268. II/3.)

Vergleiche hierzu die Bemerkungen zu § 34 der Berliner Steuerordnung.

Breslau, den $\frac{\text{11. Mai}}{\text{5. Juli}}$ 1928.

Der Magistrat hiesiger Hauptstadt.

13*

5. Wertzuwachssteuerordnung Frankfurt a. M.

Auf Grund der §§ 13, 18, 63, 69, 70, 79, 82 und 90 des Kommunalabgabengesetzes vom 14. Juli 1893 (GS. S. 152) in der jetzt geltenden Fassung, des Gesetzes über Änderungen im Finanzwesen vom 3. Juli 1913 (RGBl. S. 521), des § 38 des Preuß. Ausführungsgesetzes zum Finanzausgleichsgesetz vom 30. Oktober 1923 (GS. S. 487) in der Fassung der Bekanntmachung vom 14. Mai 1927 (GS. S. 63), sowie der Verordnung über Vermögensstrafen und Bußen vom 6. Februar 1924 (RGBl. S. 44) wird für die Stadtgemeinde Frankfurt a. M. folgende Steuerordnung erlassen:

§ 1.

1. Bei allen Rechtsvorgängen, die den Übergang des Eigentums an Grundstücken und Grundstücksteilen betreffen, wird eine Wertzuwachssteuer erhoben. Ein Eigentumserwerb der in § 5, Ziff. I, 1—10 genannten Art bleibt unberücksichtigt.

2. Den Grundstücken stehen Berechtigungen gleich, auf welche die Vorschriften des bürgerlichen Rechts über Grundstücke Anwendung finden; ausgenommen sind unbewegliche Bergwerksanteile.

3. Dem Übergang des Eigentums an Grundstücken steht gleich der Übergang von Rechten an dem Vermögen von Personenvereinigungen (einer Gesellschaft mit beschränkter Haftung, einer Kommanditgesellschaft, Aktiengesellschaft, Kommanditgesellschaft auf Aktien, Gewerkschaft, eingetragenen Genossenschaft, eines eingetragenen Vereins oder einer offenen Handelsgesellschaft usw.), soweit das Vermögen der Vereinigung in Grundstücken besteht, die im Gemeindebezirk Frankfurt a. M. liegen, wenn entweder die Verwertung von Grundstücken zum Gegenstande des Unternehmens gehört, oder wenn die Vereinigung geschaffen ist, um die Wertzuwachssteuer zu ersparen.

Vergleiche hierzu die Bemerkungen zu § 1 der Berliner Steuerordnung.

§ 2.

Die Steuerpflicht tritt ein:

a) falls ein zur Übertragung des Eigentums verpflichtendes Veräußerungsgeschäft abgeschlossen wird, mit dem Abschluß dieses Geschäfts. Als Veräußerungsgeschäfte gelten auch die im § 5, Abs. 4 des Grunderwerbsteuergesetzes aufgeführten Geschäfte;
b) in allen übrigen Fällen mit Vollendung des Rechtsvorganges, der die Rechtsänderung bewirkt.

Vergleiche hierzu die Bemerkungen zu § 2 der Berliner Steuerordnung.

§ 3.

Steuerpflichtig ist auch ein Rechtsvorgang, der es ohne Übertragung des Eigentums einem anderen ermöglicht, über das Grundstück wie ein Eigentümer zu verfügen.

Vergleiche hierzu die Bemerkungen zu § 3 der Berliner Steuerordnung.

§ 4.

1. Die Besteuerung wird nicht dadurch ausgeschlossen, daß ein nach der Steuerordnung steuerpflichtiger Rechtsvorgang durch einen anderen verdeckt wird.

2. Der § 5 der Reichsabgabenordnung über Mißbrauch von Formen und Gestaltungsmöglichkeiten des bürgerlichen Rechts findet Anwendung.

Vergleiche hierzu die Bemerkungen zu §§ 4 und 5 der Berliner Steuerordnung.

§ 5.

I. Die Wertzuwachssteuer wird nicht erhoben

1. beim Erwerb von Todes wegen oder auf Grund einer Schenkung unter Lebenden im Sinne des Erbschaftssteuergesetzes, sofern nicht die Form der Schenkung lediglich gewählt ist, um die Wertzuwachssteuer zu ersparen;
2. bei der Begründung, Änderung, Fortsetzung oder Aufhebung der ehelichen Gütergemeinschaft;
3. beim Erwerb auf Grund von Verträgen, die zwischen Miterben oder Teilnehmern an einer ehelichen oder fortgesetzten Gütergemeinschaft zum Zwecke der Teilung der zum Nachlaß oder zum Gesamtgut gehörenden Gegenstände abgeschlossen werden, sowie beim Erwerb auf Grund eines Zuschlages, der in den vorgenannten Fällen bei Teilung im Wege der Versteigerung einem Miterben oder Teilnehmer erteilt wird;
4. beim Erwerb der Abkömmlinge von Eltern, Großeltern und entfernteren Voreltern, sowie beim Erwerb der Eltern von den Kindern. Den Eltern stehen gleich die Stiefeltern, ebenso die Adoptiveltern, wenn kein Verdacht besteht, daß die Annahme an Kindes Statt zum Zwecke der Steuerhinterziehung vorgenommen ist;
5. beim Einbringen in eine ausschließlich aus dem Veräußerer und dessen Abkömmlingen oder aus diesen allein bestehende Vereinigung. Die Steuerpflicht tritt ein, wenn nachträglich ein Gesellschafter aufgenommen wird, der nicht zu den Akömmlingen des Veräußerers gehört;
6. beim Einbringen von Nachlaßgegenständen in eine ausschließlich von Miterben gebildete Vereinigung. Die Vorschrift von Ziff. 5 Satz 2 findet entsprechende Anwendung;
7. beim Austausch im Gemeindebezirk belegener Grundstücke zum Zwecke der Zusammenlegung (Flurbereinigung), der Grenzregelung oder der besseren Gestaltung von Bauflächen (Umlegung), sowie bei Ablösung von Rechten an Forsten, wenn diese Maßnahmen auf der Anordnung einer Behörde beruhen oder von einer gesetzlich hierfür zuständigen Behörde als zweckdienlich anerkannt werden;

8. bei Grundstücksübertragungen, die der Besiedelung des platten Landes oder der Schaffung gesunder Kleinwohnungen für Minderbemittelte zu dienen bestimmt sind, wenn als Veräußerer Körperschaften des öffentlichen Rechts oder solche Personenvereinigungen, die sich mit den genannten Zwecken befassen, beteiligt sind. Die Befreiung der Personenvereinigungen tritt nur für den erstmaligen Verkauf ein, wenn der Reingewinn satzungsgemäß auf eine Verzinsung von höchstens 5 v. H. der Kapitaleinlagen beschränkt, bei Auslosungen, Ausscheiden eines Mitgliedes und für den Fall der Auflösung der Vereinigung den Mitgliedern nicht mehr als der Nennwert ihrer Anteile zugesichert und bei der Auflösung der etwaige Rest des Vermögens für gemeinnützige Zwecke bestimmt ist;
9. wenn das Vermögen einer öffentlichen Körperschaft als Ganzes auf eine andere öffentliche Körperschaft übertragen wird;
10. vom Reich, dem Lande oder den Gemeindeverbänden, in deren Bereich das Grundstück liegt, sofern es sich um Grundstücke handelt, die zu einem öffentlichen Dienste oder Gebrauche bestimmt sind, und soweit diese Grundstücke nicht Wohnzwecken dienen (§ 4 des Gesetzes über die gegenseitigen Besteuerungsrechte des Reichs, der Länder und der Gemeinden und § 24 des Kommunalabgabengesetzes);
11. bei allen Objekten, die von Inländern veräußert werden und die einen Wert unter 15 000 RM. haben, wenn die Steuerpflichtigen ein Einkommen unter 4000 RM. jährlich haben und eine Wertsteigerung von nicht mehr als 150 v. H. vorliegt.

II. Zu den Miterben im Sinne der Ziffern 3 und 6 wird der überlebende Ehegatte gerechnet, der mit den Erben des verstorbenen Gatten gütergemeinschaftliches Vermögen zu teilen hat. Die Steuerbefreiungen nach den Ziffern 3 und 4 kommen auch Ehegatten von Miterben oder Teilnehmern an einer fortgesetzten Gütergemeinschaft, sowie Ehegatten von Abkömmlingen zu, wenn sie auf Grund des bestehenden Güterstandes ohne rechtsgeschäftliche Übertragung Eigentümer werden.

Vergleiche hierzu die Bemerkungen zu §§ 6 und 7 der Berliner Steuerordnung.

§ 6.

1. Als steuerpflichtiger Wertzuwachs gilt der Unterschied zwischen dem Erwerbspreise und dem Veräußerungspreise.

2. Der Preis bestimmt sich nach dem Gesamtbetrage der Gegenleistungen einschließlich der vom Erwerber übernommenen oder ihm sonst infolge der Veräußerung obliegenden Leistungen und der vorbehaltenen oder auf dem Grundstück lastenden Nutzungen; bei Verträgen über Leistungen an Erfüllungsstatt nach dem Werte, zu dem die Gegenstände an Erfüllunngsstatt angenommen werden.

3. Die auf einem nicht privatrechtlichen Titel beruhenden Abgaben und Leistungen, die auf dem Grundstück kraft Gesetzes lasten (gemeine Lasten), werden nicht mitgerechnet. Der Wert wiederkehrender Leistungen und Nutzungen bestimmt sich nach den Vorschriften der Reichsabgabenordnung.

4. Ist einem der Vertragschließenden ein Wahlrecht oder die Befugnis eingeräumt, innerhalb gewisser Grenzen den Umfang der

Gegenleistung zu bestimmen, so ist der höchstmögliche Betrag der Gegenleistung maßgebend.

5. Beim Übergang im Wege der Zwangsversteigerung gilt als Preis der Betrag des Meistgebots, zu dem der Zuschlag erteilt ist, unter Hinzurechnung der vom Ersteher übernommenen, gerichtlich festgestellten Leistungen. Im Falle der Abtretung der Rechte aus dem Meistgebot oder der Erklärung des Meistbietenden, daß er für einen anderen geboten habe, tritt an die Stelle des Meistgebots der Wert der Gegenleistung, wenn sie höher ist als das Meistgebot.

6. Ist ein Preis nicht vereinbart oder nicht zu ermitteln, so tritt an dessen Stelle der gemeine Wert des Grundstücks.

7. Das gleiche gilt, wenn auf dem Grundstück eine der im § 1 bezeichneten Berechtigungen oder ein Nießbrauchrecht lastet, zu deren Beseitigung der Veräußerer nicht verpflichtet ist, und wenn der gemeine Wert des Grundstücks unter Berücksichtigung seiner Belastung den Wert der Gegenleistung übersteigt.

8. Wenn die Beteiligten einen Teil des Entgelts in die Form einer Vermittlungsgebühr, einer den üblichen Zinssatz erheblich übersteigenden Verzinsung des gestundeten Preises oder sonst einer Nebenleistung kleiden, so ist der als Teil des Entgelts anzusetzende Betrag durch Schätzung zu ermitteln.

Vergleiche hierzu die Bemerkungen zu §§ 8—10 der Berliner Steuerordnung.

§ 7.

1. Beruht der Erwerb des Grundstücks auf einem nach § 5 Ziff. I, Absatz 1 steuerfreien Rechtsvorgang, so ist für die Ermittlung des Wertzuwachses von dem Preise des letzten steuerpflichtigen Rechtsvorganges auszugehen.

2. Liegt der letzte steuerpflichtige Rechtsvorgang mehr als 30 Jahre vor dem Eintritt der Steuerpflicht, so ist als Erwerbspreis der gemeine Wert anzusehen, den das Grundstück 30 Jahre vor dem Eintritt der Steuerpflicht hatte, sofern der Steuerpflichtige nicht nachweist, daß er oder sein Rechtsvorgänger vor jener Zeit bei einem steuerfreien oder steuerpflichtigen Erwerb einen höheren Erwerbspreis gezahlt hat.

3. Der für die Steuerberechnung maßgebende Zeitraum beginnt mit dem jeweiligen Stichtage.

Vergleiche hierzu die Bemerkungen zu § 14 der Berliner Steuerordnung.

§ 8.

I. Soweit der Erwerbspreis nicht in Gold-, Renten- oder Reichsmark berechnet ist, wird er gemäß den Bestimmungen des § 2 des Aufwertungsgesetzes nach seinem Goldmarkwert berechnet. Maßgebend für die Berechnung ist, wenn ein zur Übertragung des Eigentums verpflichtendes Rechtsgeschäft abgeschlossen war, der Tag des Abschlusses des Rechtsgeschäfts, in allen übrigen Fällen der Tag der Vollendung des Rechtsvorganges, der die Rechtsänderung bewirkt hat.

II. Hat der Veräußerer beim Erwerbe des Grundstücks in Anrechnung auf den Erwerbspreis Schuldverpflichtungen, Hypotheken usw. übernommen, so gilt abweichend von der Bestimmung des vorhergehenden Absatzes für die Berechnung des Goldmarkwertes der übernommenen Schuldverpflichtungen folgendes:

1. Bestehen die Schuldverpflichtungen bei der neuen Veräußerung des Grundstücks noch, und werden sie von dem neuen Erwerber übernommen, so ist für die Berechnung ihres Goldmarkwertes der Umrechnungstag des übrigen Erwerbspreises (Abs. I) maßgebend; jedoch ist ihr Wert für die Berechnung des Erwerbspreises mindestens mit dem gleichen Betrage einzustellen, wie er bei der Berechnung des neuen Veräußerungspreises in Ansatz gebracht worden ist.

2. Sind die Schuldverpflichtungen bis zur neuen Veräußerung des Grundstücks getilgt, so ist ihr Goldmarkwert nach dem Werte der Leistungen zu berechnen, die der Veräußerer für die Tilgung am Tilgungstage aufgewandt hat, soweit nicht ihr Goldmarkwert am Tage des Erwerbs des Grundstücks höher ist.

Vergleiche hierzu die Bemerkungen zu § 12 der Berliner Steuerordnung.

§ 9.

I. Dem Erwerbspreis sind hinzuzurechnen:

1. 5 v. H. des Erwerbspreises als Ersatz der mit dem Erwerb verknüpften Auslagen einschl. der Vermittlungsgebühr. Fand der Eigentumswechsel nach dem 1. Oktober 1919 statt, so erhöht sich der Pauschsatz auf 8 v. H. Höhere Auslagen, einschl. der ortsüblichen Vermittlungsgebühr, werden nur berücksichtigt, wenn der Veräußerer sie nachweist. Tritt an die Stelle des Erwerbspreises der gemeine Wert des Grundstücks, so werden die Erwerbskosten nicht angerechnet;

2. die Aufwendungen für Bauten, Umbauten und sonstige dauernde Verbesserungen, auch solche land- und forstwirtschaftlicher Art, die innerhalb des für die Steuerberechnung maßgebenden Zeitraums gemacht sind und nicht der laufenden Unterhaltung von Baulichkeiten oder der laufenden Bewirtschaftung von Grundstücken dienen, soweit die Bauten und Verbesserungen noch vorhanden sind;

3. Aufwendungen, Leistungen und Beiträge zu Straßenbauten und anderen Verkehrsanlagen einschl. der Kanalisierung sowie ohne entsprechende Gegenleistung und Verzinsung geleistete Beiträge für sonstige öffentliche Einrichtungen, die innerhalb des für die Steuerberechnung maßgebenden Zeitraums gemacht sind;

4. falls der Erwerb im Wege der Zwangsversteigerung erfolgt ist und der Erwerber zur Zeit der Einleitung der Zwangsversteigerung seit mindestens 6 Monaten Hypotheken- oder Grundschuldgläubiger war, der nachweisliche Betrag seiner ausgefallenen Forderungen. Die Forderungen werden, wenn sie durch entgeltliches Rechtsgeschäft erworben sind, nur in Höhe des geleisteten Entgelts angerechnet.

II. Für die Berechnung des Goldmarkwertes der Leistungen ist im Falle der Ziff. I, Abs. 1 und 4 der im § 8 bestimmte Stichtag, im Falle der Ziff. I, Abs. 2 und 3 der Tag der Leistung maßgebend.

Vergleiche hierzu die Bemerkungen zu § 13 der Berliner Steuerordnung.

§ 10.

Dem Veräußerungspreis ist ein nach den Vorschriften dieser Ordnung zu berechnender Steuerbetrag hinzuzurechnen, wenn der Erwerber des Grundstücks die Zahlung der Wertzuwachssteuer übernommen hat.

Vergleiche hierzu die Bemerkungen zu § 20 der Berliner Steuerordnung.

§ 11.

Von dem Veräußerungspreis sind die dem Veräußerer nachweislich zur Last fallenden Kosten der Veräußerung und Übertragung einschl. der von ihm für die Vermittlung gezahlten ortsüblichen Gebühr abzuziehen, sofern nicht an Stelle des Veräußerungspreises der gemeine Wert maßgebend ist.

Vergleiche hierzu die Bemerkungen zu § 18 der Berliner Steuerordnung.

§ 12.

Beim Tausch von Grundstücken ist die Steuer für jedes Grundstück gesondert zu berechnen.

Vergleiche hierzu die Bemerkungen zu § 22 der Berliner Steuerordnung.

§ 13.

1. Bei einem aus Anlaß einer Flurbereinigung, Grenzregelung oder Umlegung empfangenen Grundstück ist als Erwerbspreis das Entgelt anzusehen, das bei dem letzten steuerpflichtigen Rechtsvorgang für das in die Flurbereinigung usw. gegebene Grundstück gezahlt worden ist.

2. Ausgleichszahlungen sind dem Erwerbspreis hinzu- oder abzurechnen. Für die Steuerberechnung kommt der auf diesem Wege berichtigte Erwerbspreis und die Größe des aus der Bereinigung empfangenen Grundstücks in Frage.

3. Hat der Eigentümer oder sein Rechtsvorgänger bei der Flurbereinigung, Grenzreglung oder Umlegung mehrere Grundstücke empfangen, so werden deren Erwerbspreise aus dem in Ziff. 1 bezeichneten Entgelt nach dem Verhältnis errechnet, in dem die Werte der empfangenen Grundstücke im Zeitpunkte der Flurbereinigung, Grenzregelung oder Umlegung zueinander gestanden haben.

Vergleiche hierzu die Bemerkungen zu § 15 der Berliner Steuerordnung.

§ 14.

1. Beschränkt sich der steuerpflichtige Rechtsvorgang auf einen Teil eines Grundstücks, so wird der Erwerbspreis dieses Teiles nach dem Verhältnis seines Wertes zum Werte des Gesamtgrundstücks berechnet.

Unentgeltliche dauernde Überlassung von Grundstücken für Verkehrszwecke, für öffentliche oder gemeinnützige Zwecke wird in der Weise berücksichtigt, daß der nach den §§ 8 und 9 ermittelte Gesamterwerbspreis nicht auf die ursprüngliche, sondern auf die nach der Abtretung verbleibende Fläche verteilt wird. Hierzu ist nicht erforderlich, daß das Eigentum übertragen worden ist.

3. Werden Teile eines örtlich und wirtschaftlich zusammenhängende Grundbesitzes durch verschiedene Rechtsvorgänge von demselben Veräußerer oder von dessen Erben innerhalb dreier Jahre veräußert oder übertragen, so ist der Steuerpflichtige berechtigt, von dem Wertzuwachs des einen Teils des Grundstücks einen bei der

Veräußerung anderer Teile eingetretenen Verlust abzuziehen. Die Wertzuwachssteuer wird bei den einzelnen Rechtsvorgängen fällig; etwa zuviel gezahlte Steuer wird nach dem letzten Rechtsvorgang erstattet.

Vergleiche hierzu die Bemerkungen zu § 16 der Berliner Steuerordnung.

§ 15.

Bei Teilveräußerungen sind nur diejenigen Aufwendungen (§ 9) anzurechnen, welche diesen Teil ausschließlich oder gemeinschaftlich mit anderen Teilen betreffen. Im zweiten Falle werden die Aufwendungen nach dem Verhältnis des Wertes angerechnet, den die Grundstücksteile zur Zeit der Veräußerung haben.

Vergleiche hierzu die Bemerkungen zu § 17 der Berliner Steuerordnung.

§ 16.

1. Im Falle der steuerpflichtigen Überlassung eines gemeinschaftlichen Grundstücks an einen Mitberechtigten oder Gesellschafter bleibt für die Bemessung des Wertzuwachses der Anteil des Erwerbers außer Betracht. Beim Eintritt des nächsten Steuerfalles ist der Wertzuwachs, der für den Anteil des Erwerbers seit dem letzten vor der Auseinandersetzung gelegenen steuerpflichtigen Rechtsvorgang entstanden ist, und der für die Anteile der früheren Mitberechtigten oder Gesellschafter seit der Auseinandersetzung eingetretene Wertzuwachs gesondert zu versteuern.

2. Die Steuer ist auch dann gesondert zu berechnen, wenn der Veräußerer Anteile des Grundstücks zu verschiedenen Zeiten erworben hatte.

Vergleiche hierzu die Bemerkungen zu § 21 der Berliner Steuerordnung.

§ 17.

1. Die Wertzuwachssteuer beträgt:

20 v. H.	des Wertzuwachses	bei	einer	Wertsteigerung	bis zu	10	v. H.,
21 v. H.	"	"	"	"	über	10— 20	v. H.,
22 v. H.	"	"	"	"	"	20— 30	v. H.,
23 v. H.	"	"	"	"	"	30— 40	v. H.,
24 v. H.	"	"	"	"	"	40— 50	v. H.,
25 v. H.	"	"	"	"	"	50— 60	v. H.,
26 v. H.	"	"	"	"	"	60— 70	v. H.,
27 v. H.	"	"	"	"	"	70— 80	v. H.,
28 v. H.	"	"	"	"	"	80— 90	v. H.,
29 v. H.	"	"	"	"	"	90—100	v. H.,
30 v. H.	"	"	"	"	"	100	v. H.

des nach den Vorschriften dieser Ordnung für die Steuerberechnung maßgebenden Erwerbspreises.

2. Steuerbeträge unter 20 RM. werden nicht erhoben.

3. Die nach Absatz 1 sich ergebende Steuer erhöht sich bei einem für die Steuerberechnung maßgebenden Zeitraum

bis zu 1 Jahr	um	100 v. H.,
bis zu 2 Jahren	um	80 v. H.,
bis zu 3 Jahren	um	60 v. H.,
bis zu 4 Jahren	um	40 v. H.,
bis zu 5 Jahren	um	20 v. H.

mit der Maßgabe, daß die Steuer 30 v. H. des Wertzuwachses nicht übersteigen darf.

4. Die Steuer ermäßigt sich für das vollendete 7. und jedes weitere vollendete Jahr der Eigentumsdauer um je 1/2 v. H. bis zu einer Ermäßigung von 12 v. H. bei einer Eigentumsdauer von mindestens 30 Jahren. Die Ermäßigung tritt nicht ein, wenn der für die Ermittlung der Wertzuwachssteuer maßgebende Erwerb in der Zeit vom 1. Januar 1919 bis 31. Dezember 1924 stattgefunden hat.

Vergleiche hierzu die Bemerkungen zu § 23 der Berliner Steuerordnung.

§ 18.

1. Zur Entrichtung der Steuer ist der Veräußerer verpflichtet. Mehrere Steuerpflichtige haften als Gesamtschuldner.

2. Neben den in Ziff. 1 bezeichneten Zahlungspflichtigen haftet der oder haften die Erwerber auf die Dauer von 2 Jahren als Gesamtschuldner.

3. Auf Erwerbungen im Wege der Zwangsversteigerung findet die Bestimmung unter Ziff. 2 keine Anwendung.

4. Ist die Vornahme des steuerpflichtigen Rechtsvorganges unter Mitwirkung eines Bevollmächtigten oder durch die Tätigkeit eines Vermittlers mit der Maßgabe erfolgt, daß diesem der einen gewissen Betrag übersteigende Teil des Preises verbleibt, so haftet für den auf den Mehrerlös entfallenden Teil der Steuer neben dem Veräußerer als Gesamtschuldner derjenige, dem der Mehrerlös zukommt.

Vergleiche hierzu die Bemerkungen zu § 24 der Berliner Steuerordnung.

§ 19.

Errichtet der Veräußerer eines unbebauten Grundstückes mit dem erzielten Veräußerungspreis innerhalb des Gemeindebezirks einen Wohnhausneubau, so sind auf Antrag die erwachsenen Baukosten von dem Veräußerungspreis insoweit abzuziehen, als die Steuer mehr als 2 v. H. des Veräußerungspreises beträgt; diese Vergünstigung tritt nur ein, wenn binnen sechs Monaten nach Abschluß des Veräußerungsgeschäfts die Erteilung der Baugenehmigung für den geplanten Neubau beantragt und der Neubau selbst innerhalb zweier Jahre nach Abschluß des Veräußerungsgeschäfts bezugsfertig wird. Das gleiche gilt, wenn der Veräußerer eines unbebauten Grundstücks den Veräußerungspreis zu einem Um- oder Einbau an einem ihm gehörenden Gebäude verwendet, durch den eine oder mehrere Wohnungseinheiten neu geschaffen werden.

Die Steuer ist zunächst bis auf den Betrag von 2 v. H. des Veräußerungspreises zu stunden und nach Erfüllung der vorgenannten Bedingungen auf den nach Abs. 1 berechneten Betrag festzusetzen, sofern sich nicht aus den übrigen Bestimmungen der Steuerordnung ein niedrigerer Betrag ergibt.

Die Anwendung der Bestimmungen des ersten Absatzes kann von der Bestellung einer Sicherheitshypothek in Höhe des gestundeten Teils der Steuer abhängig gemacht werden. Wird der Veräußerungspreis nicht in vorstehendem Sinne verwandt, so ist die gestundete Steuer rückwirkend vom Fälligkeitstage ab mit Reichsbank-diskont zu verzinsen.

Vergleiche hierzu die Bemerkungen zu § 25 der Berliner Steuerordnung.

§ 20.

I. Die Steuer wird auf Antrag erlassen, erstattet oder ermäßigt:

1. bei Nichtigkeit des Rechtsgeschäfts oder des den Eigentumserwerb begründenden Rechtsvorganges;
2. bei Rückerwerb des Eigentums innerhalb zweier Jahre seit der Veräußerung zu einem Preise, der nur die Kosten des Erwerbs deckt;
3. bei Rückgängigmachung infolge Nichterfüllung der Vertragsbedingungen;
4. bei Preisminderung nach §§ 459 und 460 des BGB., soweit sie eine Ermäßigung der Steuer zur Folge hat.

II. Der Antrag muß innerhalb eines Jahres nach Eintritt des Ereignisses gestellt werden, auf welches sich der Erstattungsanspruch gründet.

III. Wird die Steuer aus einem der vorstehenden Gründe erlassen oder erstattet, so gilt die Veräußerung und der Rückerwerb im Sinne dieser Ordnung als nicht erfolgt.

Vergleiche hierzu die Bemerkungen zu § 26 der Berliner Steuerordnung.

§ 21.

1. Die zur Entrichtung der Steuer Verpflichteten und die zur Mithaft Verpflichteten haben der Steuerbehörde innerhalb zweier Wochen von dem die Steuerpflicht begründenden Ereignisse, sowie von allen sonstigen für die Festsetzung der Steuer in Betracht kommenden Verhältnissen, schriftliche Mitteilung zu machen und alle die Steuerpflicht betreffenden Urkunden vorzulegen.

2. Auf Verlangen der Steuerbehörde sind die Steuerpflichtigen verbunden, über bestimmte, für die Veranlagung der Steuer erhebliche Tatsachen innerhalb einer ihnen zu bestimmenden Frist schriftlich oder zu Protokoll Auskunft zu erteilen, andernfalls die Steuerbehörde selbständig ermittelt und veranlagt.

3. In den Fällen des § 1 ist auch die Gesellschaft oder der Verein zur Anzeige und zur Auskunft verpflichtet.

Vergleiche hierzu die Bemerkungen zu § 27 der Berliner Steuerordnung.

§ 22.

Die Steuerbehörde ist bei der Veranlagung der Steuer an die Angaben der Steuerpflichtigen nicht gebunden. Wird die erteilte Auskunft beanstandet, so sind dem Steuerpflichtigen vor der Veranlagung die Gründe der Beanstandung mit dem Anheimstellen mitzuteilen, hierüber binnen einer angemessenen Frist eine weitere Erklärung abzugeben. Ist eine Einigung mit dem Steuerpflichtigen nicht zu erzielen, so kann die Steuerbehörde die zu entrichtende Steuer nötigenfalls nach dem Gutachten Sachverständiger festsetzen.

Vergleiche hierzu die Bemerkungen zu § 28 der Berliner Steuerordnung.

§ 23.

1. Dem Steuerpflichtigen, sowie dem gemäß § 18, Absatz 2, für die Steuer Haftenden ist über die Veranlagung der Steuer ein schriftlicher Bescheid zuzustellen.

2. Die Steuer ist innerhalb 6 Wochen nach Zustellung des Veranlagungsbescheides an die städtische Einziehungsstelle zu entrichten.

3. Die vorstehend genannten Fristen können von der Steuerbehörde bei Gefährdung des Steueranspruchs abgekürzt werden.

Vergleiche hierzu die Bemerkungen zu § 29 der Berliner Steuerordnung.

§ 24.

Dem Steuerpflichtigen stehen gegen die Veranlagung die im Kommunalabgabengesetz gegebenen Rechtsmittel offen.

Vergleiche hierzu die Bemerkungen zu § 31 der Berliner Steuerordnung

§ 25.

Zuwiderhandlungen gegen die Bestimmungen dieser Steuerordnung werden mit einer Geldstrafe bis zu 150 RM. bestraft, sofern nicht nach anderen gesetzlichen Bestimmungen eine höhere Strafe verwirkt ist.

Vergleiche hierzu die Bemerkungen zu § 32 der Berliner Steuerordnung.

§ 26.

Die Steuerbehörde wird ermächtigt, im Einzelfall aus Billigkeitsgründen von der Erhebung der nach den vorstehenden Bestimmungen dieser Ordnung veranlagten Steuer ganz oder teilweise abzusehen.

Vergleiche hierzu die Bemerkungen zu § 33 der Berliner Steuerordnung.

§ 27.

Die Steuerordnung tritt mit dem Tage nach der Veröffentlichung in Kraft.

Mit dem gleichen Zeitpunkte tritt die bisher gültige Wertzuwachssteuerordnung vom 1. März 1926 nebst Nachtrag vom 22. März/12. April 1927 außer Kraft.

Vergleiche hierzu die Bemerkungen zu § 34 der Berliner Steuerordnung.

Frankfurt a. M., den 22. März 1928.

Der Magistrat.

6. Wertzuwachssteuerordnung der Stadtgemeinde Köln.

Auf Grund der §§ 13, 18, 63, 69, 70, 79, 82 und 90 des Kommunalabgabengesetzes vom 14. Juli 1893 — Gesetzsammlung S. 152 — in der jetzt geltenden Fassung, des Gesetzes über Änderungen im Finanzwesen vom 3. Juli 1913 — RGBl. I, S. 521 —, des § 38 des Preußischen Ausführungsgesetzes zum Finanzausgleichgesetz — Gesetzsammlung 1927 S. 63 — und des Beschlusses der Stadtverordnetenversammlung vom 5. Juli 1928 wird für den Stadtbezirk Köln folgende Steuerordnung erlassen:

§ 1.

1. Beim Übergang des Eigentums an Grundstücken und Grundstücksteilen in Köln wird eine Wertzuwachssteuer erhoben.

2. Den Grundstücken stehen Berechtigungen gleich, auf welche die Vorschriften des bürgerlichen Rechts über Grundstücke Anwendung finden; ausgenommen sind unbewegliche Bergwerksanteile.

3. Dem Übergang des Eigentums an Grundstücken steht gleich der Übergang von Rechten an dem Vermögen von Personenvereinigungen (einer Gesellschaft mit beschränkter Haftung, einer Kommanditgesellschaft, Aktiengesellschaft, Kommanditgesellschaft auf Aktien, Gewerkschaft, eingetragenen Genossenschaft, eines eingetragenen Vereins oder einer offenen Handelsgesellschaft usw.), soweit das Vermögen der Vereinigung aus in Köln belegenen Grundstücken besteht, wenn entweder zum Gegenstand des Unternehmens die Verwertung von Grundstücken gehört, oder wenn die Vereinigung geschaffen ist, um die Zuwachssteuer zu ersparen.

Vergleiche hierzu die Bemerkungen zu § 1 der Berliner Steuerordnung.

§ 2.

1. Die Steuerpflicht wird begründet durch die Eintragung der Rechtsänderung in das Grundbuch oder, wenn es einer solchen zum Übergange des Eigentums nicht bedarf (z. B. Zwangsversteigerung, Enteignung, Konsolidation), mit Vollendung des Rechtsvorganges, der die Rechtsänderung bewirkt.

2. Wenn der Übergang des Eigentums nicht innerhalb von sechs Monaten nach Abschluß des zur Übertragung des Eigentums verpflichtenden Veräußerungsgeschäftes erfolgt, tritt die Steuerpflicht mit Ablauf der sechs Monate nach Abschluß des Veräußerungsgeschäftes ein; als Veräußerungsgeschäfte gelten auch die im § 5 Abs. 4 des Grunderwerbsteuergesetzes in der Fassung der Be-

kanntmachung vom 11. März 1927 (RGBl. I S. 72) aufgeführten Geschäfte.

Vergleiche hierzu die Bemerkungen zu § 2 der Berliner Steuerordnung.

§ 3.

Steuerpflichtig ist auch ein Rechtsvorgang, der nicht unmittelbar den Übergang des Eigentums betrifft, aber ein Rechtsgeschäft zum Gegenstande hat, durch welches einem anderen ermöglicht werden soll, über das Grundstück wie ein Eigentümer zu verfügen.

Vergleiche hierzu die Bemerkungen zu § 3 der Berliner Steuerordnung.

§ 4.

Die Besteuerung wird nicht dadurch ausgeschlossen, daß ein nach der Steuerordnung steuerpflichtiger Rechtsvorgang durch einen anderen verdeckt wird.

Vergleiche hierzu die Bemerkungen zu § 4 der Berliner Steuerordnung.

§ 5.

I. Die Steuer wird nicht erhoben:

1. Beim Erwerbe von Todes wegen im Sinne des § 2 des Erbschaftssteuergesetzes, in der Fassung vom 22. August 1925 (RGBl. I S. 320) sowie beim Erwerb auf Grund einer Schenkung unter Lebenden im Sinne des § 3 des Erbschaftssteuergesetzes, sofern nicht die Form der Schenkung lediglich gewählt ist, um die Zuwachssteuer zu ersparen;
2. bei der Begründung, Änderung, Fortsetzung und Aufhebung der ehelichen Gütergemeinschaft;
3. beim Erwerb auf Grund von Verträgen, die zwischen Miterben oder Teilnehmern an einer ehelichen oder fortgesetzten Gütergemeinschaft zum Zwecke der Teilung der zum Nachlaß oder zum Gesamtgut gehörenden Gegenstände abgeschlossen werden, sowie beim Erwerb auf Grund eiens Zuschlages, der in den vorgenannten Fällen bei Teilung im Wege der Versteigerung einem Miterben oder Teilnehmer erteilt wird;
4. beim Erwerbe der Abkömmlinge von Eltern, Großeltern und entfernteren Voreltern, sowie beim Erwerb der Eltern von den Kindern; den Eltern stehen gleich die Stief- und Schwiegereltern, ebenso die Adoptiveltern;
5. beim Einbringen in eine ausschließlich aus dem Veräußerer und dessen Abkömmlingen oder aus diesen allein bestehende Vereinigung. Die Steuerpflicht tritt ein, wenn nachträglich ein Gesellschafter aufgenommen wird, der nicht zu den Abkömmlingen des Veräußerers gehört;
6. beim Einbringen von Nachlaßgegenständen in eine ausschließlich von Miterben gebildete Vereinigung. Die Vorschrift von Ziffer 5 Satz 2 findet entsprechende Anwendung;
7. beim Austausch im Inland gelegener Grundstücke zum Zwecke der Zusammenlegung (Flurbereinigung), der Ermöglichung einer besseren landwirtschaftlichen Ausnützung von Grundstücken in Gemengelage, der Grenzregelung, der besseren Gestaltung von Bauflächen (Umlegung) oder benachbarter Grundstücke zum Zwecke einer besseren gewerblichen Ausnützung, so-

wie bei Ablösung von Rechten an Forsten, wenn diese Maßnahmen auf der Anordnung einer Behörde beruhen oder von einer gesetzlich hierfür zuständigen Behörde als zweckdienlich anerkannt werden, sowie beim Austausch aus Anlaß der förmlichen Feststellung von Fluchtlinienplänen und der Abtretung von Straßenland;

8. wenn das Vermögen einer öffentlichen Körperschaft als Ganzes auf eine andere öffentliche Körperschaft übertragen wird;
9. beim Rückerwerb von Grundstücken gemäß § 19;
10. beim Erwerb durch verdrängte Grenzlands-, Auslands- und Kolonialdeutsche, die durch ihre Verdrängung ihre wirtschaftliche Lebensgrundlage ganz oder zum überwiegenden Teil verloren haben, sofern der Erwerb zum Zwecke der erstmaligen Wiederansetzung erfolgt und der Veräußerer nachweist, daß er den Veräußerungspreis im Hinblick auf die Nichterhebung der Wertzuwachssteuer entsprechend gesenkt hat;
11. bei Grundstückseintragungen, welche der Besiedelung des platten Landes oder der Schaffung gesunder Kleinwohnungen für Minderbemittelte zu dienen bestimmt sind, wenn als Veräußerer oder Erwerber Körperschaften des öffentlichen Rechts oder solche Personenvereinigungen, die sich mit den genannten Zwecken befassen, beteiligt sind und die Gewähr dafür gegeben ist, daß der Veräußerungspreis mit Rücksicht auf die Nichterhebung der Wertzuwachssteuer entsprechend gesenkt ist. Die Befreiung der Personenvereinigungen tritt nur für den erstmaligen Verkauf und den erstmaligen Erwerb ein, wenn der Reingewinn satzungsgemäß auf eine Verzinsung von höchstens 5 v. H. der Kapitaleinlagen beschränkt, bei Auslosungen, Ausscheiden eines Mitgliedes oder für den Fall der Auflösung der Vereinigung den Mitgliedern nicht mehr als der Nennwert ihrer Anteile zugesichert und bei der Auflösung der etwaige Rest des Vermögens für gemeinnützige Zwecke bestimmt ist;
12. vom Reich, dem Lande oder der Stadtgemeinde Köln.

II. Zu den Miterben im Sinne der Ziffer 3 und 6 wird der überlebende Ehegatte gerechnet, der mit den Erben des verstorbenen Gatten gütergemeinschaftliches Vermögen zu teilen hat. Die Steuerbefreiungen nach Ziffer 3 und 4 kommen auch Ehegatten von Miterben oder Teilnehmern an einer fortgesetzten Gütergemeinschaft, sowie Ehegatten von Abkömmlingen zu, wenn sie auf Grund des bestehenden Güterstandes ohne rechtsgeschäftliche Übertragung Eigentümer werden.

Vergleiche hierzu die Bemerkungen zu §§ 6 und 7 der Berliner Steuerordnung.

§ 6.

1. Als steuerpflichtiger Wertzuwachs gilt der Unterschied zwischen dem Erwerbspreise und dem Veräußerungspreise. Beruht der Erwerb auf einem gemäß § 5 Nr. I Ziffer 1 bis 9 steuerfreien Rechtsvorgange, so ist für die Ermittlung des Wertzuwachses von dem Preise zur Zeit des letzten steuerpflichtigen Rechtsvorganges auszugehen. Ob im Sinne dieser Vorschrift Rechtsvorgänge steuerfrei oder steuerpflichtig sind, ist auch für die Zeit vor dem Inkrafttreten dieser Ordnung nach ihr zu bestimmen.

2. Liegt der für die Bemessung des Wertzuwachses maßgebende Erwerbsvorgang vor dem 1. Januar 1900, so tritt an die Stelle des Preises der Wert, den das Grundstück an diesem Tage gehabt hat, wenn der Steuerpflichtige nicht den Erwerbspreis nachweist, den er oder sein Rechtsvorgänger vor jener Zeit bei einem steuerfreien oder steuerpflichtigen Erwerb gezahlt hat.

3. Für die Steuerberechnung im Sinne des § 8 Ziffer 5 und des § 16 Abs. 3 ist im Falle des Abs. 2 der 1. Januar 1900 bzw. der von dem Veräußerer nachgewiesene Erwerbstag maßgebend.

4. Der Preis bestimmt sich nach dem Gesamtbetrage der Gegenleistungen einschl. der vom Erwerber übernommenen oder ihm sonst infolge der Veräußerung obliegenden Leistungen und der vorbehaltenen oder auf dem Grundstück lastenden Nutzungen; bei Verträgen über Leistungen an Erfüllungsstatt nach dem Werte, zu dem die Gegenstände an Erfüllungsstatt angenommen werden.

5. Die auf einem nicht privatrechtlichen Titel beruhenden Abgaben und Leistungen, die auf dem Grundstück kraft Gesetzes lasten (gemeine Lasten), werden nicht mitgerechnet. Der Wert wiederkehrender Leistungen und Nutzungen bestimmt sich nach den Vorschriften der Reichsabgabenordnung.

6. Ist einem der Vertragschließenden ein Wahlrecht oder die Befugnis eingeräumt, innerhalb gewisser Grenzen den Umfang der Gegenleistung zu bestimmen, so ist der höchstmögliche Betrag der Gegenleistung maßgebend.

7. Beim Übergang im Wege der Zwangsversteigerung gilt als Preis der Betrag des Meistgebots, zu dem der Zuschlag erteilt ist, unter Hinzurechnung der vom Ersteher übernommenen gerichtlich festgestellten Leistungen. Im Falle der Abtretung der Rechte aus dem Meistgebot oder der Erklärung des Meistbietenden, daß er für einen anderen geboten habe, tritt an die Stelle des Meistgebots der Wert der Gegenleistung, wenn sie höher ist als das Meistgebot.

8. Ist ein Preis nicht vereinbart oder nicht zu ermitteln, so tritt an dessen Stelle der gemeine Wert des Grundstücks.

9. Das gleiche gilt, wenn auf dem Grundstück eine der im § 1 bezeichneten Berechtigungen oder ein Nießbrauchrecht lastet, zu deren Beseitigung der Veräußerer nicht verpflichtet ist und der gemeine Wert des Grundstückes unter Berücksichtigung seiner Belastung den Wert der Gegenleistung übersteigt.

10. Wenn die Beteiligten einen Teil des Entgelts in die Form einer Vermittlungsgebühr, einer den üblichen Zinssatz erheblich übersteigenden Verzinsung des gestundeten Preises oder einer sonstigen Nebenleistung kleiden, so ist der als Teil des Entgelts auszusetzende Betrag durch Schätzung zu ermitteln.

Vergleiche hierzu die Bemerkungen zu §§ 8, 9, 10, 14 der Berliner Steuerordnung.

§ 7.

1. Soweit der Erwerbspreis nicht in Gold-, Renten- oder Reichsmark zum Ausdruck gebracht ist, wird er gemäß den Bestimmungen des § 2 des Aufwertungsgesetzes vom 16. Juli 1925 (RGBl. I S. 117) nach seinem Goldmarkbetrage berechnet. Maßgebend für die Berechnung ist, falls ein Veräußerungsgeschäft abgeschlossen war, das zur Übertragung des Eigentums verpflichtete, der Tag des

Abschlusses des Rechtsgeschäftes, in allen übrigen Fällen der Tag der Vollendung des Rechtsvorganges, der die Rechtsänderung bewirkt hat.

2. Hat der Veräußerer beim Erwerbe des Grundstücks in Anrechnung auf den Erwerbspreis Schuldverpflichtungen, Hypotheken usw. übernommen, so gilt abweichend von der Bestimmung des vorhergehenden Absatzes für die Berechnung des Goldmarkbetrages der übernommenen Schuldverpflichtungen folgendes:

1. Bestehen die Schuldverpflichtungen bei der neuen Veräußerung des Grundstücks noch und werden diese von dem neuen Erwerber übernommen, so ist für die Berechnung ihres Goldmarkbetrages der Umrechnungstag des übrigen Erwerbspreises (Abs. 1) maßgebend; jedoch ist ihr Wert für die Berechnung des Erwerbspreises mindestens mit dem gleichen Betrage einzustellen, wie er bei der Berechnung des neuen Veräußerungspreises in Ansatz gebracht worden ist.
2. Sind die Schuldverpflichtungen bis zur neuen Veräußerung des Grundstückes getilgt, ist ihr Goldmarkbetrag nach dem Werte der Leistungen zu berechnen, die der Veräußerer für die Tilgung am Tilgungstage aufgewandt hat, soweit nicht ihr Goldmarkbetrag am Tage des Erwerbs des Grundstücks höher ist.

Vergleiche hierzu die Bemerkungen zu § 12 der Berliner Steuerordnung.

§ 8.

Dem Erwerbspreise sind hinzuzurechnen:

1. die nachweislich aufgewandten Erwerbskosten einschließlich einer etwa bezahlten Vermittlungsgebühr in ortsüblicher Höhe. An Stelle der nachweislich aufgewandten Erwerbskosten wird auf Antrag des Veräußerers ein Betrag von 6. v. H. des Erwerbspreises als Erwerbskosten angenommen;
2. die Aufwendungen für Bauten, Umbauten und sonstige dauernde Verbesserungen, auch solche land- und forstwirtschaftlicher Art, die innerhalb des für die Steuerberechnung maßgebenden Zeitraums gemacht sind und nicht der laufenden Unterhaltung von Baulichkeiten oder der laufenden Bewirtschaftung von Grundstücken dienen, soweit die Bauten und Verbesserungen noch vorhanden sind. Handelt es sich um ein Grundstück mit aufstehendem Wohnhause, so sind, wenn der Veräußerer das Grundstück unbebaut erworben und das Haus als Bauherr errichtet hat, den Baukosten 15 v. H. des anrechnungsfähigen Betrages hinzuzurechnen; diese Zurechnung vermindert sich anteilmäßig insoweit, als Bauhypotheken aus öffentlichen Mitteln gegeben sind oder für deren Verzinsung ein Zuschuß aus laufenden Mitteln gezahlt wird. Zu den dauernden Verbesserungen gehören auch die Kosten der erstmaligen Instandsetzung nach dem Erwerb. Öffentliche Zuschüsse, auf deren Rückgabe der Hergeber verzichtet hat, sind von den Kosten des Neubaues oder der Verbesserung abzuziehen; ebenso bleiben die durch Versicherungen gedeckten Kosten außer Ansatz;
3. Falls der Erwerb im Wege der Zwangsversteigerung erfolgt ist und der Veräußerer zur Zeit der Einleitung der Zwangsversteigerung Hypotheken- oder Grundschuldgläubiger war, der

nachweisliche Betrag seiner infolge der Zwangsversteigerung ausgefallenen Forderungen bis zu dem gemeinen Werte, den das Grundstück zur Zeit der Zwangsversteigerung hatte. Die Forderungen kommen, wenn sie durch entgeltliches Rechtsgeschäft erworben sind, nur in Höhe des geleisteten Entgelts in Anrechnung. Beruht ihr Erwerb auf einer Schenkung, oder ist ihre Eintragung innerhalb kürzerer Zeit als sechs Monate vor der Einleitung der Zwangsversteigerung erfolgt, so werden die Forderungen nur berücksichtigt, wenn nach den Umständen Schenkung oder Eintragung keine Steuerersparung bezwecken;

4. Aufwendungen und Beiträge für Straßenbauten und andere Verkehrsanlagen, ferner die auf Grund des § 9 Kommunalabgabengesetzes gezahlten nicht laufenden Abgaben;
5. für jedes vollendete Jahr des für die Steuerberechnung maßgebenden Zeitraumes bei bebauten Grundstücken 1 v. H. und bei unbebauten Grundstücken 2 v. H. Zinsen ohne Zinseszins von dem Erwerbspreise sowie den Hinzurechnungen gemäß § 8 Ziffer 1 bis 4.

Die Berechnung des Goldmarkbetrages hat gemäß § 7 Abs. 1 Satz 1 zu erfolgen; maßgebend ist

a) hinsichtlich der Erwerbskosten (Ziff. 1) der im § 7 Abs. 1 bestimmte Stichtag,
b) hinsichtlich der Aufwendungen (Ziff. 2 und 4) der Tag der Leistung,
c) hinsichtlich der Hypothek oder Grundschuld (Ziff. 3) der Zeitpunkt ihrer Erwerbung (§§ 3 und 5 des Aufwertungsgesetzes vom 16. Juli 1925 [RGBl. I S. 117]),
d) hinsichtlich des für den Erwerb der Forderungen geleisteten Entgelts (Ziff. 3) der Tag der Leistung.

Vergleiche hierzu die Bemerkungen zu § 13 der Berliner Steuerordnung.

§ 9.

Dem Veräußerungspreise sind hinzuzurechnen:

1. Entschädigungen für eine Wertminderung des Grundstücks (z. B. bei Teilenteignungen usw.), die während der maßgebenden Eigentumsdauer gezahlt sind oder deren Anspruch während dieser Zeit entstanden ist, wenn und soweit der Geldbetrag nicht zur Beseitigung des Schadens verwendet wurde;
2. ein nach den Vorschriften dieser Ordnung zu berechnender Steuerbetrag, wenn der Erwerber des Grundstücks die Zahlung der Zuwachssteuer übernommen hat.

Vergleiche hierzu die Bemerkungen zu §§ 19 und 20 der Berliner Steuerordnung.

§ 10.

Von dem Veräußerungspreise sind in Abzug zu bringen die dem Veräußerer nachweislich zur Last fallenden Kosten der Veräußerung einschließlich der von ihm für die Vermittlung gezahlten ortsüblichen Gebühr, sofern nicht an Stelle des Veräußerungspreises der gemeine Wert maßgebend ist.

Vergleiche hierzu die Bemerkungen zu § 18 der Berliner Steuerordnung.

§ 11.

1. Als unbebaut gelten die Grundstücke, die zur Zeit des Eigentumswechsels oder, wenn die Übergabe an den Käufer vorher stattgefunden hat, an diesem Zeitpunkte überhaupt nicht oder mit solchen Gebäuden bebaut waren, die — wie Schuppen, Gartenhäuser, Lagerstätten u. dgl. — vorübergehenden Zwecken dienten.

2. War das Grundstück früher mit Gebäuden bestanden, so gilt dasselbe als unbebaut. Ausgaben im Sinne des § 8 Ziff. 2 können jedoch bis zur Höhe des beim Abbruch vorhandenen Wertes berücksichtigt werden; ebenso können Ausgaben für die in Abs. 1 genannten Baulichkeiten bis zur Höhe des im Verkaufspreise für die Gebäude enthaltenen Entgelts angerechnet werden.

3. Werden Teile von einem Hausgrundstück abgetrennt und unbebaut veräußert, so gilt das veräußerte Grundstück als unbebaut.

4. Auf Berechtigungen (§ 1 Abs. 2) finden die für bebaute Grundstücke geltenden Vorschriften sinngemäß Anwendung.

§ 12.

Beim Tausch von Grundstücken ist die Steuer für jedes Grundstück gesondert zu berechnen.

Vergleiche hierzu die Bemerkungen zu § 22 der Berliner Steuerordnung.

§ 13.

1. Bei einem aus Anlaß einer Flurbereinigung, Grenzregulierung oder Umlegung empfangenen Grundstück ist als Erwerbspreis das Entgelt anzusehen, das bei dem letzten steuerpflichtigen Rechtsvorgang für das in die Flurbereinigung usw. gegebene Grundstück gezahlt worden ist.

2. Ausgleichszahlungen sind dem Erwerbspreise hinzu- oder abzurechnen. Für die Steuerberechnung kommt der auf diesem Wege berichtigte Erwerbspreis und die Größe des aus der Vereinigung empfangenen Grundstücks in Frage. Als Besitzdauer gilt die Zeit von dem Erwerb des in die Flurbereinigung, Grenzregulierung oder Umlegung gegebenen Grundstücks an.

Vergleiche hierzu die Bemerkungen zu § 15 der Berliner Steuerordnung.

§ 14.

1. Beschränkt sich der steuerpflichtige Rechtsvorgang auf einen Teil eines Grundstückes, so wird der Erwerbspreis dieses Teiles nach dem Verhältnis seines Wertes zum Werte des Gesamtgrundstücks berechnet. Das zu Straßen und Plätzen unentgeltlich abgetretene Land wird hierbei von der Gesamtgröße vorab in Abzug gebracht. Sind in dem Erwerbspreise Bauten oder sonstige Leistungen eingeschlossen, so ist deren Wert aus dem Erwerbspreis vorher auszusondern.

2. Werden mehrere Teile des Grundstücks durch verschiedene Rechtsvorgänge von demselben Veräußerer oder seinen Erben innerhalb fünf Jahren veräußert, so ist der Steuerpflichtige berechtigt, den bei einem Geschäft erlittenen, nach den Vorschriften dieser Ordnung zu berechnenden Verlust bei dem Veräußerungspreise des jeweilig letzten Geschäftes innerhalb dieses Zeitraums in Abzug zu

bringen. Die während des Zeitraums stattgefundenen Veranlagungen sind erforderlichenfalls zu berichtigen; ein diesbezüglicher Antrag ist innerhalb drei Monaten nach Ablauf der fünfjährigen Frist zu stellen. Für Erwerbsvorgänge, die vor dem Inkrafttreten dieser Ordnung stattgefunden haben, beginnt der Lauf der Frist mit dem Tage, an dem die Ordnung Geltung erlangt.

3. Aufwendungen kommen nur insoweit in Anrechnung, als sie den veräußerten Teil betreffen. Handelt es sich um eine das Gesamtgrundstück oder mehrere Teile desselben betreffende Anlage, so sind die zu berücksichtigenden Kosten nach dem Wertverhältnis zu verteilen.

Vergleiche hierzu die Bemerkungen zu § 16 der Berliner Steuerordnung.

§ 15.

1. Bei der steuerpflichtigen Überlassung eines gemeinschaftlichen Grundstücks an einen Mitberechtigten bleibt die Steuerpflicht auf den veräußerten Anteil beschränkt. Bei dem nächsten Steuerfall ist der Wertzuwachs für den eigenen und für den hinzuerworbenen Anteil gesondert zu berechnen und zu versteuern.

2. Eine gleiche gesonderte Steuerberechnung hat auch in anderen Fällen dann stattzufinden, wenn der Veräußerer Anteile des Grundstücks zu verschiedenen Zeiten erworben hat.

Vergleiche hierzu die Bemerkungen zu § 21 der Berliner Steuerordnung.

§ 16.

1. Die Steuer beträgt:

10 v. H. des Wertzuwachses bei einer Wertsteigerung von 25 v. H. bis ausschl. 50 v. H. des Erwerbspreises zuzüglich der Anrechnungen,
15 v. H. bei einer Wertsteigerung von 50 v. H. bis ausschl. 75 v. H.
20 v. H. bei einer Wertsteigerung von 75 v. H. bis ausschl. 100 v. H.
25 v. H. bei einer Wertsteigerung von 100 v. H. bis ausschl. 150 v. H.
30 v. H. bei einer Wertsteigerung von 150 v. H. und mehr.

2. Die nach Absatz 1 sich ergebende Steuer erhöht sich bei einem für die Steuerberechnung maßgebenden Zeitraum

bis zu	1 Jahr	um 100 v. H.
„ „	2 Jahren	„ 80 „ „
„ „	3 „	„ 60 „ „
„ „	4 „	„ 40 „ „
„ „	5 „	„ 20 „ „

mit der Maßgabe, daß die Steuer 30 v. H. des Wertzuwachses nicht übersteigen darf.

3. Der Steuersatz (Abs. 1) ermäßigt sich für das siebente und jedes vollendete weitere Jahr um je 1/2 v. H.; § 6 Abs. 1 Satz 2 und 3 finden auf den für die Steuerberechnung maßgebenden Zeitraum entsprechende Anwendung. Die Ermäßigung tritt nicht ein, wenn der für die Ermittlung des Wertzuwachses maßgebende Er-

werb des Grundstückes in der Zeit vom 1. Januar 1919 bis 31. Dezember 1923 stattgefunden hat.

4. Handelt es sich um den Verkauf eines Wohnhauses oder einer Ansiedlungsstätte an Kriegsbeschädigte oder an Hinterbliebene von Kriegsteilnehmern, die auf Grund des Kapitalabfindungsgesetzes Grundstücke erwerben, so ist auf Antrag eine außerordentliche Ermäßigung der Steuer um 50 v. H. zu gewähren, wenn der Veräußerungspreis mit Rücksicht auf die Person des Erwerbers wesentlich niedriger als sonst üblich festgesetzt ist.

5. Steuerbeträge, die im ganzen unter 50 RM bleiben, werden nicht erhoben.

Vergleiche hierzu die Bemerkungen zu § 23 der Berliner Steuerordnung.

§ 17.

1. Zur Entrichtung der Steuer ist der Veräußerer verpflichtet; mehrere Steuerpflichtige haften als Gesamtschuldner. Kann die Steuer von dem Veräußerer nicht beigetrieben werden, so haftet der Erwerber bis zum Höchstbetrage von 15 v. H. des Veräußerungspreises. Auf Erwerbungen im Wege der Zwangsversteigerung findet diese Bestimmung keine Anwendung. Die Haftung des Erwerbers erlischt zwei Jahre nach der Eintragung der Rechtsänderung im Grundbuch.

2. Hat der Erwerber die Zahlung der Steuer durch Parteivereinbarung übernommen, so haftet er für den vollen Steuerbetrag, und zwar an erster Stelle und unmittelbar. In diesem Falle haftet der Veräußerer erst, wenn die Steuer von dem Erwerber nicht beigetrieben werden kann.

3. Ist die Vornahme des steuerpflichtigen Rechtsvorganges unter Mitwirkung eines Bevollmächtigten oder durch die Tätigkeit eines Vermittlers mit der Maßgabe erfolgt, daß diesem der einen gewissen Betrag übersteigende Teil des Preises verbleibt, so haftet für den auf den Mehrerlös entfallenden Teil der Steuer neben dem Veräußerer als Gesamtschuldner derjenige, dem der Mehrerlös zukommt.

Vergleiche hierzu die Bemerkungen zu § 24 der Berliner Steuerordnung.

§ 18.

1. Bei Veräußerung von unbebauten Grundstücken zum Zwecke der Bebauung mit Wohnhäusern wird die Steuer zunächst gestundet und dann erlassen, wenn innerhalb von zwei Jahren nach Eintritt der Steuerpflicht die Gebäude errichtet sind und ihre Gebrauchsabnahme erfolgt ist, und wenn der Veräußerungspreis mit Rücksicht auf den Erlaß der Wertzuwachssteuer entsprechend gesenkt ist.

2. Ferner wird die Steuer erlassen bei der erstmaligen Veräußerung von Grundstücken, die zum Zwecke der Bebauung mit Wohnhäusern erworben sind und innerhalb von zwei Jahren nach erfolgter Bebauung weiterveräußert werden, wenn der Veräußerungspreis mit Rücksicht auf den Erlaß der Wertzuwachssteuer entsprechend gesenkt ist.

3. Die Steuer wird erstattet, wenn der Veräußerer den erzielten Kaufpreis zum Neubau eines Wohnhauses oder zu einem eine Wohnungsvermehrung bewirkenden Umbau im Stadtbezirke Köln verwendet hat. Ist nicht der volle Betrag zu genannten Zwecken ver-

wendet, so wird die Steuer nur in dem Verhältnis des verwendeten Betrages zum gesamten Erlöse ermäßigt. Der Erlaß oder die Ermäßigung tritt nur ein, wenn der Neu- oder Umbau binnen sechs Monaten nach der Veräußerung begonnen und innerhalb eines weiteren Jahres fertiggestellt ist.

Vergleiche hierzu die Bemerkungen zu § 25 der Berliner Steuerordnung.

§ 19.

I. Die Steuer wird auf Antrag erlassen, erstattet oder ermäßigt:

1. bei Nichtigkeit des Rechtsgeschäftes oder des den Eigentumserwerb begründenden Rechtsvorganges,
2. bei Aufhebung des Rechtsgeschäftes durch Parteivereinbarung oder infolge Ausübung eines vorbehaltenen Rücktrittsrechts,
3. bei Rückgängigmachung infolge Nichterfüllung der Vertragsbedingungen,
4. bei Preisminderung nach §§ 459 und 460 des BGB., soweit sie eine Ermäßigung der Steuer zur Folge hat,
5. bei Wahl eines geringeren als des höchstmöglichen Betrages der Gegenleistung (§ 6 Abs. 6), soweit sich danach die Steuer als zu hoch festgesetzt ergibt.

II. Der Antrag muß innerhalb eines Jahres nach Eintritt des Ereignisses gestellt werden, auf welches der Erstattungsanspruch sich gründet.

III. Wird die Steuer erlassen, so gilt die Veräußerung und der Rückerwerb im Sinne dieser Ordnung als nicht erfolgt.

Vergleiche hierzu die Bemerkungen zu § 26 der Berliner Steuerordnung.

§ 20.

1. Die zur Entrichtung der Steuer Verpflichteten und die zur Mithaft Verpflichteten haben innerhalb zweier Wochen nach dem Eintritt des die Steuerpflicht begründenden Ereignisses der Steuerbehörde hiervon sowie von allen sonstigen für die Festsetzung der Steuer in Betracht kommenden Verhältnissen schriftliche Mitteilung zu machen, auch die die Steuerpflicht betreffenden Urkunden vorzulegen.

2. Auf Verlangen der Steuerbehörde sind die Steuerpflichtigen verbunden, über bestimmte, für die Veranlagung der Steuer erhebliche Tatsachen innerhalb einer ihnen zu bestimmenden Frist schriftlich oder zu Protokoll Auskunft zu erteilen, andernfalls die Ermittlung und Veranlagung durch die Steuerbehörde selbständig vorgenommen werden.

3. In den Fällen des § 1 sind auch die Gesellschaft oder der Verein zur Anzeige und zur Auskunftserteilung verpflichtet.

Vergleiche hierzu die Bemerkungen zu § 27 der Berliner Steuerordnung.

§ 21.

Die Steuerbehörde ist bei der Veranlagung der Steuer an die Angaben der Steuerpflichtigen nicht gebunden. Wird die erteilte Auskunft beanstandet, so sind dem Steuerpflichtigen vor der Veranlagung die Gründe der Beanstandung mit dem Anheimstellen mitzuteilen, hierüber binnen einer angemessenen Frist eine weitere

Erklärung abzugeben. Findet eine Einigung mit dem Steuerpflichtigen nicht statt, so kann die Steuerbehörde die zu entrichtende Steuer nötigenfalls nach dem Gutachten Sachverständiger festsetzen.

Vergleiche hierzu die Bemerkungen zu § 28 der Berliner Steuerordnung.

§ 22.

1. Dem Steuerpflichtigen ist über die Veranlagung der Steuer ein schriftlicher Bescheid zuzustellen. Im Falle der Heranziehung der nach § 17 Abs. 1 Satz 2, Abs. 2 und 3 Haftenden ist diesen eine besondere Veranlagung zuzustellen.

2. Die Steuer ist innerhalb vier Wochen nach Zustellung an die in dem Bescheide bezeichnete Kasse zu entrichten.

Vergleiche hierzu die Bemerkungen zu § 29 der Berliner Steuerordnung.

§ 23.

1. Dem Steuerpflichtigen steht gegen die Veranlagung binnen einer Frist von vier Wochen nach Zustellung des Veranlagungsbescheides der Einspruch zu. Der Einspruch ist schriftlich beim Oberbürgermeister anzubringen.

2. Über den Einspruch entscheidet der Oberbürgermeister. Gegen diesen Bescheid steht dem Steuerpflichtigen binnen einer mit dem ersten Tage nach erfolgter Zustellung beginnenden Frist von zwei Wochen die Klage im Verwaltungsstreitverfahren an den Bezirksausschuß offen.

3. Durch die Einlegung eines Rechtsmittels wird die Verpflichtung zur Zahlung der Steuer nicht aufgehalten.

Vergleiche hierzu die Bemerkungen zu § 31 der Berliner Steuerordnung.

§ 24.

Zuwiderhandlungen gegen die Bestimmungen dieser Steuerordnung werden mit einer Geldstrafe bis zu dem nach dem Kommunalabgabengesetz zulässigen Höchstmaß bestraft, sofern nicht nach den sonstigen Gesetzen eine höhere Geldstrafe oder eine Freiheitsstrafe verwirkt ist.

Vergleiche hierzu die Bemerkungen zu § 32 der Berliner Steuerordnung.

§ 25.

1. Die Steuerbehörde wird ermächtigt, aus Billigkeitsgründen eine Herabsetzung der Steuer im Einzelfall vorzunehmen. Ebenso können bereits veranlagte Steuern auf Antrag durch die Steuerbehörde aus Billigkeitsgründen ganz oder teilweise erlassen oder niedergeschlagen werden.

2. Im Falle der Ablehnung des Antrages ist der Steuerschuldner berechtigt, innerhalb vier Wochen nach dem Tage der Zustellung des Bescheides einen erneuten Antrag zu stellen, den die Steuerbehörde vor endgültiger Entscheidung dem zur Prüfung solcher Fälle aus Mitgliedern des Gemeindesteuerausschusses gebildeten Unterausschusse zur Begutachtung vorzulegen hat.

Vergleiche hierzu die Bemerkungen zu § 33 der Berliner Steuerordnung.

§ 26.

1. Diese Steuerordnung tritt mit dem Tage der Beschlußfassung in Kraft. Mit dem gleichen Tage tritt die Wertzuwachssteuerordnung vom 8. Januar 1925 in der Fassung des Nachtrages vom 17. Dezember 1925 außer Kraft.

2. Rechtsvorgänge, bei denen das den Eigentumsübergang begründende Rechtsgeschäft vor dem Inkrafttreten dieser Steuerordnung abgeschlossen worden ist und der Eigentumsübergang nach dem Inkrafttreten erfolgt, unterliegen der Besteuerung nach der bisherigen Steuerordnung.

Vergleiche hierzu die Bemerkungen zu § 34 der Berliner Steuerordnung.

Köln, den 5. Juli 1928.

Der Oberbürgermeister.
J. V.: Cleff.

Der Oberpräsident der Rheinprovinz
G. T. B. Nr. 1698/28.

Koblenz, den 25. Sept. 1928.

Auf den Randbericht vom 3. August 1928 — JC. Nr. 1389/28 — betr. Wertzuwachssteuerordnung der Stadt Köln vom 5. Juli 1928, erteile ich auf Anweisung des Herrn Preußischen Ministers des Innern zu dem Genehmigungsbeschluß des Bezirksausschusses vom 1. August 1928 — Nr. B. A. 2 — 467/28 — die Zustimmung bis zum 31. März 1930, mit der Maßgabe, daß aus dieser Zustimmung keine Ansprüche irgendwelcher Art gegen den Staat oder das Reich auf Gewährleistung des Steuerbetrages oder in ähnlicher Beziehung hergeleitet werden können, falls etwa der Staat oder das Reich genötigt sein sollte, diese Steuerart für sich in Anspruch zu nehmen.

Ich behalte mir vor, die Zustimmung auf Antrag vor Ablauf der Frist geeignetenfalls zu verlängern.

In Vertretung:
gez. **Freiherr von Dungern.**

Beglaubigt:
gez. Koch,
Regierungs-Kanzleisekretär.

7. Wertzuwachssteuerordnung Dresden.

53. Nachtrag

zur Gemeindesteuerordnung für die Stadt Dresden vom 17. Dezember 1914

unter Berücksichtigung des 55. Nachtrags vom 8. III. 1928.

Die Stadtverordneten haben mit Zustimmung des Rates folgendes Ortsgesetz beschlossen:

Die Vorschriften des 43. Nachtrags in der Fassung von Artikel III des 45. und Artikel II des 47. Nachtrags erhalten die nachstehende Fassung, und zwar Artikel I über den Zuschlag zur Grunderwerbsteuer mit Rücksicht auf § 13 Ziffer 8 und § 19 Absatz 6 des Gesetzes über Änderungen des Finanzausgleichs zwischen Reich, Ländern und Gemeinden vom 10. August 1925 (RGBl. I S. 254) mit Wirkung vom 1. April 1927 ab, dagegen Artikel II erst von dem auf die Bekanntmachung folgenden Tage ab — beide Artikel vorbehältlich der Anwendung der bisherigen Vorschriften auf frühere Fälle —.

Artikel I.

Zuschlag zur Grunderwerbsteuer.

§ 1.

Die Stadtgemeinde Dresden erhebt zu der durch Reichsgesetz geordneten Grunderwerbsteuer einen Zuschlag von 2% des der Grunderwerbsteuer zugrunde gelegten Wertes oder Betrags.

§ 2.

(1) Einwendungen gegen die Zuschläge können nur innerhalb des für die Grunderwerbsteuer geordneten Rechtsmittelverfahrens geltend gemacht werden.

(2) Ein Erlaß, eine Ermäßigung oder Erstattung der Grunderwerbsteuer zieht die entsprechende Abänderung des Zuschlags ohne weiteres nach sich.

Artikel II.

Zuwachssteuer.

§ 1.

Gegenstand.

(1) Bei dem Übergang des Eigentums an einem Grundstück im Stadtbezirk wird von dem Wertzuwachse, der nach den folgenden Vorschriften zu berechnen ist, eine Zuwachssteuer erhoben.

(2) Dem Übergange des Eigentums an Grundstücken ist gleichzuachten die Begründung oder Übertragung einer veräußerlichen Berechtigung, für die ein Grundbuchblatt angelegt ist oder angelegt werden kann, mit Ausnahme unbeweglicher Bergwerksanteile.

(3) Dasselbe gilt vom Übergange von Rechten an dem Vermögen einer Gesellschaft mit beschränkter Haftung, einer Kommanditgesellschaft, Gewerkschaft, eingetragenen Genossenschaft, eines eingetragenen Vereins oder einer offenen Handelsgesellschaft, soweit das Vermögen der Vereinigung aus im Gemeindebezirk gelegenen Grundstücken besteht, wenn entweder zum Gegenstand des Unternehmens die Verwertung von Grundstücken gehört oder die Vereinigung geschaffen ist, um die Zuwachssteuer zu ersparen.

Vergleiche hierzu die Bemerkungen zu § 1 der Berliner Steuerordnung.

§ 2.

Eintritt der Steuerpflicht. Zwischengeschäfte.

(1) Die Steuerpflicht wird begründet durch die Eintragung der Rechtsänderung in das Grundbuch oder, wenn es einer solchen zum Übergange des Eigentums nicht bedarf, durch den Vorgang, der die Rechtsänderung bewirkt.

(2) Ein zur Übertragung des Eigentums verpflichtendes Veräußerungsgeschäft wird steuerpflichtig, wenn der Übergang des Eigentums nach Ablauf eines Jahres nach Abschluß dieses Veräußerungsgeschäfts nicht erfolgt ist.

(3) Liegen mehrere Veräußerungsgeschäfte innerhalb eines Jahres vor und führt eines von ihnen vor Ablauf des Jahres zum Eigentumsübergange (Absatz 1), so tritt gleichzeitig mit der Steuerpflicht des Eigentumsüberganges die Steuerpflicht derjenigen Veräußerungsgeschäfte ein, die dem zur Ausführung kommenden Veräußerungsgeschäfte vorangehen, und ihrerseits nicht zum Eigentumsübergange geführt haben.

(4) Die Zuwachssteuer wird aus Anlaß jedes einzelnen Veräußerungsgeschäftes berechnet und erhoben. Soweit nicht die Steuerpflicht nach Absatz 1 eintritt, ist für die Veranlagung der Zeitpunkt maßgebend, in dem das einzelne Rechtsgeschäft abgeschlossen worden ist.

Vergleiche hierzu die Bemerkungen zu § 2 der Berliner Steuerordnung.

§ 3.

Als Rechtsgeschäfte im Sinne von § 2 Absatz 2 und 3 sind auch anzusehen:

1. die Übertragung der Rechte der Erwerber aus Veräußerungsgeschäften;
2. die Übertragung von Rechten aus Anträgen zur Schließung eines Veräußerungsgeschäftes, die den Veräußerer binden, sowie aus Verträgen, durch die nur der Veräußerer zur Schließung eines Veräußerungsgeschäftes verpflichtet wird;
3. nachträgliche Erklärungen des aus einem Veräußerungsgeschäfte berechtigten Erwerbers, die Rechte für einen Dritten

erworben oder die Pflichten für einen Dritten übernommen zu haben;
4. die Abtretung der Rechte aus dem Meistgebote und die Erklärung des Meistbietenden, daß er für einen anderen geboten habe;
5. Rechtsgeschäfte, durch die jemand ermächtigt wird, ein Grundstück ganz oder teilweise auf eigene Rechnung zu veräußern;
6. Vollmachtserteilungen, bei denen dem Bevollmächtigten der einen gewissen Betrag übersteigende Teil oder mehr als 2% des von ihm erzielten Veräußerungspreises zugesichert werden;
7. Kaufangebote, an die der Veräußerer für eine gewisse Zeit gebunden ist.

Vergleiche hierzu die Bemerkungen zu §§ 2 Ziff. a und 24 Ziff. 5 der Berliner Steuerordnung.

§ 4.

Deckgeschäfte.

(1) Steuerpflichtig ist auch ein Rechtsvorgang, der es ohne Übertragung des Eigentums einem anderen ermöglicht, über das Grundstück wie ein Eigentümer zu verfügen. Die Besteuerung wird nicht dadurch ausgeschlossen, daß ein nach diesen Vorschriften steuerpflichtiger Rechtsvorgang durch einen anderen verdeckt wird.

(2) Die Vorschriften in § 5 Abs. 1, 2 und 3 Satz 1 der Reichsabgabenordnung finden entsprechende Anwendung."

Vergleiche hierzu die Bemerkungen zu §§ 3—5 der Berliner Steuerordnung.

§ 5.

Persönliche Befreiungen.

Von der Steuer (§ 7 Abs. 1) sind befreit:
1. das Reich, der sächsische Staat und die Stadtgemeinde Dresden;
2. Vereinigungen aller Art, die sich, ohne Erwerbszwecken zu dienen, satzungsgemäß mit innerer Kolonisation, Arbeiteransiedelung, Grundentschuldung oder Errichtung von Wohnungen für die minderbemittelten Klassen befassen, falls sie den zur Verteilung gelangenden Reingewinn auf eine höchstens 5%ige Verzinsung der Kapitaleinlagen beschränken, den Mitgliedern, Geschäftsführern oder sonstigen Beteiligten auch nicht in anderer Form besondere Vorteile gewähren, bei Auslosung, Austritt eines Mitgliedes oder für den Fall der Auflösung nicht mehr als den Nennwert ihrer Anteile zusichern und bei der Auflösung den etwaigen Rest ihres Vermögens für gemeinnützige Zwecke bestimmen.

Vergleiche hierzu die Bemerkungen zu §§ 6 und 7 Ziff. 12 der Berliner Steuerordnung.

§ 6.

Sachliche Befreiungen.

(1) Die Steuer wird nicht erhoben:
1. bei einem Erwerbe von Todes wegen im Sinne der Paragraphen 1 und 2 des Erbschaftsteuergesetzes in der Fassung der Bekanntmachung vom 22. August 1925 (RGBl. I S. 320);

2. beim Erwerbe auf Grund einer Schenkung unter Lebenden oder einer Zweckzuwendung im Sinne der Paragraphen 3 und 4 des Erbschaftsteuergesetzes, sofern nicht die Form der Schenkung oder Zweckzuwendung lediglich gewählt ist, um die Wertzuwachssteuer zu sparen. Bei Schenkungen mit einer Auflage beschränkt sich die Steuerbefreiung auf den Teil des gemeinen Wertes des Grundstücks, der den Wert der Auflage überschreitet;
3. bei der Begründung, Änderung, Fortsetzung und Aufhebung der ehelichen Gütergemeinschaft;
4. beim Erwerbe auf Grund von Verträgen, die zwischen Miterben oder Teilnehmern an einer ehelichen oder fortgesetzten Gütergemeinschaft zum Zwecke der Teilung der zum Nachlasse oder zum Gesamtgute gehörenden Gegenstände abgeschlossen werden, sowie beim Erwerbe auf Grund eines Zuschlages, der in den vorgenannten Fällen bei Teilung im Wege der Versteigerung einem Miterben oder Teilnehmer erteilt wird;
5. bei jeder anderen realen Teilung unter Miteigentümern zur gesamten Hand oder zu ideellen Bruchteilen und Umwandlung von Gesamthandeigentum in Miteigentum zu ideellen Bruchteilen, sowie umgekehrt, soweit hierbei der einzelne nicht mehr erhält, als sein bisheriger Anteil betrug;
6. beim Erwerbe der Abkömmlinge von den Eltern, Großeltern und entfernteren Voreltern, sowie beim Erwerbe der Eltern von den Kindern. Den Eltern stehen die Stiefeltern gleich, ebenso die Adoptiveltern, wenn kein Verdacht besteht, daß die Annahme an Kindes Statt zum Zwecke der Steuerhinterziehung vorgenommen ist;
7. beim Einbringen in eine ausschließlich aus dem Veräußerer und seinen Abkömmlingen oder aus diesen allein bestehende Gesellschaft des Bürgerlichen Gesetzbuches oder Vereinigung der in § 1 (3) bezeichneten Art; die Steuerpflicht tritt ein, soweit nachträglich ein Gesellschafter aufgenommen wird, der nicht zu den Abkömmlingen des Veräußerers gehört;
8. beim Einbringen von Nachlaßgegenständen in eine ausschließlich von Miterben gebildete Gesellschaft des Bürgerlichen Gesetzbuches oder Vereinigung der in § 1 (3) bezeichneten Art; die Steuerpflicht tritt ein, soweit nachträglich ein Gesellschafter aufgenommen wird, der nicht Miterbe ist;
9. beim Austausch von Grundstücken innerhalb der Gemeinde zum Zwecke der Zusammenlegung (Flurbereinigung), der Ermöglichung einer besseren landwirtschaftlichen Ausnützung von Grundstücken in Gemengelage, der Grenzregelung oder besseren Gestaltung von Bauflächen (Umlegung), wenn diese Maßnahmen auf der Anordnung einer Behörde beruhen oder von einer solchen als zweckdienlich anerkannt werden;
10. beim Austausche von Feldesteilen zwischen angrenzenden Bergwerken und bei der Vereinigung von zwei oder mehreren Bergwerken zum Zwecke der besseren bergbaulichen Ausnutzung, sofern der Austausch oder die Vereinigung nicht zum Zwecke der Steuerersparung erfolgt;

11. bei entgeltlicher Veräußerung von Grundbesitz an die Gemeinde zu Straßenbauzwecken;
12. bei Veränderungen, die nur zur Berichtigung des Grundbuches oder des Katasters erfolgen;
13. bei Rechtsgeschäften im Sinne von § 29 des Reichssiedelungsgesetzes vom 11. August 1919 (RGBl. S. 1429) und von § 36 des Reichsheimstättengesetzes vom 10. Mai 1920 (RGBl. S. 962); beide Bestimmungen in der jeweils geltenden Fassung.

(2) Zu den Miterben im Sinne von Ziffer 4 und 8 wird der überlebende Ehegatte gerechnet, der mit den Erben des verstorbenen Ehegatten gütergemeinschaftliches Vermögen zu teilen hat.

(3) Die Steuerbefreiungen nach Ziffer 4 und 6 kommen auch Ehegatten von Miterben oder Teilnehmern an einer fortgesetzten Gütergemeinschaft, sowie Ehegatten von Abkömmlingen zu, wenn sie auf Grund des bestehenden Güterstandes ohne rechtsgeschäftliche Übertragung Miteigentum erwerben.

Vergleiche hierzu die Bemerkungen zu § 7 der Berliner Steuerordnung.

§ 7.

Der Steuerpflichtige.

(1) Steuerpflichtig ist der Veräußerer und, sofern ein solcher nicht vorhanden ist, der bisherige Eigentümer. Mehrere Steuerpflichtige haften als Gesamtschuldner.

(2) Kann die Steuer von dem Veräußerer nicht beigetrieben werden, so haftet der Erwerber, wenn er die Steuer durch Parteivereinbarung übernommen hatte, bis zum vollen Steuerbetrage, im übrigen nur bis zu 10% des Veräußerungspreises. Diese Haftung fällt weg beim Erwerb im Wege der Zwangsversteigerung und sobald und soweit der Veräußerer einen entsprechenden Betrag gezahlt oder genügende Sicherheit geleistet hat.

(3) Zur Einhebung der Steuer von dem nach Absatz 2 Haftenden ist es nicht erforderlich, daß vorher die Zwangsversteigerung eines dem Veräußerer gehörenden Grundstücks betrieben worden ist.

Vergleiche hierzu die Bemerkungen zu § 24 der Berliner Steuerordnung.

§ 8.

Der Zuwachs.

(1) Als steuerpflichtiger Wertzuwachs gilt der Unterschied zwischen dem Erwerbspreise und dem Veräußerungspreise. Wenn der Erwerbspreis in Papiermark festgesetzt worden ist, wird er unter Zugrundelegung der Anlage zum Reichsgesetz über die Aufwertung von Hypotheken und anderen Ansprüchen (Aufwertungsgesetz) vom 16. Juli 1925 (RGBl. I S. 117) nach dem Stande vom Tage des Vertragsabschlusses auf Goldmark umgerechnet; eine Goldmark im Sinne dieser Bestimmung steht einer Reichsmark gleich. In entsprechender Weise sind alle bei der Wertzuwachsbesteuerung in Betracht kommenden Beträge zu ermitteln. Restkaufgelder sowie in Anrechnung auf den Preis übernommene Hypotheken, Grundschulden, Rentenschulden oder Reallasten werden

zum Zwecke der Berechnung des Preises nach den gesetzlichen Vorschriften aufgewertet, soweit nicht ein höherer Übernahmepreis dafür vereinbart oder durch amtliche Entscheidung festgestellt worden ist. Diese Bewertung gilt aber dann auch für die Berechnung des Erwerbspreises beim nächsten steuerpflichtigen Rechtsvorgang. Die Umrechnung der Restkaufgelder sowie der in Anrechnung auf den Preis übernommenen Hypotheken, Grundschulden, Rentenschulden oder Reallasten erfolgt aber nicht, wenn sie einen niedrigeren Erwerbspreis ergeben würde, als wenn der gesamte Erwerbspreis einschließlich etwa übernommener Hypotheken u. dgl. nach Satz 2 dieses Absatzes umgerechnet wird. Liegt der für die Berechnung des Erwerbspreises maßgebende Rechtsvorgang vor dem 1. Januar 1918, so ist als Erwerbspreis im Sinne von Satz 1 ein dem Nennbetrage des Mark-Kaufpreises oder -Wertes gleicher Reichsmarkbetrag und in entsprechender Weise für die zeitlich vor dem 1. Januar 1918 liegenden, bei der Wertzuwachsbesteuerung in Betracht kommenden Beträge ein dem Mark-Nennbetrage gleicher Reichsmarkbetrag anzunehmen, ohne daß dabei die Vorschriften im Satz 2 bis 6 Anwendung finden.

(2) Der Preis bestimmt sich nach dem Gesamtbetrage der Gegenleistung einschließlich der vom Erwerber übernommenen oder ihm sonst infolge der Veräußerung obliegenden Leistungen und der vorbehaltenen oder auf dem Grundstücke lastenden Nutzungen. Bei Verträgen über Leistung an Erfüllungs Statt bestimmt sich der Preis nach dem Werte, zu dem die Gegenstände an Erfüllungs Statt angenommen werden. Die auf einem nicht privatrechtlichen Titel beruhenden Abgaben und Leistungen, die auf dem Grundstück kraft Gesetzes lasten (gemeine Lasten), werden nicht mitgerechnet.

(3) Ist einem der Vertragschließenden ein Wahlrecht oder die Befugnis eingeräumt, innerhalb gewisser Grenzen den Umfang der Gegenleistung zu bestimmen, so ist der höchstmögliche Betrag der Gegenleistung maßgebend.

Vergleiche hierzu die Bemerkungen zu §§ 8 und 12 der Berliner Steuerordnung.

§ 9.

Erstehungspreis.

Beim Übergange im Wege der Zwangsversteigerung gilt als Preis der Betrag des Meistgebots, zu dem der Zuschlag erteilt wird, unter Hinzurechnung der vom Ersteher im gerichtlichen Verfahren übernommenen Leistungen. Im Falle der Abtretung der Rechte aus dem Meistgebote und der Erklärung des Meistbietenden, daß er für einen anderen geboten habe, tritt an die Stelle des Meistgebots der Wert der Gegenleistung, wenn sie höher ist als das Meistgebot. Diese Vorschrift gilt sinngemäß für den Fall, daß die Meistgebotsabgabe nach § 2 Absatz 2 und 3 verbunden mit § 3 Ziffer 4 als selbständiger Steuerfall zu behandeln ist.

Vergleiche hierzu die Bemerkung zu § 9 der Berliner Steuerordnung.

§ 10.

Preiskürzungen.

(1) Von dem Preise oder Werte kommt in Abzug der Preis oder Wert der vom Veräußerer übernommenen Lasten, der Maschinen,

auch soweit sie zu den wesentlichen Bestandteilen des Grundstücks gehören, und der Erzeugnisse des Grundstücks, solange sie mit dem Boden zusammenhängen.

(2) Besteht indessen die vom Veräußerer übernommene Last in der Verpflichtung, das Grundstück in irgendwelcher Weise zu verbessern, so sind die Kosten der Verbesserung dem Erwerbspreise oder Erwerbswerte hinzuzurechnen (§ 14 Ziffer 3).

Vergleiche hierzu die Bemerkungen zu § 11 der Berliner Steuerordnung.

§ 11.

Der Wert.

(1) Ist ein Preis nicht vereinbart oder nicht zu ermitteln, so tritt an dessen Stelle der Wert des Gegenstandes.

(2) Das gleiche gilt, wenn die Beteiligten den Preis zum Zwecke der Steuerersparung nicht so angeben, wie er unter ihnen vereinbart ist, wenn sie in derselben Absicht einen Teil des Entgeltes in die Form einer Vermittelungsgebühr, einer den üblichen Zinssatz erheblich übersteigenden Verzinsung des gestundeten Kaufpreises oder einer sonstigen Nebenleistung kleiden oder wenn auf dem Vertragsgegenstande eine der in § 1 (2) bezeichneten Berechtigungen oder ein Nießbrauchsrecht lastet, zu deren Beseitigung der Veräußerer nicht verpflichtet ist und der Wert des Gegenstandes den Betrag der Gegenleistung übersteigt.

Vergleiche hierzu die Bemerkungen zu § 10 der Berliner Steuerordnung.

§ 12.

Wertsberechnung.

(1) Die Wertsermittelung ist in den Fällen, wo für die Berechnung der Abgabe ein Wert in Betracht zu kommen hat, auf den gemeinen Wert zu richten. § 8 (3) findet Anwendung.

(2) Der Wert wiederkehrender Leistungen oder Nutzungen ist nach den §§ 144 bis 146 der Reichsabgabenordnung vom 13. Dezember 1919 (RGBl. S. 1993) zu berechnen.

Vergleiche hierzu die Bemerkungen zu § 8 der Berliner Steuerordnung.

§ 13.

Gesamtpreis.

(1) Betrifft der steuerpflichtige Rechtsvorgang steuerpflichtige und steuerfreie Gegenstände, ohne daß Einzelpreise oder Werte angegeben werden, so bestimmt die Steuerbehörde den auf die steuerpflichtigen Gegenstände entfallenden Teil der Gesamtsumme, wenn nicht der Steuerpflichtige auf Erfordern innerhalb der ihm bestimmten Frist die Trennung der Preise oder Werte nachholt. Sind zum Zwecke der Steuerersparung unrichtige Angaben gemacht worden, so ist der Betrag durch Schätzung zu ermitteln.

(2) Das gleiche gilt für die Verteilung des Gesamtbetrages auf mehrere steuerpflichtige Gegenstände.

Vergleiche hierzu die Bemerkungen zu § 11 der Berliner Steuerordnung.

§ 14.

Preiszuschläge.

(1) Dem Erwerbspreise sind hinzuzurechnen:

1. die Grunderwerbsteuer, die nach den im Zeitpunkt des Erwerbes geltenden Sätzen einschließlich der Gemeindezuschläge zu zahlen gewesen ist, und 2% des Erwerbspreises für die sonstigen Kaufunkosten. Hat der Steuerpflichtige Erwerbskosten überhaupt nicht oder nur zum Teil getragen, so werden keine oder im Verhältnis zu den obigen Sätzen entsprechend geringere Erwerbskosten angerechnet. Weist der Veräußerer nach, daß er einschließlich der ortsüblichen Vermittlungsgebühr einen höheren Betrag aufgewendet hat, so gilt dieser, falls er angemessen ist. Die Anrechnung fällt weg, wenn an Stelle des Erwerbspreises der Wert maßgebend ist;
2. falls der Erwerb im Wege der Zwangsversteigerung erfolgt ist und der Veräußerer zur Zeit der Einleitung der Zwangsversteigerung Hypotheken- oder Grundschuldgläubiger war, der nachweisliche Betrag seiner ausgefallenen Forderungen bis zu dem Werte, den das Grundstück zur Zeit der Zwangsversteigerung oder, wenn der Wert zur Zeit der Eintragung der Forderung höher war, zu diesem Zeitpunkte hatte. Die Anrechnung über den Wert des Grundstückes hinaus ist zulässig, wenn feststeht, daß der Steuerpflichtige den Gegenwert der Hypothek tatsächlich gewährt und Deckung des Ausfalles weder erhalten noch zu erwarten hat. Die Forderungen kommen, wenn sie durch entgeltliche Rechtsgeschäfte erworben sind, nur in Höhe des geleisteten Entgelts in Anrechnung. Beruht ihr Erwerb auf einer Schenkung, oder ist ihre Eintragung innerhalb kürzerer Zeit als 1 Jahr vor der Einleitung der Zwangsversteigerung erfolgt, so werden die Forderungen nur berücksichtigt, wenn nach den Umständen Schenkung oder Eintragung keine Steuerersparung bezwecken;
3. die noch nicht im Erwerbspreise enthaltenen unmittelbaren oder mittelbaren Aufwendungen für noch vorhandene Bauten, Umbauten und sonstige dauernde besondere Verbesserungen, auch land- und forstwirtschaftlicher Art, sowie für bergmännische Versuchs- und Ausrichtungsarbeiten mit Ausnahme der Aufwendungen, die der laufenden Unterhaltung von Baulichkeiten oder der laufenden Bewirtschaftung von Grundstücken dienen.

Als mittelbare Aufwendungen sind solche Aufwendungen zu betrachten, die aus Anlaß der Vornahme von Bauten, Umbauten und sonstigen Verbesserungen entstanden sind, wie die Kosten zur Beschaffung des Baugeldes und seiner grundbücherlichen Sicherstellung, die Bauzinsen usw.

Außerdem sind 5%, oder wenn der Veräußerer Baugewerbetreibender oder Bauhandwerker und selbst der Bauunternehmer ist, 15% des anrechnungsfähigen Wertes den Aufwendungen hinzuzurechnen. Diese Bestimmung findet jedoch keine Anwendung, wenn der Unternehmer eine Gesellschaft im Sinne des Handelsgesetzbuches oder eine Genossenschaft ist, die nicht ausschließlich aus Baugewerbetreibenden oder Bauhandwerkern bestehen.

Als Aufwendungen im Sinne dieser Vorschriften gelten Beträge, die aus Versicherungen gedeckt sind, nicht, wenn sie zur Wiederherstellung von Baulichkeiten verwendet sind, die vor dem für die Steuerberechnung maßgebenden Zeitraume errichtet waren;

4. die auf baurechtlicher Verpflichtung beruhenden unmittelbaren und mittelbaren Aufwendungen, Leistungen und Beiträge für die Beschaffung, den Ausbau und die Beschleusung öffentlicher Verkehrsräume, soweit sie innerhalb des für die Steuerberechnung maßgebenden Zeitraumes gemacht sind.

   Unentgeltlich beschafftes Straßen- und Platzland ist hierbei mit einem Drittel des Preises oder Wertes (§ 11) des zugehörigen Baulandes in Ansatz zu bringen;

5. $1^1/_2$% des Erwerbspreises und der Anrechnungen unter Ziffer 1 bis 4 für jedes Jahr des für die Steuerberechnung maßgebenden Zeitraumes. Die Hinzurechnung erfolgt für jedes volle Kalenderjahr nach Schluß des Jahres, in dem der für die Steuerberechnung maßgebende Zeitraum beginnt oder die Aufwendung gemacht, oder in dem bei Bauten und Umbauten die behördliche Gebrauchsabnahme und soweit eine solche nicht besteht, die gebrauchsfertige Herstellung erfolgt ist.

(2) Dem Erwerbspreise werden nicht zugerechnet Abgaben, die dem Veräußerer bei der Erwerbung des Grundstücks aus Anlaß der Genehmigung des Kaufvertrags auf Grund des Sächsischen Gesetzes über den Verkehr mit Grundstücken auferlegt worden sind.

Vergleiche hierzu die Bemerkungen zu § 13 der Berliner Steuerordnung.

§ 15.

Letzter Erwerbspreis.

(1) Beruht der Erwerb des Grundstückes auf einem steuerfreien Rechtsvorgang (§ 6), so ist für die Bemessung des Wertzuwachses von dem Preise zur Zeit des letzten steuerpflichtigen Rechtsvorganges auszugehen.

(2) Ob im Sinne dieser Vorschrift Rechtsvorgänge steuerfrei oder steuerpflichtig sind, ist auch für die Zeit vor dem Inkrafttreten dieses Nachtrags nach ihm zu bestimmen. Rechtsgeschäfte der in § 2 Absatz 2 und 3 sowie der in den §§ 3 und 4 bezeichneten Art stehen einem steuerfreien Erwerbsvorgange gleich, sofern sie vor dem 1. Januar 1919 abgeschlossen worden sind.

(3) Wenn der letzte steuerpflichtige Rechtsvorgang mehr als 40 Jahre vor dem Eintritt der Steuerpflicht liegt, so ist als Erwerbspreis der Wert anzusehen, den das Grundstück 40 Jahre vor dem Eintritt der Steuerpflicht hatte, sofern der Steuerpflichtige nicht nachweist, daß er oder sein Rechtsvorgänger vor jener Zeit bei einem steuerfreien oder steuerpflichtigen Erwerb einen höheren Erwerbspreis gezahlt hat. In diesem Falle gilt als für die Steuerberechnung maßgebender Zeitraum der Zeitraum von 40 Jahren.

Vergleiche hierzu die Bemerkungen zu § 14 der Berliner Steuerordnung.

§ 16.

(1) Bei einem aus Anlaß einer Flurbereinigung, Grenzregelung oder Umlegung (§ 6 Absatz 1 Ziffer 9) empfangenen Grundstück ist als Erwerbspreis das Entgelt anzusehen, das der Eigentümer oder sein Rechtsvorgänger für das in die Flurbereinigung, Grenzregelung oder Umlegung gegebene Grundstück gezahlt hat. Ausgleichszahlungen, die bei der Flurbereinigung, Grenzregelung oder Umlegung stattgefunden haben, sind entsprechend anzurechnen.

(2) Hat der Eigentümer oder sein Rechtsvorgänger bei der Flurbereinigung, Grenzregelung oder Umlegung mehrere Grundstücke empfangen, so werden deren Erwerbspreise aus dem im Absatz 1 bezeichneten Entgelt nach dem Verhältnis berechnet, in welchem die Werte der empfangenen Grundstücke im Zeitpunkte der Flurbereinigung, Grenzregelung oder Umlegung zueinander gestanden haben.

Vergleiche hierzu die Bemerkungen zu § 15 der Berliner Steuerordnung.

§ 17.

Teilveräußerungen.

(1) Beschränkt sich der steuerpflichtige Rechtsvorgang auf einen Teil des Grundstückes, so wird der Erwerbspreis dieses Teiles nach dem Verhältnisse seines Wertes zum Werte des gesamten Grundstückes berechnet.

(2) Bei Teilveräußerungen sind nur diejenigen Aufwendungen (§ 14 Ziffer 3 und 4) anzurechnen, welche diesen Teil ausschließlich oder gemeinschaftlich mit anderen Teilen betreffen. Im letzteren Falle erfolgt die Anrechnung nach dem Verhältnisse des Wertes, den die Grundstücksteile zur Zeit der Veräußerung haben.

(3) Die Aufwendungen für Straßenbauten sind nach der Anliegelänge zu verteilen.

Vergleiche hierzu die Bemerkungen zu § 16 Abs. 1 u. § 17 der Berliner Steuerordnung.

§ 18.

Anrechnung von Verlusten.

Werden Teile eines wirtschaftlich zusammenhängenden Grundbesitzes, der im Gemeindebezirke liegt, durch verschiedene Rechtsvorgänge von demselben Veräußerer oder dessen Erben innerhalb dreier Jahre übertragen, so ist der Steuerpflichtige berechtigt, von dem Wertzuwachse des einen Teiles des Grundstückes einen bei der Veräußerung anderer Teile eingetretenen Verlust abzuziehen. Etwa zuviel gezahlte Steuer wird nach Darlegung des nachträglich eingetretenen Verlustes erstattet. Der Verlust ist entsprechend den Bestimmungen dieses Nachtrages zu berechnen. Der Anspruch auf Anrechnung erlischt nach Ablauf eines Jahres vom Eintritt der Steuerpflicht des letzten hier in Betracht kommenden Rechtsvorganges an gerechnet.

Vergleiche hierzu die Bemerkungen zu § 16 Abs. 3 der Berliner Steuerordnung.

§ 19.

Der Veräußerungspreis.

(1) Von dem Veräußerungspreise sind die dem bisherigen Eigentümer nachweislich zur Last fallenden Kosten der Veräußerung

und Übertragung einschließlich der für die Vermittlung gezahlten ortsüblichen Gebühr abzuziehen, sofern nicht an Stelle des Veräußerungspreises der Wert maßgebend ist.

(2) Von dem Veräußerungspreise ist ferner auf Antrag des Veräußerers der Betrag in Abzug zu bringen, um den nachweislich während des für die Steuerberechnung maßgebenden Zeitraumes, jedoch nicht länger als für 15 zusammenhängende Jahre, der aus dem Grundstück erzielte Jahresertrag hinter 3% des Erwerbspreises zuzüglich der nach § 14 Ziffer 1 bis 4 zulässigen Anrechnungen zurückbleibt. Tritt an Stelle des Erwerbspreises der Wert des Grundstückes (§ 11 und § 15 Abs. 3), so sind die 3% von diesem Werte einschließlich der vorerwähnten Zurechnungen zu berechnen. Der Abzug ist nur auf volle Kalenderjahre zu gewähren. Ist ein Grundstück vor dem 1. Januar 1919 erworben worden, so sind vom Veräußerungspreise oder -werte für jedes der Kalenderjahre 1919 bis einschließlich 1923 je 2 v. H. des Erwerbspreises oder -wertes zuzüglich der Anrechnungen nach § 14 Ziffer 1 bis 4 ohne den im Satz 1 geforderten Nachweis und ohne Antrag abzurechnen, soweit diese Kalenderjahre in den 15jährigen Zeitraum fallen.

(3) Dem Veräußerungspreise sind Entschädigungen für eine Wertsminderung, insbesondere Brandschadenvergütung, hinzuzurechnen, soweit der Anspruch während des für die Steuerberechnung maßgebenden Zeitraumes nach dem 1. Januar 1911 entstanden und der Ertrag nicht nachweislich zur Beseitigung des Schadens verwendet worden ist.

(4) Wird die Zahlung der Zuwachssteuer nach dem Vertrage von dem Erwerber übernommen, so ist ein entsprechender Steuerbetrag dem Veräußerungspreise hinzuzurechnen und hiernach die Steuer festzusetzen. Bei der Weiterveräußerung bildet die vom Erwerber gezahlte Zuwachssteuer einen Teil seiner Erwerbskosten.

Vergleiche hierzu die Bemerkungen zu §§ 18, 19 der Berliner Steuerordnung.

§ 20.

Grundstücksanteile.

Im Falle der steuerpflichtigen Überlassung eines gemeinschaftlichen Grundstückes an einen Mitberechtigten oder Gesellschafter bleibt für die Bemessung des Wertzuwachses der Anteil des Erwerbers außer Betracht. Beim Eintritte des nächsten Steuerfalls ist der Wertzuwachs, der für den Anteil des Erwerbers seit dem letzten vor der Auseinandersetzung gelegenen steuerpflichtigen Rechtsvorgange entstanden ist, und der für die Anteile der früheren Mitberechtigten oder Gesellschafter seit der Auseinandersetzung eingetretene Wertzuwachs gesondert zu berechnen; doch ist ein bei einem Anteile erlittener Verlust von dem bei einem anderen Anteile sich ergebenden Wertzuwachse zu kürzen.

Vergleiche hierzu die Bemerkungen zu § 21 der Berliner Steuerordnung.

§ 21.

Tausch.

Bei der Vertauschung ist die Zuwachssteuer für jeden Tauschgegenstand gesondert zu berechnen und zu erheben.

Vergleiche hierzu die Bemerkungen zu § 22 der Berliner Steuerordnung.

§ 22.

Höhe der Steuer.

(1) Hat der Veräußerer das Eigentum am Grundstück in der Zeit vom 1. Januar 1919 bis 20. November 1923 erworben oder ist das Eigentum zwar nach dem 20. November 1923 übergegangen, das diesem Eigentumserwerbe zugrunde liegende Rechtsgeschäft aber in der Zeit vom 1. Januar 1919 bis 20. November 1923 endgültig abgeschlossen worden, so beträgt die Steuer 33 1/3 % des Wertzuwachses.

(2) In allen anderen Fällen beträgt die Steuer bei einem Wertzuwachs

von über v. H. des	bis Erwerbspreises	v. H. des Zuwachses
—	10	15
10	20	16
20	30	17
30	40	18,5
40	50	20
50	75	22,5
75	100	25
100	125	27,5
125	150	30
von über v. H. des	bis Erwerbspreises	v. H. des Zuwachses
150	175	33
175	200	36
200	225	40
225	250	44
250	—	50

(3) Als Erwerbspreis hat hierbei der durch die Zu- und Abrechnungen der §§ 10 bis 14 berichtigte Erwerbspreis zu gelten.

(4) Die in Absatz 2 aufgeführten Steuersätze erhöhen sich, wenn der für die Steuerberechnung maßgebende Zeitraum
nicht mehr als 1 Jahr beträgt, um 50 v. H.,
mehr als 1 Jahr, aber nicht mehr als 2 Jahre beträgt, um 40 v. H.,
mehr als 2 Jahre, aber nicht mehr als 3 Jahre beträgt, um 30 v. H.,
mehr als 3 Jahre, aber nicht mehr als 4 Jahre beträgt, um 20 v. H.,
mehr als 4 Jahre, aber nicht mehr als 5 Jahre beträgt, um 10 v. H.

(5) Die Steuerbeträge werden auf ganze Mark nach unten abgerundet; Beträge, die im ganzen unter 10 *RM* bleiben, werden nicht erhoben.

Vergleiche hierzu die Bemerkungen zu § 23 der Berliner Steuerordnung.

§ 23.

Fälligkeit der Steuer.

(1) Die Steuerschuld entsteht, sobald die Steuerpflicht nach § 2 eingetreten ist. Daß es zur Feststellung der Steuerschuld noch der Festsetzung des Betrages bedarf, schiebt die Entstehung nicht hinaus.

(2) Der Steuerbetrag ist binnen einem Monat nach der Zustellung des Steuerbescheides (§ 27) abzuführen. Die Erhebung wird durch eingewendete Rechtsmittel nicht aufgehalten. Nachdem der Antrag auf Eintragung gestellt worden ist, kann die Erlegung des Steuerbetrags in der voraussichtlichen Höhe gefordert oder Sicherstellung dafür verlangt werden, und zwar schon vor Entstehung und vor endgültiger Feststellung der Steuerschuld. Bei Stundung der Zuwachssteuer können Stundungszinsen bis zu 1% über den Reichsbankdiskontsatz erhoben werden, der zur Zeit der Stundungsbewilligung gilt.

(3) Bei der Veräußerung von unbebautem Grundbesitz zur Errichtung eines Wohnhauses kann die Steuer bis auf den Betrag von 2 v. H. des Veräußerungspreises zunächst gestundet und dann bis auf diesen Betrag ermäßigt werden, wenn der Erwerber innerhalb von zwei Jahren nach Eintritt der Steuerpflicht das Gebäude errichtet hat und die Gebrauchsabnahme erfolgt ist. Bei Grundstücken, die nicht voll bebaut werden sollen, erstreckt sich diese Vergünstigung nur auf denjenigen Teil, der für das Wohngebäude nebst Zubehör in ortsüblicher Weise benutzt wird. Wird das Grundstück vor der Bebauung oder vor Ablauf von zwei Jahren seit dem Erwerbe vom Erwerber unbebaut weiter veräußert, so wird der Steuerbetrag in voller Höhe sofort fällig.

Vergleiche hierzu die Bemerkung zu §§ 25, 29 der Berliner Steuerordnung.

§ 24.

Erlaß der Steuer.

(1) Ist im Falle des § 2 Absatz 2 und 3 und des § 3 das steuerpflichtige Rechtsgeschäft nichtig oder aufgehoben, so ist die Steuer auf Antrag zu erlassen. Wird das Grundstück auf den bisherigen Eigentümer wieder übertragen, so ist über den Erlaß nach billigem Ermessen zu entscheiden. Die Abgabe muß erlassen werden, wenn die Rückübertragung innerhalb zweier Jahre seit der Veräußerung erfolgt. Ferner ist in den Fällen der Preisminderung nach den §§ 459, 460 des Bürgerlichen Gesetzbuches der Veräußerungspreis entsprechend zu ermäßigen und der entsprechende Teil der Steuer zurückzuzahlen.

(2) Wird die Steuer erlassen, so gilt die Veräußerung im Sinne dieses Nachtrages als nicht erfolgt.

(3) Auch in anderen Fällen kann das Steueramt zur Beseitigung erwiesener Härten, die sich bei der Veranlagung aus der Anwendung der Zuwachssteuervorschriften ergeben, die Steuer ganz oder teilweise erlassen.

Vergleiche hierzu die Bemerkungen zu § 26 der Berliner Steuerordnung.

§ 25.

Anmeldepflicht.

(1) Die Steuerpflichtigen haben innerhalb eines Monats nach Eintritt der Steuerpflicht dem Steueramt den die Steuerpflicht begründenden Vorgang anzuzeigen. Die Verpflichtung hierzu trifft den Veräußerer und den Erwerber. Sind mehrere Veräußerer

oder Erwerber vorhanden, so trifft die Verpflichtung jeden von ihnen. Sie gilt in gleicher Weise für die gesetzlichen Vertreter.

(2) Die Frist beginnt mit dem Zeitpunkte, in welchem der Verpflichtete von dem steuerpflichtigen Rechtsvorgange oder von dem Rechtsgeschäfte Kenntnis erhält.

(3) Sind mehrere Personen zur Erstattung der Anmeldung verpflichtet, so wird durch die von einem Verpflichteten bewirkte Anmeldung der Anzeigepflicht der übrigen genügt.

(4) Auf Verlangen des Steueramts und innerhalb einer von ihm zu bestimmenden angemessenen Frist hat der zur Anmeldung verpflichtete Veräußerer dem Steueramte eine Zuwachssteuererklärung einzureichen, welche die für die Steuerpflicht und die Steuerbemessung in Betracht kommenden Umstände ersehen läßt. Die Steuererklärung ist unter der Versicherung zu erstatten, daß die Angaben nach bestem Wissen und Gewissen gemacht sind.

Vergleiche hierzu die Bemerkungen zu § 27 der Berliner Steuerordnung.

§ 26.

Auskunftspflicht.

(1) Personen, die als Veräußerer oder Erwerber oder als Vertreter eines von diesen an dem steuerpflichtigen Rechtsvorgange teilhaben, sind verpflichtet, auf Verlangen des Steueramtes über die Tatsachen, die für die Veranlagung der Abgabe von Bedeutung sind, Auskunft zu geben und die hierüber in ihrem Besitze befindlichen Urkunden vorzulegen.

(2) Das gleiche gilt im Falle des § 1 Absatz 3 von den dort genannten Gesellschaften, sowie allgemein von den an früheren steuerpflichtigen Vorgängen beteiligten Personen.

Vergleiche hierzu die Bemerkungen zu § 28 der Berliner Steuerordnung.

§ 27.

Steuerbescheid.

(1) Über den Steuerbetrag erhält der Steuerpflichtige einen Steuerbescheid, der die Person des Steuerpflichtigen, den Betrag der Zuwachssteuer, deren Berechnungsgrundlagen und die von der Steuererklärung abweichenden Punkte, ferner das zulässige Rechtsmittel enthält. Der Steuerbetrag ist an das Steueramt abzuführen.

(2) Auf Antrag des Grundstückseigentümers kann eine vorläufige unverbindliche Steuerberechnung erteilt werden gegen Entrichtung einer Gebühr von $^1/_2$ vom Tausend des Erwerbspreises, mindestens aber von 30 RM.

Vergleiche hierzu die Bemerkungen zu § 29 der Berliner Steuerordnung.

§ 28.

Strafbestimmungen.

(1) Wer der in den §§ 25 und 26 gesetzten Melde- und Auskunftspflicht nicht oder nicht vollständig nachkommt, kann, soweit keine Steuerhinterziehung vorliegt, mit Geldstrafe bis zu 150 RM. bestraft werden.

(2) Im übrigen gelten für das Strafverfahren die Bestimmungen in den §§ 55—60 des Gemeindesteuergesetzes in dessen jeweiliger Fassung.

Vergleiche hierzu die Bemerkungen zu § 32 der Berliner Steuerordnung.

§ 29.

Ist das Grundstück vor dem 1. Januar 1919 erworben worden, so wird die Zuwachssteuer nicht erhoben, wenn das Veräußerungsgeschäft vor dem Inkrafttreten dieses Nachtrags endgültig abgeschlossen worden ist und das Eigentum auf Grund dieses Rechtsgeschäftes spätestens binnen einem Jahre erworben wird.

Dresden, am 15. Dezember 1927.

Der Rat der Landeshauptstadt Dresden.

(S.) (gez.) Dr. Blüher.

II Dr. 46.

Dresden, am 16. Dezember 1927.

Genehmigt

in Ermächtigung des Ministeriums des Innern wegen der den Zuschlag zur Grunderwerbsteuer betreffenden Bestimmungen

und

in Ermächtigung des Kreisausschusses wegen der übrigen Bestimmungen.

Die Kreishauptmannschaft.

(St.) J. A.

v. Heygendorff.

56. Nachtrag

zur Gemeindesteuerordnung für die Stadt Dresden vom 17. Dezember 1914.

Die Stadtverordneten haben mit Zustimmung des Rates folgendes Ortsgesetz beschlossen.

Der 53. Nachtrag in der Fassung des 55. Nachtrages wird wie folgt geändert:

I.

Im Artikel I über den **Zuschlag zur Grunderwerbsteuer** erhält der § 1 folgende Fassung:

„§ 1.

Die Stadtgemeinde Dresden erhebt zu der durch Reichsgesetz geordneten Grunderwerbsteuer einen Zuschlag nach dem jeweils gesetzlich zulässigen Höchstsatze [1]).

II.

Im Artikel II über die **Wertzuwachssteuer** werden im § 14 Absatz 1 Ziffer 3 nach den Worten „die noch nicht im Erwerbspreise enthaltenen unmittelbaren oder mittelbaren Aufwendungen" eingefügt die Worte: „des Steuerpflichtigen".

Dieser Antrag tritt mit dem auf die Bekanntmachung folgenden Tage in Kraft.

Dresden, am 29. Oktober 1928.

Der Rat der Landeshauptstadt Dresden.

(St.) (gez.) Dr. Blüher.

II Dr. 18 b.

Genehmigt, und zwar Punkt I im Namen des Ministeriums des Innern, im übrigen in Ermächtigung des Kreisausschusses.

Kreishauptmannschaft Dresden, am 23. November 1928.

(St.) J. V.: Dr. Kunze.

---

[1]) Anmerkung: Zurzeit beträgt die Reichssteuer im Regelfalle 3% und der Zuschlag im Regelfalle 2% des steuerpflichtigen Wertes. In den Fällen des § 10 des Grunderwerbssteuergesetzes (bei gebundenem Besitz und bei Grundstücken im Eigentum von Personenvereinigungen usw.) beträgt die Reichssteuer 2% und der Zuschlag 1%, bei der erstmaligen Erhebung aber nur 1% bzw. ½% des steuerpflichtigen Wertes.

8. Wertzuwachssteuer Leipzig.

Zusammenfassung der Zuwachssteuerbestimmungen (54., 57., 65. und 67. Nachtrag zur Steuerordnung für die Stadt Leipzig vom 22. 6. 1915).

Das Ortsgesetz über die Erhebung einer Zuwachssteuer in der Stadt Leipzig vom 26. Mai 1915, B VII (Anhang 6) der Steuerordnung sowie der 11., 19. und 47. Nachtrag zur Steuerordnung für die Stadt Leipzig vom 22. Juni 1915 werden mit Wirkung vom 10. Juli 1924 ab durch die nachfolgenden ortsgesetzlichen Bestimmungen über den Zuschlag zur Grunderwerbsteuer und über die Zuwachssteuer — vorbehältlich der Anwendung auf frühere Fälle — ersetzt.

Artikel I.

Zuschlag zur Grunderwerbsteuer.

§ 1.

Die Stadtgemeinde Leipzig erhebt zu der durch Reichsgesetz geordneten Grunderwerbsteuer einen Zuschlag von 2 v. H. des der Grunderwerbsteuerberechnung zugrunde gelegten Wertes oder Betrages.

§ 2.

(1) Einwendungen gegen die Zuschläge können nur innerhalb des für die Grunderwerbsteuer geordneten Rechtsmittelverfahrens geltend gemacht werden.

(2) Ein Erlaß, eine Ermäßigung oder Erstattung der Grunderwerbsteuer zieht die entsprechende Abänderung des Zuschlags ohne weiteres nach sich.

Artikel II.

Zuwachssteuer.

§ 1.

Gegenstand.

(1) Bei dem Übergang des Eigentums an Grundstücken im Stadtbezirke wird nach den folgenden Vorschriften eine Zuwachssteuer erhoben.

(2) Dem Übergang des Eigentums an Grundstücken ist gleichzuachten die Begründung oder Übertragung einer veräußerlichen Be-

rechtigung, für die ein Grundbuchblatt angelegt ist oder angelegt werden kann, mit Ausnahme unbeweglicher Bergwerksanteile.

(3) Dasselbe gilt vom Übergang von Rechten an dem Vermögen einer Gesellschaft mit beschränkter Haftung, einer Kommanditgesellschaft, Gewerkschaft, eingetragenen Genossenschaft, eines eingetragenen Vereins oder einer offenen Handelsgesellschaft, soweit das Vermögen der Vereinigung aus im Gemeindebezirk gelegenen Grundstücken besteht, wenn entweder zum Gegenstand des Unternehmens die Verwertung von Grundstücken gehört, oder die Vereinigung geschaffen ist, um die Zuwachssteuer zu ersparen.

Vergleiche hierzu die Bemerkungen zu § 1 der Berliner Steuerordnung.

§ 2.

Eintritt der Steuerpflicht. Zwischengeschäfte.

(1) Die Steuerpflicht wird begründet durch die Eintragung der Rechtsänderung in das Grundbuch oder, wenn es einer solchen zum Übergang des Eigentums nicht bedarf, durch den Vorgang, der die Rechtsänderung bewirkt.

(2) Ein zur Übertragung des Eigentums verpflichtendes Veräußerungsgeschäft wird steuerpflichtig, wenn der Übergang des Eigentums nach Ablauf eines Jahres nach Abschluß dieses Veräußerungsgeschäfts nicht erfolgt ist.

(3) Liegen mehrere Veräußerungsgeschäfte innerhalb eines Jahres vor und führt eines von ihnen vor Ablauf des Jahres zum Eigentumsübergange (Absatz 1), so tritt gleichzeitig mit der Steuerpflicht des Eigentumsüberganges die Steuerpflicht derjenigen Veräußerungsgeschäfte ein, die dem zur Ausführung kommenden Veräußerungsgeschäfte vorangehen und ihrerseits nicht zum Eigentumsübergange geführt haben.

(4) Die Zuwachssteuer wird aus Anlaß jedes einzelnen Veräußerungsgeschäftes berechnet und erhoben. Soweit nicht die Steuerpflicht nach Absatz 1 eintritt, ist für die Veranlagung der Zeitpunkt maßgebend, in dem das einzelne Rechtsgeschäft abgeschlossen worden ist.

Vergleiche hierzu die Bemerkungen zu § 2 der Berliner Steuerordnung.

§ 3.

Als Rechtsgeschäfte im Sinne von § 2 Absatz 2 und 3 sind auch anzusehen:

1. die Übertragung der Rechte der Erwerber aus Veräußerungsgeschäften;
2. die Übertragung von Rechten aus Anträgen zur Schließung eines Veräußerungsgeschäftes, die den Veräußerer binden, sowie aus Verträgen, durch die nur der Veräußerer zur Schließung eines Veräußerungsgeschäftes verpflichtet wird;
3. nachträgliche Erklärungen des aus einem Veräußerungsgeschäfte berechtigten Erwerbers, die Rechte für einen Dritten erworben oder die Pflichten für einen Dritten übernommen zu haben;
4. die Abtretung der Rechte aus dem Meistgebot und die Erklärung des Meistbietenden, daß er für einen anderen geboten habe;

5. Rechtsgeschäfte, durch die jemand ermächtigt wird, ein Grundstück ganz oder teilweise auf eigene Rechnung zu veräußern;
6. Vollmachtserteilungen, bei denen dem Bevollmächtigten der einen gewissen Betrag übersteigende Teil oder mehr als 5 v. H. des von ihm erzielten Veräußerungspreises zugesichert werden;
7. Kaufangebote, an die der Veräußerer für eine gewisse Zeit gebunden ist.

Vergleiche hierzu die Bemerkungen zu § 2 der Berliner Steuerordnung.

§ 4.

Deckgeschäfte.

(1) Steuerpflichtig ist auch ein Rechtsvorgang, der es ohne Übertragung des Eigentums einen anderen ermöglicht, über das Grundstück wie ein Eigentümer zu verfügen. Die Besteuerung wird nicht dadurch ausgeschlossen, daß ein nach diesen Vorschriften steuerpflichtiger Rechtsvorgang durch einen anderen verdeckt wird.

(2) Die Vorschriften in § 5 Abs. 1, 2 und 3, Satz 1 und 2 der Reichsabgabenordnung finden entsprechende Anwendung.

Vergleiche hierzu die Bemerkungen zu §§ 3 und 4 der Berliner Steuerordnung.

§ 5.

Persönliche Befreiungen.

Von der Steuerpflicht (§ 7 Abs. 1) sind befreit:

1. das Reich, der Sächsische Staat, die Stadtgemeinde Leipzig und die von ihr unmittelbar verwalteten milden Stiftungen einschl. des Johannishospitals;
2. Vereinigungen aller Art, die sich, ohne Erwerbszwecken zu dienen, satzungsgemäß mit innerer Kolonisation, Arbeiteransiedelung, Grundentschuldung oder Errichtung von Wohnungen für die minderbemittelten Klassen befassen, falls sie den zur Verteilung gelangenden Reingewinn auf eine Verzinsung von höchstens 5 v. H. der Kapitaleinlagen beschränken, den Mitgliedern, Geschäftsführern oder sonstigen Beteiligten auch nicht in anderer Form besondere Vorteile gewähren, bei Auslosung, Austritt eines Mitglieds oder für den Fall der Auflösung nicht mehr als den Nennwert ihrer Anteile zusichern und bei der Auflösung den etwaigen Rest ihres Vermögens für gemeinnützige Zwecke bestimmen.

Vergleiche hierzu die Bemerkungen zu § 6 der Berliner Steuerordnung.

§ 6.

Sachliche Befreiungen.

(1) Die Steuer wird nicht erhoben:

1. bei einem Erwerb von Todes wegen im Sinne der §§ 1 und 2 des Erbschaftssteuergesetzes in der Fassung der Bekanntmachung vom 22. 8. 1925 (RGBl. I S. 320);
2. beim Erwerb auf Grund einer Schenkung unter Lebenden oder einer Zweckzuwendung im Sinne der §§ 3 und 4 des Erbschaftssteuergesetzes sofern nicht die Form der Schenkung lediglich gewählt ist, um die Zuwachssteuer zu sparen. Bei Schen-

kungen mit einer Auflage beschränkt sich die Steuerbefreiung auf den Teil des gemeinen Wertes des Grundstücks, der den Wert der Auflage überschreitet;

3. bei der Begründung, Änderung, Fortsetzung und Aufhebung der ehelichen Gütergemeinschaft;
4. beim Erwerbe auf Grund von Verträgen, die zwischen Miterben oder Teilnehmern an einer ehelichen oder fortgesetzten Gütergemeinschaft zum Zwecke der Teilung der zum Nachlasse oder zum Gesamtgute gehörenden Gegenstände abgeschlossen werden, sowie beim Erwerbe auf Grund eines Zuschlages, der in den vorgenannten Fällen bei Teilung im Wege der Versteigerung einem Miterben oder Teilnehmer erteilt wird;
5. bei jeder anderen realen Teilung unter Miteigentümern zur gesamten Hand oder zu ideellen Bruchteilen, und Umwandlung von Gesamthandeigentum im Miteigentum zu ideellen Bruchteilen, sowie umgekehrt, soweit hierbei der einzelne nicht mehr erhält, als sein bisheriger Anteil betrug;
6. beim Erwerb der Abkömmlinge von den Eltern, Großeltern und entfernteren Voreltern; sowie beim Erwerbe der Eltern von den Kindern. Den Eltern stehen die Stiefeltern gleich, ebenso die Adoptiveltern, wenn kein Verdacht besteht, daß die Annahme an Kindes Statt zum Zwecke der Steuerhinterziehung vorgenommen ist;
7. beim Einbringen in eine ausschließlich aus dem Veräußerer und seinen Abkömmlingen oder aus diesen allein bestehende Gesellschaft des Bürgerlichen Gesetzbuches oder Vereinigung der in § 1 Absatz 3 bezeichneten Art. Die Steuerpflicht tritt ein, wenn nachträglich ein Gesellschafter aufgenommen wird, der nicht zu den Abkömmlingen des Veräußerers gehört;
8. beim Einbringen von Nachlaßgegenständen in eine ausschließlich von Miterben gebildete Gesellschaft des Bürgerlichen Gesetzbuches oder Vereinigung der in § 1 Absatz 3 bezeichneten Art. Die Steuerpflicht tritt ein, wenn nachträglich ein Gesellschafter aufgenommen wird, der nicht Miterbe ist;
9. beim Austausch von Grundstücken innerhalb der Gemeinde zum Zwecke der Zusammenlegung, Grenzregelung oder besseren Gestaltung von Bauflächen (Umlegung), wenn diese Maßnahmen auf der Anordnung einer Behörde beruhen oder von einer solchen als zweckdienlich anerkannt werden;
10. beim Austausche von Feldesteilen zwischen angrenzenden Bergwerken und bei der Vereinigung von zwei oder mehreren Bergwerken zum Zwecke der besseren bergbaulichen Ausnutzung, sofern der Austausch oder die Vereinigung nicht zum Zwecke der Steuerersparung erfolgt;
11. bei entgeltlicher Veräußerung von Grundbesitz an die Gemeinde zu Straßenbauzwecken, soweit es sich nicht um Straßen- und Platzkernflächen handelt, deren Beschaffung nicht den Anliegern obliegt;
12. bei Veränderungen, die nur zur Berichtigung des Grundbuchs oder des Flurbuchs erfolgen;
13. bei Rechtsgeschäften im Sinne von § 29 des Reichssiedelungsgesetzes vom 11. August 1919 (RGBl. S. 1429) und von § 36

des Reichsheimstättengesetzes vom 10. Mai 1920 (RGBl. S. 962); beide Bestimmungen in der jeweils geltendes Fassung.

(2) Zu den Miterben im Sinne von Ziffer 4 und 8 wird der überlebende Ehegatte gerechnet, der mit den Erben des verstorbenen Ehegatten gütergemeinschaftliches Vermögen zu teilen hat.

(3) Die Steuerbefreiungen nach Ziffer 4 und 6 kommen auch Ehegatten von Miterben oder Teilnehmern an einer fortgesetzten Gütergemeinschaft sowie Ehegatten von Abkömmlingen zu, wenn sie auf Grund des bestehenden Güterstandes ohne rechtsgeschäftliche Übertragung Miteigentum erwerben.

Vergleiche hierzu die Bemerkungen zu § 7 der Berliner Steuerordnung.

§ 7.

Der Steuerpflichtige.

(1) Steuerpflichtig ist der Veräußerer und, sofern ein solcher nicht vorhanden ist, der bisherige Eigentümer. Mehrere Steuerpflichtige haften als Gesamtschuldner.

(2) Kann die Steuer von dem Veräußerer nicht beigetrieben werden, so haftet der Erwerber, wenn er die Steuer durch Parteivereinbarung übernommen hatte, bis zum vollen Steuerbetrage, im übrigen nur bis zu 10 v. H. des Veräußerungspreises. Diese Haftung fällt weg beim Erwerb im Wege der Zwangsversteigerung und sobald und soweit der Veräußerer einen entsprechenden Betrag gezahlt oder genügende Sicherheit geleistet hat.

(3) Zur Einhebung der Steuer von dem nach Absatz 2 Haftenden ist es nicht erforderlich, daß vorher die Zwangsversteigerung eines dem Veräußerer gehörenden Grundstücks betrieben worden ist.

Vergleiche hierzu die Bemerkungen zu § 24 der Berliner Steuerordnung.

§ 8.

Der Zuwachs.

(1) Als steuerpflichtiger Wertzuwachs gilt der Unterschied zwischen dem Erwerbspreise und dem Veräußerungspreise. Wenn der Erwerbspreis in Papiermark festgesetzt worden ist, wird er unter Zugrundelegung der Anlage zum Reichsgesetz über die Aufwertung von Hypotheken und anderen Ansprüchen (Aufwertungsgesetz) vom 16. Juli 1925 (RGBl. I S. 117) nach dem Stande vom Tage des Vertragsabschlusses auf Goldmark umgerechnet; eine Goldmark im Sinne dieser Bestimmung steht einer Reichsmark gleich. In entsprechender Weise sind alle bei der Wertzuwachsbesteuerung in Betracht kommenden Beträge zu ermitteln. Restkaufgelder sowie in Anrechnung auf den Preis übernommene Hypotheken, Grundschulden, Rentenschulden oder Reallasten werden zum Zwecke der Berechnung des Preises nach den gesetzlichen Vorschriften aufgewertet, soweit nicht ein höherer Übernahmepreis dafür vereinbart oder durch amtliche Entscheidung festgestellt worden ist. Diese Bewertung gilt aber dann auch für die Berechnung des Erwerbspreises beim nächsten steuerpflichtigen Rechtsvorgang. Die Umrechnung der Restkaufgelder sowie der in Anrechnung auf den Preis übernommenen Hypotheken, Grundschulden, Rentenschulden oder Reallasten erfolgt aber nicht, wenn sie einen niedrigeren Erwerbspreis ergeben

würde, als wenn der gesamte Erwerbspreis einschl. etwa übernommener Hypotheken u. dgl. nach Satz 2 dieses Absatzes umgerechnet wird.

(2) Der Preis bestimmt sich nach dem Gesamtbetrage der Gegenleistung einschl. der vom Erwerber übernommenen oder ihm sonst infolge der Veräußerung obliegenden Leistungen und der vorbehaltenen oder auf dem Grundstücke lastenden Nutzungen. Bei Verträgen über Leistung an Erfüllungsstatt bestimmt sich der Preis nach dem Werte, zu dem die Gegenstände an Erfüllungsstatt angenommen werden. Die auf einem nicht privatrechtlichen Titel beruhenden Abgaben und Leistungen, die auf dem Grundstück kraft Gesetzes lasten (gemeine Lasten), werden nicht mit gerechnet.

(3) Ist einem der Vertragschließenden ein Wahlrecht oder die Befugnis eingeräumt, innerhalb gewisser Grenzen den Umfang der Gegenleistung zu bestimmen, so ist der höchstmögliche Betrag der Gegenleistung maßgebend.

Vergleiche hierzu die Bemerkungen zu §§ 8 und 12 der Berliner Steuerordnung.

§ 9.

Erstehungspreis.

Beim Übergang im Wege der Zwangsversteigerung gilt als Preis der Betrag des Meistgebots, zu dem der Zuschlag erteilt wird, unter Hinzurechnung der vom Ersteher im gerichtlichen Verfahren übernommenen Leistungen. Im Falle der Abtretung der Rechte aus dem Meistgebot und der Erklärung des Meistbietenden, daß er für einen anderen geboten habe, tritt an die Stelle des Meistgebots der Wert der Gegenleistung, wenn sie höher ist als das Meistgebot. Diese Vorschrift gilt sinngemäß für den Fall, daß die Meistgebotsabgabe nach § 2 Absatz 2 und 3 verbunden mit § 3 Ziffer 4 als selbständiger Steuerfall zu behandeln ist.

Vergleiche hierzu die Bemerkungen zu § 9 der Berliner Steuerordnung.

§ 10.

Preiskürzungen.

(1) Von dem Preise oder Werte kommt in Abzug der Preis oder Wert der vom Veräußerer übernommenen Lasten, der Maschinen, auch soweit sie zu den wesentlichen Bestandteilen des Grundstücks gehören, und der Erzeugnisse des Grundstücks, solange sie mit dem Boden zusammenhängen.

(2) Besteht indessen die vom Veräußerer übernommene Last in der Verpflichtung, das Grundstück in irgendeiner Weise zu verbessern, so sind die Kosten der Verbesserung dem Erwerbspreise oder Erwerbswerte hinzuzurechnen (§ 14 Ziffer 3).

§ 11.

Der Wert.

(1) Ist ein Preis nicht vereinbart oder nicht zu ermitteln, so tritt an dessen Stelle der Wert des Gegenstandes.

(2) Das gleiche gilt, wenn die Beteiligten den Preis zum Zwecke

der Steuerersparung nicht so angeben, wie er unter ihnen vereinbart ist, wenn sie in derselben Absicht einen Teil des Entgeltes in die Form einer Vermittlungsgebühr, einer den Lombardsatz der Reichsbank erheblich übersteigenden Verzinsung des gestundeten Kaufpreises oder einer sonstigen Nebenleistung kleiden oder wenn auf dem Vertragsgegenstande eine der in § 1 Absatz 2 bezeichneten Berechtigungen oder ein Nießbrauchsrecht lastet, zu deren Beseitigung der Veräußerer nicht verpflichtet ist, und der Wert des Gegenstandes den Betrag der Gegenleistung übersteigt.

Vergleiche hierzu die Bemerkungen zu § 10 der Berliner Steuerordnung.

§ 12.

Wertsberechnung.

(1) Die Wertsermittelung ist in den Fällen, wo für die Berechnung der Abgabe ein Wert in Betracht zu kommen hat, auf den gemeinen Wert zu richten. § 8 Absatz 3 findet Anwendung.

(2) Der Wert wiederkehrender Leistungen oder Nutzungen ist nach den §§ 144 bis 146 der Reichsabgabenordnung vom 13. Dezember 1919 (RGBl. S. 1993) zu berechnen.

Vergleiche hierzu die Bemerkungen zu § 10 der Berliner Steuerordnung.

§ 13.

Gesamtpreis.

(1) Betriff der steuerpflichtige Rechtsvorgang steuerpflichtige und steuerfreie Gegenstände, ohne daß Einzelpreise oder -werte angegeben werden, so bestimmt das Steueramt den auf die steuerpflichtigen Gegenstände entfallenden Teil der Gesamtsumme, wenn nicht der Steuerpflichtige auf Erfordern innerhalb der ihm bestimmten Frist die Trennung der Preise oder Werte nachholt. Sind zum Zwecke der Steuerersparung unrichtige Angaben gemacht worden, so ist der Betrag durch Schätzung zu ermitteln.

(2) Das gleiche gilt für die Verteilung des Gesamtbetrages auf mehrere steuerpflichtige Gegenstände.

Vergleiche hierzu die Bemerkungen zu § 11 der Berliner Steuerordnung.

§ 14.

Preiszuschläge.

Dem Erwerbspreise sind hinzuzurechnen:

1. die Grunderwerbsteuer, die nach den im Zeitpunkt des Erwerbes geltenden Sätzen einschl. des Gemeindezuschlags zu zahlen gewesen ist und 2 v. H. des Erwerbspreises für die sonstigen Kaufunkosten, wenn der Erwerb nach dem Grunderwerbsteuergesetz vom 12. 9. 1919 (RGBl. S. 1617) steuerpflichtig war; im übrigen 3 v. H. des Erwerbspreises. Hat der Steuerpflichtige Erwerbskosten überhaupt nicht oder nur zum Teil getragen, so werden keine oder im Verhältnis zu den obigen Sätzen entsprechend geringere Erwerbskosten angerechnet. Weist der Veräußerer nach, daß er einschl. der ortsüblichen Vermittlungsgebühr einen höheren Betrag aufgewendet hat, so gilt dieser, falls er angemessen ist. Die Anrechnung fällt

weg, wenn an Stelle des Erwerbspreises der Wert maßgebend ist;

2. falls der Erwerb im Wege der Zwangsversteigerung erfolgt ist und der Veräußerer zur Zeit der Einleitung der Zwangsversteigerung Hypotheken- oder Grundschuldgläubiger war, der nachweisliche Betrag seiner ausgefallenen Forderungen bis zu dem Werte, den das Grundstück zur Zeit der Zwangsversteigerung oder, wenn der Wert zur Zeit der Eintragung der Forderung höher war, zu diesem Zeitpunkt hatte. Die Anrechnung über den Wert des Grundstücks hinaus ist zulässig, wenn feststeht, daß der Steuerpflichtige den Gegenwert der Hypothek tatsächlich gewährt und Deckung des Ausfalls weder erhalten noch zu erwarten hat. Die Forderungen kommen, wenn sie durch entgeltliche Rechtsgeschäfte erworben sind, nur in Höhe des geleisteten Entgelts in Anrechnung. Beruht ihr Erwerb auf einer Schenkung, oder ist ihre Eintragung innerhalb kürzerer Zeit als 1 Jahr vor der Einleitung der Zwangsversteigerung erfolgt, so werden die Forderungen nur berücksichtigt, wenn nach den Umständen Schenkung oder Eintragung keine Steuerersparung bezwecken;

3. die noch nicht im Erwerbspreise enthaltenen unmittelbaren oder mittelbaren Aufwendungen des Steuerpflichtigen für noch vorhandene Bauten, Umbauten, Instandsetzungen und sonstige dauernde besondere Verbesserungen, auch land- und forstwirtschaftlicher Art sowie für bergmännische Versuchs- und Ausrichtungsarbeiten, mit Ausnahme der Aufwendungen, die der laufenden Bewirtschaftung von Grundstücken dienen.

   Als mittelbare Aufwendungen sind solche Aufwendungen zu betrachten, die aus Anlaß der Vornahme von Bauten, Umbauten und sonstigen Verbesserungen entstanden sind, wie die Kosten zur Beschaffung des Baugeldes und seiner grundbücherlichen Sicherstellung, die Bauzinsen usw.

   Außerdem sind 10 v. H. des anrechnungsfähigen Wertes den Aufwendungen hinzuzurechnen, wenn der Veräußerer Baugewerbetreibender oder Bauhandwerker und selbst der Bauunternehmer ist. Diese Bestimmung findet jedoch keine Anwendung, wenn der Unternehmer eine Gesellschaft im Sinne des Handelsgesetzbuches oder eine Genossenschaft ist, die nicht ausschließlich aus Baugewerbetreibenden oder Bauhandwerkern bestehen.

   Als Aufwendungen im Sinne dieser Vorschriften gelten Beträge, die aus Versicherungen gedeckt sind, nicht, wenn sie zur Wiederherstellung von Baulichkeiten verwendet sind, die vor dem für die Steuerberechnung maßgebenden Zeitraum errichtet waren;

4. die auf baurechtlicher Verpflichtung beruhenden unmittelbaren und mittelbaren Aufwendungen, Leistungen und Beiträge für die Beschaffung, den Ausbau und die Beschleusung öffentlicher Verkehrsräume, soweit sie innerhalb des für die Steuerberechnung maßgebenden Zeitraumes gemacht sind.

Das Geviertmeter unentgeltlich beschafften Straßen- und

Platzlandes ist mit $1/_3$ des Preises oder Wertes (§ 11) des zugehörigen Baulandes anzurechnen;

5. 1 v. H. des Erwerbspreises und der Anrechnungen unter Ziffer 1 bis 4 für jedes Jahr des für die Steuerberechnung maßgebenden Zeitraums. Die Hinzurechnung erfolgt für jedes volle Kalenderjahr nach Schluß des Jahres, in dem der für die Steuerberechnung maßgebende Zeitraum beginnt, oder die Aufwendung gemacht, oder in dem bei Bauten und Umbauten die behördliche Gebrauchsabnahme und, soweit eine solche nicht besteht, die gebrauchsfertige Herstellung erfolgt ist.

Vergleiche hierzu die Bemerkungen zu § 13 der Berliner Steuerordnung.

§ 15.

Letzter Erwerbspreis.

(1) Beruht der Erwerb des Grundstücks auf einem steuerfreien Rechtsvorgang (§ 6), so ist für die Bemessung des Wertzuwachses von dem Preise zur Zeit des letzten steuerpflichtigen Rechtsvorganges auszugehen.

(2) Ob im Sinne dieser Vorschrift Rechtsvorgänge steuerfrei oder steuerpflichtig sind, ist auch für die Zeit vor dem Inkrafttreten dieses Nachtrags nach ihm zu bestimmen. Rechtsgeschäfte der in § 2 Abs. 2 und 3, §§ 3 und 4 bezeichneten Art stehen einem steuerfreien Erwerbsvorgange gleich, sofern sie vor dem 1. 1. 1911 abgeschlossen worden sind.

(3) Wenn der letzte steuerpflichtige Rechtsvorgang mehr als 40 Jahre vor dem Eintritt der Steuerpflicht liegt, so ist als Erwerbspreis der Wert anzusehen, den das Grundstück 40 Jahre vor dem Eintritt der Steuerpflicht hatte, sofern der Steuerpflichtige nicht nachweist, daß er oder sein Rechtsvorgänger vor jener Zeit bei einem steuerfreien oder steuerpflichtigen Erwerbe einen höheren Erwerbspreis gezahlt hat.

(4) Als für die Steuerberechnung maßgebender Zeitraum gilt im Falle des Absatzes 3 der 40jährige Zeitraum.

Vergleiche hierzu die Bemerkungen zu § 14 der Berliner Steuerordnung.

§ 16.

(1) Bei einem aus Anlaß einer Flurbereinigung, Grenzregelung oder Umlegung (§ 6 Absatz 1 Ziffer 9) empfangenen Grundstück ist als Erwerbspreis das Entgelt anzusehen, das der Eigentümer oder sein Rechtsvorgänger für das in die Flurbereinigung, Grenzregelung oder Umlegung gegebene Grundstück gezahlt hat. Ausgleichszahlungen, die bei der Flurbereinigung, Grenzregelung oder Umlegung stattgefunden haben, sind entsprechend anzurechnen.

(2) Hat der Eigentümer oder sein Rechtsvorgänger bei der Flurbereinigung, Grenzregelung oder Umlegung mehrere Grundstücke empfangen, so werden deren Erwerbspreise aus dem Absatz 1 bezeichneten Entgelt nach dem Verhältnis berechnet, in welchem die Werte der empfangenen Grundstücke im Zeitpunkte der Flurbereinigung, Grenzregelung oder Umlegung zueinander gestanden haben.

Vergleiche hierzu die Bemerkungen zu § 15 der Berliner Steuerordnung.

§ 17.

Teilveräußerungen.

(1) Beschränkt sich der steuerpflichtige Rechtsvorgang auf einen Teil des Grundstücks, so wird der Erwerbspreis dieses Teils nach dem Verhältnis seines Wertes zum Werte des gesamten Grundstücks berechnet.

(2) Bei Teilveräußerungen sind nur diejenigen Aufwendungen (§ 14 Ziffer 3 und 4) anzurechnen, welche diesen Teil ausschließlich oder gemeinschaftlich mit anderen Teilen betreffen. Im letzteren Falle erfolgt die Anrechnung nach dem Verhältnis des Wertes, den die Grundstücksteile zur Zeit der Veräußerung haben.

(3) Die Aufwendungen für Straßenbauten sind nach der Anliegelänge zu verteilen.

Vergleiche hierzu die Bemerkungen zu §§ 16 und 17 der Berliner Steuerordnung.

§ 18.

Anrechnung von Verlusten.

Werden Teile eines wirtschaftlich zusammenhängenden Grundbesitzes, der im Gemeindebezirk liegt, durch verschiedene Rechtsvorgänge von demselben Veräußerer oder dessen Erben innerhalb dreier Jahre übertragen, so ist der Steuerpflichtige berechtigt, von dem Wertzuwachse des einen Teiles des Grundstückes einen bei der Veräußerung anderer Teile eingetretenen Verlust abzuziehen. Etwa zuviel gezahlte Steuer wird nach Darlegung des nachträglich eingetretenen Verlustes erstattet. Der Verlust ist entsprechend den Bestimmungen dieses Nachtrags zu berechnen. Der Anspruch auf Anrechnung erlischt nach Ablauf eines Jahres vom Eintritt der Steuerpflicht des letzten hier in Betracht kommenden Rechtsvorganges an gerechnet.

Vergleiche hierzu die Bemerkungen zu § 16 Ziff. 3 der Berliner Steuerordnung.

§ 19.

Der Veräußerungspreis.

(1) Von dem Veräußerungspreise sind die dem bisherigen Eigentümer nachweislich zur Last fallenden Kosten der Veräußerung und Übertragung einschl. der für die Vermittelung gezahlten ortsüblichen Gebühr abzuziehen, sofern nicht an Stelle des Veräußerungspreises der Wert maßgebend ist.

(2) Von dem Veräußerungspreise ist ferner bei unbebauten Grundstücken auf Antrag des Veräußeres der Betrag in Abzug zu bringen, um den nachweislich während des für die Steuerberechnung maßgebenden Zeitraumes, jedoch nicht länger als für 15 zusammenhängende Jahre, der aus dem Grundstücke erzielte Jahresertrag hinter 3 v. H. des Erwerbspreises zuzüglich der nach § 14 Ziffer 1 bis 4 zulässigen Anrechnungen zurückbleibt. Tritt an Stelle des Erwerbspreises der Wert des Grundstückes (§ 11 und § 15 Abs. 3), so sind die 3 v. H. von diesem Werte einschl. der vorerwähnten Zurechnungen zu berechnen.

(3) Dem Veräußerungspreise sind Entschädigungen für eine Wertsminderung, insbesondere Brandschadenvergütung, hinzuzurechnen,

soweit der Anspruch während des für die Steuerberechnung maßgebenden Zeitraumes nach dem 1. Januar 1911 entstanden und der Ertrag nicht nachweislich zur Beseitigung des Schadens verwendet worden ist.

(4) Wird die Zahlung der Zuwachssteuer nach dem Vertrage von dem Erwerber übernommen, so ist ein entsprechender Steuerbetrag dem Veräußerungspreise hinzuzurechnen und hiernach die Steuer festzusetzen. Bei der Weiterveräußerung bildet die vom Erwerber gezahlte Zuwachssteuer einen Teil seiner Erwerbskosten.

Vergleiche hierzu die Bemerkungen zu §§ 18—20 der Berliner Steuerordnung.

§ 20.

Grundstücksanteile.

Im Falle der steuerpflichtigen Überlassung eines gemeinschaftlichen Grundstücks an einen Mitberechtigten oder Gesellschafter bleibt für die Bemessung des Wertzuwachses der Anteil des Erwerbers außer Betracht. Beim Eintritt des nächsten Steuerfalls ist der Wertzuwachs, der für den Anteil des Erwerbers seit dem letzten vor der Auseinandersetzung gelegenen steuerpflichtigen Rechtsvorgang entstanden ist, und der für die Anteile der früheren Mitberechtigten oder Gesellschafter seit der Auseinandersetzung eingetretene Wertzuwachs gesondert zu berechnen; doch ist ein bei einem Anteile erlittener Verlust von dem bei einem anderen Anteile sich ergebenden Wertzuwachs zu kürzen.

Vergleiche hierzu die Bemerkungen zu § 21 der Berliner Steuerordnung.

§ 21.

Tausch.

Bei der Vertauschung ist die Zuwachssteuer für jeden Tauschgegenstand gesondert zu berechnen und zu erheben.

Vergleiche hierzu die Bemerkungen zu § 22 der Berliner Steuerordnung.

§ 22.

Höhe der Steuer.

(1) Die Steuer beträgt

bei einem Wertzuwachs von über v. H. des Erwerbspreises	bei einem Wertzuwachs bis v. H. des Erwerbspreises	v. H. des Zuwachses
—	10	15
10	20	16
20	30	17
30	40	18,5
40	50	20
50	75	22,5
75	100	25
100	125	27,5
125	—	30

(2) Die Steuerbeträge werden auf ganze Goldmark nach unten abgerundet; Beträge, die im ganzen unter 10 GM. bleiben, werden nicht erhoben.

Vergleiche hierzu die Bemerkungen zu § 33 der Berliner Steuerordnung.

§ 23.

Fälligkeit der Steuer.

(1) Die Steuerschuld entsteht, sobald die Steuerpflicht nach § 2 eingetreten ist. Daß es zur Feststellung der Steuerschuld noch der Festsetzung des Betrages bedarf, schiebt die Entstehung nicht hinaus.

(2) Der Steuerbetrag ist binnen einem Monat nach der Zustellung des Steuerbescheides (§ 27) abzuführen. Die Erhebung wird durch eingewendete Rechtsmittel nicht aufgehalten. Nachdem der Antrag auf Eintragung gestellt worden ist, kann die Erlegung des Steuerbetrages in der voraussichtlichen Höhe gefordert oder Sicherstellung dafür verlangt werden, und zwar schon vor Entstehung und vor endgültiger Feststellung der Steuerschuld.

(3) Nach Ablauf der Zahlungsfrist sind Verzugszinsen nach der für Reichssteuern geltenden Höhe zu zahlen. Die Verpflichtung zur Zahlung von Verzugszinsen tritt spätestens mit dem Ablauf von 3 Monaten nach dem Eintritt der Steuerpflicht (§ 2) ein. Für den nach § 7 Absatz 2 herangezogenen Erwerber beginnt die Verpflichtung zur Verzinsung des geschuldeten Steuerbetrags erst nach Ablauf der ihm gestellten Zahlungsfrist.

(4) Werden Steuerbeträge gestundet, so sind sie sicherzustellen und mit einem Zinssatz zu verzinsen, der 1 % mehr als der Reichsbankdiskontsatz zur Zeit der Stundungsbewilligung beträgt.

(5) Bei der Veräußerung von unbebautem Grundbesitz zur Errichtung eines Wohnhauses wird die Steuer bis auf den Betrag von 2 v. H. des Veräußerungspreises zunächst gestundet und dann bis auf diesen Betrag ermäßigt, wenn der Erwerber innerhalb von zwei Jahren nach Eintritt der Steuerpflicht das Gebäude errichtet hat und die Gebrauchsabnahme erfolgt ist. Bei Grundstücken, die nicht voll bebaut werden sollen, erstreckt sich diese Vergünstigung nur auf denjenigen Teil, der für das Wohngebäude nebst Zubehör in ortsüblicher Weise benutzt wird. Wird das Grundstück vor der Bebauung oder vor Ablauf von 2 Jahren seit dem Erwerbe vom Erwerber unbebaut weiter veräußert, so wird der Steuerbetrag in voller Höhe sofort fällig.

Vergleiche hierzu die Bemerkungen zu §§ 25 und 29 der Berliner Steuerordnung.

§ 24.

Erlaß der Steuer.

(1) Ist im Falle des § 2 Absatz 2 und 3 und des § 3 das steuerpflichtige Rechtsgeschäft nichtig oder aufgehoben, so ist die Steuer auf Antrag zu erlassen und zu erstatten. Wird das Grundstück auf den bisherigen Eigentümer wieder übertragen, so ist über den Erlaß nach billigem Ermessen zu entscheiden. Die Abgabe muß erlassen werden, wenn die Rückübertragung innerhalb zweier Jahre seit der Veräußerung erfolgt oder wenn der das Eigentum zurückerwerbende Voreigentümer das Grundstück in der Zeit vom 1. 1. 1919 bis

31. 12. 1923 veräußert hatte. Ferner ist in den Fällen der Preisminderung nach §§ 459, 460 des Bürgerlichen Gesetzbuchs der Veräußerungspreis entsprechend zu ermäßigen und der entsprechende Teil der Steuer zurückzuzahlen.

(2) Wird die Steuer erlassen, so gilt die Veräußerung im Sinne dieses Nachtrags als nicht erfolgt.

(3) Auch in anderen Fällen kann zur Beseitigung erwiesener Härten, die sich bei der Veranlagung aus der Anwendung der Zuwachssteuervorschriften ergeben, die Steuer vom Steueramt ganz oder teilweise erlassen werden.

Vergleiche hierzu die Bemerkungen zu §§ 26 und 33 der Berliner Steuerordnung.

§ 25.

Anmeldepflicht.

(1) Die Steuerpflichtigen haben innerhalb eines Monats nach Eintritt der Steuerpflicht dem Steueramt den die Steuerpflicht begründenden Vorgang anzuzeigen. Die Verpflichtung hierzu trifft den Veräußerer und den Erwerber. Sind mehrere Veräußerer oder Erwerber vorhanden, so trifft die Verpflichtung jeden von ihnen. Sie gilt in gleicher Weise für die gesetzlichen Vertreter.

(2) Die Frist beginnt mit dem Zeitpunkte, in welchem der Verpflichtete von dem steuerpflichtigen Rechtsvorgange oder von dem Rechtsgeschäfte Kenntnis erhält.

(3) Sind mehrere Personen zur Erstattung der Anmeldung verpflichtet, so wird durch die von einem Verpflichteten bewirkte Anmeldung der Anzeigepflicht der übrigen genügt.

(4) Auf Verlangen des Steueramts und innerhalb einer von ihm zu bestimmenden angemessenen Frist hat der zur Anmeldung verpflichtete Veräußerer dem Steueramte eine Zuwachssteuererklärung einzureichen, welche die für die Steuerpflicht und die Steuerbemessung in Betracht kommenden Umstände ersehen läßt. Die Steuererklärung ist unter der Versicherung zu erstatten, daß die Angaben nach bestem Wissen und Gewissen gemacht sind.

Vergleiche hierzu die Bemerkungen zu § 27 der Berliner Steuerordnung.

§ 26.

Auskunftspflicht.

(1) Personen, die als Veräußerer oder Erwerber oder als Vertreter eines von diesen an dem steuerpflichtigen Rechtsvorgange teilhaben, sind verpflichtet, auf Verlangen des Steueramts über die Tatsachen, die für die Veranlagung der Abgabe von Bedeutung sind, Auskunft zu geben und die hierüber in ihrem Besitz befindlichen Urkunden vorzulegen.

(2) Das gleiche gilt im Falle des § 1 Absatz 3 von den dort genannten Gesellschaften sowie allgemein von den an früheren steuerpflichtigen Vorgängen beteiligten Personen.

Vergleiche hierzu die Bemerkungen zu § 28 der Berliner Steuerordnung.

§ 27.

Steuerbescheid.

(1) Über den Steuerbetrag erhält der Steuerpflichtige einen Steuerbescheid, der die Person des Steuerpflichtigen, den Betrag der Zuwachssteuer, deren Berechnungsgrundlagen und die von der Steuererklärung abweichenden Punkte, ferner das zulässige Rechtsmittel enthält. Der Steuerbetrag ist an das Steueramt zu zahlen.

(2) Auf Antrag des Grundstückseigentümers kann eine vorläufige unverbindliche Steuerberechnung erteilt werden gegen Entrichtung einer Gebühr von 1/2 vom Tausend des Erwerbspreises mindestens aber von 20 GM.

Vergleiche hierzu die Bemerkungen zu § 29 der Berliner Steuerordnung.

§ 28.

Strafbestimmungen.

(1) Wer der in den §§ 25 und 26 gesetzten Melde- und Auskunftspflicht nicht oder nicht vollständig nachkommt, kann, soweit keine Steuerhinterziehung vorliegt, mit Geldstrafe bis zu 150 GM. bestraft werden.

(2) Im übrigen gelten für das Strafverfahren die Bestimmungen in den §§ 55—60 des Gemeindesteuergesetzes in dessen jeweiliger Fassung.

Vergleiche hierzu die Bemerkungen zu § 32 der Berliner Steuerordnung.

§ 29.

Zuwachssteuerausschuß.

Soweit bei der Veranlagung der Steuer Schätzungen erforderlich werden oder Aufwendungen (§ 14 Ziffer 3 und 4) nicht ohne weiteres aus den beigebrachten Unterlagen feststellbar sind, hat der gemischte Ausschuß für die Veranlagung zur Zuwachssteuer begutachtend mitzuwirken. Nach Ermessen des Rates kann dieser Ausschuß auch sonst in Zuwachssteuersachen zugezogen werden.

§ 30.

Übergangsbestimmung.

Die Wertzuwachssteuer wird nicht erhoben, wenn das Veräußerungsgeschäft vor dem 10. Juli 1924 rechtsgültig abgeschlossen worden ist.

Leipzig, den 8. Oktober 1924.

Der Rat der Stadt Leipzig. (Stempel) Dr. Rothe.

Die Stadtverordneten. (Stempel) Dr. Merkel. Heinze.

III L 175 d.

Es wird bestätigt, daß gegen den vorstehenden Nachtrag Einspruch nicht erhoben worden ist.

Leipzig, am 8. November 1924.

Die Kreishauptmannschaft. (Stempel) J. V.: Dr. Dietrich.

Str.-Reg. HB. 2
Ges.-Reg. Nr. 62.

Die Stadtverordneten haben mit Zustimmung des Rates folgendes Ortsgesetz beschlossen:

68. Nachtrag

zur Steuerordnung für die Stadt Leipzig v. 22. 6. 1915.

Ortsgesetz über den Zuschlag zur Grunderwerbsteuer.

§ 1.

(1) Die Stadtgemeinde Leipzig erhebt zu der durch Reichsgesetz geordneten Grunderwerbsteuer einen Zuschlag von 2 v. H. des der Grunderwerbsteuerberechnung zugrunde gelegten Wertes oder Betrages.

(2) Im Falle des § 10 des Grunderwerbsteuergesetzes beträgt der Zuschlag 1 v. H. und bei der erstmaligen Erhebung der Steuer (§ 28 Abs. 2 des Grunderwerbsteuergesetzes) $^1/_2$ v. H. des der Grunderwerbsteuerberechnung zugrunde gelegten Wertes.

§ 2.

(1) Einwendungen gegen die Zuschläge können nur innerhalb des für die Grunderwerbsteuer geordneten Rechtsmittelverfahrens geltend gemacht werden.

(2) Ein Erlaß, eine Ermäßigung oder Erstattung der Grunderwerbsteuer zieht die entsprechende Abänderung des Zuschlags ohne weiteres nach sich.

§ 3.

Von dem Zuschlage sind befreit die Stadtgemeinde Leipzig, sowie die von ihr unmittelbar verwalteten milden Stiftungen, einschließlich des Johannishospitals.

§ 4.

(1) Dieses Ortsgesetz tritt am 1. Januar 1929 in Kraft.

(2) Am gleichen Tage treten die noch geltenden Bestimmungen des 13. Nachtrags sowie Artikel I des 54. Nachtrags und § 1 Nr. 1 des 65. Nachtrags zur Steuerordnung für die Stadt Leipzig vom 22. 6. 1915 außer Kraft.

Leipzig, am 30. November 1928.

Der Rat der Stadt Leipzig.

(Stempel) Dr. Rothe, Dr. Fiedler.

GA: Leip. 152.

Es wird bestätigt, daß das Ministerium des Innern den vorstehenden Nachtrag

genehmigt

hat.

Leipzig, am 4. Dezember 1928.

Die Kreishauptmannschaft.

J. V.:

(Stempel) Dr. Gelbhaar.

9. Wertzuwachssteuer Hamburg.

Zweites Gesetz
über Aenderung des Wertzuwachssteuergesetzes.

(Hamburgisches Gesetz- und Verordnungsblatt Nr. 67, ausgegeben am 29. Juni 1927, Seite 315.)

Der Senat verkündet das nachstehende, von der Bürgerschaft beschlossene Gesetz:

Das Wertzuwachssteuergesetz vom 21. Dezember 1925 (Hamburgisches Gesetz und Verordnungsblatt Seite 619) in der Fassung des § 43 des Gesetzes über die Finanzwirtschaft der hamburgischen Stadt- und Landgemeinden vom 22. März 1926 (Hamburgisches Gesetz- und Verordnungsblatt Seite 233) und in der Fassung des Gesetzes vom 25. März 1927 (Hamburgisches Gesetz- und Verordnungsblatt Seite 167) wird geändert wie folgt:

Artikel I.

1. § 1 Abs. 1 erhält folgende Fassung:

„Im Falle der Veräußerung eines im hamburgischen Staatsgebiet belegenen Grundstücks oder von Teilen eines solchen Grundstücks wird eine Wertzuwachssteuer erhoben, falls der Veräußerungspreis den Erwerbspreis übersteigt."

2. § 3 Abs. 1 Ziffer 7 erhält folgende Fassung:

„Einbringen in eine inländische Kapitalgesellschaft der im § 3 des Kapitalverkehrsteuergesetzes vom 8. April 1922 (Reichsgesetzblatt Teil I Seite 354) bezeichneten Art, wenn die Einbringung erfolgt bei Errichtung der Kapitalgesellschaft oder bei Erhöhung ihres Gesellschaftskapitals und gegen die Einbringung lediglich Gesellschaftsrechte gewährt werden;"

3. § 6 erhält folgende Fassung:

„§ 6

Die Steuer beträgt, falls der Veräußerer oder sein Rechtsvorgänger (§ 3) das Eigentum an dem Grundstück erworben hat:

bis zum 31. Dezember 1917 . . . . . 20 v. H.,
nach dem 31. Dezember 1917 . . . . . 30 v. H.,

des Wertzuwachses.

Der Steuersatz erhöht sich auf 40. v. H. des Wertzuwachses, wenn der Zeitraum zwischen Erwerb und Veräußerung des Grundstücks weniger als zwei Jahre beträgt."

4. Es wird folgender neuer § 6a eingefügt:

„§ 6a

Geht ein Grundstück, das mehreren zur gesamten Hand gehört, an einen oder mehrere Mitberechtigte über, so wird die Steuer so berechnet, als ob die Beteiligten nach Bruchteilen berechtigt wären; der Bruchteil der Erwerber bleibt unberücksichtigt.

Das gleiche gilt sinngemäß, wenn eine Gemeinschaft zur gesamten Hand ein Grundstück von einem Mitberechtigten erwirbt. Der nach den vorstehenden Bestimmungen zu ermittelnde Anteil des Veräußerers bleibt unberücksichtigt. Auch im übrigen gelten die Bestimmungen des § 15 des Grunderwerbsteuergesetzes in der Fassung der Bekanntmachung vom 11. März 1927 (Reichsgesetzblatt Teil I Seite 72) sinngemäß."

5. In § 8 letzter Absatz werden die Worte: „§ 28 Ziffer 1 des Grundsteuergesetzes in der Fassung der Bekanntmachung vom 25. März 1925 (Hamburgisches Gesetz- und Verordnungsblatt S. 130)" ersetzt durch die Worte: „§ 29 Ziffer 1 des Grundsteuergesetzes in der Fassung der Bekanntmachung vom 26. Juni 1926 (Hamburgisches Gesetz- und Verordnungsblatt Seite 403)".

6. § 9 Abs. 2 erhält folgende Fassung:

„Hat der Veräußerer oder sein Rechtsvorgänger (§ 3) das Eigentum an dem Grundstück nach dem 31. Dezember 1917 erworben und sind in Anrechnung auf den Erwerbspreis Schuldverpflichtungen, Hypotheken usw. übernommen oder sind bei dem Erwerb des Grundstücks in Anrechnung auf den Kaufpreis Schuldverpflichtungen, Hypotheken usw. begründet worden, so gilt abweichend von der Bestimmung des vorhergehenden Absatzes für die Berechnung des Goldmarkwertes der übernommenen oder bei dem Erwerbe des Grundstücks begründeten Schuldverpflichtungen folgendes . . . . . ."

7. In § 10 Abs. 1 Ziffer 2 werden die Worte „dauernde Verbesserungen" ersetzt durch die Worte „dauernde sachliche Verbesserungen des Grundstücks".

8. § 22 wird gestrichen.

9. In § 26 wird die Zahl „1928" ersetzt durch die Zahl „1929".

Artikel II.

Dieses Gesetz tritt mit dem Tage der Verkündung in Kraft.

Ausgefertigt Hamburg, den 27. Juni 1927.

Der Senat.

Bekanntmachung
der Fassung des Wertzuwachssteuergesetzes.

(Hamburgisches Gesetz- und Verordnungsblatt Nr. 67, ausgegeben am 29. Juni 1927, Seite 317.)

Auf Grund der dem Senat von der Bürgerschaft am 24. d. M. erteilten Ermächtigung wird nachstehend das Wertzuwachssteuergesetz in der abgeänderten Form und mit fortlaufender Paragraphierung neu veröffentlicht.

Gegeben in der Versammlung des Senats,

Hamburg, den 27. Juni 1927.

Wertzuwachssteuergesetz.

§ 1.

Im Falle der Veräußerung eines im hamburgischen Staatsgebiet belegen Grundstücks oder von Teilen eines solchen Grundstücks wird eine Wertzuwachsteuer erhoben, falls der Veräußerungspreis den Erwerbspreis übersteigt.

Den Grundstücken stehen Berechtigungen gleich, auf welche die Vorschriften des bürgerlichen Rechts über Grundstücke Anwendung finden.

Vergleiche hierzu die Bemerkungen zu § 1 Abs. 1 und 2 der Berliner Steuerordnung.

§ 2.

Als Veräußerung gilt:

1. der Abschluß eines Vertrages, durch den sich eine Vertragspartei verpflichtet, das Eigentum an einem Grundstück zu übertragen,
2. die Übertragung des Anspruchs auf Verschaffung des Eigentums an einem Grundstück,
3. die Übertragung von Rechten aus Anträgen zur Schließung eines Veräußerungsgeschäftes, die den Veräußerer binden, sowie aus Verträgen, durch die nur der Veräußerer zur Schließung eines Veräußerungsgeschäftes verpflichtet wird,
4. die nachträgliche Erklärung des aus einem Veräußerungsgeschäft berechtigten Erwerbers, die Rechte für einen Dritten erworben oder die Pflichten für einen Dritten übernommen zu haben,
5. die Abtretung der Rechte aus einem in der Zwangsversteigerung abgegebenen Meistgebot sowie die Erklärung des Meistbietenden, daß er für einen anderen geboten habe,
6. ein Rechtsgeschäft, durch das eine Partei ermächtigt wird, ein Grundstück ganz oder teilweise auf eigene Rechnung zu veräußern,
7. die rechtskräftige Entscheidung über die Abtretung eines Grundstücks im Enteignungsverfahren,

8. die Erteilung des Zuschlages in der Zwangsversteigerung,
9. ein Rechtsvorgang, der es ohne Übertragung des Eigentums einem Dritten ermöglicht, über das Grundstück wie ein Eigentümer zu verfügen,
10. der Übergang von Rechten an dem Vermögen einer Personenvereinigung, insbesondere einer Gesellschaft mit beschränkter Haftung, einer Aktiengesellschaft, eines Vereins, einer Aktienkommanditgesellschaft, einer offenen Handelsgesellschaft, soweit das Vermögen aus einem oder mehreren Grundstücken besteht, falls entweder Zweck der Personenvereinigung die Verwertung von Grundstücken ist oder die Personenvereinigung geschaffen ist, um die Wertzuwachssteuer zu ersparen,
11. jeder sonstige Rechtsvorgang, durch welchen der Übergang des Eigentums auf einen andern erfolgt.

§ 5 der Reichsabgabenordnung findet entsprechende Anwendung.

Vergleiche hierzu die Bemerkungen §§ 1 Abs. 3, 2 und 5 der Berliner Steuerordnung.

§ 3.

Als Veräußerung im Sinne dieses Gesetzes gilt nicht der Übergang des Eigentums in folgenden Fällen der Rechtsnachfolge:

1. Erwerb von Todes wegen im Sinne des § 2 des Reichserbschaftssteuergesetzes sowie Erwerb auf Grund einer Schenkung unter Lebenden im Sinne des § 3 des Reichserbschaftssteuergesetzes in der Fassung der Bekanntmachung vom 22. August 1925 (RGBl. Teil I S. 320), sofern nicht die Form der Schenkung lediglich gewählt ist, um die Wertzuwachssteuer zu ersparen;
2. Begründung, Änderung, Fortsetzung und Aufhebung der ehelichen Gütergemeinschaft;
3. Erwerb auf Grund von Verträgen, die zwischen Miterben oder Teilnehmern an einer ehelichen oder fortgesetzten Gütergemeinschaft zum Zwecke der Teilung der zum Nachlaß oder zum Gesamtgut gehörenden Gegenstände abgeschlossen werden, sowie Erwerb auf Grund eines Zuschlages, der in den vorgenannten Fällen bei Teilung im Wege der Versteigerung einem Miterben oder Teilnehmer erteilt wird;
4. Erwerb der Abkömmlinge von den Eltern, Großeltern und entfernteren Voreltern sowie Erwerb der Eltern von Kindern; den Eltern stehen gleich die Stief- und Schwiegereltern, ferner die Adoptiveltern, wenn kein Verdacht besteht, daß die Annahme an Kindes Statt zum Zwecke der Steuerhinterziehung vorgenommen ist;
5. Einbringen in eine ausschließlich aus dem Veräußerer und dessen Abkömmlingen oder aus diesen allein bestehende Vereinigung; die Steuerpflicht tritt ein, wenn nachträglich ein Gesellschafter aufgenommen wird, der nicht zu den Abkömmlingen des Veräußerers gehört;
6. Einbringen in eine ausschließlich von Miterben gebildete Vereinigung; die Vorschrift von Ziffer 5 Satz 2 findet entsprechende Anwendung;

7. Einbringen in eine inländische Kapitalgesellschaft der im § 3 des Kapitalverkehrsteuergesetzes vom 8. April 1922 (RGBl. Teil I S. 354) bezeichneten Art, wenn die Einbringung erfolgt bei Errichtung der Kapitalgesellschaft oder bei Erhöhung ihres Gesellschaftskapitals und gegen die Einbringung lediglich Gesellschaftsrechte gewährt werden;
8. Veräußerungen gemäß § 29 des Reichssiedlungsgesetzes vom 11. August 1919 (RGBl. S. 1429) in der Fassung des Gesetzes vom 7. Juni 1923 (RGBl. S. 364) und § 36 des Reichsheimstättengesetzes vom 10. Mai 1920 (RGBl. S. 962);
9. Übertragung des Vermögens einer Erwerbsgesellschaft als Ganzes mit oder ohne Auseinandersetzung auf eine andere inländische Erwerbsgesellschaft.

Als Miterbe im Sinne der Ziffern 3 und 6 gilt auch der überlebende Ehegatte, der mit den Erben des verstorbenen Gatten gütergemeinschaftliches Vermögen zu teilen hat. Die Steuerbefreiung nach den Ziffern 3 und 4 kommt auch Ehegatten von Miterben oder Teilnehmern an einer fortgesetzten Gütergemeinschaft sowie Ehegatten von Abkömmlingen zu, wenn sie auf Grund des bestehenden Güterstandes ohne rechtsgeschäftliche Übertragung Eigentümer werden.

Vergleiche hierzu die Bemerkungen zu § 7 der Berliner Steuerordnung.

§ 4.

Steuerpflichtig ist der Veräußerer. Mehrere Steuerpflichtige haften als Gesamtschuldner.

Neben dem Veräußerer haftet der Erwerber, und zwar an erster Stelle, falls er dem Veräußerer gegenüber die Verpflichtung zur Zahlung der Steuer übernommen hat.

Kann die Steuer von dem Veräußerer nicht beigetrieben werden, so haftet an seiner Stelle in Höhe von höchstens 10 v. H. des Veräußerungspreises der Erwerber für die Steuer, es sei denn, daß es sich um einen Erwerb im Wege der Zwangsversteigerung handelt. Die Haftung des Erwerbers erlischt ein Jahr nach Eintragung der Eigentumsveränderung im Grundbuch.

Vergleiche hierzu die Bemerkungen zu § 24 der Berliner Steuerordnung.

§ 5.

Die Steuerpflicht tritt ein:

1. bei den zur Übertragung des Eigentums verpflichtenden Veräußerungsgeschäften mit dem Abschluß des Rechtsgeschäfts;
2. in allen übrigen Fällen mit Vollendung des Rechtsvorgangs, der die Rechtsänderung bewirkt.

Vergleiche hierzu die Bemerkungen zu § 2 der Berliner Steuerordnung.

§ 6.

Die Steuer beträgt, falls der Veräußerer oder sein Rechtsvorgänger (§ 3) das Eigentum an dem Grundstück erworben hat:

bis zum 31. Dezember 1917 . . . . 20 v. H.,
nach dem 31. Dezember 1917 . . . . 30 v. H.

des Wertzuwachses.

Der Steuersatz erhöht sich auf 40 v. H. des Wertzuwachses, wenn der Zeitraum zwischen Erwerb und Veräußerung des Grundstücks weniger als zwei Jahre beträgt.

Vergleiche hierzu die Bemerkungen zu § 23 der Berliner Steuerordnung.

§ 7.

Geht ein Grundstück, das mehreren zur gesamten Hand gehört, an einen oder mehrere Mitberechtigte über, so wird die Steuer so berechnet, als ob die Beteiligten nach Bruchteilen berechtigt wären; der Bruchteil der Erwerber bleibt unberücksichtigt.

Das gleiche gilt sinngemäß, wenn eine Gemeinschaft zur gesamten Hand ein Grundstück von einem Mitberechtigten erwirbt. Der nach den vorstehenden Bestimmungen zu ermittelnde Anteil des Veräußerers bleibt unberücksichtigt. Auch im übrigen gelten die Bestimmungen des § 15 des Grunderwerbsteuergesetzes in der Fassung der Bekanntmachung vom 11. März 1927 (RGBl. Teil I S. 72) sinngemäß.

Vergleiche hierzu die Bemerkungen zu § 21 der Berliner Steuerordnung.

§ 8.

Als Wertzuwachs gilt derjenige Betrag, um den der Veräußerungspreis den Erwerbspreis übersteigt.

Vergleiche hierzu die Bemerkungen zu § 8 der Berliner Steuerordnung.

§ 9.

Als Preis gilt der Gesamtwert der Leistungen, die der Erwerber übernommen hat. Außer Ansatz bleiben die auf dem Grundstück ruhenden öffentlichen Lasten, insbesondere die Belastung aus dem Industriebelastungsgesetz und der Rentenbankverordnung.

Der Wert wiederkehrender Leistungen und Nutzungen wird nach den Bestimmungen der Reichsabgabenordnung festgestellt.

Ist einem der Vertragschließenden die Befugnis eingeräumt, die Gegenleistung selbst oder den Umfang der Gegenleistung zu bestimmen, so ist der Wert der Gegenleistung von der Steuerbehörde nach billigem Ermessen festzusetzen.

Beim Eigentumsübergang im Wege der Zwangsversteigerung gilt als Preis der Betrag des Meistgebots, zu dem der Zuschlag erteilt ist, unter Hinzurechnung der vom Ersteher übernommenen gerichtlich festgestellten Leistungen. Im Falle der Abtretung der Rechte aus dem Meistgebot oder der Erklärung des Meistbietenden, daß er für einen anderen geboten habe, ist der Wert der Gegenleistung maßgebend, wenn dieser höher ist als der Betrag des Meistgebots, zuzüglich der vom Ersteher übernommenen gerichtlich festgestellten Leistungen.

Ist ein Preis nicht vereinbart oder nicht zu ermitteln oder ist nach Ansicht der Steuerbehörde der angegebene Preis derart unter dem Wert des Grundstückes, daß eine Täuschung der Behörde zum Zwecke der Steuerhinterziehung anzunehmen ist, so wird der gemeine Wert des Grundstücks der Berechnung zugrunde gelegt. Für die Feststellung des gemeinen Wertes findet die Bestimmung des § 29 Ziffer 1 des Grundsteuergesetzes in der Fassung der Bekanntmachung vom 26. Juni 1926 (Hamburgisches Gesetz- und Verordnungsblatt S. 403) entsprechende Anwendung.

Vergleiche hierzu die Bemerkungen zu §§ 8—10 der Berliner Steuerordnung.

§ 10.

Soweit der Preis nicht in Gold-, Renten- oder Reichsmark berechnet ist, wird er gemäß den Bestimmungen des § 2 des Aufwertungsgesetzes vom 16. Juli 1925 (RGBl. Teil I S. 117) nach seinem Goldmarkwert am Tage des Eintritts der Steuerpflicht (§ 5) berechnet. Ist der Erwerb vor dem Inkrafttreten dieses Gesetzes erfolgt, so ist für die Berechnung des Erwerbspreises

a) falls ein Veräußerungsgeschäft abgeschlossen war, das zur Übertragung des Eigentums verpflichtete, der Tag des Abschlusses des Rechtsgeschäftes maßgebend,

b) in allen übrigen Fällen der Tag der Vollendung des Rechtsvorganges, der die Rechtsänderung bewirkt hat.

Hat der Veräußerer oder sein Rechtsvorgänger (§ 3) das Eigentum an dem Grundstück nach dem 31. Dezember 1917 erworben und sind in Anrechnung auf den Erwerbspreis Schuldverpflichtungen, Hypotheken usw. übernommen oder sind bei dem Erwerb des Grundstücks in Anrechnung auf den Kaufpreis Schuldverpflichtungen, Hypotheken usw. begründet worden, so gilt abweichend von der Bestimmung des vorhergehenden Absatzes für die Berechnung des Goldmarkwertes der übernommenen oder bei dem Erwerbe des Grundstücks begründeten Schuldverpflichtungen folgendes:

1. sind diese Schuldverpflichtungen bis zur neuen Veräußerung des Grundstücks getilgt, ist ihr Goldmarkwert nach dem Werte der Leistungen zu berechnen, die der Veräußerer für die Tilgung am Tilgungstage aufgewandt hat;
2. bestehen die Schuldverpflichtungen bei der neuen Veräußerung des Grundstücks noch und werden diese von dem neuen Erwerber übernommen, ist für die Berechnung ihres Goldmarkwertes der Tag des Eintritts der Steuerpflicht aus der neuen Veräußerung maßgeblich.

Vergleiche hierzu die Bemerkungen zu § 12 der Berliner Steuerordnung.

§ 11.

Zur Berechnung des Erwerbspreises werden dem Werte der von dem Erwerber übernommenen Gegenleistungen folgende Leistungen hinzugerechnet:

1. Die nachweislich aufgewandten Erwerbskosten einschl. einer etwa gezahlten Vermittlungsgebühr in ortsüblicher Höhe. An Stelle der nachweislich aufgewandten Erwerbskosten wird auf Antrag des Veräußerers ein Betrag von 6 v. H. des Erwerbspreises als Erwerbskosten angenommen.
2. Kosten, die nachweislich seit dem Erwerbe des Grundstücks für Bauten, Umbauten und sonstige dauernde sachliche Verbesserungen des Grundstücks, auch solche land- oder forstwirtschaftlicher Art, aufgewandt sind, soweit sie im Zeitpunkt der Veräußerung des Grundstücks noch eine Werterhöhung des Grundstücks zur Folge haben und soweit sie nicht lediglich der lau-

fenden Unterhaltung oder der laufenden Bewirtschaftung des Grundstücks gedient haben.

Für die Berechnung des Goldmarkwertes der Leistungen ist im Falle der Ziffer 1 der in § 10 Abs. 1 bestimmte Stichtag, im Falle der Ziffer 2 der Tag der Leistung maßgebend.

Zinsen bleiben außer Ansatz.

Vergleiche hierzu die Bemerkungen zu § 13 der Berliner Steuerordnung.

§ 12.

Zur Berechnung des Veräußerungspreises werden von dem Gesamtwert der Leistungen, die der Veräußerer von dem Erwerber erhält, abgezogen die mit der Veräußerung verbundenen nachweislich aufgewandten Kosten der Veräußerung einschl. einer etwa gezahlten Vermittlungsgebühr in ortsüblicher Höhe, es sei denn, daß gemäß der Bestimmung in § 9 letzter Absatz als Veräußerungspreis der gemeine Wert des Grundstücks gilt.

Übernimmt der Erwerber die Zahlung der den Veräußerer treffenden Wertzuwachssteuer, so ist zur Berechnung des Veräußerungspreises ein nach den Bestimmungen dieses Gesetzes zu berechnender Steuerbetrag dem Kaufpreise hinzuzurechnen.

Vergleiche hierzu die Bemerkungen zu §§ 18 und 20 der Berliner Steuerordnung.

§ 13.

Beim Tausch von Grundstücken ist die Steuer für jedes Grundstück gesondert zu erheben.

Vergleiche hierzu die Bemerkungen zu § 22 der Berliner Steuerordnung.

§ 14.

Hat eine Veräußerung nur einen verhältnismäßig kleinen Teil des Grundstücks zum Gegenstande, so kann die Steuerbehörde auf Antrag der Steuerpflichtigen von der Erhebung der Steuer absehen. Unterbleibt die Erhebung der Steuer, so ist der für den Grundstücksteil erzielte Veräußerungspreis bei einer späteren Veräußerung des Restgrundstücks oder von Teilen des Restgrundstücks mit zu berücksichtigen.

Vergleiche hierzu die Bemerkungen zu § 16 der Berliner Steuerordnung.

§ 15.

Von der Wertzuwachssteuer sind befreit:

1. das Deutsche Reich, der hamburgische Staat und die Hamburgischen Gemeinden und Gemeindeverbände, ferner deutsche Länder, die die Gegenseitigkeit verbürgt haben;
2. hamburgische Stiftungen, Vereine und Anstalten, die wohltätige oder gemeinnützige Zwecke verfolgen, die hamburgischen Kirchengemeinden und diejenigen Religionsgesellschaften, die Körperschaften des öffentlichen Rechts sind;
3. gemeinnützige Vereinigungen, die sich satzungsgemäß mit innerer Kolonisation, Arbeiteransiedlung, Grundentschuldung oder Errichtung von Wohnungen für die Minderbemittelten befassen und ihren Sitz in Hamburg haben.

Die Entscheidung darüber, ob die Voraussetzung für die Steuerfreiheit vorliegt, trifft im Zweifelsfalle endgültig der Senat.

Vergleiche hierzu die Bemerkungen zu § 6 der Berliner Steuerordnung.

§ 16.

Die Steuerbehörde ist ermächtigt, in Fällen, in denen die Erhebung der Steuer unbillig erscheint, die Steuer ganz oder zum Teil zu erlassen.

Die Steuer ist auf Antrag zu erlassen:

1. bei Nichtigkeit des Rechtsgeschäfts oder des Rechtsvorganges, der den Eigentumsübergang bezweckte,
2. bei Aufhebung des Rechtsgeschäfts durch Parteivereinbarung oder infolge Ausübung eines vorbehaltenen Rücktrittsrechts, falls die Aufhebung innerhalb von 3 Monaten nach Abschluß des Rechtsgeschäfts erfolgt,
3. bei Rückgängigmachung des Rechtsgeschäfts infolge Nichterfüllung der Vertragsbedingungen.

Der Antrag muß innerhalb eines Jahres gestellt werden, und zwar im Falle der Ziffer 1 nach Abschluß des Rechtsgeschäfts bzw. nach dem Rechtsvorgang und in den Fällen der Ziffern 2 und 3 nach Eintritt des Ereignisses, auf welches der Erlaßantrag sich gründet.

Die Steuer wird auf Antrag entsprechend ermäßigt, wenn nachträglich gemäß den Bestimmungen der §§ 459, 460 BGB. der Kaufpreis gemindert wird. Die Bestimmung des vorhergehenden Absatzes findet entsprechende Anwendung.

Vergleiche hierzu die Bemerkungen zu §§ 26 und 33 der Berliner Steuerordnung.

§ 17.

Verwendet der Veräußerer den Wertzuwachs innerhalb eines Jahres nach Eintritt der Steuerpflicht zum Neubau eines Wohnhauses oder in anderer Weise zur Neuschaffung von Wohnräumen im hamburgischen Staatsgebiet, so kann die Steuerbehörde auf Antrag die Steuer ganz oder teilweise erlassen. Die Steuerbefreiung tritt nicht ein, wenn ein Bauhilfedarlehen des Staates oder einer Gemeinde gewährt ist.

Vergleiche hierzu die Bemerkungen zu § 25 der Berliner Steuerordnung.

§ 18.

Die zur Entrichtung der Steuer Verpflichteten haben innerhalb eines Monats nach dem Eintritt des die Steuerpflicht begründenden Ereignisses der Steuerbehörde von allen für die Festsetzung der Steuer in Betracht kommenden Verhältnissen schriftliche Mitteilung zu machen, auch die die Steuerpflicht betreffenden Urkunden vorzulegen.

Die Steuerpflichtigen haben über bestimmte, für die Veranlagung der Steuer erhebliche Tatsachen auf Verlangen der Steuerbehörde innerhalb einer von ihr zu bestimmenden Frist schriftlich oder zu Protokoll Auskunft zu erteilen; andernfalls nimmt die Steuerbehörde die Ermittlung und Veranlagung selbständig vor.

In den Fällen der Ziffer 10 des § 2 sind auch die Gesellschaft oder der Verein zur Anzeige und zur Auskunfterteilung verpflichtet.

Notare und Behörden haben von allen von ihnen beurkundeten Rechtsvorgängen, die den Übergang des Eigentums an Grundstücken im hamburgischen Staatsgebiet zum Gegenstande haben, der Steuerbehörde Mitteilung zu machen.

Vergleiche hierzu die Bemerkungen zu §§ 27 und 28 der Berliner Steuerordnung.

§ 19.

Steuerbehörde ist die Finanzdeputation.

Dem Steuerpflichtigen wird über die Veranlagung der Steuer ein schriftlicher Bescheid zugestellt.

Die Steuer ist innerhalb eines Monats nach Zustellung des Bescheides zu entrichten. Auf Antrag des Steuerpflichtigen ist die Zahlung der Steuer gegen eine nach dem Ermessen der Steuerbehörde ausreichende Sicherheitsleistung in Teilbeträgen zuzulassen, falls nur ein so geringer Teil des Kaufpreises bar ausgezahlt wird, daß die alsbaldige Zahlung des ganzen Steuerbetrages eine besondere Härte sein würde. Gegen die Ablehnung des Antrages des Steuerpflichtigen ist unter Ausschluß des Rechtsweges nur die Beschwerde an den Senat zulässig.

Vergleiche hierzu die Bemerkungen zu § 29 der Berliner Steuerordnung.

§ 20.

Dem Steuerpflichtigen steht gegen die Festsetzung der Steuer der Einspruch an die Steuerbehörde zu. Auf das Einspruchsverfahren finden die §§ 225, 226, 230, 231—238, 240 der Reichsabgabenordnung entsprechende Anwendung.

Gegen die Einspruchsentscheidung der Steuerbehörde ist die Klage im Verwaltungsstreitverfahren gegeben. Die Klage muß innerhalb eines Monats nach Bekanntgabe des Einspruchsbescheides erhoben werden.

Vergleiche hierzu die Bemerkungen zu § 31 der Berliner Steuerordnung.

§ 21.

Die Hinterziehung der Steuer (§ 359 der Reichsabgabenordnung) wird mit Geldstrafe bestraft. Der Höchstbetrag der Geldstrafe ist unbeschränkt.

Ergibt sich aus den Umständen, daß eine Steuerhinterziehung nicht beabsichtigt ist, so kann wegen Nichterfüllung der in diesem Gesetz oder den Ausführungsbestimmungen angeordneten Verpflichtungen auf eine Ordnungsstrafe bis zu 300 RM erkannt werden.

Von der Umwandlung der erkannten Geldstrafe in eine Freiheitsstrafe kann abgesehen werden.

Die §§ 358—361, 381, 382, 384 der Reichsabgabenordnung finden entsprechende Anwendung.

Vergleiche hierzu die Bemerkungen zu §§ 30 und 32 der Berliner Steuerordnung.

§ 22.

Die Ausführungsbestimmungen erläßt der Senat.

§ 23.

Die hamburgischen Gemeinden dürfen Zuschläge zur Wertzuwachssteuer erheben, die nur mit Genehmigung des Senats 50 v. H. des Steuersatzes überschreiten dürfen. Für die Verwaltung der Zuschläge und das Rechtsmittelverfahren gelten die für die Steuer selbst geltenden Bestimmungen.

§ 24.

Dieses Gesetz tritt mit Wirkung vom 4. November 1925 in Kraft.

Vergleiche hierzu die Bemerkungen zu § 34 der Berliner Steuerordnung.

§ 25.

Mit Wirkung spätestens vom 1. April 1929 ab hat eine Überprüfung des Gesetzes zu erfolgen.

Ausführungsbestimmungen zum Wertzuwachssteuergesetz.

(Hamburgisches Gesetz- und Verordnungsblatt Nr. 81, ausgegeben am 20. August 1927, S. 369.)

Auf Grund des § 22 des Wertzuwachssteuergesetzes in der Fassung der Bekanntmachung vom 27. Juni 1927 (Hamburgisches Gesetz- und Verordnungsblatt S. 317) werden folgende Ausführungsbestimmungen erlassen:

§ 1

Notare und Behörden haben die Mitteilung über die von ihnen beurkundeten, im § 2 des Wertzuwachssteuergesetzes genannten Rechtsgeschäfte der Finanzdeputation, Wertzuwachssteuerabteilung, durch Übersendung einer Abschrift der Urkunde zu machen. Die Abschrift der Uruknde ist der Finanzdeputation binnen 2 Wochen nach dem Tage der Beurkundung zu übersenden.

§ 2.

Steuerbeträge unter 5 *RM* werden nicht erhoben.

§ 3.

Die Ausführungsbestimmungen zum Wertzuwachssteuergesetz vom 30. Dezember 1925 (Hamburgisches Gesetz- und Verordnungsblatt 1926 S. 2) werden aufgehoben.

Gegeben in der Versammlung des Senats,

Hamburg, den 17. August 1927.

10. Zuwachssteuerordnung der Stadtgemeinde München.

Der Stadtrat hat am 31. März 1927 auf Grund der Bek. d. Staatsmin. d. Justiz, d. Inn. u. d. Fin. v. 6. Febr. 1926 Nr. 59171/25 betr. Zuwachssteuer (GVBl. S. 206 ff.) die nachstehende, mit Entschließung der Regierung von Oberbayern, Kammer des Innern, genehmigte Zuwachssteuerordnung beschlossen und die nachstehenden, von der Regierung als vollziehbar erklärten ortspolizeilichen Vorschriften zum Vollzuge der Satzung erlassen.

§ 1.

(1) Beim Übergange des Eigentums eines zum Gemeindebezirke gehörigen Grundstücks wird von dem Wertzuwachse, der ohne Zutun des Eigentümers entstanden ist, gemäß den Vorschriften dieser Satzung eine Abgabe (Zuwachssteuer) erhoben.

(2) Der Eigentumsübergang bleibt von der Steuer frei, wenn der Veräußerungspreis bei bebauten Grundstücken 6000 *RM*, bei unbebauten Grundstücken 1500 *RM* nicht übersteigt. Als unbebaut gelten auch solche Grundstücke, auf denen sich Gartenhäuser, Schuppen, Lagerstätten und ähnliche zu vorübergehenden Zwecken dienende Baulichkeiten befinden.

(3) Die Steuerfreiheit nach Abs. 2 tritt nicht ein, wenn der Veräußerer oder sein Ehegatte den Grundstückshandel gewerbsmäßig betreibt. Erfolgt die Veräußerung für Rechnung eines Dritten, so ist die Steuerfreiheit dadurch bedingt, daß die Voraussetzungen für die Befreiung auch in der Person des Dritten vorliegen.

Vergleiche hierzu die Bemerkungen zu § 1 Abs. 1 der Berliner Steuerordnung.

§ 2.

Den Grundstücken stehen Berechtigungen gleich, auf welche die Vorschriften des bürgerlichen Rechts über Grundstücke Anwendung finden; ausgenommen sind unbewegliche Bergwerksanteile.

Vergleiche hierzu die Bemerkung zu § 1 Abs. 2 der Berliner Steuerordnung.

§ 3.

Dem Übergange des Eigentums an Grundstücken steht gleich der Übergang von Rechten an dem Vermögen einer Gesellschaft mit beschränkter Haftung, einer Kommanditgesellschaft, Gewerkschaft, eingetragenen Genossenschaft, eines eingetragenen Vereins oder einer offenen Handelsgesellschaft, soweit das Vermögen der Vereinigung aus Grundstücken besteht, wenn entweder zum Gegenstande des Unternehmens die Verwertung von Grundstücken gehört oder wenn die Vereinigung geschaffen ist, die Zuwachssteuer zu ersparen.

Vergleiche hierzu die Bemerkungen zu § 1 Abs. 3 der Berliner Steuerordnung.

§ 4.

Die Steuerpflicht wird begründet durch die Eintragung der Rechtsänderung in das Grundbuch oder, wenn es einer solchen zum Übergange des Eigentums nicht bedarf, durch den Vorgang, der die Rechtsänderung bewirkt.

Vergleiche hierzu die Bemerkungen zu § 2 der Berliner Steuerordnung.

§ 5.

(1) Ein zur Übertragung des Eigentums verpflichtendes Veräußerungsgeschäft wird steuerpflichtig, wenn nicht der Übergang des Eigentums innerhalb eines Jahres nach Abschluß dieses Veräußerungsgeschäftes erfolgt ist.

(2) Ist die Steuerpflicht nach Abs. 1 eingetreten, und erfolgt sodann der Eigentumsübergang (§ 4), so wird die Steuer für diesen nur insoweit erhoben, als sie die Steuer des Abs. 1 übersteigt.

(3) Liegen mehrere Veräußerungsgeschäfte innerhalb eines Jahres vor und führt eines von ihnen vor Ablauf des Jahres zum Eigentumsübergange (§ 4), so tritt gleichzeitig mit der Steuerpflicht des Eigentumsüberganges die Steuerpflicht derjenigen Veräußerungsgeschäfte ein, die dem zur Ausführung kommenden Veräußerungsgeschäfte vorangehen und ihrerseits nicht zum Eigentumsübergange geführt haben.

(4) Als Veräußerungsgeschäfte im Sinne des Abs. 1 sind auch anzusehen:

1. die Übertragung der Rechte der Erwerber aus Veräußerungsgeschäften;
2. die Übertragung von Rechten aus Anträgen zur Schließung eines Veräußerungsgeschäfts, die den Veräußerer binden, sowie aus Verträgen, durch die nur der Veräußerer zur Schließung eines Veräußerungsgeschäfts verpflichtet wird;
3. nachträgliche Erklärungen des aus einem Veräußerungsgeschäfte berechtigten Erwerbers, die Rechte für einen Dritten erworben oder die Pflichten für einen Dritten übernommen zu haben;
4. die Abtretung der Rechte aus dem Meistgebot und die Erklärung des Meistbietenden, daß er für einen anderen geboten habe;
5. Rechtsgeschäfte, durch die jemand ermächtigt wird, ein Grundstück ganz oder teilweise auf eigene Rechnung zu veräußern.

Vergleiche hierzu die Bemerkungen zu § 2 der Berliner Steuerordnung.

§ 6.

Steuerpflichtig ist auch ein Rechtsvorgang, der es ohne Übertragung des Eigentums einem anderen ermöglicht, über das Grundstück wirtschaftlich wie ein Eigentümer zu verfügen.

Vergleiche hierzu die Bemerkungen zu § 3 der Berliner Steuerordnung.

§ 7.

(1) Die Zuwachssteuer wird nicht erhoben:

1. beim Erwerbe von Todes wegen oder auf Grund einer Schenkung unter Lebenden (§§ 2, 3 des Erbschaftsteuergesetzes in der Fassung der Bekanntmachung vom 22. August 1925, RGBl. I S. 320), sofern nicht die Form der Schenkung lediglich gewählt ist, um die Zuwachssteuer zu sparen;
2. bei der Begründung, Änderung, Fortsetzung und Aufhebung der ehelichen Gütergemeinschaft;
3. beim Erwerb auf Grund von Verträgen, die zwischen Miterben oder Teilnehmern an einer ehelichen oder fortgesetzten Gütergemeinschaft zum Zwecke der Teilung der zum Nachlaß oder zum Gesamtgut gehörenden Gegenstände abgeschlossen werden, sowie beim Erwerb auf Grund eines Zuschlags, der in den vorgenannten Fällen bei Teilung im Wege der Versteigerung einem Miterben oder Teilnehmer erteilt wird;
4. beim Erwerbe der Abkömmlinge von den Eltern, Großeltern und entfernteren Voreltern, sowie beim Erwerbe der Eltern von den Kindern; den Eltern stehen die Stiefeltern gleich, sowie die Adoptiveltern, wenn kein Verdacht besteht, daß die Annahme an Kindes Statt zum Zwecke der Steuerhinterziehung vorgenommen ist;
5. beim Einbringen in eine ausschließlich aus dem Veräußerer und dessen Abkömmlingen oder aus diesen allein bestehende Vereinigung. Die Steuerpflicht tritt ein, wenn nachträglich ein Gesellschafter aufgenommen wird, der nicht zu den Abkömmlingen des Veräußerers gehört;
6. beim Einbringen von Nachlaßgegenständen in eine ausschließlich von Miterben gebildete Vereinigung. Die Vorschrift der Ziffer 5 Satz 2 findet entsprechende Anwendung;
7. beim Austausch von Grundstücken zum Zwecke der Zusammenlegung (Flurbereinigung), der Ermöglichung einer besseren landwirtschaftlichen Ausnutzung in Gemengelage, der Grenzregelung oder der besseren Gestaltung von Bauflächen (Umlegung) sowie bei Ablösung von Rechten an Forsten, wenn diese Maßnahmen auf der Anordnung einer Behörde beruhen oder von einer durch die Landeszentralbehörde als zuständig erklärten Behörde (Bek. vom 16. Mai 1922, GVBl. S. 294) als zweckdienlich anerkannt werden;
8. beim Austausch von Feldesteilen zwischen angrenzenden Bergwerken und bei der Vereinigung zweier oder mehrerer Bergwerke zum Zwecke der besseren bergbaulichen Ausnutzung, sofern sie nicht zum Zwecke der Steuerersparung erfolgen;
9. bei Grundstücksübertragungen, die der Besiedlung des platten Landes oder der Schaffung gesunder Wohnungen für Minderbemittelte zu dienen bestimmt sind, wenn als Erwerber oder Veräußerer Körperschaften des öffentlichen Rechts oder solche Gesellschaften und Personenvereinigungen, die sich mit den genannten Zwecken befassen, beteiligt sind. Die Befreiung der Gesellschaften und Personenvereinigungen tritt nur ein, wenn der Reingewinn satzungsgemäß auf eine Verzinsung von höchstens 5 Prozent der Kapitaleinlagen beschränkt, bei Aus-

losungen, Ausscheiden eines Mitgliedes und für den Fall der Auflösung der Vereinigung den Mitgliedern nicht mehr als der Nennwert ihrer Anteile zugesichert und bei der Auflösung der etwaige Rest des Vermögens für gemeinnützige Zwecke bestimmt ist;

10. beim Erwerb von Grundstücken zur Schaffung oder Erweiterung von Anlagen, die der Pflege der Leibesübungen oder der Jugendpflege dienen, sofern der Erwerb durch eine juristische Person des öffentlichen Rechts oder eine als gemeinnützig anerkannte Personenvereinigung erfolgt, ferner beim Erwerbe von Grundstücken zur Schaffung oder Erweiterung von öffentlichen Erholungs-, Wald- und sonstigen Grünanlagen sowie für Zwecke öffentlicher Straßen und Plätze. Falls und insoweit das Grundstück innerhalb einer Frist, die bis zum Ende des fünfzehnten Jahres nach Abschluß des Veräußerungsgeschäfts läuft, für andere Zwecke verwendet wird, erfolgt Nachveranlagung;
11. wenn das Vermögen einer öffentlichen Körperschaft als Ganzes auf eine andere öffentliche Körperschaft oder das Vermögen einer Erwerbsgesellschaft als Ganzes mit oder ohne Auseinandersetzung auf eine inländische Erwerbsgesellschaft übertragen wird.

(2) Zu den Miterben im Sinne der Ziffer 3, 6 wird der überlebende Ehegatte gerechnet, der mit den Erben des verstorbenen Ehegatten gütergemeinschaftliches Vermögen zu teilen hat. Die Steuerbefreiungen nach Nr. 3 und 4 kommen auch Ehegatten von Miterben oder Teilnehmern an einer fortgesetzten Gütergemeinschaft sowie Ehegatten von Abkömmlingen zu, wenn sie auf Grund des bestehenden Güterstandes ohne rechtsgeschäftliche Übertragung Miteigentum erwerben.

Vergleiche hierzu die Bemerkungen zu § 7 der Berliner Steuerordnung.

§ 8.

(1) Als steuerpflichtiger Wertzuwachs gilt der Unterschied zwischen dem Erwerbspreis und dem Veräußerungspreise.

(2) Der Preis bestimmt sich nach dem Gesamtbetrage der Gegenleistung einschließlich der vom Erwerber übernommenen oder ihm sonst infolge der Veräußerung obliegenden Leistungen und der vorbehaltenen oder auf dem Grundstück lastenden Nutzungen und bei Verträgen über Leistung an Erfüllungs Statt nach dem Werte, zu dem die Gegenstände an Erfüllungs Statt angenommen werden.

(3) Der Wert wiederkehrender Leistungen und Nutzungen bestimmt sich nach den Vorschriften der Reichsabgabenordnung.

(4) Ist einem der Vertragschließenden ein Wahlrecht oder die Befugnis eingeräumt, innerhalb gewisser Grenzen den Umfang der Gegenleistung zu bestimmen, so ist für die Bemessung der Abgabe der höchst mögliche Betrag der Gegenleistung maßgebend.

Vergleiche hierzu die Bemerkungen zu § 8 der Berliner Steuerordnung.

§ 9.

Beim Übergang im Wege der Zwangsversteigerung gilt als Preis der Betrag des Meistgebots, zu dem der Zuschlag erteilt wird, unter Hinzurechnung der vom Ersteher übernommenen Leistungen. Im Falle der Abtretung der Rechte aus dem Meistgebot und der Erklärung des Meistbietenden, daß er für einen anderen geboten habe, tritt an die Stelle des Meistgebots der Wert der Gegenleistung, wenn sie höher ist als das Meistgebot.

Vergleiche hierzu die Bemerkungen zu § 9 der Berliner Steuerordnung.

§ 10.

Von dem Preise kommt in Abzug der Wert der vom Veräußerer übernommenen Lasten des beweglichen Inventars sowie der Wert von Maschinen und sonstigen Vorrichtungen aller Art, die zu einer Betriebsanlage des Grundstücks verwandt sind, auch wenn es sich um wesentliche Bestandteile handelt.

Vergleiche hierzu die Bemerkungen zu § 11 der Berliner Steuerordnung.

§ 11.

(1) Soweit der Erwerbspreis nicht in Gold-, Renten- oder Reichsmark berechnet ist, wird er nach § 2 des Aufwertungsgesetzes vom 16. Juli 1925 (RGBl. I S. 117) nach seinem Goldmarkwerte berechnet. Für die Berechnung ist, vorbehaltlich der Vorschriften in Abs. 2 und 3 maßgebend der Tag des Abschlusses des Rechtsgeschäfts, wenn ein Veräußerungsgeschäft abgeschlossen war, das zur Übertragung des Eigentums verpflichtete, in allen übrigen Fällen der Tag des Rechtsvorganges, der die Rechtsänderung bewirkt hat.

(2) Hat der Veräußerer beim Erwerbe des Grundstücks in Anrechnung auf den Erwerbspreis Schuldverpflichtungen, Hypotheken, Grundschulden, Rentenschulden oder Reallasten übernommen, so gilt für die Berechnung des Goldmarkwerts der übernommenen Verpflichtungen folgendes:

1. Soweit die Schuldverpflichtungen oder Belastungen bei der Veräußerung des Grundstücks noch bestehen und von dem neuen Erwerber übernommen werden, ist für die Berechnung ihres Goldmarkwertes der Tag des Eintritts der Steuerpflicht aus der neuen Veräußerung maßgebend. Dies gilt auch, soweit die übernommenen Verpflichtungen durch Vereinbarung über das gesetzliche Maß hinaus aufgewertet sind und im Veräußerungspreis mit einem entsprechend höheren Betrag angesetzt wurden.
2. Soweit die Schuldverpflichtungen oder Belastungen vor der Veräußerung des Grundstücks getilgt worden sind, ist ihr Goldmarkwert nach dem Werte der Leistung am Leistungstage zu berechnen.

(3) Wurde in anderen Fällen als in den Fällen des Abs. 2 die Leistung oder ein Teil der Leistung nicht sofort beim Abschlusse des Rechtsgeschäfts oder, soweit nach Abs. 1 der Tag der Rechtsänderung maßgebend ist, bei Eintritt der Rechtsänderung bewirkt, so ist der Goldmarkwert der Leistung nach dem Werte am Tage der Leistung oder der Teilleistung zu berechnen.

Vergleiche hierzu die Bemerkungen zu § 12 der Berliner Steuerordnung.

§ 12.

(1) Ist ein Preis nicht vereinbart oder nicht zu ermitteln, so tritt an dessen Stelle der gemeine Wert des Grundstücks.

(2) Das gleiche gilt, wenn auf dem Grundstück eine der im § 2 bezeichneten Berechtigungen oder ein Nießbrauchsrecht lastet, zu deren Beseitigung der Veräußerer nicht verpflichtet ist, und der Wert des Grundstücks den Betrag der Gegenleistung übersteigt. Wenn die Beteiligten zum Zwecke der Steuerersparung einen Teil des Entgelts in die Form einer Vermittlungsgebühr, einer den üblichen Zinssatz erheblich übersteigenden Verzinsung des gestundeten Preises oder einer sonstigen Nebenleistung kleiden, so ist der als Teil eines Entgelts anzusetzende Betrag durch Schätzung zu ermitteln.

Vergleiche hierzu die Bemerkungen zu § 10 der Berliner Steuerordnung.

§ 13.

(1) Betrifft der steuerpflichtige Rechtsvorgang steuerpflichtige und steuerfreie Gegenstände, ohne daß Einzelpreise oder -werte angegeben werden, so bestimmt die Steuerbehörde den auf die steuerpflichtigen Gegenstände entfallenden Teil der Gesamtsumme, wenn nicht der Steuerpflichtige auf Erfordern innerhalb der ihm bestimmten Frist die Trennung der Preise oder Werte nachholt. Sind zum Zwecke der Steuerersparung unrichtige Angaben gemacht worden, so ist der Betrag durch Schätzung zu ermitteln.

(2) Das gleiche gilt für die Verteilung des Gesamtbetrags auf mehrere steuerpflichtige Gegenstände.

Vergleiche hierzu die Bemerkungen zu § 11 der Berliner Steuerordnung.

§ 14.

(1) Dem Erwerbspreise sind hinzuzurechnen:

1. als Kosten des Erwerbes, sofern nicht an Stelle des Erwerbspreises der Wert maßgebend ist, sechs vom Hundert des Erwerbspreises und, falls der Veräußerer nachweislich einschließlich der ortsüblichen Vermittlungsgebühr einen höheren Betrag aufgewendet hat, dieser;
2. falls der Erwerb im Wege der Zwangsversteigerung erfolgt ist und der Veräußerer zur Zeit der Einleitung der Zwangsversteigerung Hypotheken- oder Grundschuldgläubiger war, der nachweisliche Betrag seiner ausgefallenen Forderungen bis zu dem Werte, den das Grundstück zur Zeit der Zwangsversteigerung oder, wenn der Wert zur Zeit der Eintragung der Forderung höher war, zu diesem Zeitpunkt hatte. Die Forderungen kommen, wenn sie durch entgeltliches Rechtsgeschäft erworben sind, nur in Höhe des geleisteten Entgelts in Anrechnung. Beruht ihr Erwerb auf einer Schenkung, oder ist ihre Eintragung innerhalb kürzerer Zeit als drei Monate vor der Einleitung der Zwangsversteigerung erfolgt, so werden die Forderungen nur berücksichtigt, wenn nach den Umständen Schenkung oder Eintragung keine Steuerersparung bezwecken;

3. die Aufwendungen für Bauten, Umbauten und für sonstige dauernde besondere Verbesserungen, auch solche land- oder forstwirtschaftlicher Art, sowie für bergmännische Versuchs- und Ausrichtungsarbeiten, die innerhalb des für die Steuerberechnung maßgebenden Zeitraums gemacht sind und weder die nach §. 10 abzugsfähigen Gegenstände betreffen, noch der laufenden Unterhaltung von Baulichkeiten oder der laufenden Bewirtschaftung von Grundstücken dienen. Außerdem sind fünf vom Hundert, oder wenn der Veräußerer Baugewerbetreibender oder Bauhandwerker und selbst der Bauunternehmer ist, fünfzehn vom Hundert des anrechnungsfähigen Wertes den Aufwendungen hinzuzurechnen. Diese Bestimmung findet jedoch keine Anwendung, wenn der Unternehmer eine Gesellschaft im Sinne des Handelsgesetzbuches oder eine Genossenschaft ist, die nicht ausschließlich aus Baugewerbetreibenden oder Bauhandwerkern bestehen. Als Aufwendungen im Sinne dieser Vorschrift gelten Beträge, die aus Versicherungen gedeckt sind, nicht, wenn sie zur Wiederherstellung von Baulichkeiten verwendet sind, die vor dem für die Steuerberechnung maßgebenden Zeitraum errichtet waren;
4. bei Verbesserungen der in Ziff. 3 erwähnten Art ein angemessener Anschlag für die geleistete eigene Arbeit, soweit nicht Aufwendungen nach Ziff. 3 zugerechnet werden;
5. die Aufwendungen, Leistungen und Beiträge für Straßenbauten, andere Verkehrsanlagen einschließlich der Kanalisierung sowie ohne entsprechende Gegenleistung und Verzinsung geleistete Beiträge für sonstige öffentliche Einrichtungen, soweit die Aufwendungen, Leistungen und Beiträge innerhalb des für die Steuerberechnung maßgebenden Zeitraums gemacht sind.

(2) Die Hinzurechnung nach Abs. 1 Ziff. 2 findet auch statt, wenn der Ehegatte des Veräußerers oder ein Verwandter in gerader Linie oder Hypotheken- oder Grundschuldgläubiger war oder soweit der Veräußerer zur Zeit der Einleitung der Zwangsversteigerung Bürge oder persönlicher Schuldner der ausgefallenen Hypothek oder Grundschuld gewesen ist und den ausgefallenen Betrag ersetzt hat.

(3) Die Vorschriften des § 11 finden entsprechende Anwendung.

Vergleiche hierzu die Bemerkungen zu § 13 der Berliner Steuerordnung.

§ 15.

(1) Dem Erwerbspreis werden für jedes Jahr des für die Steuerberechnung maßgebenden Zeitraums fünf vom Hundert von dem Betrage des Erwerbspreises und der Anrechnungen nach § 14 hinzugerechnet.

(2) Die Hinzurechnung erfolgt für jedes volle Kalenderjahr nach Schluß des Jahres, in dem der für die Steuerberechnung maßgebende Zeitraum beginnt, oder die Aufwendung gemacht, oder in dem bei Bauten und Umbauten die gebrauchsfertige Herstellung erfolgt ist.

§ 16.

(1) Beruht der Erwerb des Grundstücks auf einem Rechtsvorgange, der nach § 7 des Zuwachssteuergesetzes vom 14. Februar 1911, der Ordnung vom 17. September 1921 (GVBl. S. 468) oder § 7 dieser Ordnung steuerfrei war, so ist für die Bemessung des Wertzuwachses von dem Preise zur Zeit des letzten steuerpflichtigen Rechtsvorgangs auszugehen.

(2) Liegt der für die Bemessung des Wertzuwachses maßgebende Erwerbsvorgang vor dem 1. Januar 1914, so tritt an die Stelle des Preises der Wert, den das Grundstück an diesem Tag gehabt hat, wenn der Steuerpflichtige nicht nachweist, daß er oder sein Rechtsvorgänger vor jener Zeit bei einem steuerfreien oder steuerpflichtigen Erwerb einen höheren Erwerbspreis gezahlt hat. Als für die Steuerberechnung maßgebender Zeitraum gilt die Zeit seit dem 1. Januar 1914.

Vergleiche hierzu die Bemerkungen zu § 14 der Berliner Steuerordnung.

§ 17.

(1) Bei einem aus Anlaß einer Flurbereinigung, Grenzregelung oder Umlegung (§ 7 Ziff. 7) empfangenen Grundstück ist als Erwerbspreis das Entgelt anzusehen, das der Eigentümer oder sein Rechtsvorgänger für das in die Flurbereinigung, Grenzregelung oder Umlegung gegebene Grundstück gezahlt hat. Ausgleichszahlungen, die bei der Flurbereinigung, Grenzregelung oder Umlegung stattgefunden haben, sind entsprechend anzurechnen.

(2) Hat der Eigentümer oder sein Rechtsvorgänger bei der Flurbereinigung, Grenzregelung oder Umlegung mehrere Grundstücke empfangen, so werden deren Erwerbspreise aus dem im Abs. 1 bezeichneten Entgelt nach dem Verhältnis berechnet, in welchem die Werte der empfangenen Grundstücke im Zeitpunkt der Flurbereinigung, Grenzregelung oder Umlegung zueinander gestanden haben.

Vergleiche hierzu die Bemerkungen zu § 15 der Berliner Steuerordnung.

§ 18.

(1) Beschränkt sich der steuerpflichtige Rechtsvorgang auf einen Teil eines Grundstücks oder auf einzelne von mehreren zu einem Gesamtpreis erworbenen Grundstücke, so wird der Erwerbspreis dieses Teiles oder der einzelnen Grundstücke nach dem Verhältnis des Wertes zum Werte des ganzen Grundstücks oder der gesamten Grundstücke berechnet.

(2) Unentgeltliche dauernde Überlassung von Grundstücken für Verkehrszwecke, für öffentliche oder gemeinnützige Zwecke wird in der Weise berücksichtigt, daß der Gesamterwerbspreis nicht auf die ursprüngliche, sondern auf die nach der Abtretung verbleibende Fläche verteilt wird. Hierzu ist nicht erforderlich, daß eine Eigentumsübertragung erfolgt ist.

(3) Werden Teile eines wirtschaftlich zusammenhängenden Grundbesitzes durch verschiedene Rechtsvorgänge von demselben Veräußerer oder von dessen Erben innerhalb sechs Jahren übertragen, so ist der Steuerpflichtige berechtigt, von dem Wertzuwachs des

einen Teiles des Grundstücks einen bei der Veräußerung anderer Teile eingetretenen Verlust abzuziehen. Die Zuwachssteuer wird bei den einzelnen Rechtsvorgängen fällig; etwa zuviel gezahlte Steuer wird auf Antrag erstattet.

Vergleiche hierzu die Bemerkungen zu § 16 der Berliner Steuerordnung.

§ 19.

Bei Teilveräußerungen sind nur diejenigen Aufwendungen (§ 14 Ziff. 3 bis 5) anzurechnen, welche diesen Teil ausschließlich oder gemeinschaftlich mit anderen Teilen betreffen. Im letzteren Falle erfolgt die Anrechnung nach dem Verhältnis des Wertes, den die Grundstücksteile zur Zeit der Veräußerung haben.

Vergleiche hierzu die Bemerkungen zu § 17 der Berliner Steuerordnung.

§ 20.

Dem Veräußerungspreis ist ein nach den Vorschriften dieser Ordnung zu berechnender Steuerbetrag hinzuzurechnen, wenn der Erwerber des Grundstücks die Zahlung der Zuwachssteuer übernommen hat.

Vergleiche hierzu die Bemerkungen zu § 20 der Berliner Steuerordnung.

§ 21.

(1) Von dem Veräußerungspreise sind die dem bisherigen Eigentümer nachweislich zur Last fallenden Kosten der Veräußerung und Übertragung einschließlich der für die Vermittlung gezahlten ortsüblichen Gebühr, sofern nicht an Stelle des Veräußerungspreises der Wert maßgebend ist, in Abzug zu bringen.

(2) Verwendet der Veräußerer den erzielten Veräußerungspreis ganz oder teilweise innerhalb des Reichs für den Neubau eines Wohnhauses oder zu einem Um- oder Einbau, durch den eine oder mehrere Wohnungseinheiten geschaffen werden, so sind auf Antrag die erwachsenen Baukosten von dem Veräußerungspreis abzuziehen, wenn die Steuer mehr als 2 vom Hundert des Veräußerungspreises beträgt, und der Neubau, Um- oder Einbau innerhalb zwei Jahren nach Abschluß des Veräußerungsgeschäftes bezugsfertig wird. Die Steuer ist zunächst bis auf den Betrag von 2 vom Hundert des Veräußerungspreises zu stunden und sodann, wenn sich unter Berücksichtigung der nachgewiesenen Baukosten ein geringerer Steuerbetrag als 2 vom Hundert des Veräußerungspreises ergibt, auf diesen Betrag festzusetzen. Der Abzug der Baukosten vom Veräußerungspreis kann von der Bestellung einer Sicherungshypothek in Höhe des gestundeten Teils der Steuer abhängig gemacht werden.

Vergleiche hierzu die Bemerkungen zu §§ 18 u. 25 der Berliner Steuerordnung.

§ 22.

Dem Veräußerungspreise sind hinzuzurechnen Entschädigung für eine Wertminderung des Grundstücks, soweit der Anspruch während des für die Steuerberechnung maßgebenden Zeitraums nach dem 1. Januar 1914 entstanden und der Betrag nicht nachweislich zur Beseitigung des Schadens verwendet worden ist.

Vergleiche hierzu die Bemerkungen zu § 19 der Berliner Steuerordnung.

§ 23.

(1) Bei der steuerpflichtigen Überlassung eines gemeinschaftlichen Grundstücks an einen Mitberechtigten bleibt die Steuerpflicht auf den veräußerten Anteil beschränkt. Bei dem nächsten Steuerfall ist der Wertzuwachs für den eigenen und für den hinzuerworbenen Anteil gesondert zu berechnen und zu versteuern.

(2) Eine gleiche gesonderte Steuerberechnung hat auch in anderen Fällen dann stattzufinden, wenn der Veräußerer Anteile des Grundstücks zu verschiedenen Zeiten erworben hatte. § 18 Abs. 3 findet entsprechende Anwendung.

Vergleiche hierzu die Bemerkungen zu § 21 der Berliner Steuerordnung.

§ 24.

Beim Tausch von Grundstücken ist die Steuer für jedes Grundstück gesondert zu berechnen und zu erheben.

Vergleiche hierzu die Bemerkungen zu § 22 der Berliner Steuerordnung.

§ 25.

(1) Die Steuer beträgt 20 vom Hundert des Wertzuwachses (§ 8 Abs. 1 und wenn der steuerpflichtige Erwerb in der Zeit vom 1. Januar 1919 bis zum 31. Dezember 1924 stattgefunden hat, 30 vom Hundert des Wertzuwachses.

(2) Die sich nach Abs. 1 ergebende Steuer wird auf volle *RM* abgerundet. Steuerbeträge, die im ganzen unter 20 *RM* bleiben, werden nicht erhoben.

Vergleiche hierzu die Bemerkungen zu § 23 der Berliner Steuerordnung.

§ 26.

(1) Die Entrichtung der Zuwachssteuer liegt demjenigen ob, dem das Eigentum an dem Grundstück vor dem die Steuerpflicht begründenden Rechtsvorgange zustand. Wird die Zahlung der Zuwachssteuer vom Erwerber übernommen, so ist auch dieser Steuerschuldner. Mehrere Steuerpflichtige haften als Gesamtschuldner.

(2) Kann die Steuer von dem Steuerpflichtigen (Abs. 1) nicht beigetrieben werden, so haftet der andere Vertragsteil für die Steuer bis zum Betrage von 10 vom Hundert, in den in § 13 Ziff. 7 des RG. vom 10. August 1925 (RGBl. I S. 254) erwähnten Fällen bis zum Betrage von 30 vom Hundert des Veräußerungspreises. Diese Bestimmung findet keine Anwendung beim Erwerb im Wege der Zwangsversteigerung.

(3) Die Haftung fällt fort, sobald der Steuerpflichtige einen entsprechenden Betrag bezahlt oder sichergestellt hat.

Vergleiche hierzu die Bemerkungen zu § 24 der Berliner Steuerordnung.

§ 27.

Von der Steuerpflicht sind befreit das Reich, die Deutsche Reichsbahngesellschaft, das Land, die Gemeinden (Gemeindeverbände), in denen das Grundstück liegt, sowie Unternehmungen, deren Erträge ausschließlich diesen Körperschaften zufließen.

Vergleiche hierzu die Bemerkungen zu § 6 der Berliner Steuerordnung.

§ 28.

Die Grundlage für die Veranlagung der Zuwachssteuer bilden die Spalten 1 bis 6 der Grunderwerbsteuerliste des Finanzamts, die von diesem, soweit ihm nicht selbst nach § 19 der Reichsabgabenordnung die Verwaltung der Steuer übertragen ist, monatlich in Abschrift zu erholen sind.

§ 29.

(1) Die Steuerpflichtigen haben innerhalb zweier Wochen nach Eintritt der Steuerpflicht eine schriftliche Steuererklärung abzugeben, insbesondere über bestimmte, für die Veranlagung maßgebende Tatsachen Auskunft zu erteilen und alle die Steuerpflicht und das Veräußerungsgeschäft betreffenden Urkunden vorzulegen.

(2) Wird die erteilte Auskunft beanstandet, so sind dem Steuerpflichtigen die Gründe der Beanstandung mitzuteilen mit dem Anheimstellen, weitere Erklärungen abzugeben. Kommt der Steuerpflichtige der Aufforderung der Steuerbehörde innerhalb einer bestimmten Frist nicht nach, so kann die Steuerbehörde die erforderlichen Ermittelungen auf Kosten des Steuerpflichtigen selbst anstellen.

(3) Die gleiche Auskunftspflicht obliegt auch anderen Personen, die als Veräußerer oder Erwerber oder als Vertreter eines von diesen an dem steuerpflichtigen Rechtsvorgang teilhaben sowie den an früheren steuerpflichtigen Vorgängen beteiligten Personen.

Vergleiche hierzu die Bemerkungen zu §§ 27, 28 der Berliner Steuerordnung.

§ 30.

(1) Der Steuerpflichtige erhält einen schriftlichen Steuerbescheid, aus dem die Berechnungsgrundlagen ersichtlich sind und in dem eine Frist von einem Monat für die Zahlung der Steuerschuld bestimmt wird. Die Frist kann bei Gefährdung des Steueranspruchs abgekürzt werden. Wird die Steuer nicht rechtzeitig entrichtet, so sind vom Ablauf der Frist an Verzugszinsen nach den für die Gemeindeumlagen geltenden Bestimmungen zu entrichten.

(2) Einwendungen gegen den Steueranspruch oder gegen die Bestimmung der Frist haben keine aufschiebende Wirkung.

Vergleiche hierzu die Bemerkungen zu § 29 der Berliner Steuerordnung.

§ 31.

Streitigkeiten über die Verpflichtung zur Entrichtung der im Steuerbescheid festgestellten Zuwachssteuer sind Verwaltungsrechtssachen im Sinne des Art. 8 Ziff. 31 des Verwaltungsgerichtsgesetzes.

Vergleiche hierzu die Bemerkungen zu § 31 der Berliner Steuerordnung.

§ 32.

(1) Die Zuwachssteuer wird auf Antrag erlassen, erstattet oder ermäßigt:

1. bei Nichtigkeit der Auflassung oder des sonstigen den Eigentumserwerb begründenden Rechtsvorganges;

2. bei Rückerwerb des Eigentums infolge Nichterfüllung der Vertragsbedingungen des Veräußerungsgeschäfts;
3. bei Rückerwerb des Eigentums innerhalb zwei Jahren seit der Veräußerung zu einem Preise, der den letzten Veräußerungspreis zuzüglich der vom Erwerber gemachten Aufwendungen nach § 14 nicht übersteigt;
4. bei Preisminderung nach den §§ 459, 460 BGB., soweit sie eine Ermäßigung der Steuer zur Folge haben würde.

(2) Der Antrag muß innerhalb eines Jahres nach Eintritt des Ereignisses gestellt werden, auf welches sich der Antrag gründet.

(3) Wird die Steuer erlassen, so gilt die Veräußerung und der Rückerwerb im Sinne der Zuwachssteuerordnung als nicht erfolgt.

Vergleiche hierzu die Bemerkungen zu § 26 der Berliner Steuerordnung.

§ 33.

(1) Die Gemeinde ist ermächtigt, auch in anderen als den in Art. 22 des Vollzugsgesetzes zum Finanzausgleichgesetz bezeichneten Fällen die Steuer ganz oder teilweise niederzuschlagen, wenn besondere Billigkeitsgründe vorliegen.

(2) Die Gemeinden werden auf Anfordern des Zuwachssteuerpflichtigen, sofern die Steuerpflicht der Höhe nach anerkannt oder rechtskräftig festgestellt ist, die Zuwachssteuer entsprechend abmindern oder gänzlich nachlassen, falls der Vollzug des Zuwachssteuerbescheids das Fortkommen des Steuerpflichtigen gefährden oder sich für ihn als eine unbillige Härte darstellen würde. Die Abminderung oder der Nachlaß kann im Weigerungsfalle auf Anrufen durch die zuständige Regierung, Kammer des Innern, mit Ausschluß des Verwaltungsrechtswegs ausgesprochen werden.

Vergleiche hierzu die Bemerkungen zu § 33 der Berliner Steuerordnung.

Ortspolizeiliche Vorschriften zum Vollzuge der Satzung über die Erhebung der Zuwachssteuer.

§ 1.

(1) Wer für sich oder zugunsten eines anderen nicht gerechtfertigte Steuervorteile erschleicht oder vorsätzlich bewirkt, daß die Zuwachssteuer verkürzt wird, wird wegen Steuerhinterziehung mit einer Geldstrafe bis zum zehnfachen, im Rückfall bis zum zwanzigfachen Betrage der hinterzogenen Abgabe bestraft.

(2) Der Steuerhinterziehung macht sich auch schuldig, wer Grundstücke, bei deren Erwerb ihm Steuerbefreiung oder Steuervorteile gewährt sind, zu einem Zwecke verwendet, der dem Steuervorteil oder der Steuerbefreiung, die er erlangt hat, nicht entspricht, und es zum eigenen Vorteil oder zugunsten eines anderen vorsätzlich unterläßt, dies vorher rechtzeitig anzuzeigen.

(3) Die Nichterfüllung der Pflicht zur Einreichung der Zuwachssteuererklärung oder zur Erteilung einer Auskunft nach § 29 der Satzung unterliegt, sofern nicht eine Hinterziehung nach Abs. 1 gegeben ist, einer Geldstrafe bis zu 500 *RM*.

(4) Ist nach den obwaltenden Umständen anzunehmen, daß die rechtzeitige Erfüllung der Verpflichtung nicht in der Absicht unter-

lassen worden ist, die Zuwachssteuer zu hinterziehen, oder daß die unrichtigen Angaben nicht in dieser Absicht gemacht worden sind, so tritt an die Stelle der in Abs. 3 vorgesehenen Strafe eine Ordnungsstrafe bis zu 150 RM.

Vergleiche hierzu die Bemerkungen zu § 32 der Berliner Steuerordnung.

§ 2.

Die Einziehung der Zuwachssteuer erfolgt unabhängig von der Bestrafung.

München, den 31. März 1927.

Stadtrat der Landeshauptstadt München.

11a. Wertzuwachssteuerordnung der Stadt Berlin.

in der durch den 3. Nachtrag (Gemeindeblatt vom 16. Mai 1926 S. 159) bedingten Fassung.

(Alte Wertzuwachssteuerordnung).

Auf Grund der §§ 13, 18, 63, 69, 70, 79, 82 und 90 des Kommunalabgabengesetzes vom 14. Juli 1893 und der Novelle vom 26. August 1921 wird mit Zustimmung der Stadtverordnetenversammlung für die Stadt Berlin folgende Steuerordnung erlassen:

§ 1.

(1) Bei allen, den Übergang des Eigentums an Grundstücken und Grundstücksteilen in der Stadt Berlin betreffenden Rechtsvorgängen wird eine Wertzuwachssteuer erhoben, wenn die Veräußerer oder ihre Rechtsvorgänger das Eigentum an dem Grundstück erst nach dem 31. Dezember 1918 erworben hatten. Ein Eigentumserwerb der im § 12 Ziff. I, 1—9, genannten Art bleibt unberücksichtigt.

(2) Den Grundstücken stehen Berechtigungen gleich, auf welche die Vorschriften des bürgerlichen Rechts über Grundstücke Anwendung finden.

(3) Dem Übergange des Eigentums an Grundstücken steht gleich der Übergang von Rechten an dem Vermögen von Personenvereinigungen (einer Gesellschaft mit beschränkter Haftung, einer Kommanditgesellschaft, Aktiengesellschaft, Kommanditgesellschaft auf Aktien, Gewerkschaft, eingetragenen Genossenschaft, eines eingetragenen Vereins oder einer offenen Handelsgesellschaft usw.), soweit das Vermögen der Vereinigung aus in Berlin belegenen Grundstücken besteht, wenn entweder zum Gegenstande des Unternehmens die Verwertung von Grundstücken gehört, oder wenn die Vereinigung geschaffen ist, um die Zuwachssteuer zu ersparen.

§ 2.

Die Steuerpflicht tritt ein:

a) bei den zur Übertragung des Eigentums verpflichtenden Veräußerungsgeschäften mit dem Abschluß des Geschäfts; als Veräußerungsgeschäft gelten auch die im § 5 Abs. 4 des Grunderwerbsteuergesetzes aufgeführten Geschäfte,

b) in allen übrigen Fällen, in denen es eines Veräußerungsgeschäfts zum Übergang des Eigentums nicht bedarf (Zwangsversteigerung, Enteignung, Ausschluß, Konsolidation), mit

Vollendung des Rechtsvorganges, der die Rechtsänderung bewirkt.

§ 2a.

Steuerpflichtig ist auch ein Rechtsvorgang, der nicht unmittelbar den Übergang des Eigentums betrifft, aber ein Rechtsgeschäft zum Gegenstand hat durch welches es einem anderen ermöglicht werden soll, über das Grundstück wie ein Eigentümer zu verfügen.

§ 2b.

Die Besteuerung wird nicht dadurch ausgeschlossen, daß ein nach der Steuerordnung steuerpflichtiger Rechtsvorgang durch einen anderen verdeckt wird.

§ 3.

(1) Als steuerpflichtiger Wertzuwachs gilt der Unterschied zwischen dem Erwerbspreise und dem Veräußerungspreise.

(2) Der Preis bestimmt sich nach dem Gesamtbetrage der Gegenleistungen einschließlich der vom Erwerber übernommenen oder ihm sonst infolge der Veräußerung obliegenden Leistungen und der vorbehaltenen oder auf dem Grundstücke lastenden Nutzungen; bei Verträgen über Leistungen an Erfüllungs Statt nach dem Werte, zu dem die Gegenstände an Erfüllungs Statt angenommen werden.

(3) Die auf einem nicht privatrechtlichen Titel beruhenden Abgaben und Leistungen, die auf dem Grundstücke kraft Gesetzes lasten (gemeine Lasten) werden nicht mitgerechnet. Der Wert wiederkehrender Leistungen und Nutzungen bestimmt sich nach den Vorschriften der Reichsabgabenordnung.

(4) Ist einem der Vertragschließenden ein Wahlrecht oder die Befugnis eingeräumt, innerhalb gewisser Grenzen den Umfang der Gegenleistung zu bestimmen, so ist der höchstmögliche Betrag der Gegenleistung maßgebend.

(5) Beim Übergang im Wege der Zwangsversteigerung gilt als Preis der Betrag des Meistgebots, zu dem der Zuschlag erteilt ist, unter Hinzurechnung der vom Ersteher übernommenen, gerichtlich festgestellten Leistungen. Im Falle der Abtretung der Rechte aus dem Meistgebot oder der Erklärung des Meistbietenden, daß er für einen Anderen geboten habe, tritt an die Stelle des Meistgebots der Wert der Gegenleistung, wenn sie höher ist als das Meistgebot.

(6) Ist ein Preis nicht vereinbart oder nicht zu ermitteln, so tritt an dessen Stelle der gemeine Wert des Grundstücks.

(7) Das gleiche gilt, wenn auf dem Grundstück eine der im § 1 bezeichneten Berechtigungen oder ein Nießbrauchrecht lastet, zu deren Beseitigung der Veräußerer nicht verpflichtet ist und der gemeine Wert des Grundstücks unter Berücksichtigung seiner Belastung den Betrag der Gegenleistung übersteigt.

(8) Wenn die Beteiligten einen Teil des Entgelts in die Form einer Vermittlungsgebühr, einer den üblichen Zinssatz erheblich übersteigenden Verzinsung des gestundeten Preises oder einer sonstigen Nebenleistung kleiden, so ist der als Teil des Entgelts anzusetzende Betrag durch Schätzung zu ermitteln.

§ 4.

(1) Soweit der Erwerbspreis nicht in Gold-, Renten- oder Reichsmark berechnet ist, wird er gemäß den Bestimmungen des § 2 des Aufwertungsgesetzes vom 16. Juli 1925 nach seinem Goldmarkwert berechnet. Maßgebend für die Berechnung ist, falls ein Veräußerungsgeschäft abgeschlossen war, das zur Übertragung des Eigentums verpflichtete, der Tag des Abschlusses des Rechtsgeschäfts, in allen übrigen Fällen der Tag der Vollendung des Rechtsvorganges, der die Rechtsänderung bewirkt hat.

(2) Hat der Veräußerer beim Erwerb des Grundstücks in Anrechnung auf den Erwerbspreis Schuldverpflichtungen, Hypotheken usw. übernommen, so gilt abweichend von der Bestimmung des vorhergehenden Absatzes für die Berechnung des Goldmarkwerts der übernommenen Schuldverpflichtungen folgendes:

1. Soweit die Schuldverpflichtungen bei der neuen Veräußerung des Grundstücks noch bestehen und von dem neuen Erwerber übernommen werden, ist für die Berechnung ihres Goldmarktwertes der Umrechnungstag des übrigen Erwerbspreises (Abs. 1) maßgebend; jedoch ist ihr Wert für die Berechnung des Erwerbspreises mindestens mit dem gleichen Betrage einzustellen, wie er bei der Berechnung des neuen Veräußerungspreises in Ansatz gebracht worden ist.
2. Soweit die Schuldverpflichtungen bis zur neuen Veräußerung des Grundstücks getilgt sind, ist ihr Goldmarkwert nach dem Werte der Leistungen zu berechnen, die der Veräußerer für die Tilgung am Tilgungstage aufgewandt hat, soweit nicht ihr Goldmarkwert am Tage des Erwerbs des Grundstücks höher ist.

§ 5.

(1) Dem Erwerbspreis sind hinzuzurechnen:

1. 7 % des Erwerbspreises als Ersatz der mit dem Erwerb verknüpften Auslagen. Auf Antrag können die nachweislich aufgewendeten Erwerbskosten einschließlich einer etwa bezahlten Vermittlungsgebühr in ortsüblicher Höhe hinzugerechnet werden. Tritt an die Stelle des Kaufpreises der gemeine Wert, so fällt die Anrechnung der Erwerbsunkosten fort.

2. Die Aufwendungen für Bauten, Umbauten und sonstige dauernden Verbesserungen, auch solcher land- und forstwirtschaftlicher Art, die innerhalb des für die Steuerberechnung maßgebenden Zeitraums gemacht sind und nicht der laufenden Unterhaltung von Baulichkeiten oder der laufenden Bewirtschaftung von Grundstücken dienen, soweit die Bauten und Verbesserungen noch vorhanden sind.

(2) Für die Berechnung des Goldmarkwerts der Leistungen ist im Falle der Ziffer 1 der in § 4 Abs. 1 bestimmte Stichtag, im Falle der Ziffer 2 der Tag der Leistung maßgebend.

§ 6.

Dem Veräußerungspreis ist ein nach den Vorschriften dieser Ordnung zu berechnender Steuerbetrag hinzuzurechnen, wenn der

Erwerber des Grundstücks die Zahlung der Zuwachssteuer übernommen hat.

§ 7.

Von dem Veräußerungspreise sind in Abzug zu bringen die dem Veräußerer nachweislich zur Last fallenden Kosten der Veräußerung und Übertragung einschließlich der von ihm für die Vermittlung gezahlten ortsüblichen Gebühr, sofern nicht an Stelle des Veräußerungspreises der gemeine Wert maßgebend ist.

§ 8.

Beim Tausch von Grundstücken ist die Steuer für jedes Grundstück gesondert zu berechnen.

§ 9.

(1) Bei einem aus Anlaß einer Flurbereinigung, Grenzregulierung oder Umlegung empfangenen Grundstück ist als Erwerbspreis das Entgelt anzusehen, das bei dem letzten steuerpflichtigen Rechtsvorgang für das in die Flurbereinigung usw. gegebene Grundstück gezahlt worden ist.

(2) Ausgleichszahlungen sind dem Erwerbspreise hinzu- oder abzurechnen. Für die Steuerberechnung kommt der auf diesem Wege berichtigte Erwerbspreis und die Größe des aus der Bereinigung empfangenen Grundstücks in Frage.

§ 10.

Die Steuer beträgt 30 % des Wertzuwachses (§ 3 Abs. 1).

§ 11.

(1) Zur Entrichtung der Steuer ist der Veräußerer verpflichtet. Kann die Steuer von dem Veräußerer nicht beigetrieben werden, so haftet der Erwerber bis zum Höchstbetrage von 25 % des Veräußerungspreises. Diese Bestimmung findet keine Anwendung beim Erwerb im Wege der Zwangsversteigerung.

(2) Ist die Vornahme des steuerpflichtigen Rechtsvorganges unter Mitwirkung eines Bevollmächtigten oder durch die Tätigkeit eines Vermittlers mit der Maßgabe erfolgt, daß diesem der einen gewissen Betrag übersteigende Teil des Preises verbleibt, so haftet für den auf den Mehrerlös entfallenden Teil der Steuer neben dem Veräußerer als Gesamtschuldner derjenige, dem der Mehrerlös zukommt.

§ 12

(1) Die Zuwachssteuer wird nicht erhoben:

1. Beim Erwerbe von Todes wegen im Sinne des § 2 des Erbschaftssteuergesetzes, sowie beim Erwerb auf Grund einer Schenkung unter Lebenden im Sinne des § 3 des Erbschaftssteuergesetzes, sofern nicht die Form der Schenkung lediglich gewählt ist, um die Zuwachssteuer zu ersparen.

2. Bei der Begründung, Änderung, Fortsetzung und Aufhebung der ehelichen Gütergemeinschaft.

3. Beim Erwerb auf Grund von Verträgen, die zwischen Miterben oder Teilnehmern an einer ehelichen oder fortgesetzten Gütergemeinschaft zum Zwecke der Teilung der zum Nachlaß oder zum Gesamtgut gehörenden Gegenstände abgeschlossen werden, sowie beim Erwerb auf Grund eines Zuschlages, der in den vorgenannten Fällen bei Teilung im Wege der Versteigerung einem Miterben oder Teilnehmer erteilt wird.

4. Beim Erwerbe der Abkömmlinge von den Eltern, Großeltern und entfernteren Voreltern, sowie beim Erwerb der Eltern von den Kindern; den Eltern stehen gleich die Stief- und Schwiegereltern, ebenso die Adoptiveltern, wenn kein Verdacht besteht, daß die Annahme an Kindes Statt zum Zwecke der Steuerhinterziehung vorgenommen ist.

5. Beim Einbringen in eine ausschließlich aus dem Veräußerer und dessen Abkömmlingen oder aus diesen allein bestehende Vereinigung. Die Steuerpflicht tritt ein, wenn nachträglich ein Gesellschafter aufgenommen wird, der nicht zu den Abkömmlingen des Veräußerers gehört.

6. Beim Einbringen von Nachlaßgegenständen in eine ausschließlich von Miterben gebildete Vereinigung. Die Vorschrift von Ziffer 5 Satz 2 findet entsprechende Anwendung.

7. Beim Austausch im Inland belegener Grundstücke zum Zwecke der Zusammenlegung (Flurbereinigung), der Grenzregelung oder der besseren Gestaltung von Bauflächen (Umlegung), sowie bei Ablösung von Rechten an Forsten, wenn diese Maßnahmen auf der Anordnung einer Behörde beruhen oder von einer gesetzlich hierfür zuständigen Behörde als zweckdienlich anerkannt werden.

8. Bei Grundstücksübertragungen, welche der Besiedelung des platten Landes oder der Schaffung gesunder Kleinwohnungen für Minderbemittelte zu dienen bestimmt sind, wenn als Veräußerer Körperschaften des öffentlichen Rechts oder solche Personenvereinigungen, die sich mit den genannten Zwecken befassen, beteiligt sind. Die Befreiung der Personenvereinigung tritt nur für den erstmaligen Verkauf ein, wenn der Reingewinn satzungsgemäß auf eine Verzinsung von höchstens 5 % der Kapitalseinlagen beschränkt, bei Auslosungen, Ausscheiden eines Mitgliedes und für den Fall der Auflösung der Vereinigung den Mitgliedern nicht mehr als der Nennwert ihrer Anteile zugesichert und bei der Auflösung der etwaige Rest des Vermögens für gemeinnützige Zwecke bestimmt ist.

9. Wenn das Vermögen einer öffentlichen Körperschaft als ganzes auf eine andere öffentliche Körperschaft übertragen wird.

10. Vom Reich, den Ländern oder den Gemeinden (Gemeindeverbände), in deren Bereich sich das Grundstück befindet.

(2) Zu den Miterben im Sinne der Ziffer 3 und 6 wird der überlebende Ehegatte gerechnet, der mit den Erben des verstorbenen Gatten gütergemeinschaftliches Vermögen zu teilen hat. Die Steuerbefreiungen nach Ziffer 3 und 4 kommen auch Ehegatten von Miterben oder Teilnehmern an einer fortgesetzten Gütergemeinschaft, sowie Ehegatten von Abkömmlingen zu, wenn sie auf Grund des bestehenden Güterstandes ohne rechtsgeschäftliche Übertragung Eigentümer werden.

§ 13.

(1) Bei Veräußerungen von unbebauten Grundstücken zum Zwecke der Bebauung mit Wohnhäusern wird die Steuer bis auf den Betrag von 2 % des Veräußerungspreises zunächst gestundet und dann bis auf diesen Betrag ermäßigt, wenn innerhalb von zwei Jahren nach Eintritt der Steuerpflicht die Gebäude errichtet sind und ihre Gebrauchsabnahme erfolgt ist.

(2) Die gleiche Ermäßigung tritt ein bei der erstmaligen Veräußerung von Grundstücken, die zum Zwecke der Bebauung mit Wohnhäusern erworben sind und innerhalb von zwei Jahren nach erfolgter Bebauung weiter veräußert werden.

§ 14.

(1) Die Steuer wird auf Antrag erlassen, erstattet oder ermäßigt:

1. bei Nichtigkeit des Rechtsgeschäftes oder des den Eigentumserwerb begründenden Rechtsvorganges,
2. bei Aufhebung des Rechtsgeschäftes durch Parteivereinbarung oder infolge Ausübung eines vorbehaltenen Rücktrittrechts,
3. bei Rückgängigmachung infolge Nichterfüllung der Vertragsbedingungen,
4. bei Preisminderung nach §§ 459 und 460 des BGB., soweit sie eine Ermäßigung der Steuer zur Folge hat.

(2) Der Antrag muß innerhalb eines Jahres nach Eintritt des Ereignisses gestellt werden, auf welches der Erstattungsanspruch sich gründet.

(3) Wird die Steuer erlassen, so gilt die Veräußerung und der Rückerwerb im Sinne dieser Ordnung als nicht erfolgt.

§ 15.

(1) Die zur Entrichtung der Steuer Verpflichteten und die zur Mithaft Verpflichteten haben innerhalb zweier Wochen nach dem Eintritt des die Steuerpflicht begründenden Ereignisses der Steuerbehörde hiervon, sowie von allen sonstigen für die Festsetzung der Steuer in Betracht kommenden Verhältnissen schriftliche Mitteilung zu machen, auch die die Steuerpflicht betreffenden Urkunden vorzulegen.

(2) Auf Verlangen der Steuerbehörde sind die Steuerpflichtigen verbunden, über bestimmte, für die Veranlagung der Steuer erhebliche Tatsachen innerhalb einer ihnen zu bestimmenden Frist schriftlich oder zu Protokoll Auskunft zu erteilen, andernfalls die Ermittelung und Veranlagung durch die Steuerbehörde selbständig vorgenommen werden.

(3) In den Fällen des § 1 sind auch die Gesellschaft oder der Verein zur Anzeige und zur Auskunfterteilung verpflichtet.

§ 16.

Die Steuerbehörde ist bei der Veranlagung der Steuer an die Angaben der Steuerpflichtigen nicht gebunden. Wird die erteilte Auskunft beanstandet, so sind dem Steuerpflichtigen vor der Veranlagung die Gründe der Beanstandung mit dem Anheimstellen mitzuteilen, hierüber binnen einer angemessenen Frist eine weitere

Erklärung abzugeben. Findet eine Einigung mit dem Steuerpflichtigen nicht statt, so kann die Steuerbehörde die zu entrichtende Steuer nötigenfalls nach dem Gutachten Sachverständiger festsetzen.

§ 17.

(1) Dem Steuerpflichtigen ist über die Veranlagung der Steuer ein schriftlicher Bescheid zuzustellen. Im Falle der Heranziehung der nach § 11, Absatz 1, Satz 2 und Absatz 2 Haftenden ist diesen eine besondere Veranlagung zuzustellen.

(2) Die Steuer ist innerhalb 8 Tage nach Bekanntgabe an die in dem Bescheide bezeichnete Kasse zu entrichten.

§ 18.

Dem Steuerpflichtigen stehen gegen die Veranlagung die Rechtsmittel gemäß § 69 des KAG. offen.

§ 19.

Zuwiderhandlungen gegen die Bestimmungen dieser Steuerordnung werden mit einer Geldstrafe bis zu dem nach dem KAG. zulässigen Höchstmaß bestraft, sofern nicht nach den sonstigen Gesetzen eine höhere Geldstrafe oder eine Freiheitsstrafe verwirkt ist.

§ 20.

Die Steuerbehörde wird ermächtigt, aus Billigkeitsgründen eine Herabsetzung der Steuer im Einzelfall vorzunehmen. Ebenso können bereits veranlagte Steuern auf Antrag durch die Steuerbehörde aus Billigkeitsgründen ganz oder teilweise erlassen oder niedergeschlagen werden.

§ 21.

Diese Steuerordnung tritt mit dem 11. April 1924 in Kraft*).

Berlin, den 11. April 1924/27. Januar 1926.

Magistrat.
Böß.

Gemeindebeschluß.

Auf Grund des § 36 des Finanzausgleichsgesetzes vom 23. Juni 1923 und des § 2 des Preuß. Ausführungsgesetzes zum Finanzausgleichsgesetz vom 23. Juni 1923 wird mit Zustimmung der Stadtverordnetenversammlung folgender Beschluß für die Stadtgemeinde Berlin gefaßt:

§ 1.

In Abänderung des § 2 des Gemeindebeschlusses vom 27. September 1923 (J.-Nr. B. XIX. 8 St. V. 1/23) werden von dem 4%igen Zuschlag zur Reichsgrunderwerbsteuer ausgenommen solche Grundstücke, Grundstücksteile und den Grundstücken gleich-

*) Soweit nicht durch die Nachträge spätere Zeitpunkte gelten.

gestellte Berechtigungen und Rechte, die der Veräußerer oder sein Rechtsvorgänger nach dem 31. Dezember 1918 erworben hat und die unter die Wertzuwachssteuerordnung vom 11. April 1924 in der Fassung des Nachtrages vom 27. Januar 1926 fallen.

§ 2.

Dieser Beschluß tritt mit dem Inkrafttreten der neuen Wertzuwachssteuerordnung in Kraft.

Berlin, den 11. April 1924/27. Januar 1926.

Magistrat.
Böß.

11b. Grundsätze für die Durchführung der Wertzuwachssteuerordnung in der durch den 3. Nachtrag bedingten Fassung.

I. Zu § 1:

Unter „erworben" im § 1 Abs. 1 Satz 1 am Ende ist gemeint, „zum Eigentum erworben". Ist beispielsweise der Kauf am 1. Dezember 1918 abgeschlossen, die Umschreibung im Grundbuch jedoch erst am 1. Februar 1919 erfolgt, so fällt dieses Grundstück bei einem Weiterverkauf unter die Wertzuwachssteuerordnung.

II. Zu § 2:

Da nach § 2 in den Fällen, in denen dem Übergang des Eigentums ein Veräußerungsgeschäft vorausgeht, die Steuerpflicht mit dem Abschluß des Geschäfts eintritt, so fallen alle vor dem 16. Mai 1926 (dem Tage des Inkrafttretens des 3. Nachtrages zur Steuerordnung) abgeschlossenen Geschäfte nicht unter die Steuerordnung in der neuen, durch den 3. Nachtrag bedingten Fassung, sondern in der bis zum 16. Mai 1926 geltenden alten Fassung. Dies gilt aber nur von endgültig abgeschlossenen Veräußerungsgeschäften. Sobald eine Ergänzung oder Berichtigung des Geschäfts vorgenommen wird, die nach dem 16. Mai 1926 fällt, so wird das ganze Geschäft von der Wertzuwachssteuerordnung in der neuen Fassung des 3. Nachtrages ergriffen.

III. Zu § 3:

Bei der Prüfung des Preises gemäß § 3 Abs. 2 ist darauf zu achten, daß nicht Gelder aus dem Preise ausgelassen werden, welche der Erwerber für Rechte und Leistungen zu zahlen hat, die mit dem Grundstück und dem Grundstückskauf derart in Zusammenhang stehen, daß ohne sie der Kauf nicht getätigt worden wäre (Wohnrecht in dem Grundstück, Betrieb einer Gastwirtschaft, elterliche oder ehemännliche Zustimmung zur Veräußerung).

IV. Zu § 4 Abs. 2 Ziffer 1:

Mit welchem Wert Papiermarkhypotheken bei der Berechnung des neuen Veräußerungspreises in Ansatz zu bringen sind, hängt in erster Linie von der Parteivereinbarung ab. Besagt diese hierfür nichts, so ist die Hypothek nach dem Urteil des Reichsfinanzhofes vom 2. Juli 1926 nur mit dem ihr nach dem Aufwertungsgesetz zur Zeit des Vertragsabschlusses zuzuerkennenden Goldmarkbetrage anzusetzen (s. die Durchführungsverordnungen zum Aufwertungsgesetz, RGBl. Teil I 1925 S. 411 u. 1926 S. 184).

Zu § 4 Abs. 2 Ziffer 2:

Sind die Schuldverpflichtungen in der Besitzzeit des jetzigen Veräußerers neu aufgenommen worden und werden sie vor der

Übertragung des Grundstücks auf den jetzigen Erwerber wieder gelöscht, so sind sie bei der Kaufpreisermittelung überhaupt nicht zu berücksichtigen. Als vor der Übertragung des Grundstücks auf den jetzigen Erwerber gelöscht, gelten die Schuldverpflichtungen auch dann, wenn der Veräußerer sich erst im Veräußerungsvertrage zu ihrer Löschung verpflichtet, die Löschung aber vor der grundbuchlichen Umschreibung bewirkt.

V. Zu § 5:

Sind die Hinzurechnungen des § 5 in Papiermark geleistet worden, so erfolgt ihre Umrechnung auf Goldmark ebenfalls nach dem Umrechnungsmaßstabe des Aufwertungsgesetzes. Dies ergibt sich, ohne daß es in der Ordnung nochmals zum Ausdruck gebracht ist, aus dem innereen Zusammenhang zwischen dem § 4 und § 5 der Ordnung.

Bei der Ermittelung des Zahlungstages als Stichtag für die Umrechnung ist, wenn dem Steuerpflichtigen ein genauer Nachweis nicht mehr möglich ist, Entgegenkommen zu zeigen.

VI. Zu § 12:

a) Absatz 1 Ziffer 8:

Die Befreiung der Personenvereinigungen von der Zuwachssteuer im Falle der Schaffung gesunder Kleinwohnungen für Minderbemittelte soll nur für den erstmaligen Verkauf eintreten. Unter: „erstmalig" ist in diesem Zusammenhang der für die Personenvereinigung, nicht für das Grundstück erstmalige Verkauf zu verstehen. Dies gilt jedoch nicht für die Körperschaften des öffentlichen Rechtes.

Geht ein Grundstück von einer Siedlungsgesellschaft an eine andere über und von dieser wieder an eine dritte, ohne daß eine Erschließung des Landes zum Anbau durch die Siedler oder eine Bebauung durch die Gesellschaft erfolgt, so tritt keine Steuerfreiheit ein, da die Eigentumsübertragungen nicht der Schaffung gesunder Kleinwohnungen gedient haben. Da es sich nicht immer voraussehen läßt, ob durch die Eigentumsübertragung dieser Zweck erreicht wird, ist in Zweifelsfällen vorerst die Steuer zu veranlagen und gegen Sicherstellung zu stunden. Erweist sich die Übertragung später als eine solche im Sinne des § 12 Abs. 1 Ziffer 8, so erfolgt die Aufhebung der Veranlagung und die Freistellung der veranlagten Gesellschaft. Im übrigen sind sinngemäß die zu § 8 Abs. 1 Ziffer 9 Grunderwerbssteuergesetzes ergangenen Bestimmungen und höchstgerichtlichen Entscheidungen hinsichtlich des Begriffs der Schaffung gesunder Kleinwohnungen für Minderbemittelte anzuwenden (s. insbesondere den Erlaß des Reichsfinanzministers vom 26. Februar 1921 über den Begriff der Kleinwohnungen, Verordnung über Befreiung der Grunderwerbsteuer beim Erwerb von Eigenheimen durch Minderbemittelte vom 2. Juli 1923 und die Reichsfinanzhofsentscheidungen Bd. 13 S. 144 und Bd. 16 S. 182).

b) Absatz 1 Ziffer 10:

Die bisherige Bestimmung in der alten Ziffer 10 des § 12, daß die Steuer nicht zu erheben ist, wenn das Vermögen einer Erwerbsgesellschaft als Ganzes mit oder ohne Auseinandersetzung auf eine andere inländische Erwerbsgesellschaft übertragen wird, ist entsprechend dem Stande der Reichsgesetzgebung zur Zeit der Aufstellung des 3. Nachtrages gestrichen worden. Inzwischen ist durch die §§ 8—10 des am 1. April 1926 in Kraft getretenen Steuermilderungsgesetzes vom 31. März 1926 RGBl. Teil I S. 185) bei Verschmelzungen von Kapitalgesellschaften, bei Sanierungen von Gesellschaften und bei Verschmelzungen von Genossenschaften erneut die Wertzuwachssteuerfreiheit ausgesprochen worden. Diese Befreiung erstreckt sich auf alle Rechtsvorgänge, für die die Steuerschuld in der Zeit vom 1. September 1925 bis zum 30. September 1927 entstanden ist bzw. noch entstehen wird. Diese reichsgesetzliche Regelung gilt auch für die vorliegende Steuerordnung, ohne daß es in dieser eines besonderen Hinweises bedarf. Die hiernach befreiten Rechtsvorgänge treten zu den Eigentumserwerbsvorgängen hinzu, die nach dem letzten Satz des § 1 Abs. 1 der städtischen Ordnung, bei der Feststellung des Erwerbsvorganges unberücksichtigt bleiben.

VII. Zu § 13:

a) Begriff des Hauses:

Als Wohnhaus gilt an sich nur ein Haus, wenn es ausschließlich zu Wohnzwecken bestimmt wird. Im Interesse der Förderung des Wohnungsbaues soll die Vergünstigung des § 13 im Billigkeitswege aber auch auf solche Häuser zur Anwendung kommen, die nur teilweise zu Wohnzwecken bestimmt und zum andern, vielleicht sogar größeren Teile anderen Zwecken (Büro- und gewerblichen Zwecken) dienen. In solchen Fällen soll sich die Ermäßigung nur auf den mit Wohnräumen versehenen Teil des Gebäudes erstrecken. Das Verhältnis des Wohnteils zu den anderen Zwecken dienenden Teil richtet sich nach dem Verhältnis der Nutzungsfläche der Räumlichkeiten, Keller und Bodenräume werden, soweit sie nur Nebengelaß sind, hierbei nicht mitgerechnet. Nach dem Verhältnis der beiden Gruppen zueinander werden sodann die Preise zerlegt und danach die Berechnungen durchgeführt.

b) Entsprechend der Absicht, die Wertzuwachssteuer nicht unter den Betrag zu ermäßigen, den die Stadt bei Nichtbestehen der Wertzuwachssteuerordnung erheben könnte (2 % erhöhter Grunderwerbsteuerzuschlag), gilt als Veräußerungspreis der Preis, der gemäß § 12 Abs. 2 des Grunderwerbsteuergesetzes für die Grunderwerbsteuer maßgebend ist, d. h. im Falle der Übernahme der Wertzuwachssteuer und Grunderwerbsteuer, der um die abgewälzte Wertzuwachs- und Grunderwerbsteuer erhöhte Veräußerungspreis.

Im Falle des Abs. 2 des § 13 gilt als Veräußerungspreis der — die Baulichkeiten mit einschließende — Gesamtpreis, nicht lediglich der auf den Grund und Boden entfallende Teil des Gesamtpreises.

c) Auch beim Vorliegen der Voraussetzungen des § 13 ist in jedem Falle eine Berechnung des Wertzuwachses und eine förmliche Steuerveranlagung nach den Bestimmungen der Ordnung vorzunehmen und nicht lediglich die Steuer in Höhe von 2 % des Veräußerungspreises festzusetzen. Die sich im förmlichen Verfahren ergebende Steuer ist auf 2 % des Veräußerungspreises zu ermäßigen. Ergibt sich bei der Ermittlung des Wertzuwachses, daß ein Wertzuwachs überhaupt nicht vorliegt, oder er so niedrig ist, daß die nach ihm zu berechnende Steuer niedriger ist als 2 % des Veräußerungspreises, so entfällt die Anwendung des § 13 und es bleibt bei der Normalsteuer.

d) Die zweijährigen Fristen in Absatz 1 und 2 sind Ausschlußfristen. Werden sie nicht innegehalten, ganz gleich aus welchen Gründen, so wird die Vergünstigung des § 13 verwirkt.

e) Die Stundung des über 2% des Veräußerungspreises hinausgehenden Wertzuwachssteuerbetrages nach Abs. 1 des §13 wird nur gewährt, wenn der Erwerber die selbstschuldnerische Bürgschaft für diesen Betrag übernimmt und wenn für die bei Fortfall der Vergünstigung eintretende Verpflichtung zur sofortigen Zahlung des vorerwähnten Wertzuwachssteuerbetrages nebst Zinsen Sicherheit geleistet wird und auch nur solange gewährt als der Erwerber willens und in der Lage ist, die von ihm übernommene Verpflichtung zur Bebauung zu erfüllen. Zu diesem Zweck ist vor der Bewilligung der Stundung mit dem Veräußerer und dem Erwerber eine Verhandlung nach Vordruck III, 29 aufzunehmen.

Wenn auch nach dem Wortlaut des Abs. 1 des § 13 nicht ausdrücklich verlangt wird, daß die Errichtung des Wohnhauses durch den ersten Erwerber erfolgt und die Möglichkeit der Errichtung des Wohnhauses durch einen zweiten oder weiteren Erwerber nicht ausgeschlossen ist, so muß doch aus dem Zwecke der Vorschrift, dem Erwerber dafür, daß er baut, einen niedrigeren Kaufpreis zu ermöglichen und seinen Entschluß zum Bauen zu erleichtern, gefolgert werden, daß die Vergünstigung nur dem Veräußerungsgeschäft gewährt wrden soll, dessen Erwerber baut und das Wohnhaus herstellt. Wenn also der erste Erwerber das Grundstück so, wie er es bekommen hat, an den zweiten Erwerber weiter veräußert, so entfällt für das erste Veräußerungsgeschäft die Vergünstigung, und zwar auch dann, wenn etwa der zweite oder weitere Erwerber das Wohnhaus innerhalb von zwei Jahren seit dem Tage des ersten Verkaufs herstellen sollte.

Ob in diesem Falle dem zweiten Veräußerungsgeschäft die Vergünstigung zu gewähren ist, hängt davon ab, ob der zweite Erwerber die Bedingungen erfüllt, insbesondere innerhalb von zwei Jahren seit seinem Erwerb das Wohnhaus herstellt.

Hat der erste Erwerber mit dem Bau begonnen und veräußert er das Grundstück, bevor das Wohnhaus fertiggestellt worden ist, so müßte an sich das gleiche gelten und es müßte auch für das erste Veräußerungsgeschäft die Vergünstigung versagt werden. Darin könnte unter Umständen eine Härte liegen. In dem ersten Fall (Weiterveräußerung des Grundstücks in seinem alten Zustande) besteht noch immer die Möglichkeit, daß dem zweiten Geschäft die Vergünstigung zuteil wird, falls der zweite Erwerber die Bedingungen erfüllt. Diese Möglichkeit ist aber in dem Falle, in dem das Grundstück als teilweise bebaut verkauft wird, nicht mehr gegeben. Denn dann kann bei dem zweiten Veräußerungsgeschäft nicht mehr von der Veräußerung eines „unbebauten" Grundstücks, wie es § 13 verlangt, gesprochen werden. Um in solchen Fällen etwaige Härten zu mildern, sind die Bezirksämter ermächtigt, im Billigkeitswege dann dem ersten Veräußerungsgeschäft die Vergünstigung des Abs. 1 des § 13 zu gewähren, wenn das Wohnhaus bei der Weiterveräußerung mindestens zur Hälfte fertiggestellt war.

f) Unter: „erfolgter Bebauung" im Abs. 2 des § 13 ist die tatsächliche Bezugsfertigkeit des Gebäudes und nicht erst die Gebrauchsabnahme zu verstehen.

VIII. Zu § 20:

Nachdem durch den 3. Nachtrag der Umrechnungsmaßstab des Dollarkurses durch den des Aufwertungsgesetzes ersetzt und damit der inneren Kaufkraft der Mark ausreichend Rechnung getragen worden ist, bleibt für die zum Ausgleich der inneren Kaufkraft im Billigkeitswege bisher zugelassenen Erhöhungen des Erwerbspreises um 50 bzw. 100% kein Raum mehr. Diese Billigkeitsmaßnahme fällt fort. Soweit eine Ermäßigung aus Billigkeitsgründen gewährt wird, darf sie in keinem Falle unter 3% des für die Grunderwerbsteuer maßgebenden Veräußerungspreises oder der etwa höheren 2% des für die gleiche Steuer maßgebenden gemeinen Wertes herabgesetzt werden.

Berlin, den 4. August 1926. H. St. V. III.

Magistrat.

Scholtz.

Sachregister.

(Die Zahlenangaben bedeuten die Seiten.)

FSC
www.fsc.org
MIX
Papier | Fördert gute Waldnutzung
FSC® C083411

Kolibri 360 GmbH
Ferdinand-Jühlke-Straße 7
99095 Erfurt, Deutschland
produktsicherheit@kolibri360.de